工业和信息化部"十二五"规划教材

车辆发动机原理

孙柏刚　杜　巍　编著

FUNDAMENTALS OF VEHICLE ENGINES

北京理工大学出版社
BEIJING INSTITUTE OF TECHNOLOGY PRESS

内容简介

本书讲述车辆（摩托车、汽车、拖拉机及装甲车辆等）用往复活塞式内燃机及燃气轮机的工作原理，全书共15章。本书继承了秦有方、陈士尧、王文波等编著的《车辆内燃机原理》的主要内容，结合作者多年从事发动机研究及教学的体会，对原书的内容进行了充实及修订，特别对近年来发展的新技术领域，如VVT技术、排放污染物的后处理、高压燃油喷射系统、发动机管理与控制、内燃机性能仿真等做了较多的补充，以适应内燃机现代科学技术发展的需要。

本书可作为大学本科车辆工程及内燃机专业的基础教材，也可供有关专业工程技术人员参考及自学。

图书在版编目（CIP）数据

车辆发动机原理/孙柏刚，杜巍编著. —北京：北京理工大学出版社，2015.11（2020.1 重印）
ISBN 978 - 7 - 5682 - 0849 - 9

Ⅰ.①车…　Ⅱ.①孙…　②杜…　Ⅲ.①车辆 - 发动机 - 理论 - 高等学校 - 教材
Ⅳ.①U464

中国版本图书馆 CIP 数据核字（2015）第 149579 号

出版发行／北京理工大学出版社有限责任公司
社　　址／北京市海淀区中关村南大街 5 号
邮　　编／100081
电　　话／（010）68914775（总编室）
　　　　　（010）82562903（教材售后服务热线）
　　　　　（010）68948351（其他图书服务热线）
网　　址／http：//www.bitpress.com.cn
经　　销／全国各地新华书店
印　　刷／北京虎彩文化传播有限公司
开　　本／787 毫米×1092 毫米　1/16
印　　张／18.25　　　　　　　　　　　　　　责任编辑／封　雪
字　　数／421 千字　　　　　　　　　　　　　文案编辑／杜春英
版　　次／2015 年 11 月第 1 版　2020 年 1 月第 2 次印刷　　责任校对／周瑞红
定　　价／38.00 元　　　　　　　　　　　　　责任印制／王美丽

PREFACE

前言

近二十年是中国汽车工业高速发展的时期，车辆发动机的种类、数量及技术水平发生了较大变化，新技术不断涌现，给车辆发动机原理的教学提出了新的要求，与技术发展相适应的高等教育的改革也应与时俱进。本书在秦有方、陈士尧、王文波等编著的《车辆内燃机原理》（1997 版）的基础上，结合作者多年从事发动机研究及教学的体会，进行了重新编写，以适合于车辆工程及内燃机方向本科生专业课的教学选用。

在本书的编写过程中，罗庆贺、吴东伟、姚海春、汤弘扬、徐丹、刘志超、谢诚、范英杰等研究生协助收集、整理资料并参与部分编写工作，在此，对他们的辛勤劳动表示衷心感谢！编写过程中参阅并引用了国内相关文献，对这些文献的作者表示最真挚的谢意！

全书共分 15 章，其中第 1、2、4、5、6、8、9、10、11、15 章由孙柏刚编写，第 3、7、12、13、14 章由杜巍编写，由孙柏刚统校全书。本书由北京理工大学李向荣教授和北京工业大学张红光教授主审，并提出了许多宝贵的意见，在此向他们表示谢意。鉴于作者水平有限，书中难免有错误之处，谨请读者批评指正。

编　者
2014 年 12 月，于北京理工大学

目 录
CONTENTS

第1章

绪　　论

1.1　车辆发动机发展简史

1.1.1　早期发展简史

任何其他形式的能转变为机械能的装置，统称为发动机。热机是将热能转变为机械能的装置，其中又有内燃机和外燃机之分。目前，世界上工农业和运输业中所用的动力主要来源于热机，而内燃机在品种、数量及发出的总功率数方面又居热机的首位。

17世纪中期，人们就曾设想把某种工质在气缸内燃烧来获得机械能，但直到1860年才出现第一台实用的发动机，这就是法国人雷诺（Lenoir）研制成功的煤气机。它没有压缩过程，当活塞行至进气冲程中点时，用电点火，发动机的热效率不超过4.5%，气缸内最大压力只有4个标准大气压，功率为3~5马力（1马力=0.735千瓦）。这种发动机当时在英国、法国使用很广。

1862年，法国人罗沙（Beau De Rochas）对发动机热力过程进行了理论分析，提出了改善热效率的四项原则（气缸的冷却面积尽量小，膨胀前气缸内压力尽可能高，膨胀时活塞的速度尽可能快，膨胀范围尽可能大）以及实现这些原则的措施。这是认识上的一次飞跃，也是第一次提出等容燃烧的四冲程循环原理。

1876年，德国人奥托（Nicolaus August Otto）按罗沙的理论研制出第一台四冲程煤气机，功率为4马力，压缩比为2.5左右，效率为10%~12%，这些指标都高于当时的其他热机。奥托机的出现是在理论指导下的实践结果，是发动机发展史上的第一次重大技术突破。

在奥托四冲程发动机出现后，英国人克勒克（Dugald Clerk）开始研究二冲程发动机。二冲程发动机的曲轴每一转有一个做功冲程，克服了四冲程发动机每两转有一个做功冲程的缺点。在1881年的法国巴黎展览会上展出了这种二冲程发动机。

内燃机发展初期都以煤气为燃料，这是由于19世纪中期欧洲各大城市已使用煤气照明，而当时照明煤气是比较广泛且容易得到的能源。随着石油工业的发展，出现了比煤气热值高得多的汽油及柴油等产品，这为后来液体燃料发动机的出现创造了条件。

1883年，德国人戴姆勒（Gottlieb Daimler）研制成带表面蒸发型化油器的电火花点火的立式汽油机。当时其他发动机的转速较低，很少超过200 r/min，而他制造的汽油机转速竟高达1 000 r/min。与此同时，德国人苯茨（Karl Benz）也开始研制高速汽油机。

汽油机的出现为发动机在交通运输车辆上的应用提供了条件，因为其功率大、质量轻、体积小、热效率高，特别适应交通运输业的要求。1886 年，戴姆勒和苯茨分别成功地把他们制造的高速汽油机装在车辆上运行，现在公认这一年为汽车诞生年。

1885 年，英国人卜雷斯特曼（Pfiestnum）成功研制出使用重质石油燃料的煤油机。

1890 年，英国人斯图加特（Stuart）研制成功不用电点火装置的烧球式煤油机。

1893 年，德国人迪塞尔（Rudolf Diesel）发表了压燃式发动机工作原理的理论，他最初提出的理论有下列缺点：

（1）压缩过程终点的气体压力要求很高，达 25 MPa，温度达 800 ℃；

（2）燃烧过程保持等温条件，使每循环做功太少；

（3）缸壁不冷却，零件表面温度过高，润滑条件得不到保证；

（4）以煤粉为燃料，燃烧后产生固体的灰分，使机件磨损太快。

经过实践，迪塞尔克服了上述缺点，在 1898 年研制出带冷却水套的、基本上按等压过程燃烧的、以煤油为燃料的压燃式发动机。压燃式发动机的热效率比电火花点火式发动机的热效率高得多。压燃式迪塞尔机的研制成功是发动机发展史上的第二次重大技术突破。

初期的压燃式发动机是利用压缩空气（约 60 个标准大气压）将燃油喷入气缸，发动机还要附带空气压缩机，使整个动力装置非常笨重，难以用在车辆上。为了解决这个问题，许多人曾试图不用压缩空气，而以其他方法使燃油雾化。

1899 年开始研制机械式喷油装置，但是限于当时机械制造工艺水平较低，制造不出满足要求的、精密的喷油装置。直至 1914—1915 年制造工艺水平提高之后，才出现了结构简单、外形尺寸小、精密的机械式喷油装置。1925 年，在德国建成了专业化的生产喷油泵的工厂（Bosch），此后便停止使用带压气机的喷油装置，并使压燃式发动机（柴油机）应用于车辆上成为可能。

1926 年，瑞士人波希（Alfred J Buchi）提出了利用发动机排出的废气能量来驱动压气机的废气涡轮增压理论，但受当时技术水平的限制，发展缓慢。在第二次世界大战中，少数航空发动机采用废气涡轮增压，以补偿在高空时的功率下降。1950 年之后，随着燃气轮机技术的发展，废气涡轮增压技术开始广泛应用于柴油机中，从而使柴油机的技术性能指标有了大幅度提高。如今，增压柴油机被广泛应用于各种军用战斗车辆上，其最新技术体现在坦克发动机上。据统计，在第二次世界大战期间，约有 35% 的坦克采用汽油机，21 世纪 50 年代后期，各国坦克已全部采用柴油机为动力。

1.1.2　20 世纪初—40 年代

我国内燃机产业起步较晚。1900 年，上海求新机器制造厂生产了我国第一台 5 马力煤气机。20 世纪 20 年代，广州、山东、上海、常州等地开始生产柴油机。20 世纪 30 年代，上海新中厂制成第一台柴油汽车。20 世纪 40 年代，我国生产出了最大功率为 300 马力的柴油机，但技术图纸及主要零部件多是国外进口。1924 年，上海新祥和机械厂制成 11.76 kW、17.05 kW 等 5 种不同规格的压缩着火四冲程低速柴油机。上海新中厂分别于 1929 年和 1939 年制成了我国第一台功率为 26.47 kW 的双缸柴油机和功率为 47.79 kW 的 4 缸、1 800 r/min 的车用柴油机。

至 1916 年，汽车往复活塞式发动机历经近 30 年的发展，技术日趋成熟。在此期间，作战需要一种能够突破由机枪、铁丝网和壕沟构成防御体系的特种车辆，于是以汽油机为动力并带有装甲防护的车辆——坦克，出现在 1916 年第一次世界大战的战场上。

第一次世界大战期间，坦克选用了汽车用直列 4 缸或 6 缸水冷汽油机，功率为 26 ~ 110 kW。例如，1916 年英国生产的第一批 I 型坦克安装了直列 6 缸水冷汽油机，功率为 77 kW；法国坦克采用的是直列 4 缸水冷汽油机。在第一次世界大战结束后 10 年左右的时间里，坦克装甲车辆迅速发展，一些国家研制、装备了多种坦克，从而使得多种型号的发动机在坦克上竞相得到应用，功率为 66 ~ 298 kW，主要是汽油机，少数采用了柴油机。

随着对坦克性能要求的提高，选用当时生产的发动机，无论从功率、结构形式和车内布置等方面都不能适应坦克的需要。因此，在 20 世纪 20 年代后期，一些国家开始研制专用的坦克发动机，英国于 1928 年研制了坦克汽油机和 66 kW 的坦克柴油机，德国于 20 世纪 30 年代初期研制了 V 型 12 缸水冷坦克汽油机。

1.1.3　20 世纪 50—80 年代

新中国成立后，我国的发动机产业得到了大力发展。1952 年，我国发动机总功率产出为近 3 万 kW。1956 年，长春建立第一汽车制造厂，年产 3 万辆装载质量为 4 t 的解放汽车，其发动机采用功率为 66 kW 的 CA10 型 6 缸汽油机；同年南京汽车厂开始生产功率为 37 kW 的 4 缸汽油机。到 1957 年，全国发动机总功率产出达 50 万 kW，发动机工业已初具规模。

1959 年，上海柴油机厂试制成功了供汽车、工程机械、船舶、农业机械、发电机等采用的 135 系列柴油机，它是我国由仿制到自行设计、由小批量转为大批量生产的第一个中小功率柴油机系列。同年建成了洛阳第一拖拉机厂，生产东方红 54 型履带式拖拉机与 4125 型柴油机。该厂从苏联引进了柴油机先进生产技术与由专用机床组成的流水生产线，并引进了当时具有国际先进水平的油泵、油嘴生产技术与检测设备。天津拖拉机厂引进并生产东方红 40 型拖拉机和 4105 型柴油机。北京内燃机总厂引进与铁牛 55 型拖拉机配套的 4115 型柴油机。

在军用动力方面，20 世纪 50 年代，苏联、德国先后在重型坦克 T - 10、豹 I 上安装功率为 552 kW、610 kW 的机械增压柴油机。美国则在 AY17W 汽油机的基础上研制了 AY1790 - 8 汽油喷射式发动机，并装于 M46、M48 坦克上，功率为 646 kW，转速为 2 800 r/min；英国在"奇伏坦"坦克上安装了 515 kW 的二冲程柴油机。苏联于 1955 年开始设计二冲程坦克柴油机。

1959 年，美国"大陆"公司在 AV - 1790 基础上研制成功了涡轮增压、风冷坦克用的柴油机 AVI1790 - 2，功率为 552 kW，并于 20 世纪 60 年代初装备于 M60 坦克上。20 世纪 70 年代，涡轮增压技术、中冷技术的发展使坦克发动机的功率密度大幅度增加，同时改善了发动机扭矩特性，并使其结构更加紧凑、可靠，油耗进一步降低。20 世纪 70 年代末 80 年代初，德国豹 II 坦克的 MB873Ka - 500 发动机，功率为 1 103 kW，转速为 2 600 r/min；英国挑战者坦克配备的 CV12TCA 发动机，功率为 883 kW，转速为 2 300 r/min。

20 世纪 80 年代后期，我国发动机步入一个高速发展时期，引进和开发了许多新品种，其中主要的代表有：上海通用汽车公司配备在别克轿车上的 1.0 L 的 L34 汽油机，上海大众汽车配备在帕萨特上的 8LBBG（V 型 6 缸）和 8LAWL481Q 增压汽油机，中国第一汽车集团的 6102、488 和 EA113 轿车用汽油机，东风汽车公司的 TU3 轿车用汽油机以及东风康明斯发动机有限公司的康明斯 B 系列柴油机，南京汽车集团有限公司生产的配备在依维柯上的 Sofim140.01 柴油机，北京吉普汽车有限公司的 D498Q 汽油机，一汽集团的大连柴油机厂、无锡柴油机厂的 CA498A、CA4110A、CA6110A、CA6113 型柴油机，玉林柴油机厂、湖南动力机厂、柳州机械总厂的 6105Q 型柴油机，朝阳柴油机厂的 100、102 等系列柴油机，第一拖拉机厂的 R100 系列柴油机，上海柴油机厂的 D6114、3300B 系列柴油机，江铃汽车股份有限公司、庆铃发动机公司的 4JA1、4JB1 型柴油机，潍柴柴油机厂和杭州汽车发动机厂的 WD615 系列柴油机，重庆康明斯发动机有限公司的 N、K、L 系列柴油机，陕西柴油机厂的 12PC－5V 型柴油机。此外，还有许多类型的汽油机、摩托车发动机以及小型号柴油机，此处不一一列举。

1.1.4　20 世纪 90 年代—现在

截至 2013 年，我国发动机的产量超过 8 000 万台，发动机工业总产值突破 4 100 亿元，发动机总功率突破 18 亿 kW，进出口总额突破 211 亿美元。虽然我国发动机的生产数量位居全球第一位，但是在性能、质量和可靠性以及自主研发能力方面与国外相比还有很大的差距，需要发动机行业的从业人员努力和警醒。

对于军用车辆，超高增压旁通补燃发动机 UDV8X1500，功率为 1 103 kW，装于法国"勒克莱尔"主战坦克上，该机的平均有效压力达 3.22 MPa，升功率为 66.97 kW/L，体积功率为 606.29 kW/m³。德国的 MT883Ka－500 发动机，通过扩大缸径、行程，发展成了 MT883Ka－501 发动机，功率达到 1 200 kW。在该机的基础上，采用顺序增压并提高转速到 3 300 r/min，增压比达 4.8，研制出了 MT883Ka－512 发动机，功率为 1 660 kW。采用两级增压、中冷和顺序增压研制出的 MT883Ka－523 发动机，功率达到 1 920 kW。系列机型的平均有效压力达 2.21～2.81 MPa，升功率达 60～70 kW/L。德国 MTU 系列坦克发动机代表了世界的先进水平，表 1－1 给出了部分国外典型军用发动机的相关技术参数。

表 1－1　国外典型军用发动机的相关技术参数

发动机型号	MT883Ka－500	MT883Ka－501	C12V150ZAL	B－46	XAV28－1450	UDV8X1500
压缩比	14.0	17.0	13.0	13.0	15.0	8.0～9.1
缸径/行程	144/140	144/140	150/160	150/180	150/130	142/130
总排量/L	27.40	27.40	33.93	38.88	27.56	16.47
标定功率/ [kW·(r·min)$^{-1}$]	1 103/2 700	1 210/3 000	883/2 200	574/2 000	1 081/2 600	1 103/4 580
单位排量功率/ (kW·L^{-1})	40.26	44.16	26.00	14.76	39.22	66.97
活塞平均速度/ (m·s^{-1})	12.60	14.00	11.70	12.00	11.27	10.83
平均有效压力/MPa	1.79	1.75	1.42	0.89	1.81	3.22
扭矩储备系数	1.17	—	1.12	1.10	1.19	1.18
燃油消耗率/ (g·kW^{-1}·h^{-1})	220	212	226	245	195	231
燃油供给系统	单体泵	共轨	直列泵	—	—	—

发动机型号	MT883Ka－500	MT883Ka－501	C12V150ZAL	B－46	XAV28－1450	UDV8X1500
单位体积功率/$(kW \cdot m^{-3})$	890	970	732（本体）	455.56	632.71	606.29
装备年份	1997	2003	1999	1972	1984—1994	1992

1.2　发动机的应用范围

　　内燃机应用范围非常广泛，如地面上各种运输用车辆（汽车、拖拉机、内燃机车等）、发电站、农业机械、林业机械、矿山、石油、建筑及工程机械等，也可作内河及海上船舶的主机和辅机。在航空方面，一些小型民用飞机还在使用往复活塞式发动机。

　　发动机在国防中的地位也十分重要，使用范围非常广泛，如部队运输、火炮牵引、各种战斗车辆（坦克、装甲车、步兵战车、自行火炮、导弹发射车、雷达车等）、发电、工程机械与施工、各种水面舰艇及水下潜艇等方面都大量使用发动机。发动机能够获得如此广泛的应用，其原因在于它具有下列优点。

　　（1）热效率高。热效率高，节省燃料，经济性好，尤其是柴油机，热效率更高，最高有效热效率已达46%，船舶柴油机的热效率或高达50%以上，可以使车辆具有更长的续驶里程。

　　（2）外型尺寸小，质量轻，便于移动。发动机单位功率的质量为0.3~30.0 kg/kW，随用途而定。

　　（3）功率范围广，适应性好。单机功率可从小于1马力到几万马力（48 000马力），这是其他热机做不到的。

　　（4）起动迅速。正常起动只需几秒钟，并很快达到全功率。

　　（5）水的消耗量少，特别是风冷发动机，根本不需要水，这对缺水地区尤为重要。

　　（6）维护简单，操作方便。

　　发动机也有缺点，主要表现在以下几个方面。

　　（1）燃料限制。在发动机中只能直接用液体或气体燃料，当采用固体燃料时，需要利用笨重的煤气发生器将固体燃料转变为气体燃料，这使得整个动力装置的质量和尺寸增加。另外，起动准备时间加长，且热效率降低。

　　（2）噪声大，容易使管理人员疲劳，也是城市中噪声的污染源之一。

　　（3）废气中有害成分造成环境污染。

　　（4）低速时很难发出大扭矩，因而以发动机为动力的车辆必须装有变速机构。

1.3　发动机的分类

发动机有多种类型，根据其主要特点可大致做如下分类。
1. 按实现循环的方式划分
（1）四冲程发动机，由活塞移动四个冲程或曲轴转两圈完成一个循环。
（2）二冲程发动机，由活塞移动两个冲程或曲轴转一圈完成一个循环。

2. 按使用的燃料种类划分

（1）液体燃料发动机，其中用轻质燃料的，一般称为汽油机；用重质燃料的，一般称为柴油机。

（2）多种燃料发动机，可用轻质和重质的液体燃料。

（3）气体燃料发动机。

（4）液 – 气混合燃料发动机，基本燃料是气体燃烧，少量的液体燃料作为点燃用。

3. 按点火方式划分

（1）外部点火发动机，利用电火花点燃工作混合气（汽油机、煤气机）。

（2）压燃点火发动机，利用压缩终点空气的高温使燃料自燃（柴油机）。

（3）烧球式发动机，利用燃烧室壁面的高温使燃料着火。

4. 按形成混合气的方式划分

（1）外部形成混合气的发动机，可燃混合气在气缸外部形成，如使用化油器的汽油机。

（2）内部形成混合气的发动机，在高压下将燃油喷入气缸，形成雾状与空气混合燃烧（如柴油机、烧球机及向气缸内直接喷射汽油的发动机等）。

5. 按压缩比划分

（1）低压缩比发动机，主要指汽油机，其压缩比为 8 ~ 11。

（2）高压缩比发动机，主要指柴油机，其压缩比为 12 ~ 22。

6. 按循环的加热方式划分

（1）等容加热循环发动机，一般汽油机和煤气机属于此类。

（2）等压加热循环发动机，旧式的压缩空气喷油式柴油机属于此类机型，现已淘汰。

（3）混合加热循环发动机（兼有等容加热和等压加热），现代柴油机属于此类。

7. 按调节负荷的方法划分

（1）量调节式发动机，按照每循环工质数量的多少调节负荷，如汽油机。

（2）质调节式发动机，按照参加工作的混合气浓度改变负荷，如柴油机。

8. 按进气方式划分

（1）非增压式发动机，也称自然吸气式发动机（Natural Aspired，NA），它依靠活塞使工作气体吸入气缸，一般的发动机都属此类。

（2）增压式发动机，为增大发动机的功率，使进入气缸的工作气体预先经过压气机压缩后供入气缸，一般高功率的强化发动机属于此类。

9. 按用途划分

（1）固定式发动机。

（2）船用发动机。

（3）机车用发动机。

（4）汽车拖拉机发动机。

（5）坦克用发动机。

（6）航空用发动机。

10. 按冷却方式划分

（1）水冷式发动机。

（2）风冷式发动机。

11. 按气缸数目和排列形式划分

（1）单缸和多缸发动机。

（2）多缸发动机还可分为：直列式、卧式、V 型、X 型、H 型、星型及对置活塞式等。车辆上主要采用直列式和 V 型的多缸发动机。

1.4　坦克发动机的特点

坦克是现代化战争中用于地面作战的一种有效的进攻和防御武器，它有三大技术性能：强大的火力、坚固的防护和灵活的机动能力。机动能力在很大程度上取决于发动机的性能。

坦克发动机必须满足军方提出的战术技术要求，主要体现在以下几方面。

（1）功率大。为提高坦克行驶速度和加速性能以改善机动性，现代坦克的吨功率要求达到 20 ~ 25 kW/t（有的试验坦克已达 50 kW/t），这就要求一辆主战坦克的功率为 600 ~ 1 103 kW。当然，这一功率范围在工业上不足为奇，但要同时满足下面要求是不容易的。

（2）尺寸小，质量轻。坦克内部给予动力舱的空间有限，发动机的外形尺寸不能过大。现代坦克发动机的体积功率大于 600 ~ 1 000 kW/m³，在发动机的长、宽、高三个尺寸中，高度低更为重要，会影响坦克的高度。

（3）燃油消耗率低。当坦克携带的燃油量一定时，发动机的燃油消耗率低，这意味着将增大坦克的行驶里程，减轻油料输送负担，提高坦克的作战能力。

（4）使用多种燃料。

（5）低速时扭矩大。

（6）低温起动性能好。

（7）加速性好。

从表 1-2 可以看出，随着发动机技术的不断发展，发动机逐渐向更小、更快、更高的方向发展，即发动机的排量越来越小，转速越来越快，平均有效压力越来越高。德国 MTU 公司车用柴油机 MT883Ka-500 的气缸直径为 140 mm，新开发的 890 系列柴油机的气缸直径只有 110 mm，通过缩小气缸直径、减小缸心距，使发动机的体积大幅度缩减，这种趋势也可以从图 1-1 中看出来。

表 1-2　2013 年世界十佳发动机参数

国家	发动机型号	气缸排列及缸数	缸径(D/mm)×冲程(S/mm)	iV_s/L	(P_e/kW)/[n/(r·min^{-1})]	[T_{tqmax}/(N·m)]/[n/(r·min^{-1})]	压缩比	p_{me}/MPa	P_L/(kW·L^{-1})	备注
德国	奥迪 3.0 L TFSI 增压发动机	V 型 6 缸	84.5×89	2.995	245/(5 500 ~ 6 500)	440/(2 900 ~ 5 300)	10.3	1.51	81.80	缸内直喷、机械增压
	宝马 2.0 L N20 涡轮增压发动机	直列 4 缸	84×90.1	1.997	178/(5 000 ~ 6 000)	345/(1 250 ~ 4 800)	10.0	1.78	89.13	双涡管单涡轮、电子节气门、Double VANOS

国家	发动机型号	气缸排列及缸数	缸径$(D/mm)\times$冲程(S/mm)	iV_s/L	$(P_e/kW)/[n/(r\cdot min^{-1})]$	$[T_{tqmax}/(N\cdot m)]/[n/(r\cdot min^{-1})]$	压缩比	p_{me}/MPa	$P_L/(kW\cdot L^{-1})$	备注
德国	宝马 3.0 L N55 涡轮增压发动机	直列6缸	84×89.6	2.979	238/5 800	429/(1 300~5 000)	10.2	1.65	79.89	双涡管涡轮、电子节气门、Double VANOS
美国	克莱斯勒 3.6 L Pentastar	V型6缸	—	3.604	210/6 350	347/4 300	10.2	1.10	58.27	双可变气门正时系统
	福特 2.0 L EcoBoost 涡轮增压发动机	直列4缸	87.3×83	1.999	187/5500	366/2 500	9.3	2.04	93.55	涡轮增压、缸内直喷
	福特 5.8 L 机械增压发动机	V型8缸	93.4×105.7	5.817	485/6 250	813/4 000	9.0	1.60	83.38	机械增压
	通用 LTG 发动机	直列4缸	86×86	1.998	203/5 500	353/(1 700~5 500)	9.5	2.22	101.60	双涡管涡轮增压、缸内直喷、DVVT、活塞喷雾冷却、两级可变排量机油泵等
日本	本田 2.4 L K24 W3	直列4缸	87×99.1	2.356	192/6 400	247/3 900	11.1	1.53	81.49	缸内直喷、DOHC、i-VTEC（可变气门升程+可变气门正时）
	本田 3.5 L V6 J35Y1 自然吸气汽油机	V型6缸	89×93	3.471	207/6 200	342/4 900	10.5	1.15	59.64	i-VTEC 可变气门升程、VCM 可变气缸管理技术
	斯巴鲁 FA20 2.0 L 自然吸气汽油机	水平对置4缸	86×86	1.998	148/7 000	205/6 400	12.5	1.27	74.07	混合喷射，DOHC

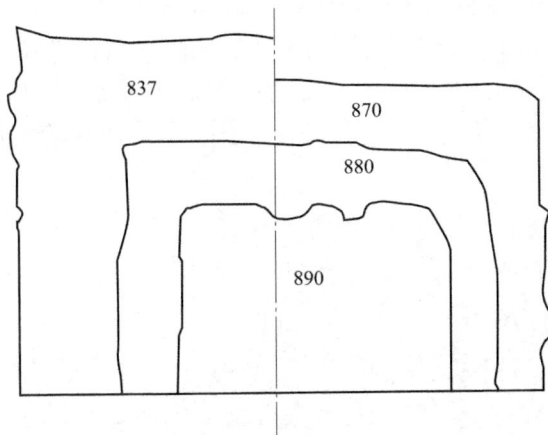

图 1 - 1　MTU 不同机型的发展示意图

1.5　典型车用发动机结构简介

1.5.1　点燃式发动机

图 1 - 2 和图 1 - 3 所示为一汽集团为满足轻型轿车和微型客车需要而开发的 CA4GA 系列汽油机的横、纵剖图。发动机采用 16 气门、可变进气正时、塑料进气管、电子节气门、电控多点燃油喷射系统、静音链传动、耦合式不锈钢排气管、镁铝气缸盖罩盖和链条式罩盖等新技术和新材料，并利用增压技术提高发动机的动力性和经济性，采用缓啮合强制起动电动机实现了怠速停机，降低了交通堵塞地区的燃油消耗和尾气排放。其升功率达到 71 kW/L，扭矩达到 135 N·m/L，满足国Ⅳ排放标准，燃油消耗率低于国家第 2 阶段燃油消耗标准限值。

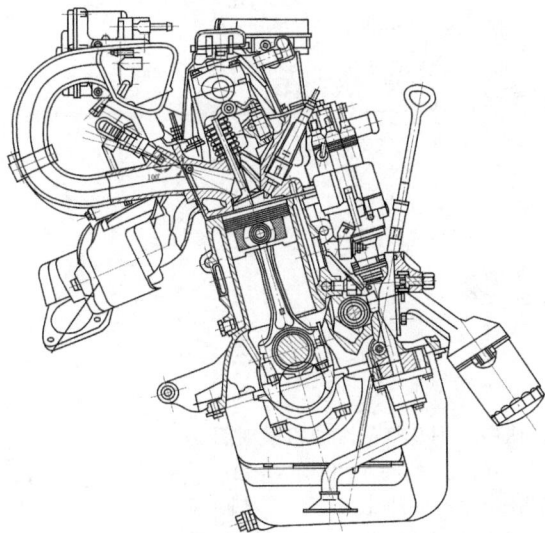

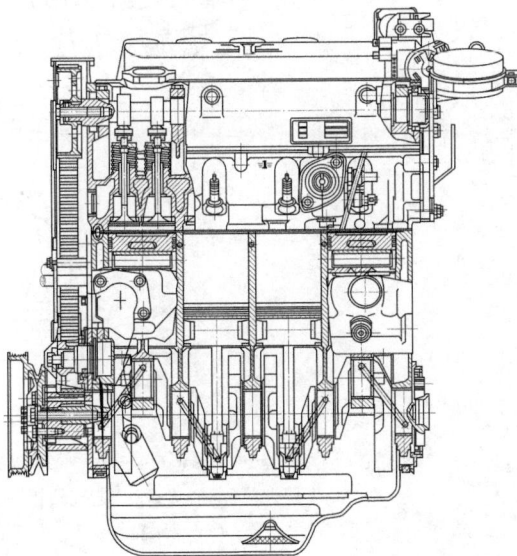

图 1 - 2　一汽集团生产的 CA4GA 发动机横剖图　　图 1 - 3　一汽集团生产的 CA4GA 发动机纵剖图

图 1-4 所示为日本三菱自动车工业株式会社的 3G81 型多点汽油喷射增压中冷型 5 气门汽油机的横剖图。5 气门包括 3 个进气门和 2 个排气门，进排气门采用双顶置凸轮轴（Double Over Head Cam，DOHC）技术，发动机的供油系统采用多点喷射，气缸数为 3，其升功率达到 85.7 kW/L，扭矩达到 135.9 N·m/L，采用涡轮增压系统来提高其动力性及经济性。

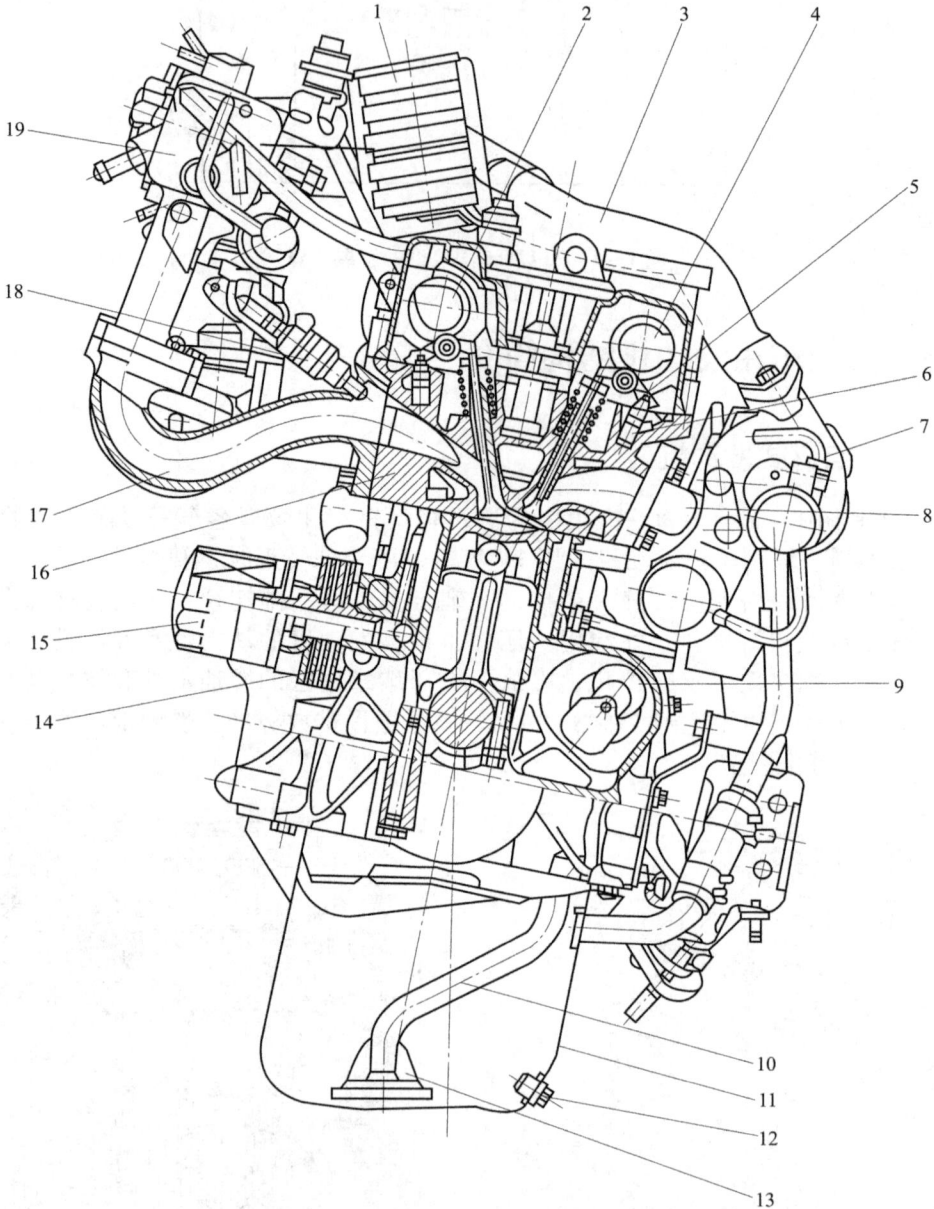

图 1-4 3G81 型多点汽油喷射增压中冷型 5 气门汽油机横剖图

1—空气滤清器；2—进气凸轮轴；3—增压器出气管；4—排气凸轮轴；
5—摇臂；6—液压挺柱；7—废气涡轮增压器；8—排气歧管；9—平衡轴；
10—机油管；11—油底壳；12—放油螺塞；13—机油机滤器；14—机油冷却器；
15—机油滤清器；16—气缸盖；17—进气歧管；18—汽油喷射器；19—中冷器

1.5.2　压燃式发动机

压燃式发动机被广泛地应用于轿车、载货汽车、机车、船舶和发电机中。大多数压燃式发动机采用涡轮增压的方式来提高功率密度，并降低发动机的尺寸和质量。

图 1-5 和图 1-6 所示为昆明云内动力股份有限公司研制的 D19TCI 系列轿车柴油机的横、纵剖图，配装于轿车及 SUV、MPV 等乘用车上，采用柴油机作为轿车的动力源，可以大幅度降低百公里油耗（30% 以上）和温室气体的排放。该系列的柴油机为 4 缸、直列、水冷式，排量分别为 1.6 L 和 1.9 L，采用电控高压共轨燃油喷射系统、DOHC 16 气门、电控可变涡轮截面增压、可变进气涡流控制、冷却 EGR、链条正时传动等技术。该发动机的低速扭矩大，动力提升响应快，百公里油耗低，采用后处理技术排放可达到国Ⅳ排放标准。

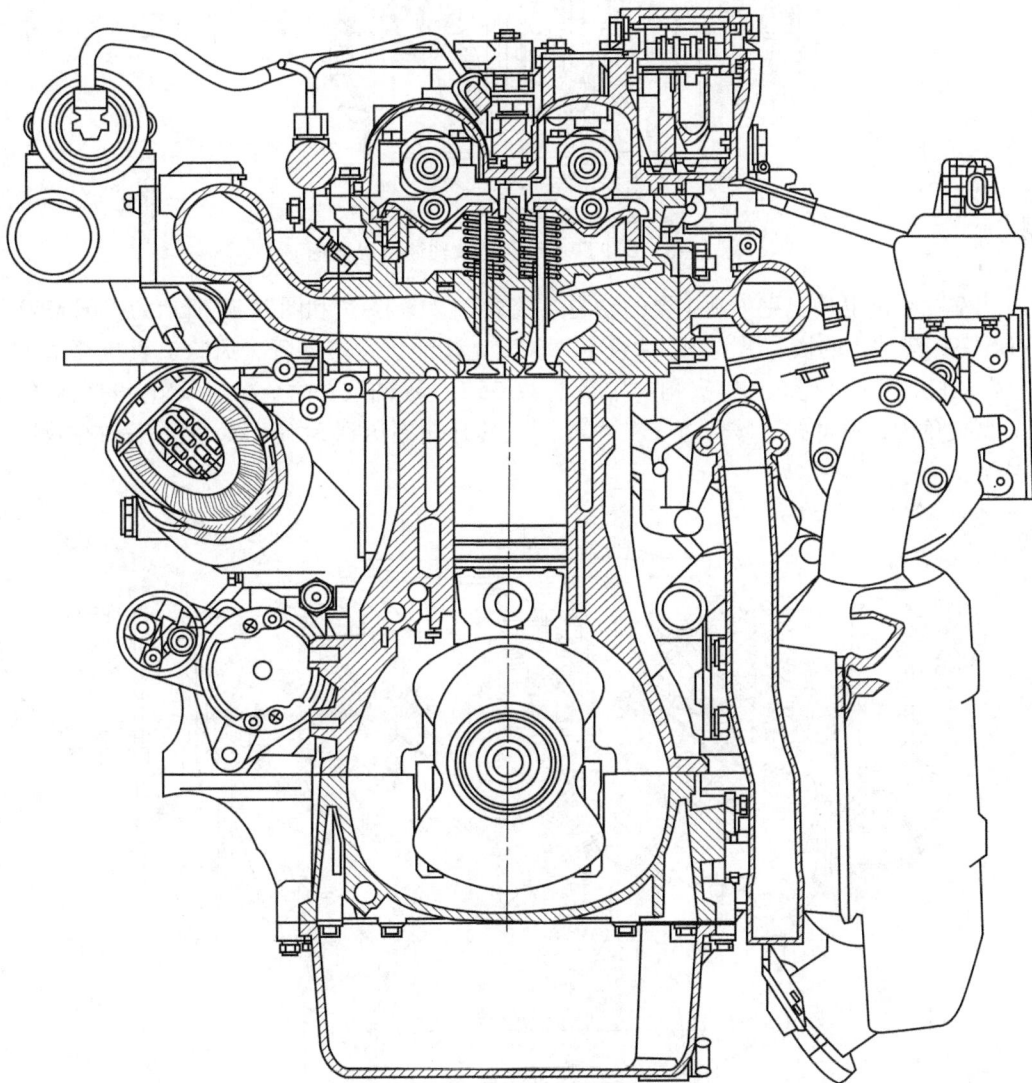

图 1-5　D19TCI 系列轿车柴油机横剖图

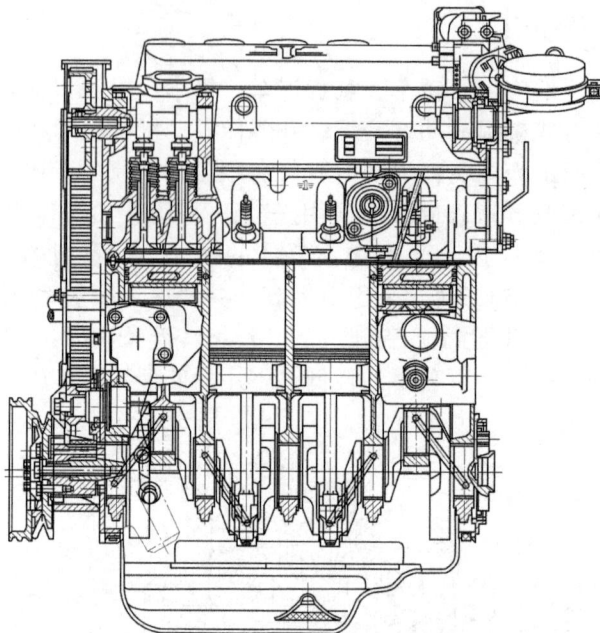

图 1-6 D19TCI 系列轿车柴油机纵剖图

　　大功率发动机也是坦克车辆主要的动力系统之一。图 1-7 和图 1-8 所示为美国 M60 坦克用 AVDS1790 柴油机的横、纵剖图。AVDS1790 坦克柴油机是四冲程、风冷、直接喷射式、涡轮增压发动机，V 型 12 缸、90°夹角，排量是 29.35 L，喷油泵、两个冷却风扇及进气歧管均分布在 V 型夹角内，脉冲排气歧管置于夹角外侧，其升功率达到 24.16 kW/L，平均有效压力为 1.21 MPa。

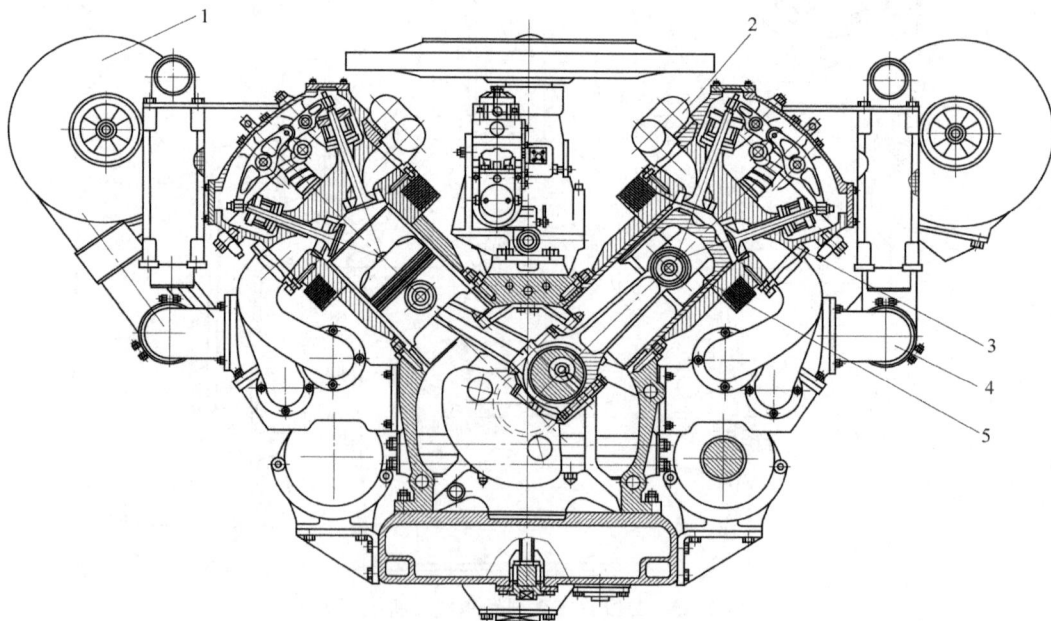

图 1-7 美国 M60 坦克用 AVDS1790 柴油机横剖图

1—涡轮增压器；2—进气歧管；3—缸盖；4—排气歧管；5—缸套

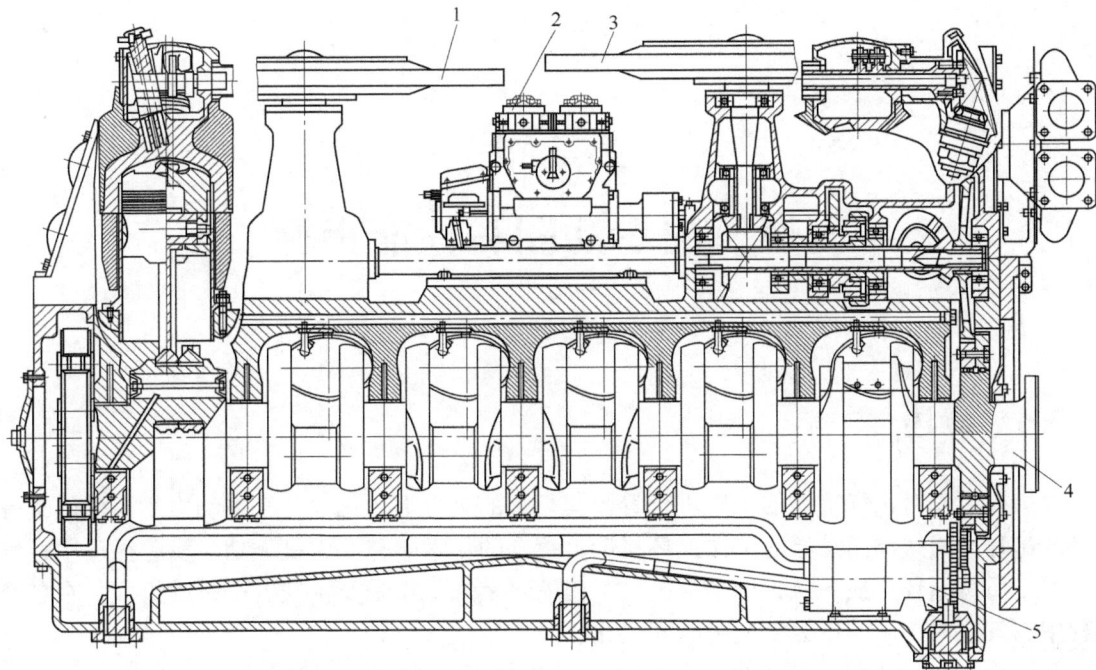

图 1-8　美国 M60 坦克用 AVDS1790 柴油机纵剖图
1，3—冷却风扇；2—喷油泵；4—曲轴输出端；5—机油泵

在发动机领域中，除了四冲程发动机被广泛应用外，二冲程柴油机也在军用坦克车辆动力系统中占有很重要的地位，如乌克兰哈尔科夫柴油机厂生产的 6ТД2、6ТД3。

本章复习题

1. 总结发动机（柴油机、汽油机）缸径、冲程的参数范围，并指出柴油机的气缸直径较大而工作转速较低的原因。

2. 通过查找资料，调研我国内燃机的保存量（以千瓦表示），绘制出近十年发动机总功率的变化曲线。

3. 如果发动机的有效燃油消耗率降低 1 g/（kW·h），我国内燃机行业每年可以减排的二氧化碳数量大致为多少？

4. 手工绘制发动机的横、纵剖面图，进一步加深对发动机构造的理解。

5. 查找文献资料，举例说明内燃机的新技术进展。

第 2 章
内燃机的示功图和性能指标

2.1　概述

内燃机工作时，气缸内的工质进行着极其复杂的热力学、化学、气体动力学及传热学等方面的过程，通过周而复始的工作循环将燃料蕴含的化学能转变为机械功。实际循环中，气缸内的工质每循环更换一次，均是由进气、压缩、燃烧、膨胀及排气五个过程组成。在各个过程中，气缸内工质的压力温度随时间变化。

气缸内压力随工作容积或曲轴转角变化的坐标图称为示功图（Indicator Diagram）。示功图有两种基本形式：以气缸工作容积为独立变量的称为 $p - V$ 示功图（$p - V$ Indicator Diagram），以曲轴转角 φ 为独立变量的称为 $p - \varphi$ 示功图（$p - \varphi$ Indicator Diagram）。示功图是借助专门的仪器从气缸内部测得的，是了解气缸内部工作过程、探索各种因素对工作过程影响的重要资料。学习内燃机原理经常从分析示功图入手，以性能指标为对象，结合工作循环各个阶段分析各种因素的影响，以便从中找出规律，为改善性能指明方向和提出措施。

一台内燃机的工作状况和工作性能的优劣，需要用一定的指标来表示和评价，因此学习本课程时首先应掌握各性能指标的概念及其相互关联性。"内燃机原理"课程主要研究内燃机做功能力的动力性指标、经济性指标以及对大气污染的排放指标。

2.2　示功图

高速内燃机测试获得的示功图一般用 $p - \varphi$ 示功图（图 2 - 1）。从图 2 - 1 可以看出，上止点前进行的是工质的压缩过程，是消耗功的；上止点后，随着燃料的燃烧，压力迅速升高，开始膨胀做功。因此，在测量示功图时上止点的位置是非常重要的，上止点位置偏差过大，产生的效应是此消彼长的双重作用。示功图一般由电测而得，在气缸盖上打一个小孔，装压电传感器，把缸内压力信号以压电形式输出到示波器或其他数据采集系统。另外，还需要一个高精度的角度编码器来获得曲轴转角信号，经过处理可得到 $p - \varphi$ 示功图，进而可以转换成 $p - V$ 示功图。从示功图上可以捕捉到最高燃烧压力及其所对应的曲轴转角，也可以获得工作过程的压力升高率，这些参数对分析发动机的机械负荷、振动噪声具有重要作用。也可以根据示功图进一步计算分析发动机的放热规律，进而分析和评价缸内燃烧过程。因此，有人把示功图形象地比作发动机的"心电图"。

理论上讲，进气过程由上止点开始至下止点为止，实际上在上止点前进气门就开启了（图 2 – 1 点 1），在下止点后才关闭（点 2）。实际的压缩过程是在下止点后，进气门关闭时开始的。当压缩过程接近终点时，在上止点前 θ 角处向气缸内喷射燃油（点 3），经过一段时间，当着火前的物理、化学准备过程完成之后，在点 4 开始燃烧，气缸内压力急速上升。燃烧过程是在膨胀线上结束的，具体时间视发动机的负荷和转速而定。上止点以后开始的是膨胀过程，也称做功冲程。排气过程在下止点前开始（点 5），直至上止点（点 6）后才结束。

利用曲柄连杆机构的活塞位移和曲轴转角的关系，可以很容易地将 $p-\varphi$ 示功图转换成 $p-V$ 示功图。反之，$p-V$ 示功图也可以转换成 $p-\varphi$ 示功图。图 2 – 2 所示为以气缸工作容积和缸内压力为坐标的四冲程汽油机的 $p-V$ 示功图。

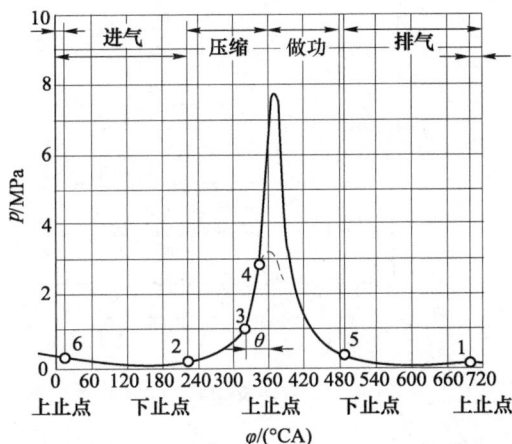

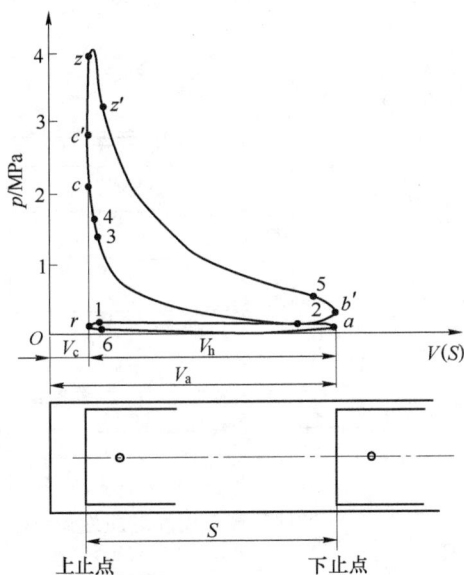

图 2 – 1　四冲程柴油机的 $p-\varphi$ 示功图　　图 2 – 2　四冲程汽油机的 $p-V$ 示功图

四冲程废气涡轮增压发动机的 $p-V$ 示功图（图 2 – 3）和非增压的基本相似。其不同之处只有以下两点：

（1）工质参数高。增压时，进入气缸的新鲜气体是由压气机供给的压缩气体，其压力 p_k 和温度 T_k 都高于外界大气的压力 p_0 和温度 T_0。由于循环开始时的工质参数高于非增压的，因此整个循环的气体参数值都较高。另一方面，由于每循环进气量增加，可使参加燃烧的燃料量相应增加，相当于提供给每循环的热量增加，使气体的温度、压力也随之上升。

（2）进气压力线高于排气压力线。在大部分工况下，废气涡轮增压发动机的进气压力 p_T 都高于排气压力 p_T；在低负荷时，有可能 $p_T > p_k$。

二冲程发动机的 $p-V$ 示功图（图 2 – 4）与四冲程发动机相比，只有换气过程（进气和排气）不同。二冲程发动机没有单独的进、排气冲程，只有压缩和做功两个冲程，曲轴每转完成一个工作循环。新鲜充量是经过压气机（或称扫气泵）预先压缩后进入气缸的，由这些高压气体把废气驱除。排气和进气过程几乎是在做功冲程终点和压缩冲程始点附近的部分冲程内同时完成的，其他过程（压缩、燃烧和膨胀过程）与四冲程发动机相同。

由图 2-4 可见，在做功冲程活塞接近下止点时，排气口开启（点 1），气缸内的膨胀气体向外流出，压力下降；再过一段时间，进气口（扫气口）开启（点 2），经过压气机压缩的高压气体从进气口进入气缸，并驱除废气。活塞从下止点向上止点移动时，进气口先关，气缸内气体继续经排气口外流，直至排气口关闭，压缩过程才真正开始（点 3）。

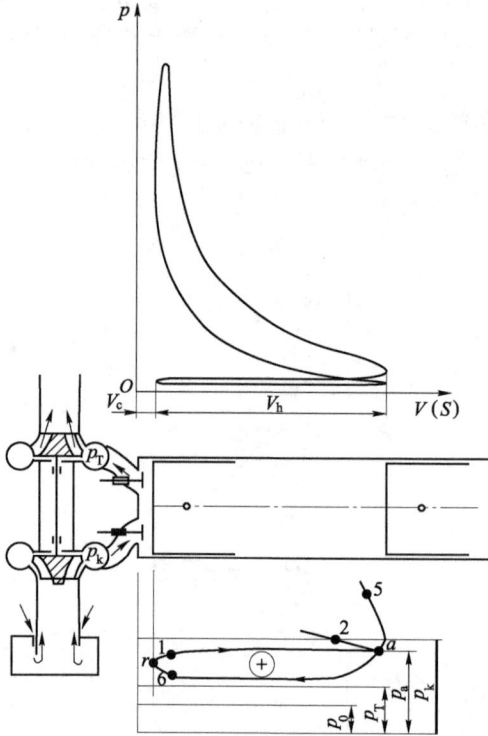

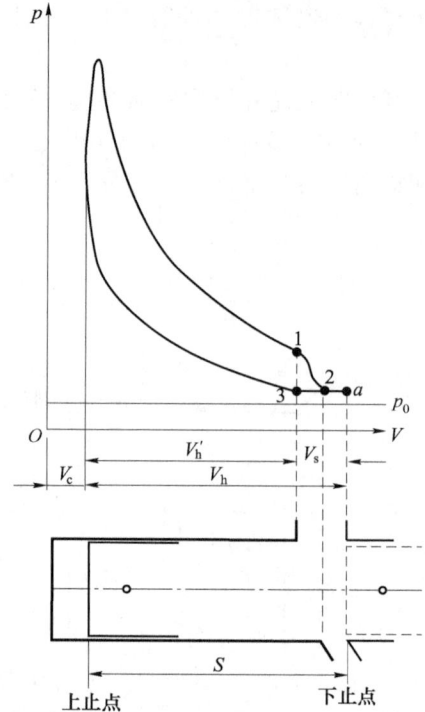

图 2-3　四冲程废气涡轮增压发动机的 $p-V$ 示功图　图 2-4　二冲程发动机的 $p-V$ 示功图

活塞在气缸内的最上位置称为上止点（Top Dead Center，TDC），最下位置称为下止点（Bottom Dead Center，BDC）。活塞在上止点时的气缸容积称为气缸的压缩室容积 V_c（Compression Volume），或气缸最小容积（Minimum Cylinder Volume）。活塞由上止点移至下止点所空出的气缸容积称为气缸工作容积 V_h（Working Volume 或 Swept Volume）。活塞在上、下止点间的位移称为冲程 S（Stroke），如曲轴半径为 R 时，则 $S=2R$。气缸工作容积 V_h 常以升（L）为单位，其公式为

$$V_h = \frac{\pi}{4}d^2 S \tag{2-1}$$

式中　d——气缸直径（Cylinder Bore）；

　　　S——活塞冲程（Piston Stroke）。

活塞在下止点时，气缸内的容积称为气缸的总容积 V_a（Overall Volume），或气缸最大容积（Maximum Cylinder Volume）。V_a，V_c，V_h 有如下关系：

$$V_a = V_c + V_h$$

气缸最大容积 V_a 与最小容积 V_c 之比称为压缩比 ε_c（Compression Ratio）。

$$\varepsilon_c = \frac{V_a}{V_c} = \frac{V_c + V_h}{V_c} = 1 + \frac{V_h}{V_c} \tag{2-2}$$

一般，二冲程发动机常用两个压缩比：几何压缩比 ε_c 和实际压缩比 ε_A。

几何压缩比：

$$\varepsilon_c = \frac{V_c + V_h}{V_c} \qquad (2-3)$$

实际压缩比：

$$\varepsilon_A = \frac{V_h' + V_c}{V_c} \qquad (2-4)$$

其中，V_h' 为进气门关闭所对应的气缸工作容积，如取 $\phi_L = V_s/V_h$ 为工作容积损失系数（V_s 的定义见图 2-4），则两个压缩比的关系为

$$\varepsilon_c = \frac{\varepsilon_A - \phi_L}{1 - \phi_L}$$

其中，ϕ_L 值和换气系统结构有关，一般为 0.12~0.25。

2.3　指示性能指标

供给发动机的燃料会经过燃烧、热功转换到曲轴输出功率三个变化历程，示功图能够记录前两个过程。依据示功图求得的缸内动力性指标和经济性指标称为指示指标，它代表的是缸内工质对活塞做功的指标，没有考虑机械摩擦损失，这也是研究发动机指标时要区分指示指标与有效指标的原因。

2.3.1　指示功

指示功 W_i（Indicated Work）由 $p-V$ 示功图的压力闭合曲线包围的面积来确定。图 2-5 表示四冲程和二冲程发动机的示功图的做功面积。由图 2-5 可见，四冲程非增压发动机的示功图（图 2-5（a））由两部分组成，其中 F_1 代表有用功，是由压缩和膨胀冲程获得的功；F_2 是进气冲程和排气冲程消耗的功，也称泵气功（Pumping Work）。因此，对四冲程非增压发动机，每缸每循环的指示功 W_i 相当于面积（$F_1 - F_2$）代表的功，即

$$W_i = \oint p dV \qquad (2-5)$$

四冲程增压发动机（图 2-5（b）），当进气冲程的压力高于排气冲程的压力时，泵气功（相当于 F_2）为正功，每缸每循环的指示功 W_i 相当于面积（$F_1 + F_2$）。二冲程发动机示功图的整个面积 F 代表指示功 W_i，如图 2-5（c）所示。

2.3.2　平均指示压力

气缸尺寸一定时，指示功 W_i 和平均指示压力 p_i（Indicated Mean Effective Pressure，IMEP）成正比，即

$$W_i = p_i V_h \ (\text{N·m/循环}) \qquad (2-6)$$

式中　p_i——平均指示压力（Pa）；

　　　V_h——气缸工作容积（m^3）。

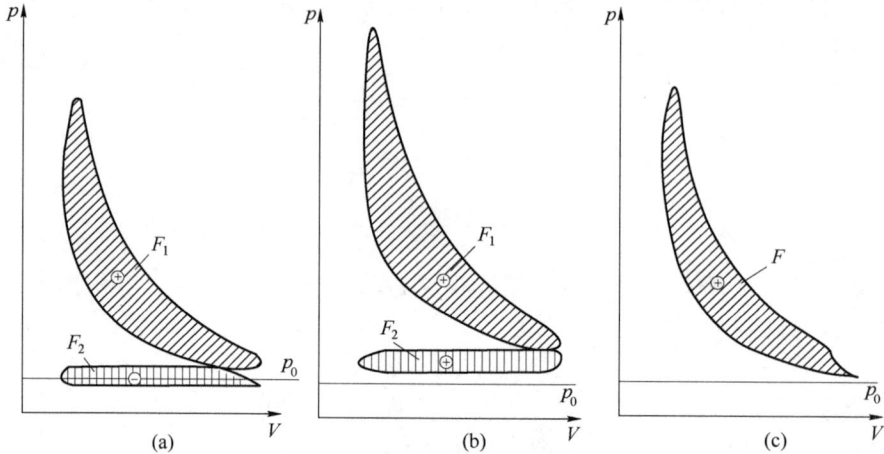

图 2 - 5　发动机示功图的做功面积

（a）四冲程非增压发动机；（b）四冲程增压发动机；（c）二冲程发动机

如图 2 - 6 所示，压缩冲程消耗的负功 W_1（ac 曲线下的面积）可由高度为 p_1'、底边为 V_h 的矩形面积表示。而膨胀冲程所做正功 W_2（cza 曲线下的面积）可由高度为 p_2'、底边为 V_h 的矩形面积表示。上述两面积之差即相当于指示功 W_i 的面积 $a'c'z'b'$，两块面积的高度差 p_i 即平均指示压力。显然，平均指示压力 p_i 在 $p-V$ 示功图上表示底边为 V_h，高度相当于指示功 W_i 的矩形的高度。平均指示压力也可理解为一个假想的定值压力，它作用在活塞上，从上止点到下止点的一个冲程做功恰好与指示功 W_i 相等，即

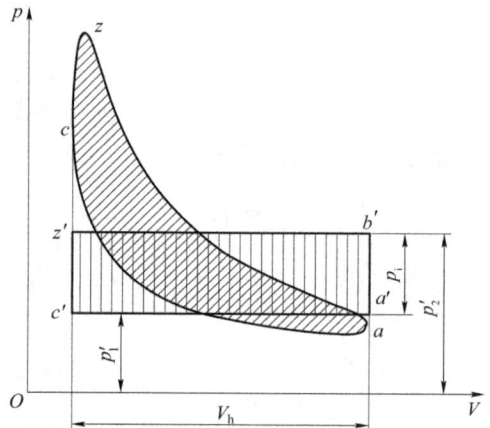

图 2 - 6　指示功和平均指示压力的关系

$$p_i V_h = \oint p \mathrm{d}V = W_i$$

则

$$p_i = \frac{W_i}{V_h}(\mathrm{N \cdot m/m^3}) \tag{2 - 7}$$

由式（2 - 7）可以看出，平均指示压力表示单位气缸工作容积每循环的指示功。p_i 值越高，同样的气缸工作容积能发出的指示功越大，它是评价实际循环动力性能的主要指标。尽管各种发动机的气缸尺寸不同，只要其平均指示压力 p_i 值高，就意味着该机的气缸工作容积利用程度好，工作循环组织得更有效。平均指示压力的常用单位是 MPa。

在标定工况下，p_i 值范围如下（单位为 MPa）：

四冲程轿车用汽油机：0.65 ~ 1.25；四冲程卡车用汽油机：0.60 ~ 0.85；四冲程摩托车用汽油机：0.90 ~ 1.43；二冲程小型风冷机：0.40 ~ 0.85；四冲程非增压柴油机：0.60 ~ 1.15；四冲程增压柴油机：0.85 ~ 3.20；二冲程柴油机：0.35 ~ 1.30。

2.3.3　指示功率

功率的定义是单位时间内所做的功，如果每循环所用时间为 t（s），则每个气缸的指示功率 P_i 为

$$P_i = \frac{W_i}{t}(N \cdot m/s) \tag{2-8}$$

发动机曲轴每一转有两个活塞冲程，如每循环的冲程数为 τ（四冲程 $\tau = 4$，二冲程 $\tau = 2$），曲轴转速为 n（r/min），则每循环的时间 $t = 60\tau/(2n)$，代入式（2-8）后，得

$$P_i = W_i \cdot \frac{2n}{60\tau} = \frac{nW_i}{30\tau}(N \cdot m/s) \tag{2-9}$$

考虑到 $W_i = p_i V_h$，式（2-9）又可写成

$$P_i = \frac{p_i V_h n}{30\tau}(W)$$

式中，p_i 的单位为 N/m^2；V_h 的单位为 m^3。

对于多缸发动机，如气缸数为 i，则

$$P_i = \frac{p_i V_h i n}{30\tau}(W) \tag{2-10}$$

习惯上 p_i 以 MPa 为单位，气缸工作容积以 L 为单位。经过单位换算，可得发动机的指示功率 P_i 为

$$P_i = \frac{p_i V_h i n}{30\tau}(kW) \tag{2-11}$$

式中　p_i——平均指示压力（MPa）；

$\quad\quad V_h$——气缸工作容积（L）；

$\quad\quad i$——气缸数目；

$\quad\quad \tau$——每循环冲程数，四冲程 $\tau = 4$，二冲程 $\tau = 2$；

$\quad\quad n$——曲轴转速（r/min）。

2.3.4　指示热效率和指示燃油消耗率

实际循环的经济性指标用指示热效率 η_i 和指示燃油消耗率 b_i 表示。指示热效率是示功图上转变为机械功的热量与消耗的热量之比，即

$$\eta_i = \frac{W_i}{Q_i} \tag{2-12}$$

式中　W_i——发动机气缸内的指示功（N·m 或 J）；

$\quad\quad Q_i$——加给气缸内工质的热量（J）。

若测得发动机的指示功率 P_i（kW）、燃油消耗量 B（kg/h），由式（2-13）可求燃料消耗率 b_i［g/(kW·h)］为

$$b_i = \frac{B \times 10^3}{P_i} \tag{2-13}$$

如果燃料热值为 H_u，由式（2-12）及式（2-13）得

$$\eta_i = \frac{W_i}{Q_i} = \frac{P_i}{BH_u} = \frac{1}{H_u b_i} \qquad (2-14)$$

式中，H_u 的单位为 J/kg，b_i 的单位为 kg/J。

在实际计算时，H_u 的单位为 MJ/kg，b_i 单位为 g/（kW·h），则

$$\eta_i = \frac{3.6 \times 10^3}{H_u b_i} \qquad (2-15)$$

在标定工况时，η_i、b_i 值的范围如表 2 - 1 所示。

由表 2 - 1 可明显看出，柴油机的热效率高于汽油机。

表 2 - 1　在标定工况时，η_i、b_i 值的范围

机型	η_i	b_i/（g·kW^{-1}·h^{-1}）
汽油机	0.28 ~ 0.40	245 ~ 300
柴油机	0.42 ~ 0.48	175 ~ 205
燃气机	0.28 ~ 0.33	—

2.4　内燃机中的摩擦损失

车辆和发动机用户最关心的是发动机的有效指标，即从指示指标中扣除机械损失后的净指标。在试验台上，发动机制造厂在某转速下测得的输出功率为有效功率或净功率。试验时，要根据相应的规范装上必要的辅助装置。由于各国试验条件不同，车辆发动机的功率数据往往难以比较，例如美国 SAE 测定的发动机功率要比德国 DIN 标准的功率高 10% ~ 25%。发动机的有效指标受指示指标和机械损失的综合影响，增加发动机的有效功率，降低燃油消耗率，不但要研究改善工作循环的措施，还要分析机械损失，了解降低机械损失或提高机械效率的措施。

2.4.1　机械损失的组成

内燃机的机械损失功率为

$$P_m = P_T + P_a + P_p + P_c + P_h$$

式中　P_T——发动机运动零件的摩擦功率，如活塞和活塞环对气缸壁的摩擦、曲柄连杆机构轴承的摩擦、气门机构的摩擦等；

　　　P_a——带动各项辅助设备消耗的功率，如水泵、机油泵、喷油泵、风扇及电动机等；

　　　P_p——泵气损失功率，即非增压四冲程发动机消耗于进排气冲程的功率，而增压发动机在大多数情况下为正功；

　　　P_c——驱动机械增压器或换气泵消耗的功率；

　　　P_h——消耗于发动机运动件和空气间的摩擦损失功率，如连杆、飞轮等机件在空气中的运动阻力损失。

机械效率 η_m（Mechanical Efficiency）表示在指示功率中转变为有效功率的程度，即

$$\eta_m = \frac{P_e}{P_i} \qquad (2-16)$$

为了便于比较不同气缸容积发动机的机械损失和工作的有效性，常折算成单位气缸工作

容积每循环做功量，即以平均压力表示。

$$p_{me} = p_i - p_{mm}$$

式中 p_{me}——平均有效压力（Brake Mean Effective Pressure，BMEP）（MPa）；

p_i——平均指示压力（MPa）；

p_{mm}——平均机械损失压力，或平均摩擦损失压力（Frictional Mean Effective Pressure，FMEP）（MPa）。

2.4.2   影响因素分析

机械损失是由许多部分组成的，其各项数值如表 2－2 所示。由表2－2中可以看出，活塞、活塞环和缸套的摩擦是摩擦损失中的主要组成部分。运动件的空气阻力可忽略不计。在良好的工作条件下，漏气损失约占 1.5%。影响机械损失的其他因素有压缩比、转速、负荷、发动机的热状态与技术状态。

表 2－2   机械损失的组成　　　　　　　　　　　%

损失项目	汽油机	柴油机
活塞、活塞环和缸套的摩擦	44.0	50.0
主轴承和连杆轴承的摩擦	22.0	24.0
泵气损失	20.0	14.0
驱动气门机构	8.0	6.0
驱动机油泵、水泵和喷油泵	6.0	6.0
总计	100	100

（按 Ricardo 公司数据）

1. 压缩比

增大压缩比使工作循环的压力升高、轴承载荷及活塞侧压力增大，故机械损失增加。图 2－7 所示为压缩比 ε 对气缸内最高燃烧压力 p_{max} 及摩擦损失压力 p_{mm} 的影响，其中 p_{mm} 仅是由气体压力增大而引起的摩擦损失压力。柴油机的平均机械损失压力 p_{mm} 一般比汽油机高 30% 左右。汽油机的机械损失功率 P_m 随压缩比 ε_c 的变化可按下式近似地求出：

$$P_m = P_{m0} \frac{\varepsilon_c + 8.5}{\varepsilon_0 + 8.5}$$

式中 P_m 和 P_{m0}——压缩比变化后及变化前的机械损失功率；

ε_c 和 ε_0——相应的压缩比。

2. 发动机转速或活塞平均速度

活塞行程相同的发动机，可以用转速表示发动机的速度状况；对于活塞行程不同的发动机，需用活塞

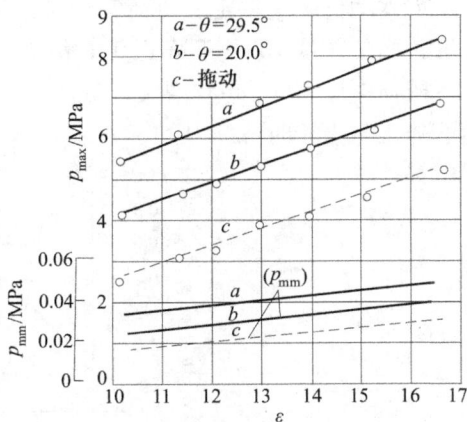

图 2－7   压缩比对最高燃烧压力及平均机械损失压力的影响

（$n = 1\ 600$ r/min；$V_h = 2.25$ L；$\phi_a = 1.5$）（直接喷射式柴油机）

平均速度表示速度状况。速度增大，惯性力增大，导致内燃机机械损失增加。统计数据说明，内燃机的机械损失是随速度而逐渐增加的，一般可按下列经验公式估算平均机械损失压力 p_{mm}（MPa）。

$$p_{mm} = A + B \cdot V_m \tag{2-17}$$

式中　A，B——与发动机结构有关的常数（见表 2-3）；

　　　V_m——活塞平均速度（m/s），其表达式为

$$V_m = \frac{Sn}{30} \tag{2-18}$$

　　式中　S——冲程（m）；

　　　　　n——曲轴转速（r/min）。

表 2-3　不同机型的 A、B 值

发动机类型		A	B
汽油机	$S/d > 1$	0.05	0.015 5
	$S/d < 1$	0.04	0.013 5
柴油机	分开式燃烧室	0.105	0.013 8
	统一式或半分开式燃烧室	0.105	0.012

　　除了上述计算平均摩擦损失压力的方法外，在 Ricardo Wave、GT-Power 性能计算软件中也使用 Chen-Flynn 公式：

$$p_{mm} = A + B \cdot p_{max} + C \cdot V_m + D \cdot V_m^2 \tag{2-19}$$

式中　A，B，C，D——计算常数，依据内燃机实测机械损失选取数值。

3. 负荷

　　发动机转速一定，负荷变化时，机械损失及机械效率的变化如图 2-8 所示。对于汽油机，当负荷从 100% 下降到 0（惰转）时，由于节气门逐渐关闭，泵气损失增加，所以平均机械损失压力 p_{mm} 略有增大，负荷减小，p_i 急剧下降，至惰转时 $p_i = p_{mm}$；相应地，η_m 也急剧下降，至惰转时 $\eta_m = 0$。

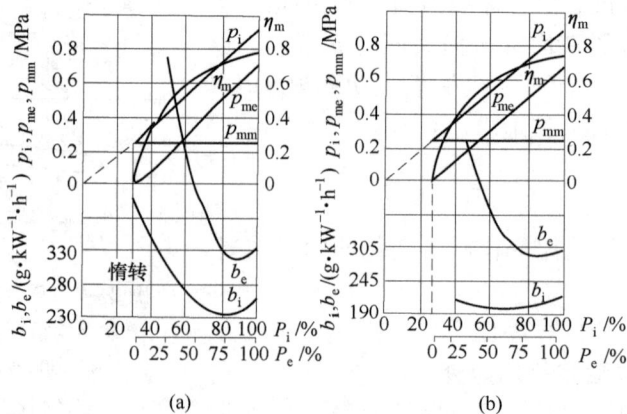

图 2-8　负荷变化对机械损失及机械效率的影响
（a）汽油机；（b）柴油机

柴油机的负荷减小时，每循环供油量减少，但空气数量基本不变，所以泵气损失没有显著变化。负荷从 100% 降至 0，p_{mm} 基本不变。由于 p_i 减小，使机械效率下降，怠速时 $\eta_m = 0$。

4. 润滑油黏度

内燃机应在保证油膜条件下选用黏度较小的润滑油。润滑油的黏度和发动机的热状态有关。冬季冷起动时，润滑油温度低，黏度大，机械损失压力可达正常工作时的 4 倍以上。但润滑油温度太高，可能破坏油膜，发生半干摩擦，使机械损失增加，甚至发生拉缸现象。图 2-9 所示为曲轴箱内润滑油的温度对摩擦损失的影响，其中在 80 ℃ ~ 90 ℃ 内，摩擦损失最小。此外，减小活塞裙表面积及活塞环数目，提高活塞环和活塞表面加工精度，摩擦损失也可减小。

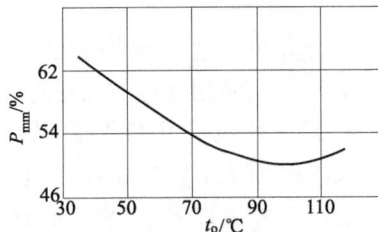

图 2-9　曲轴箱内润滑油的温度对摩擦损失的影响

2.4.3　测试方法及特点

1. 示功图法

运用各种示功器获取气缸示功图，根据示功图计算出 p_i 值；另外，从实测功率算出 p_{me} 值，两者之差即发动机在该工况下的平均机械损失压力 p_{mm} 值。从理论上说，这种测定方法完全符合机械损失的定义。但在发动机台架实际测试中，扭矩测量具有较高的精度，即可以计算出准确的 p_{me} 值，只要能测得可靠的 p_i 值，便可得到比较准确的 p_{mm} 值。

2. 拖动法（Motoring Test）

用电力测功器测内燃机功率时，首先让内燃机在指定工况下稳定运转，待冷却水和机油的温度都稳定在正常数值后，切断供油，由电力测功器拖动内燃机在指定的转速运转，电力测功器所消耗的功率，即内燃机在该工况的机械损失功率。这种方法的缺点是必须用电力测功器，而且测得的结果往往偏大。拖动时消耗的功率大于发动机在该工况下的机械损失功率，这主要是由拖动时 $p-V$ 示功图上的压缩线和膨胀线不重合造成的（图 2-10）。由于气体向缸壁传热，膨胀线低于压缩线，出现了负功。对于小型、高压缩比的柴油机，拖动法测定的机械损失可能比实际的机械损失大 15% ~ 20%；对于低压缩比的发动机误差约为 5%。另外，拖动法不能用于废气涡轮增压的发动机。

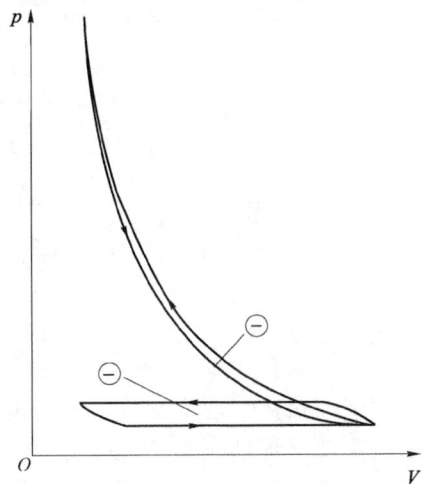

图 2-10　拖动时的 $p-V$ 示功图

3. 单缸灭火法（Morse 法）

先使多缸发动机在指定的工况稳定工作，当测得有效功率 P_e 之后，切断向某一气缸供油（或切断某一气缸的火花塞供电），并调节测功器，使发动机恢复到原来的转速，并重新测定有效功率，得 P_{e1}，则被灭火的气缸原来所发出的指示功率 P_{i1} 为

$$P_{i1} = P_e - P_{e1}$$

顺次使各缸熄火，可测得各缸的指示功率 P_{i1}，P_{i2}，…，则整台发动机的指示功率 P_i 为

$$P_i = P_{i1} + P_{i2} + P_{i3} + \cdots$$

整台发动机的机械损失功率为

$$P_m = P_i - P_e$$

这种方法只适用于多缸发动机，不能用于废气涡轮增压的发动机。对于汽油机，由于进气情况改变，采用这种方法往往得不到正确结果。

4. 油耗线法（又名负荷特性法）（Willan 法）

柴油机的负荷特性是在转速不变的条件下，逐渐改变供油齿杆的位置，测出发动机的负荷与油耗，然后以表示负荷的指标（如 p_{me}）为横坐标，以每小时耗油量 B（kg/h）为纵坐标绘制曲线，如图 2-11 所示。顺着这条负荷特性曲线接近直线的部分作延长线，直至与横坐标相交，则此交点的横坐标长度就是该发动机的平均机械损失压力 p_{mm} 的数值。这种方法只适用于柴油机，因为该方法的基础是假定转速不变时，发动机的平均机械损失压力 p_{mm} 和指示热效率 η_i 都不随负荷增减而变化。于是可分别对工况 A、B 写出下列关系式：

$$BH_u\eta_i = P_i = P_e + P_m$$
$$B_0H_u\eta_i = P_m$$

两式相除，得

$$\frac{B}{B_0} = \frac{P_e + P_m}{P_m} = \frac{p_{me} + p_{mm}}{p_{mm}}$$

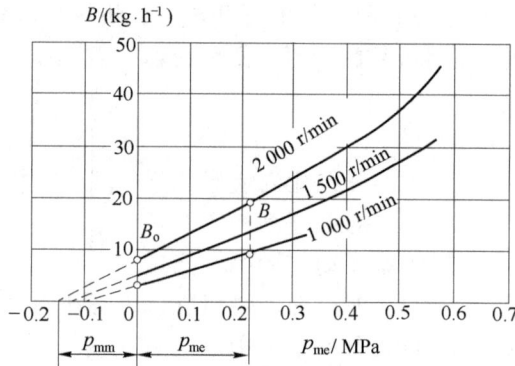

图 2-11　用油耗线法求 p_{mm} 值

柴油机在转速不变时，平均机械损失压力 p_{mm} 基本不变，在中小负荷时，指示热效率 η_i 基本不变（即油耗线中部有一直线段），故适用此测定法。汽油机在转速不变而减小负荷时，由于节气门关小，使泵气损失增大，同时使燃烧变坏，η_i 降低，故这种方法不适用于汽油机。此方法的最大优点是不需要测功器，甚至不必从车辆上拆下发动机就可测定发动机的机械效率，因为机械效率 η_m 为

$$\eta_m = \frac{p_{me}}{p_i} = \frac{p_i - p_{mm}}{p_i} = 1 - \frac{p_{mm}}{p_{me} + p_{mm}} = 1 - \frac{B_0}{B} \qquad (2-20)$$

式中　B——某转速时的每小时耗油量（kg/h）；

B_0——在对应转速空转时的每小时耗油量（kg/h）。

以上各种测定机械损失的方法各有利弊，但每一种测量方法都是建立在一定的假设条件基础上的。内燃机工作的实际情况，只是基本上符合这些假设条件，所以各种方法测定的结果都是近似值。

2.5 内燃机的有效指标

发动机运转时，由于内部有机械损失，因此，曲轴输出的功率总是小于气缸内发出的指示功率，即

$$P_e = P_i - P_m \tag{2-21}$$

式中 P_e——有效功率（Brake Power），即从曲轴输出的功率（kW）；

P_i——指示功率（Indicated Power）（kW）；

P_m——机械损失功率（Mechanical Losses）（kW）。

2.5.1 有效功率

可以认为平均有效压力 p_{me} 是一假想的压力，在此压力作用下，活塞一个冲程所做的功恰好与一个循环的有效功相等。平均有效压力 p_{me} 也相当于单位气缸工作容积每循环的有效功的数值。平均有效压力 p_{me} 是评价发动机气缸工作容积利用率和强化程度的重要指标。与式（2-11）相似，平均有效压力和有效功率的关系可写成如下形式：

$$P_e = \frac{p_{me} V_h in}{30 \tau}(\text{kW}) \tag{2-22}$$

式中 p_{me}——平均有效压力（MPa）；

V_h——每缸的工作容积（L）；

i——发动机气缸数目；

τ——发动机每循环的冲程数；

n——发动机曲轴转速（r/min）。

同理，机械损失功率和平均机械损失压力有如下关系：

$$P_m = \frac{p_{mm} V_h in}{30 \tau}(\text{kW}) \tag{2-23}$$

机械效率 η_m 可写成如下形式：

$$\eta_m = \frac{p_{me}}{p_i}$$

或

$$p_{me} = p_i \eta_m \tag{2-24}$$

在标定工况下，发动机 p_{me} 和 η_m 值的范围如表 2-4 所示。

表 2-4 在标定工况下，发动机 p_{me} 和 η_m 值的范围

发动机类型	p_{me}/MPa	η_m
四冲程 - 汽油机	0.65 ~ 1.20	0.70 ~ 0.85
- 燃气机	0.50 ~ 0.60	0.75 ~ 0.80
- 非增压柴油机	0.55 ~ 0.85	0.75 ~ 0.80
- 增压柴油机	0.80 ~ 3.00	可达 0.92
二冲程 - 汽油机	0.40 ~ 0.65	—
- 非增压柴油机	0.40 ~ 0.60	0.70 ~ 0.80
- 增压柴油机	0.80 ~ 1.30 及更高	可达 0.92

发动机的有效功率，是在试验台上用测功器测出曲轴输出扭矩 T_{tq} 和用转速计测出转速 n 之后，经过换算确定的，即

$$P_e = \frac{2\pi n T_{tq}}{60} \times 10^{-3} (kW) \qquad (2-25)$$

式中　T_{tq}——实测扭矩（N·m）；

　　　n——曲轴转速（r/min）。

式（2-25）也可写成

$$P_e = \frac{T_{tq} n}{9\,549} (kW) \qquad (2-26)$$

由式（2-22）和式（2-26），可得

$$T_{tq} = K \cdot p_{me} \ (N \cdot m) \qquad (2-27)$$

式中　K——常数，$K = 318.3 V_h i / \tau$。

式（2-27）说明，一台发动机的扭矩和平均有效压力成正比。

2.5.2　平均有效压力的计算方法

在发动机工作时，吸入的空气量决定了需要配给的燃料量，也由此决定了发动机的动力输出水平，如果能从发动机吸入的空气量来计算平均有效压力，就可以建立平均有效压力与发动机工作过程主要参数的关系。为计算平均有效压力，本部分先引入几个重要概念。

1. 过量空气系数 ϕ_a

在发动机中，供给燃料燃烧的空气量往往大于理论空气量。燃烧 1 kg 燃料的实际空气量 L 与理论上所需空气量 L_0 之比，称为过量空气系数 ϕ_a（Excess Air Coefficient）。

$$\phi_a = \frac{L}{L_0} \qquad (2-28)$$

理论上所需空气量是循环喷油量 g_b 与每千克燃料完全燃烧所需要的空气量 L_0' 的乘积，即 $L_0 = g_b \cdot L_0'$。

过量空气系数与发动机类型、混合气形成方法、燃料种类、工况（负荷和转速）、功率的调节方法等因素有关，如表 2-5 所示。实际供给的空气量和理论上所需空气量相等时，$\phi_a = 1$，称为理论混合比；当 $\phi_a < 1$ 时（缺氧），称为浓混合比；$\phi_a > 1$ 时（氧过剩），称为稀混合比。汽油机用均匀混合气，在 $\phi_a = 1.1 \sim 1.3$ 内经济性最好。加浓工作混合气，当 $\phi_a = 0.85 \sim 0.90$ 时，发动机功率最大。在低负荷和怠速时，用浓混合气才能保证发动机工作稳定。汽油机所用工作混合气的混合比在狭小的范围内变化，因此汽油机负荷是靠进气量的多少来调节的，即所谓量调节。柴油机负荷用质调节，ϕ_a 的变化范围较大。由于混合气形成不均匀，ϕ_a 总是大于 1。图 2-12 所示为过量空气系数 ϕ_a 随负荷的变化情况。

2. 空燃比及燃空比

在发动机试验时，经常要测定空气的流量 m_a 及燃油流量 B，这两个流量的比值对于确定发动机的工况很有用处。

空燃比（Air/Fuel Ratio）：

$$A/F = \frac{m_a}{B} \qquad (2-29)$$

表 2 – 5　各种发动机在标定工况下的 ϕ_a 值

发动机类型	ϕ_a
汽油机	0.8 ~ 1.1
低速柴油机	1.6 ~ 2.0
高速柴油机	1.2 ~ 1.8
增压柴油机	1.8 ~ 2.2

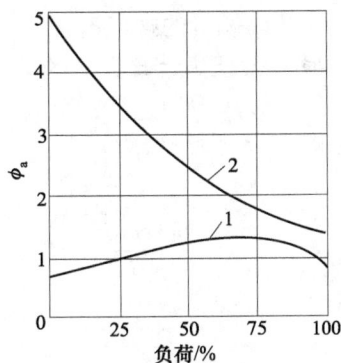

图 2 – 12　ϕ_a 随负荷的变化关系

1—汽油机；2—柴油机

燃空比（Fuel/Air Ratio）：

$$F/A = \frac{B}{m_a} \tag{2 – 30}$$

在正常工作范围内，其数值如下：

汽油机：$12 \leqslant (A/F) \leqslant 18$；$0.056 \leqslant (F/A) \leqslant 0.083$。

柴油机：$18 \leqslant (A/F) \leqslant 70$；$0.014 \leqslant (F/A) \leqslant 0.056$。

燃料完全燃烧时的理论空燃比以 $(A/F)_0$ 表示，理论燃空气比以 $(F/A)_0$ 表示。对汽油机，$(A/F)_0 = 14.8$，$(F/A)_0 = 0.067\,6$。

在一些文献中，还采用以下参数表示混合气浓度。

（1）相对空燃比：$(A/F)_R = \dfrac{A/F}{(A/F)_0} = \phi_a$；

（2）相对燃空比：$(F/A)_R = \dfrac{F/A}{(F/A)_0} = \dfrac{1}{\phi_a}$；

（3）当量燃空比（简称当量比）：$\phi = \dfrac{\text{实际燃空比}}{\text{理论燃空比}} = \dfrac{1}{\phi_a}$。

3. 充气系数 ϕ_c

由于进气系统的阻力减少了每循环气缸工作容积能进入的空气量，为评价发动机进气过程的完善性，通常用充气系数或充量系数表示。每循环进入气缸的空气质量与进气状态下充满气缸工作容积的空气量之比，称为充气系数 ϕ_c。

$$\phi_c = \frac{m_a}{\rho_{ai} V_h} \tag{2 – 31}$$

式中　ρ_{ai}——进气系统中或大气中的空气密度（kg/m^3）；

　　　m_a——通过进气系统的空气流量（kg/s）。

对于四冲程发动机，式（2 –31）也可写成

$$\phi_c = \frac{2\dot{m}_a}{\rho_{ai} V_h n} \tag{2 – 32}$$

式中　$\dot{m}_a$——通过进气系统的空气流量（kg/s）；

　　　n——曲轴转速（r/s）。

非增压发动机的 ϕ_c 为 0.8 ~ 0.9，柴油机的 ϕ_c 稍高于汽油机的 ϕ_c。有关充气系数的详细

论述见第 5 章内燃机的换气过程。

4. 平均有效压力计算公式的推导

由平均有效压力的定义，可写出

$$p_{me} = \frac{Q_1 \eta_e}{V_h}$$

其中，$Q_1 = g_b H_u = \frac{\phi_c V_h \rho_{ai} H_u}{\phi_a L_0'}$，$L_0'$ 为燃烧 1 kg 燃料的理论空气量（kg），则

$$p_{me} = \frac{\eta_e \phi_c \rho_{ai} H_u}{\phi_a L_0'} (N/m^2)$$

实际运用时，分别取 H_u、p_{me} 的单位为 kJ/kg 和 MPa，则

$$p_{me} = \frac{\eta_e \phi_c \rho_{ai} H_u}{\phi_a L_0' \times 10^3} \tag{2-33}$$

2.5.3 有效热效率与油耗率

评价整个发动机工作经济性的指标主要是有效热效率 η_e（Brake Thermal Efficiency）和有效燃油消耗率 b_e（Brake Specific Fuel Consumption，BSFC）。有效热效率 η_e 表示加入发动机的热量中转变为有效功的程度，即

$$\eta_e = \frac{W_e}{Q_1} = \frac{W_i \eta_m}{Q_1} = \eta_i \eta_m \tag{2-34}$$

η_e 考虑了整个发动机实际工作的一切损失。与 η_i 相似，η_e 可写成

$$\eta_e = \frac{3.6 \times 10^3}{H_u b_e} \tag{2-35}$$

有效燃油消耗率 b_e 表示发动机 1 kW·h 消耗的燃料量，即

$$b_e = \frac{B}{P_e} [g/(kW \cdot h)] \tag{2-36}$$

由式（2-34）和式（2-35）可得

$$b_e = \frac{3.6 \times 10^3}{\eta_i \eta_m H_u} [g/(kW \cdot h)] \tag{2-37}$$

石油产品的液体燃料，其热值 H_u 相差甚微，因此 b_e 与 η_e 成反比，b_e 低说明 η_e 高。发动机铭牌或产品说明书上注明的指标都是标定工况下的数值，当工作状况或外界大气状态（温度、压力、湿度）变化时，各项参数和指标随之改变。车辆发动机工作时，其负荷和转速经常变化，因此全面了解一台发动机性能时，除看标定工况下的性能指标外，还要看非标定工况下的指标情况。发动机特性曲线表示工况改变时，各项指标的变化，有关发动机的特性问题将在第 13 章论述。

表 2-6 在标定工况下，b_e 和 η_e 的范围

发动机类型	$b_e/(g \cdot kW^{-1} \cdot h^{-1})$	η_e
汽油机	265～340	0.21～0.28
非增压柴油机	224～299	0.27～0.38
增压柴油机	190～217	0.40～0.45

2.6　提高内燃机性能的途径

由式（2-22）可得，发动机功率 P_e（kW）的关系式为

$$P_e = \frac{p_{me}V_h in}{30\,\tau}$$

换算成每升气缸工作容积的标定功率称为升功率 P_L（kW/L），即有

$$P_L = \frac{P_e}{iV_h} = \frac{p_{me}n}{30\,\tau} \tag{2-38}$$

由式（2-33）可得

$$P_L = k_1 \frac{H_u n}{\phi_a L_0' \tau} \eta_i \cdot \eta_m \cdot \phi_c \cdot \rho_{ai} \tag{2-39}$$

由式（2-37），可得

$$b_e = \frac{3.6 \times 10^3}{\eta_i \eta_m H_u} = \frac{k_2}{\eta_i \eta_m} \tag{2-40}$$

式中　　k_1，k_2——计算常数。

综合分析式（2-39），将能找到在相同发动机几何尺寸下为获得最大功率而强化发动机的途径。公式（2-39）表明了各主要参数间的关系，可以看出，在气缸数 i 及冲程数 τ 一定的条件下，提高内燃机动力性及经济性的主要措施包括以下几个。

1. 提高转速

提高转速 n 几乎可以成正比地提高发动机的升功率，但随着 n 的增大也会带来许多问题，如活塞的平均速度必将大幅度增大，进而增大了发动机的机械负荷及机械损失，严重影响其可靠性。随着转速的增大，燃烧的绝对时间变短，给混合气形成、燃烧优化组织带来了巨大的挑战。随着转速的增大，空气流动速度增大、沿程阻力损失加大、循环供油时间变短等带来高速流体动力学的诸多新问题，暂时还无法获得有效突破。因此，提高发动机工作转速还存在诸多限制因素。

2. 提高热效率

从燃料燃烧释放其蕴藏的化学能到转化成曲轴有效功率输出，主要经历的过程是：燃料燃烧、工作循环与机械摩擦。要想提高发动机的热效率，必须改善燃烧过程并增大燃料燃烧的转化效率。从目前的技术状态看，供入发动机气缸的燃料基本能够实现接近 100% 的燃烧，提高热效率的主要技术途径是提高循环指示效率 η_i；它涉及提高充量系数、提高空气利用率、提高喷油速率、可控喷油、快速混合、快速燃烧等诸多技术问题，是目前国际内燃机工业、学术界研究的热点问题。

3. 提高机械效率

自发动机诞生之日起，提高循环指示效率 η_i 和机械效率 η_m 就一直是内燃机自身发展的一个永恒主题。近十年来，在降低发动机的摩擦损失、进行发动机的轻量化设计等方面取得了明显的技术进步，使得发动机的机械效率得以明显提升，先进机型已接近或超过 92%。

4. 提高每循环进气量

进入发动机的空气流量一直是发动机研究中的重中之重。采用增压中冷技术可以显著增大进气密度，是近年来军、民用柴油机、汽油机的主要技术措施，也是降低排放的首选技术

路线。我国地面运输车辆大都采用了增压中冷技术，近年来，随着乘用车对燃油经济性的要求，部分汽油机也采用了增压技术，这在一定程度上促进了国内增压器行业的技术进步。

增加循环进气量的另一个技术手段是增加充量系数，但充量系数的影响因素较多，如气门数、配气凸轮型线、配气相位、进排气阻力、进排气系统温度，等等，往往需要对发动机进排气系统进行综合优化才能获得最佳充量系数。

5. 适当降低过量空气系数

在柴油机中，如果过量空气系数过低，会加剧局部混合气不均匀的问题，同时会使发动机受热件的热负荷增加。早在20世纪80年代，美国军方在布雷德利战车用发动机上开展过降低过量空气系数的研究，该研究是在 Caterpillar 1Y73 单缸机上进行的，在不增加空气流量或最高燃烧压力的情况下，使用化学当量比燃烧和涡轮复合增压技术，使布雷德利战车 600 马力的发动机功率增加到 950 马力。这一探索对军用柴油发动机具有重要意义，可显著减小动力装置的尺寸和质量，由于降低了对空气流量的要求，可以使用更小的进气管、增压器、中冷器、散热器、滤清器、排气消声器。因此，美国军方一直比较重视在高性能车辆、重型坦克上采用此项技术。

当四冲程柴油机改为二冲程柴油机时，其升功率能提高 50% ~ 60%，但由于二冲程柴油机的容积效率低、充量系数低、热负荷高、对增压系统要求高，从而给进一步大幅度提高升功率带来了较大的难度。乌克兰哈尔科夫生产的对置活塞式 6ТД - 3 柴油机代表着目前二冲程柴油机的最高水平。

通过上述简单分析可知，提高内燃机动力性及经济性需重点考虑的因素主要有：供油与燃烧规律、增压比、配气相位、转速、循环供油量、空气利用率、燃烧组织以及与多工况的匹配等。

本章复习题

1. 四冲程和二冲程发动机的 $p - V$ 示功图形状是否相同？有何区别？

2. 实际循环的热效率 η_i 为什么低于理想循环的热效率 η_t？

3. 工质比热容对循环热效率有什么影响？实际循环的工质比热容与哪些因素有关？

4. 发动机的平均有效压力有什么实际意义？非增压柴油机的平均有效压力为何低于汽油机的？

5. 燃油消耗率 b_e 低对车辆发动机有何特殊意义？降低 b_e 的途径是什么？

6. 功率相同时，汽油机和柴油机相比，尺寸和质量哪一个大？为什么？

7. 12150 柴油机 12 缸，气缸直径为 150 mm，冲程为 180 mm，试计算以下各参数值。

（1）在 2 000 r/min 时，$P_e = 382$ kW，试求 T_{tq}、p_{me} 值；

（2）在 1 300 r/min 时，$T_{tq} = 2 254$ N·m，试求 P_e、p_{me} 值。

8. 台架试验测得 12150 柴油机在 $P_e = 382$ kW 时，$B = 96$ kg/h，机械效率 $\eta_m = 0.78$，试求 b_e、η_e 及 η_i 值。

9. 如果设计一台 200 kW 的非增压载重汽车柴油机，试根据已学知识确定平均有效压力、转速、气缸排量、活塞直径及冲程、缸数。

10. 一四缸四冲程柴油机，缸径为 100 mm，冲程为 120 mm，工作转速为 1 500 r/min。

涡轮增压系统提供进入进气歧管的空气压力为 2.0 bar（1 bar = 10^5 Pa），温度为 380 K，充量系数为 90% ，指示热效率为 55% ，空燃比为 28∶1，平均摩擦损失压力为 2.2 bar，燃料的低热值为 42.5 MJ/kg。计算以下参数：

（1）进入发动机的空气流量（kg/s）；

（2）每缸循环燃油消耗量（mg）；

（3）每缸循环指示功（kJ）；

（4）平均有效压力（bar）；

（5）发动机曲轴功率输出（kW）；

（6）有效燃油消耗率［g/（kW·h）］；

（7）有效热效率。

11. 估计以下两台四冲程火花点火发动机的全负荷工况下的指示热效率、平均指示压力、指示功率。

（1）6 缸，缸径 92 mm，冲程 9 mm，压缩比 7，当量比 0.8；

（2）6 缸，缸径 83 mm，冲程 80 mm，压缩比 10，当量比 1.1。

活塞平均速度的最大值为 15 m/s。

解释为什么两台不同压缩比的发动机的效率几乎相同，为什么小排量发动机和大排量发动机的最大功率几乎相同。

12. 五十铃（Isuzu）V12 DI12PEI - S 柴油机在 2 000 r/min、全负荷工况时总的摩擦损失功率为 50 kW。对发动机相对空燃比做出合理假设，查找相关参数的数据资料，进行以下计算（发动机燃用的是轻柴油，低热值为 43.2 MJ/kg，化学计量空燃比 14.5）：

（1）机械效率；

（2）有效热效率；

（3）指示热效率；

（4）充量系数。

13. 对于一台往复活塞式发动机，确定曲轴转角与以下各项的相互关系：

（1）活塞移动距离；

（2）活塞速度；

（3）活塞加速度；

（4）绘制四冲程火花点火发动机的 $p - V$ 示功图。

14. 一台四冲程四缸火花点火发动机，缸径 $d = 80$ mm，冲程 $S = 76.5$ mm，全负荷工况下转速 $n = 5 900$ r/min，扭矩 $T_{tq} = 107.1$ N·m，平均指示压力 $p_i = 1 190$ kPa。计算：

（1）每循环的指示功；

（2）指示功率和有效功率；

（3）平均有效压力；

（4）摩擦损失功率及平均有效摩擦压力；

（5）机械效率。

15. 全负荷时，在一台四冲程六缸柴油机（缸径 $d = 102$ mm，冲程 $S = 125$ mm）上所得的结果：燃油体积为 200 cm³，燃油测量时间为 21.22 s，燃油密度为 0.83 kg/dm³，空气体积为 5 m³，空气测量时间为 30.1 s，外界空气压力为 1 bar，外界空气温度为 300 K，最大输出扭矩为 424 N·m，发动机转速为 2 650 r/min，平均有效摩擦压力为 1.758 bar，柴油机热值为 42 800 kJ/kg。计算：

（1）燃油体积流量及燃油质量流量；

（2）空气体积流量及空气质量流量；

（3）有效功率输出；

（4）有效燃油消耗率和有效热效率、指示燃油消耗率和指示热效率。

第3章

燃料和热化学基础

3.1 概述

车辆发动机主要采用液体燃料和气体燃料。

1. 液体燃料

液体燃料主要是石油产品——汽油、柴油等。车辆发动机以汽油和柴油作为基本燃料，已建立起比较完备的供应体系，其他燃料难以与其竞争。天然石油是蕴藏在地下岩层里的液体矿物，从地下开采出的石油，未经加工的称为原油，大多是黑色或深棕色，密度一般小于水，是不溶于水的一种臭味液体。原油经过加工提炼后，才能成为内燃机用的燃料。

2. 气体燃料

汽车发动机用气体燃料时，能以压缩状态或液化状态充入气罐中。压缩煤气有高热值（热值为 23.0 ~ 37.5 MJ/m^3）和中热值（热值为 14.5 ~ 23.0 MJ/m^3）两种。高热值气体燃料包括天然气、石油气、沼气和氮肥厂生产的焦炉煤气中的甲烷等。中热值气体燃料包括焦炉煤气、照明煤气和某些工业煤气等。

内燃机不能直接使用固体燃料，只能在发生炉中使之气化，生成 CO、H_2 等气体后再送入气缸，使用不便。此外，也可将煤加工成水煤浆后喷入气缸燃烧，但其成本较高，且燃烧后会产生灰分，加剧缸内零件的磨损。

面对日益严重的石油危机和大气污染，世界各国对新能源开发和代用燃料研究均给以极大重视。甲醇、乙醇、二甲醚等替代燃料因燃料性质与汽油、柴油近似，能基本满足车辆动力要求，可在对内燃机进行适当改造后燃用。但由于替代燃料在车辆发动机使用过程中仍存在种种问题，且汽油、柴油的价格仍然在人们可接受的范围内，使得替代燃料目前还不能大规模取代汽油和柴油。

3.2 石油的组成及燃料性质

3.2.1 石油的组成及炼制方法

石油的主要成分是碳（C）和氢（H），这两种元素占总含量的 97% ~ 98%，此外是少量的氧（O）、氮（N）、硫（S）及灰分等，某些石油含硫量高达 5%。通常称碳氢化合物为"烃",称烃及其衍生物为有机物。

石油烃类根据其分子中碳原子和氢原子的数目和排列方式不同,分为多种类型,总结起来有下列 4 类。

(1)烷烃(Paraffins):具有链状分子结构的饱和烃,一般分子式为 C_nH_{2n+2}。在正常的外界条件下,烷烃可以是气态的(甲烷至丁烷,$n=1\sim4$)、液态的($n=5\sim16$)或固态的($n=16$)。直链饱和烃为正烷烃,有支链的饱和烃为异烷烃,二者互为同分异构体,它们的物理、化学性质差别很大。

烷烃的密度和沸点随分子质量的增加而上升,分子质量大的烷烃蒸发性差。随分子质量的增加,碳链变长,高温下不稳定,自燃温度降低,容易氧化燃烧。长链烷烃对于火花点火的汽油机容易产生不正常燃烧,但对柴油机燃烧有利,因为柴油机是压缩自燃着火。异构烷较正构烷结构紧密,在高温下不容易氧化形成过氧化物,从而不容易自燃,抗爆性能好,对汽油机有利;但由于其不易自燃,故对柴油机不利。

(2)烯烃(Olefines):具有链状结构的不饱和烃,一般分子式为 C_nH_{2n},其分子结构方面的特点是分子中含有一个碳碳双键。不饱和烃有生成饱和烃的趋势,在常态下化学稳定性较差,易发生加成反应和聚合反应,烯烃在车用发动机用油中的含量不超过 10%。

(3)环烷烃(Naphthenes):碳原子之间以单键连接的环状烃,分子式与烯烃形式相同,二者是同分异构体,但它们之间的理化性质相差很大。环烷烃是饱和烃,化学性质稳定。

(4)芳香烃(Aromatics):以苯环为基础组成的不饱和烃,分子式为 C_nH_{2n-6}(其中 $n \geqslant 6$)。苯环为封闭的六面体牢固结构,化学性质稳定,抗爆性强,但凝固点较高,不便于冬季使用。芳香烃在装有催化转换器的车辆中会形成致癌的苯,欧洲燃油标准中现定其最高体积含量为 35%。

从地下开采出的原油是由上述烃类组成的混合物,其中包含许多沸点不同的组分,可用蒸馏方法进行分离。原油在炼油厂经过蒸馏,按沸点不同分离出汽油、煤油、柴油。图 3-1 所示为石油系燃料馏程的大致分布。表 3-1 所示为石油产品的特性。

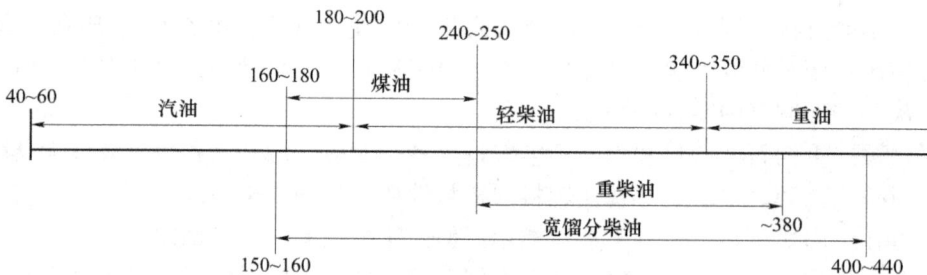

图 3-1 石油系燃料馏程的分布(单位:℃)

表 3-1 石油产品特性

燃料	沸点/℃	C 原子数目	元素成分/% (质量分数)			相对分子质量	低热值 H_u/ (MJ·kg^{-1})	应用范围
			C	H	O			
汽油	25~215	$C_5 \sim C_{11}$	0.855	0.145	—	95~120	43.97	航空、车用汽油机

续表

燃料	沸点/℃	C 原子数目	元素成分/% （质量分数）			相对分子质量	低热值 H_u/（MJ·kg^{-1}）	应用范围
			C	H	O			
煤油	170~260	C_{11}~C_{19}	0.860	0.137	0.003	100~180	43.124	航空燃气涡轮机、煤油机
轻柴油	180~360	C_{16}~C_{23}	0.870	0.126	0.004	180~200	42.500	高速柴油机
重柴油			0.870	0.125	0.005	220~240	41.868	中、低速柴油机
残渣①	360 以上	C_{23} 以上	—	—	—	220~280	—	

注：①残渣继续炼制可获得润滑油、润滑脂（黄油）、凡士林、石蜡、沥青等。

3.2.2　内燃机燃料性质及评价指标

根据燃料性质的不同，内燃机燃料理化性质的评价指标可以分为两大类：第一类是与燃料物理特性相关的评价指标，如密度、黏度、馏程、浊点、凝点等，这类指标是燃料本身的物理属性；第二类是与燃料热化学特性相关的指标，如燃料的热值、比热容、辛烷值、十六烷值等，这类指标不仅与燃料本身的理化性质有关，也与内燃机的品种、热力学状态和使用情况有关，反映了燃料的着火和燃烧特性。下面介绍车用内燃机燃料的主要理化特性及评定指标。

1. 密度

密度是单位体积内所含的物质质量，单位为 g/cm^3、kg/L 或 kg/m^3。燃油分子中含有的碳原子越多，其密度越大；芳香烃等重质组分含量越多，燃油品质越差。燃油品质差会使燃油雾化不良，燃烧不完全，导致炭烟和 NO_x 排放增加，同时使得燃油消耗量增加。

2. 黏度、低温流动性

黏度也称黏性系数，它是衡量流体内部摩擦阻力大小的尺度，是流体内部阻碍其相对运动的一种特性。柴油黏度对柴油机运行状况的影响很大。首先，它影响柴油的雾化质量，黏度越大，雾化质量越差，从而造成燃烧不及时或不完全，燃油消耗率和炭烟排放增加。其次，柴油机中供油系统偶件需要具有一定黏度的燃油润滑，防止偶件磨损造成燃油从偶件间隙中泄漏，但是黏度过大会导致发动机功率损失增加。

燃油的低温流动性是衡量燃油在低温条件下能否正常供应的指标。如果燃油的低温流动性差，在寒冷地区将导致发动机无法正常运行，出现断油、熄火、停机等不良后果。汽油的低温流动性较好，其结晶温度一般在 −60 ℃，所以能满足低温条件下对燃油流动性的要求，是寒区、高原、高海拔和空中发动机最合适的燃料。

评价燃油低温流动性的指标有：浊点、倾点、冷滤点和凝点等。在常温下，轻柴油大多数是透明的。在冷却过程中，随着温度的降低，燃料中所含石蜡开始结晶析出，使燃油变得浑浊不清，开始析出石蜡结晶的最高温度称为浊点。燃油能通过燃油滤清器的最低温度称为冷滤点。倾点是燃料在规定的冷却过程中，能够流动的最低温度。当温度进一步降低后，燃料因失去流动性而凝固，这个温度叫作凝点。我国采用凝点对柴油进行标号，如 0$^{\#}$ 柴油的凝点为 0 ℃ 以下。浊点、冷滤点、倾点和凝点之间的温度关系如图 3 - 2 所示。

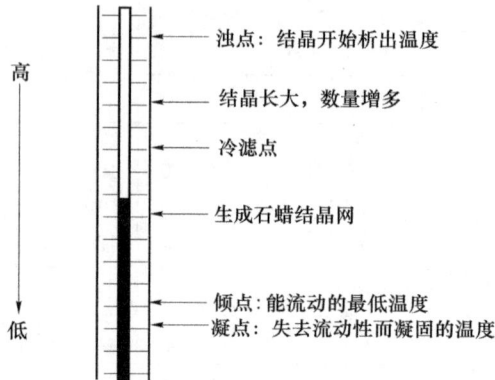

图 3 - 2　浊点、冷滤点、倾点和凝点之间的温度关系

3. 蒸发性

燃油由液态吸热转化为气态的性能，称为燃油的蒸发性。高压喷射的柴油进入高温高压的缸内可迅速雾化蒸发，因此对柴油蒸发性的要求较低。汽油蒸发性的好坏直接影响汽油机混合气的形成，进而影响发动机运行。汽油蒸发性不好，无法形成理想浓度的均匀混合气，将导致缸内燃烧不完全、油耗增加、输出功率下降。但汽油蒸发性过好，会导致汽油的燃油蒸发损失增大，同时大量蒸气和气泡会堵塞油管，造成"气阻"，使发动机运行不稳定甚至出现熄火现象。

馏程和蒸气压是评价燃油蒸发性的指标。汽油及其他石油产品随着温度的上升，按照馏分由轻到重，逐次沸腾。燃油馏出温度的范围称为馏程。燃油馏程用燃料蒸馏仪（见图 3 - 3）测定。将 100 mL 试验燃料放在烧瓶中，加热产生蒸气，经冷凝器燃料气凝结，滴入量筒内。第一滴凝结的燃料落于量筒时的温度称为初馏点。馏出 10% 、50% 、90% 燃料的温度，分别称为 10% 、50% 、90% 馏出点，用 T_{10}、T_{50}、T_{90} 表示。温度计的最高读数称为终馏点。蒸馏曲线以馏出温度为横坐标，馏出的百分数为纵坐标（见图 3 - 4）。蒸馏曲线靠左侧，表示馏出点低，即蒸发性好；曲线越陡，表示馏出温度范围越窄，反映燃料比较单一。

对于汽油机，T_{10} 反映了汽油中轻质组分的多少，与汽油机的冷起动有关。汽油机冷起动时，进气管道及气缸内壁温度低，同时发动机刚起动时的转速和空气流速都很低，汽油汽化差，均匀混合气的形成困难。T_{10} 越低，汽油机在低温下越易起动，但 10% 馏出温度过低，在油管高温处会形成大量蒸气和气泡，易阻塞管路，发生气阻。T_{10} 一般控制在 70 ℃ 以下。

T_{50} 表示汽油的平均蒸发性，直接影响发动机的暖机时间，同时 T_{50} 还是保证汽车加速性和平稳性的重要指标。T_{50} 越低，表示汽油的平均蒸发性越好，在低温环境下汽油蒸发量越多，可与空气混合形成大量的可燃混合气，缩短暖机时间。当车辆加速时，发动机负荷增大，平均蒸发性好的汽油能迅速蒸发，形成充足的、满足加速要求的均匀混合气，提高加速性能，保证车辆稳定行驶。T_{50} 一般控制在 120 ℃ 以下。

T_{90} 和终馏点反映了汽油中重质组分量，对汽油能否完全燃烧和发动机磨损大小有一定的影响。这两个温度过高，说明汽油中的重质组分较多，汽油不能完全蒸发而是附着在气缸内壁上，燃烧不完全，易产生积炭。附着在气缸壁上的燃油还会冲洗掉气缸壁上的润滑油，使缸内润滑条件变差，机械磨损加剧；未蒸发的重质燃油沿气缸壁流入曲轴箱会稀释润滑油，增加润滑油消耗量。

燃油的饱和蒸气压是用标准仪器在一定条件下测定的。对汽油机来说，饱和蒸气压高，蒸发性强，使汽油机易于起动，但产生气阻倾向且蒸发损失较大。我国石油规格中规定蒸气压在夏季不大于 67 kPa，冬季不大于 80 kPa。

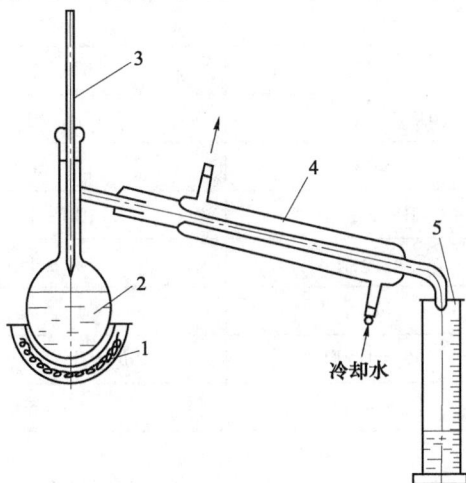

图 3-3 燃料蒸馏仪

1—加热器；2—被试燃料；3—温度计；4—冷凝器；5—量筒

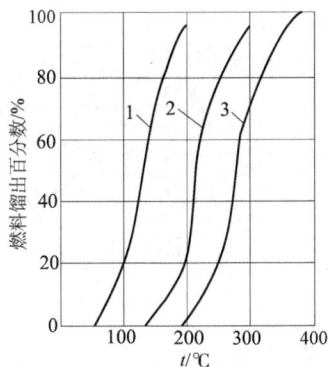

图 3-4 蒸馏曲线

1—汽油；2—煤油；3—柴油

4. 抗爆性

辛烷值（Octane Number，ON）表示汽油的抗爆性，辛烷值是在一种专用的装有爆震传感器的、压缩比可变的标准单缸机上测定的。用抗爆性差的正庚烷 C_7H_{16}（辛烷值定为 0）和抗爆性好的异辛烷 C_8H_{18}（2，2，4 - 三甲基戊烷，其辛烷值定为 100）的混合液与被测定的汽油做比较，当混合液与被测汽油在专用的发动机上的爆燃程度相同时，则混合液中异辛烷含量的体积分数就是被测定汽油的辛烷值。如某汽油辛烷值为 92，就是说这种燃料的抗爆性与 92% 异辛烷和 8% 正庚烷的混合液相同。国际上采用两种不同的试验方法测定辛烷值——研究法和马达法，所测得的辛烷值分别记为研究法辛烷值（Research Octane Number，RON）和马达法辛烷值（Motor Octane Number，MON）。两者的区别是试验规范不同，如表 3-2 所示。

由表 3-2 可以看出，马达法试验时的转速高，进气温度和混合气温度都比研究法高。所以，马达法试验条件比研究法的试验条件苛刻。因此，同一种汽油用马达法测出的辛烷值（MON）比用研究法测出的辛烷值（RON）低。马达法辛烷值的试验规范适用于公路、野外、山区等条件下的汽车行驶工况；而研究法辛烷值的试验规范更适合城市内的轿车行驶工况。我国现在采用 RON 值作为汽油的标号，如 97# 汽油的 RON 值为 97。

需全面表示抗爆性时，应同时标出 RON、MON 值，或用两者之差（RON - MON）表示，此差值称为汽油灵敏度（Sensitiveness），其值也反映汽油中芳香烃的多少。国外商品也有用抗爆指数表示的，即 RON 与 MON 的平均值。

表 3 – 2　研究法和马达法的试验规范

试验规范	研究法	马达法
发动机转速/（r·min^{-1}）	600 ± 6	900 ± 6
发动机气缸直径/mm	85	85
发动机活塞冲程/mm	115	115
发动机气缸工作容积/mL	652	652
润滑油压力/MPa	0.18 ~ 0.21	0.18 ~ 0.21
曲轴箱润滑油温度/℃	57 ± 8.5	57 ± 8.5
冷却液温度/℃	100 ± 1.5	100 ± 1.5
混合气温度/℃	不控制	149 ± 1.1
点火提前角/°CA BTDC	13	19 ~ 26
混合气成分	$\phi_a = 0.90$	$\phi_a = 0.95 \sim 1.05$
进入空气温度/℃	25 ~ 50	40 ~ 50

在汽车加速情况下，将汽油与标准燃料（正庚烷与异辛烷）混合物对比，所得辛烷值可代表加速时的抗爆性，此值称为道路辛烷值（Road ON），其测定方法较为复杂。

汽油的抗爆性取决于其化学成分。提高汽油辛烷值的常用方法是在汽油中加抗爆剂。四乙基铅（Pb（C_2H_5）$_4$）曾是功效强、应用广的抗爆剂，但含铅（Lead）汽油会通过皮肤、食道和呼吸道进入人体，从而引起铅中毒。20 世纪 90 年代，我国部分地区曾出现儿童血铅。含四乙基铅的汽油，还会使排气中的铅化物破坏排气后处理的催化剂，使之失去活性，而且排出的铅也是有害污染物。因此世界上主要发达国家从 20 世纪 70 年代末、我国从 2000 年开始停止生产和使用含铅汽油。但无铅汽油并不是含铅量为 0，而是含铅量小于规定限值，欧洲汽油含铅量低于 0.005 g/L。

甲基环戊二烯羰基三基锰（MMT）常用来作为汽油添加剂以提高辛烷值，但 MMT 的燃烧产物会附着在火花塞等零部件上，可能导致失火，造成发动机无法正常运行、油耗增加。目前，国际上对 MMT 的使用还存在争议。甲基叔丁基醚（MTBE）可以增加汽油的辛烷值和含氧量，同时降低汽油的蒸气压，减少轻质组分的挥发，但由于 MTBE 会污染地下水源，因此没有获得广泛使用。

5. 自燃温度、十六烷值

燃料在无外部点火源的条件下自行着火的最低温度称为自燃温度。自燃温度直接影响发动机的燃烧噪声、工作稳定性及异常燃烧的产生，汽油机不正常燃烧——爆燃，就是由末端混合气自燃造成的。

柴油机采用压燃点火方式，燃料的自燃温度对柴油机燃烧至关重要。十六烷值（Cetane Number，CN）是评定柴油及其他燃料自燃性的指标。柴油十六烷值是在特殊的发动机上，按规定的条件，经过试验确定的。试验时采用由十六烷（$C_{16}H_{34}$）和 α – 甲基萘混合成的混合液，十六烷易自燃，规定它的十六烷值为 100；α – 甲基萘不易自燃，其十六烷值定为 0。当被测定柴油的自燃性与配制的混合液的自燃性相同时，则混合液中十六烷的体积分数就定为该种柴油的十六烷值。

柴油十六烷值高，自燃性好，柴油机的低温起动性好，工作平稳，滞燃期短，滞燃期内形成的预混合气量减少，工作粗暴性减弱，燃烧温度低，有利于减少 NO_x 的排放。但十六烷值越高，黏度越大，蒸发性越差，喷雾质量越不好，在燃烧过程中容易裂解产生炭烟，燃烧不完全，冒黑烟。为保证燃烧过程不粗暴，柴油的十六烷值应为 48～58。

6. 燃料热值和混合气热值

燃料在燃烧过程中，以热量的形式释放出其中的化学能。1 kg 燃料在标准热状态（101.3 kPa，298.15 K）下完全燃烧所释放出的热量称为燃料的热值。燃料热值用 H_u 表示，单位可以是 kJ/kg、MJ/kg、kJ/mol 或 MJ/mol。

对于含氢燃料，如烃类燃料，其燃烧产物中的水若是气态，则存在汽化潜热，其燃料热值比水是液态时的热值低，这时的燃料热值称为燃料的低热值。一般所说的燃料热值指的是燃料的低热值。热值高，燃料消耗量将减少，这对车辆发动机的经济性很重要。

考虑到发动机缸内燃烧是可燃混合气的燃烧，因此用可燃混合气热值来评价燃烧放热量更为全面、合理。可燃混合气热值是指单位质量的混合气在标准热状态下完全燃烧所放出的热量，用 H_{um} 表示。从内燃机设计的角度来看，较重要的参照指标是单位体积混合气的热值，因为它决定了内燃机排量的大小。

7. 其他燃料性质

（1）闪点。燃油加热时，其蒸气与周围空气混合，当接触火焰时，发出闪火的最低温度称为闪点。闪点对燃油的使用质量无太大影响，主要对燃油的储存、运输和使用的防火安全有影响。

（2）含硫（Sulphur）量。硫在催化转换器上的沉积会降低催化剂的功能，使催化剂老化而失去效能，硫也能造成降低 NO_x 排放的新型废气后处理系统中毒。为适应更严格的排放法规要求，机动车用燃料的含硫量应降至 3×10^{-5} 以下。

（3）化学安定性。化学安定性是指燃料在常温液相条件下抵抗氧化变质的能力。燃油中含有不饱和烃时，不饱和烃与空气接触会逐渐氧化，生成胶状物质和酸。胶状物质沉积于进气管、油管及油箱中，阻碍正常进气和供油，影响发动机正常工作。

（4）腐蚀性。燃料本身及其燃烧产物中含有腐蚀性的杂质，包括硫和硫化物、有机酸、水溶性酸和碱、水分，会腐蚀发动机零部件。硫和硫化物在燃烧时生成二氧化硫或三氧化硫，在气缸的低温区遇湿蒸汽或水分会形成亚硫酸或硫酸，腐蚀金属。硫的氧化物沉积在积炭中形成坚硬的物质，加剧气缸、活塞的磨损，严重地影响发动机零部件的使用寿命。

3.3　内燃机的代用燃料

随着汽车保有量的逐年增加，我国对汽油、柴油等石油资源的消耗增加，1993 年成为石油进口国，而且进口增长速度非常快，2009 年对外依存度已经超过安全警戒线 50%，2014 年我国石油对外依存度已达到 59%。石油过度依赖进口已成为我国能源安全和国民经济可持续发展的一大隐患。与此同时，由汽车排放等引起的雾霾等大气污染，严重威胁着人们的生命健康。根据目前世界范围内代用燃料的研究和使用情况，可分为三大类。

（1）含氧燃料：主要是甲醇、乙醇、二甲醚和由植物油制取的生物柴油。

（2）合成油：主要是由煤、天然气或生物质原料生产的液体燃油。

（3）气体燃料：主要是天然气、液化石油气、氢气、沼气以及各种煤气。

开展代用燃料的研究开发，首先应对代用燃料的主要性能参数进行仔细分析，了解燃料的燃烧特性，与汽油、柴油对比分析，了解代用燃料与汽油、柴油的区别和联系，从而对原机进行必要的技术改造，实现代用燃料的科学使用。

3.3.1　含氧燃料

1. 甲醇

甲醇既可以作为替代燃料用于汽油机和柴油机，同时由于甲醇可与汽油、柴油互溶，故也可以作为混合燃料，与汽油、柴油混合使用，实现部分替代。表 3-3 显示了甲醇燃料理化性质与汽油、柴油理化性质的对比，由表可分析出甲醇作为代用燃料时的使用特性。

（1）甲醇的黏度及其随温度的变化趋势更加接近于汽油，这就决定了甲醇应该更多地用于汽油机中。

（2）甲醇的十六烷值低，自燃温度接近柴油自燃温度的两倍，压缩自燃困难，若在柴油机中使用，要采用火花塞、电热塞或热面点火等助燃措施；或者在作为混合燃料时添加十六烷值改进剂，以提高燃料的十六烷值。此外，甲醇与柴油的均匀混合比甲醇与汽油的均匀混合困难得多，因此甲醇主要应用在汽油机上。

（3）甲醇的辛烷值高，抗爆性好，在汽油机上使用时，可适当提高压缩比，改善热效率，从而提升发动机的动力性和经济性。

（4）甲醇本身含氧 50%，使燃烧室内氧含量分布比较均匀，燃料燃烧完全，可实现无烟排放，使 CO 和 HC 排放降低、燃烧效率提高。

（5）甲醇的汽化潜热较大，进气过程中甲醇蒸发吸热，使进气管、进气道和气缸内的温度降低，有利于降低热负荷和传热损失，提高充量系数。但由于混合气温度的降低，使得燃烧温度低，滞燃期延长，为保证燃烧在上止点处完成，应增大点火提前角或喷油提前角，同时低温不利于燃料蒸发而导致发动机冷起动困难。

（6）甲醇的低热值较低，但是甲醇的化学计量空燃比小，燃烧时所需空气量少，同时甲醇的混合气热值高于汽油和柴油，因此可通过增加甲醇的循环供给量来保证发动机的动力性，甚至可能使动力性更好。

（7）甲醇的着火极限比汽油和柴油宽，更容易实现稀燃。在定容弹中测出的甲醇的层流火焰速度为 32.7 cm/s，汽油的为 25.2 cm/s，甲醇的燃烧速度高于汽油，燃烧持续期短，定容燃烧比例增加，热效率高。

甲醇作为代用燃料，由于其自身理化性质与燃烧性能的特点，使用中存在的主要问题有：

（1）甲醇有较强的毒性，对人体的呼吸系统、视力、皮肤影响很大，严重时会导致死亡。

（2）甲醇对有色金属、橡胶和塑料有腐蚀作用，可导致上述密封件失效，需要对燃油系统构件的材料和结构采取特殊措施。

（3）甲醇沸点低，在供油系统中会因局部高温而蒸发，产生气泡，发生气阻。

（4）甲醇的亲水性、吸湿性以及与水的互溶性都较强，容易在运输和储存过程中因吸水而变质，还会造成与汽油、柴油互溶困难而产生分层。

（5）甲醇燃烧排放物中含有未燃醇和醛，其中甲醛是一种致癌物，需要进行排气后处理。

2. 乙醇

乙醇可以用甘蔗、玉米、玉米秸秆及其他能源作物制取，属于生物燃料，是一种可再生资源。巴西因地处热带、亚热带，盛产甘蔗，且巴西石油资源贫乏，目前巴西所有车用汽油均添加 20% ~ 25% 的乙醇，成为世界上最大的乙醇生产和消费国。美国中西部农业发达，玉米产量高，依托美国相应的农业政策，乙醇汽油已在美国中西部大规模使用，从而使美国成为世界第二大乙醇生产和消费国。我国有成熟的酒精生产技术，20 世纪末已开始利用剩余的陈化粮为原料生产燃料乙醇，现今我国已成为继巴西、美国之后的第三大乙醇汽油生产国。

由表 3 - 3 可看出，乙醇和甲醇的主要特性参数很接近，乙醇燃料的使用特性与甲醇也十分接近。

目前，乙醇在发动机上的应用主要是以混合燃料的形式在汽油机上使用。乙醇燃料在汽油机上的试验结果显示，在部分负荷速度特性时，使用乙醇汽油后，发动机转矩和功率平均下降 4.2%，外特性工况时转矩和功率与使用普通汽油时持平。从负荷特性的试验结果来看，乙醇汽油发动机燃油消耗率比普通汽油发动机高 5% ~ 10%，且发动机的经济运行转速范围变窄。

3. 二甲醚

二甲醚（Dimethyl Ether）简称 DME，以煤、天然气为生产原料，较符合我国煤炭资源丰富的国情。二甲醚在常温常压下是一种无色、有轻微醚香味的气体，常温下加压到 0.5 MPa 液化，易于储存与运输，在空气中长期暴露不会形成过氧化物——防止光化学效应。二甲醚的主要理化性质见表 3 - 3。

（1）二甲醚的沸点低，当液态 DME 喷入气缸后，能快速蒸发雾化，对喷油系统的喷射压力要求不高。

（2）二甲醚自燃温度低于柴油，十六烷值高于柴油，具有优良的压燃性，是一种优良的柴油代用燃料，可使滞燃期大幅缩短，降低最高燃烧温度有利于减少 NO_x 排放，降低压力升高率，使发动机工作柔和，利用 DME 的柔和燃烧特性，可以研究 HCCI 燃烧方式。

（3）二甲醚汽化潜热比柴油大，混合气进入气缸后蒸发吸热，有利于降低缸内最高燃烧温度，降低 NO_x 排放。

（4）二甲醚本身无毒，是含氧燃料，且分子结构中没有 C－C 键，只有 C－H 和 C－O 键，在柴油机中工作，可以实现无烟燃烧，在没有任何后处理装置的条件下就可以达到欧Ⅲ排放标准，并有潜力达到欧Ⅳ排放标准。

（5）二甲醚的低热值虽然比柴油低，但其化学计量空燃比小，混合气热值与柴油接近，可通过增加喷油量和喷射持续期来达到甚至超过使用柴油时的功率。

二甲醚在使用中存在的主要问题包括：

（1）黏度低，容易引起燃油供给系统的泄漏；蒸气压低，在供油系统中很容易出现气阻。

（2）润滑性能差，燃油喷射系统内运动件的磨损严重，需要添加合适的润滑添加剂，以改善 DME 的润滑性能，但同时又不能影响排放性能。

（3）弹性模量低，DME 的可压缩性通常比柴油高 4 ~ 6 倍，供油压力上不去，还易产生压缩振动，容易产生二次喷射。DME 长期使用会使天然橡胶件、普通塑料件膨胀、老化。

车辆发动机原理

表 3 - 3　汽油、柴油及代用燃料的主要理化性质

		汽油	柴油	甲醇	乙醇	二甲醚（DME）	F－T合成柴油	生物柴油	氢	天然气（NG）	液化石油气（LPG）
分子式		C_nH_m	C_nH_m	CH_3OH	C_2H_5OH	CH_3OCH_3	C_nH_{2n+1}	$RCOOCH_3$	H_2	CH_4	C_3H_8
质量成分	g_C/kg	0.855	0.870	0.375	0.522	0.522	0.850	0.766	—	0.750	0.818
	g_H/kg	0.145	0.126	0.125	0.130	0.130	0.150	0.124	1.000	0.250	0.182
	g_O/kg	—	0.004	0.500	0.348	0.348	—	0.110	—	—	—
液态密度/（kg·L^{-1}）		0.700~0.750	0.800~0.860	0.795	0.790	0.668	0.783	0.860~0.900	0.071	0.420	0.540
相对分子质量		95~120	180~360	32	46	46	—	280	2	16	44
沸点/℃		25~215	180~360	65	78	-24.9	176~354	182~338	-253	-162	-42
37℃蒸气压/kPa		55~103	<1.37	31.62	15.81	797.4	—	—	—	—	1 162.8
运动黏度（20℃）/（mm^2·s^{-1}）		0.65~0.85	1.8~8.0	0.611	12	0.12~0.15（40℃）	—	6.4~7.1	—	—	—
闪点/℃		-（38~45）	45~65	10~11	9~32	—	—	168~178	< -162	< -162	-73.3
自燃温度/℃		300~400	250	500	420	235	250	—	585	650	365~470
十六烷值		5~25	40~55	3~5	8	55~60	>74	50~60	—	低	低
辛烷值 RON		90~106	20~30	110	106	—	—	—	130	130	96~111
化学计量空燃比		14.8	14.3	6.5	9.0	9.0	15.2	12.6	34.5	17.4	15.8
汽化潜热/（kJ·kg^{-1}）		310~320	251~270	1 100	862	467	—	—	450	510	426
燃料低热值/（MJ·kg^{-1}）		43.97	42.50~44.40	20.26	27.20	27.60	43.30	38.41	120.00	50.00	46.42
化学计量比混合气热值/（kJ·m^{-3}）		3 810	3 789	3 906	3 864	3 750	—	3 730	3 180	3 400	3 730

4. 生物柴油

生物柴油的定义为：用于压燃式发动机的、来自可再生的脂类，如植物油和动物脂肪的长链脂肪酸单酯。它是一种非化石类可再生资源，目前常用的生物柴油包括各类植物油的单酯，如菜籽油、葵花油、大豆油和棉籽油等。生物柴油的使用特性如下：

（1）运动黏度大，影响喷雾和冷起动性能，但其黏温特性曲线非常陡峭，随着温度的升高，黏度迅速下降，高温下黏度与轻柴油相当，在高负荷工况，性能有所改善。

（2）含氧燃料，燃烧充分，可显著降低柴油机炭烟和颗粒物排放，CO 的排放量可减少约 10%。生物柴油含硫量低，不含对环境造成污染的芳香烃，具有优良的环保特性。

（3）生物柴油十六烷值高，着火温度低，燃烧性能好。闪点高，在运输、储存和使用过程中的安全性高；具有较好的润滑性能，降低发动机零部件的磨损，延长使用寿命。

但生物柴油一般残炭值较高，发动机容易积炭，导致磨损加剧且生物柴油的浊点、凝点、冷滤点较高；低温流动性差，容易造成寒冷条件下使用时的障碍，必要时要添加流动性能改进剂；另外生物柴油含有一定的游离甘油，氧化安定性差，容易产生老化产物，造成滤清器堵塞、供油系统堵塞、发动机腐蚀，并造成起动困难以及生成黑烟。

3.3.2　合成油

合成油是由含碳原料在一定温度、压力下利用 Ficher－Tropsch 技术（简称 F－T 合成法）催化合成的，主要有以天然气为原料的合成油（Gas to Liquid，GTL）和以煤为原料的合成油（Coal to Liquid，CTL）。目前对 GTL 的研究较多，GTL 的十六烷值高，重质馏分少，基本不含硫及芳烃等 PM 来源成分，单位质量热值比柴油略高，燃用 GTL 的柴油机油耗和排放性能可得到不同程度的改善。

3.3.3　气体燃料

气体燃料主要有天然气、液化石油气、氢气、沼气及各种煤气等可燃气体。由于气体燃料的能量密度（单位容积热值）低，使得气体发动机的升功率低，且气体燃料存在泄漏损失和使用安全问题。但随着石油资源的过度消耗、环境污染问题的日益严重，以及气体燃料供应系统的逐步建立和完善，使得气体燃料发动机又重新获得人们的重视。下面以天然气和氢气为例，对气体燃料进行简单介绍。

1. 天然气（NG）

天然气的主要成分是甲烷，占天然气成分的 90% 以上，此外天然气中还有少量 H_2、CO、H_2S 可燃气体和 N_2、CO_2、He 等惰性气体。按储存方式不同可分为两类：一类是直接将其压缩至特制容器中储存的压缩天然气（Compressed Natural Gas，CNG）；另一类是采用低压低温进行液化储存的液化天然气（Liquefied Natural Gas，LNG），储存成本较高。天然气的主要特点有：

（1）辛烷值较高，抗爆性强，在汽油机上使用可提高压缩比，有利于提高热效率和动力性，减少燃料消耗。

（2）十六烷值低，自燃温度高，应用在柴油机上需要增加火花点火装置或采取其他助燃措施；但与此同时，天然气的安全性高，达到自燃着火的可能性比汽油、柴油小得多。

（3）易于与空气混合，有利于生成均匀混合气，燃烧完全，排放污染物少，与汽油机相比，NO_x下降 40% ~50%，CO 下降 20% 以上，在发动机运行范围内几乎没有黑烟。相比于柴油机，颗粒物的排放较少。

虽然天然气的低热值较高，但其化学计量空燃比大，混合气热值低，又因为气体燃料会占据一部分气缸容积，导致充量系数下降，使得燃用天然气的汽油机功率和扭矩下降，可通过增压中冷进行改进。

除了常规天然气外，还存在非常规天然气。页岩气就是蕴藏于页岩层可供开采的非常规天然气资源，中国的页岩气可开采储量居世界首位。与常规天然气相比，页岩气开发具有开采寿命长的优点，大部分产气页岩分布范围广、厚度大，且普遍含气，可长期地以稳定的速率产气，从而改善能源危机。美国开发页岩气、页岩油对世界石油价格、供应能力等产生了巨大影响。

2. 氢气

氢气作为代用燃料，其最大的优势就是其清洁并可再生，完全燃烧后产物为水，没有 HC、CO、CO_2、PM 排放，主要排放污染物为 NO_x，可通过 EGR 技术及后处理装置降低排放，达到排放标准。氢气的来源广泛，既可以从化石燃料（如煤、石油、天然气等燃料）中获得，也可以利用再生能源（如生物质原料、风能、太阳能和核能）制氢。此外，工业废氢量巨大，如能合理利用，既能减少氢气排向大气，又能利用氢能作为汽车能源，有助于大规模推广氢能的利用和发展。

氢气作为车辆代用燃料，其燃烧特点主要有：

（1）燃烧速度快，燃烧持续期短，几乎没有滞燃期，因此点火提前角很小，可在上止点点火，适用于高速车用发动机。

（2）氢气的低热值高达 120 MJ/kg，几乎是汽油的 3 倍，但与空气形成混合气后，氢 - 空气混合气的热值低于汽油 - 空气混合气的热值。另外，由于氢气占用一部分气缸容积，使得混合气总量低于传统汽油机，所以，自然吸气氢气发动机的功率和扭矩低于相同排量的汽油机。

（3）氢气的点火能量很低，只有汽油的 1/10 左右，可能引起回火、早燃和爆燃等不正常燃烧，需要在内燃机设计、使用时关注不正常燃烧。

内燃机中可用的代用燃料不只是上面所讲述的种类，在分析代用燃料发动机工作性能时，一定要从燃料自身的属性出发分析燃料的性质，只有针对燃料自身的性质进行设计的发动机才会达到最佳的代用燃料应用效果。换句话说，先进的代用燃料发动机不是通过老旧发动机改造出来的，一定是基于燃料性质而设计出来的。

3.4 燃烧热化学基础

燃料在发动机缸内的燃烧是一个非常复杂的化学过程。本节只研究燃料各种成分和空气中的氧进行化学反应的最终结果，而不研究其中间反应。

3.4.1 液体燃料完全燃烧的化学反应

内燃机所用液体燃料主要由碳、氢、氧组成，其他成分如氮、硫等含量不多，在进行热计算时一般不需要考虑。如以 g_C、g_H、g_O 分别表示 1 kg 燃料中所含碳、氢、氧的质量，则

$$g_C + g_H + g_O = 1 \qquad (3-1)$$

汽油的平均成分为：

$$g_C = 0.855，g_H = 0.145，g_O = 0$$

柴油的平均成分为：

$$g_C = 0.870，g_H = 0.126，g_O = 0.004$$

在内燃机中，燃料燃烧所需要的氧气来自空气，以体积成分计，空气中氧约占 21%，氮约占 79%；以质量计，氧约占 23%，氮约占 77%。根据化学反应原理，可以写出以下反应式。

（1）碳燃烧：$C + O_2 = CO_2$。

$$12\ kg(C) + 32\ kg(O_2) = 44\ kg(CO_2)$$

$$12\ kg(C) + 1\ kmol(O_2) = 1\ kmol(CO_2)$$

$$1\ kg(C) + \frac{1}{12}\ kmol(O_2) = \frac{1}{12}\ kmol(CO_2)$$

$$g_C\ kg(C) + \frac{g_C}{12}\ kmol(O_2) = \frac{g_C}{12}\ kmol(CO_2) \tag{3-2}$$

或

$$g_C\ kg(C) + \frac{8}{3}g_C\ kg(O_2) = \frac{11}{3}g_C\ kg(CO_2) \tag{3-3}$$

（2）氢燃烧：$H_2 + \frac{O_2}{2} = H_2O$。

$$2\ kg(H_2) + 16\ kg(O_2) = 18\ kg(H_2O)$$

$$2\ kg(H_2) + \frac{1}{2}\ kmol(O_2) = 1\ kmol(H_2O)$$

$$1\ kg(H_2) + \frac{1}{4}\ kmol(O_2) = \frac{1}{2}\ kmol(H_2O)$$

$$g_H\ kg(H_2) + \frac{g_H}{4}\ kmol(O_2) = \frac{g_H}{2}\ kmol(H_2O) \tag{3-4}$$

或

$$g_H\ kg(H_2) + 8g_H\ kg(O_2) = 9g_H\ kg(H_2O) \tag{3-5}$$

3.4.2　燃料燃烧所需空气量

在 1 kg 燃料中含有 g_0 kg（或 $m_0/32$ kmol）的氧，所以 1 kg 燃料完全燃烧时需要供应的氧为

$$\frac{g_C}{12} + \frac{g_H}{4} - \frac{g_0}{32}(kmol) \tag{3-6}$$

或

$$\frac{8}{3}g_C + 8g_H - g_0(kg) \tag{3-7}$$

燃烧 1 kg 燃料理论所需要的空气量为

$$L_0 = \frac{1}{0.21}\left(\frac{g_C}{12} + \frac{g_H}{4} - \frac{g_0}{32}\right)(kmol) \tag{3-8}$$

或

$$L_0' = \frac{1}{0.23}\left(\frac{8}{3}g_C + 8g_H - g_O\right)(kg) \tag{3-9}$$

空气的平均分子质量为 28.97 kg/kmol，所以

$$L_0' = 28.97L_0(kg)$$

在 0 ℃、标准大气压条件下，理论所需空气量也可用体积 L_0'' 表示，即

$$L_0'' = 22.4L_0 \quad (m^3/kg) \tag{3-10}$$

将柴油的平均成分代入以上各式之后，可求出

$$L_0 = 0.495 \ kmol/kg$$

$$L_0' = 14.3 \ kg/kg$$

$$L_0'' = 11.2 \ m^3/kg$$

3.4.3 完全燃烧时工质数量及成分

1. 燃烧前工质数量及成分

根据进入气缸的空气量及燃料量确定燃烧前可燃混合物的数量。对于汽油机，燃烧前的新鲜混合物由空气及燃料蒸气组成。若燃料相对分子质量为 m_T（汽油 $m_T \approx 114$），则由 1 kg 燃料所形成的新鲜混合物的数量 M_1 为

$$M_1 = \phi_a L_0 + \frac{1}{m_T} \quad (kmol/kg) \tag{3-11}$$

柴油机在压缩冲程接近终点时，才向气缸内喷射柴油，燃料基本上处于液体状态，因此其体积非常小，往往不及空气体积的 1/10 000，故可忽略不计，而认为燃烧前的工质为纯空气，则 M_1 为

$$M_1 = \phi_a L_0 \quad (kmol/kg) \tag{3-12}$$

2. 燃烧后工质成分及数量

燃料中所有可燃成分都燃烧成最后的氧化物时，称为完全燃烧。燃烧产物中没有氧气的完全燃烧又称完善燃烧。理论上讲，完全燃烧可在 $\phi_a = 1$ 时出现，实际上，完全燃烧都是在 $\phi_a > 1$ 的情况下得到的，故燃烧产物中有剩余的氧。完全燃烧的燃烧产物由二氧化碳 CO_2、水蒸气 H_2O、过剩氧 O_2 及氮 N_2 等成分组成。1 kg 液体燃料的燃烧产物中，上述成分数量如下：

$$M_{CO_2} = \frac{g_C}{12}(kmol/kg)$$

$$M_{H_2O} = \frac{g_H}{2} \ (kmol/kg)$$

$$M_{O_2} = 0.21(\phi_a - 1)L_0 \ (kmol/kg) \tag{3-13}$$

$$M_{N_2} = 0.79\phi_a L_0(kmol/kg)$$

总的燃烧产物数量为 M_2，则有

$$M_2 = M_{CO_2} + M_{H_2O} + M_{O_2} + M_{N_2}$$

$$= \frac{g_C}{12} + \frac{g_H}{2} + 0.21(\phi_a - 1)L_0 + 0.79\phi_a L_0$$

$$= \frac{g_C}{12} + \frac{g_H}{2} + 0.79L_0 + (\phi_a - 1)L_0 \tag{3-14}$$

当 $\phi_a = 1$ 时，燃烧产物的数量为 M_0，则

$$M_0 = \frac{g_C}{12} + \frac{g_H}{2} + 0.79 L_0 \qquad (3-15)$$

将式（3-15）代入式（3-14）后，可得

$$M_2 = M_0 + (\phi_a - 1)L_0 \qquad (3-16)$$

根据式（3-15）、式（3-14），可以写成另一种形式：

$$M_2 = \frac{g_C}{12} + \frac{g_H}{2} + 0.79\phi_a L_0 + 0.21(\phi_a - 1)L_0$$

$$= \phi_a L_0 + \frac{g_H}{4} + \frac{g_O}{32} \quad (\text{kmol/kg}) \qquad (3-17)$$

3. 燃烧前后工质数量的变化

以质量计，燃烧前后工质数量并无变化，但燃烧产物的 M_2（或体积）往往不等于燃烧前可燃混合物的 M_1。设燃烧前后的变化为 ΔM，则

$$\Delta M = M_2 - M_1$$

对于汽油机：

$$\Delta M = \frac{g_O}{32} + \frac{g_H}{4} - \frac{1}{m_T} \quad (\text{kmol/kg}) \qquad (3-18)$$

对于柴油机：

$$\Delta M = \frac{g_O}{32} + \frac{g_H}{4} \quad (\text{kmol/kg}) \qquad (3-19)$$

由 ΔM 的关系式可以得出：

（1）液体燃料经燃烧后物质的量增加了 ΔM；

（2）$\phi_a \geq 1$，ΔM 与 ϕ_a 无关；

（3）ΔM 仅与燃料中的 g_H、g_O 有关。这是因为液体燃料中的氢燃烧时需要 $(g_H/4)$ kmol 氧气而产生 $(g_H/2)$ kmol 水，使物质的量增加了 $(g_H/4)$ kmol。同样，液体燃料中的氧经过燃烧反应转变为气体之后，其体积增加 $(g_O/32)$ kmol。

燃烧前后，工质变化的相对量可用理论的分子变化系数（Theoretical Coefficient of Molar Change）μ_0 表示。

$$\mu_0 = \frac{M_2}{M_1} = \frac{M_1 + \Delta M}{M_1} = 1 + \frac{\Delta M}{M_1} \qquad (3-20)$$

汽油机：

$$\mu_0 = 1 + \frac{\dfrac{g_H}{4} + \dfrac{g_O}{32} - \dfrac{1}{m_T}}{\phi_a L_0 + \dfrac{1}{m_T}} \qquad (3-21)$$

柴油机：

$$\mu_0 = 1 + \frac{\dfrac{g_H}{4} + \dfrac{g_O}{32}}{\phi_a L_0} \qquad (3-22)$$

考虑到气缸内上一循环剩下的废气数量 M_r，则实际的分子变化系数（Actual Coefficient of Molar Change）为 μ，则

$$\mu = \frac{M_2 + M_r}{M_1 + M_r} = \frac{\mu_0 + \gamma}{1 + \gamma} \qquad (3-23)$$

其中，$\gamma = M_r/M_1$ 称为残余废气系数（Residual Gas Coefficient），它是上一循环剩下的废气量 M_r 与新鲜混合气数量 M_1 之比。

3.4.4 不完全燃烧时工质数量

汽油机在某些情况下需要浓混合气，此时 $\phi_a < 1$，由于缺氧，燃料中部分碳燃烧生成 CO，部分氢也不能和氧反应。由废气分析指出，当 $\phi_a < 1$ 时，氢与一氧化碳的分子比例几乎不随 ϕ_a 而变，即 $M_{H_2}/M_{CO} = K$，K 值与燃料中碳氢含量有关。对于汽油，$g_H/g_C = 0.17 \sim 0.19$，则 $K = 0.45 \sim 0.50$；对于天然气，$K = 0.6 \sim 0.7$。不完全燃烧时，碳与氧的反应式为

$$2C + O_2 = 2CO$$

$$1 \text{ kg}(C) + \frac{4}{3} \text{ kg}(O_2) = \frac{7}{3} \text{ kg}(CO)$$

$$1 \text{ kg}(C) + \frac{1}{24} \text{ kmol}(O_2) = \frac{1}{12} \text{ kmol}(CO)$$

如以 ϕ_1 代表碳的成分中生成 CO 的质量分数，则可得

$$\phi_1 g_C \text{ kg}(C) + \frac{4}{3}\phi_1 g_C \text{ kg}(O_2) = \frac{7}{3}\phi_1 g_C \text{ kg}(CO) \qquad (3-24)$$

$$\phi_1 g_C \text{ kg}(C) + \frac{\phi_1 g_C}{24} \text{ kmol}(O_2) = \frac{\phi_1 g_C}{12} \text{ kmol}(CO) \qquad (3-25)$$

由碳生成的总燃烧产物数量为

$$M_{CO_2} + M_{CO} = \frac{g_C}{12}(1 - \phi_1) + \frac{\phi_1 g_C}{12} = \frac{g_C}{12} \text{ (kmol/kg)} \qquad (3-26)$$

在不完全燃烧情况下，如以 ϕ_2 表示氢的成分中变为自由氢的质量分数，则氧化为水蒸气的氢将占 $(1 - \phi_2)$，则有

$$(1 - \phi_2)g_H \text{ kg}(H_2) + \frac{(1 - \phi_2)}{4}g_H \text{ kmol}(O_2) = \frac{(1 - \phi_2)}{2}g_H \text{ kmol}(H_2O) \quad (3-27)$$

燃烧产物中自由氢为

$$M_{H_2} = \frac{\phi_2}{2}g_H \text{ (kmol/kg)} \qquad (3-28)$$

燃烧产物中，水蒸气和氢的总数量为

$$M_{H_2O} + M_{H_2} = \frac{(1 - \phi_2)}{2}g_H + \frac{\phi_2}{2}g_H = \frac{g_H}{2} \text{ (kmol/kg)} \qquad (3-29)$$

由式（3-26）和式（3-29），并考虑到氮的成分，则燃烧产物的总量为

$$M_{2(\phi_a < 1)} = \frac{g_C}{12} + \frac{g_H}{2} + 0.79\phi_a L_0 \text{ (kmol/kg)} \qquad (3-30)$$

在 $\phi_a < 1$ 时，反应中需要氧的量为

碳生成 CO_2：

$$(1 - \phi_1)\frac{g_C}{12} = M_{CO_2} \qquad (3-31)$$

碳生成 CO：

$$\frac{\phi_1 g_C}{24} = M_{CO} \tag{3-32}$$

氢生成 H_2O：

$$(1 - \phi_2)\frac{g_H}{4} = \frac{M_{H_2O}}{2} \tag{3-33}$$

所需氧的总量为：

$$M_{CO_2} + \frac{M_{CO}}{2} + \frac{M_{H_2O}}{2} = 0.21\phi_a L_0 + \frac{g_O}{32} = \phi_a\left(\frac{g_C}{12} + \frac{g_H}{4} - \frac{g_O}{32}\right) + \frac{g_O}{32} \tag{3-34}$$

由式（3-26）、式（3-29）及 $K = M_{H_2}/M_{CO}$，得

$$M_{CO_2} = \frac{g_C}{12} - M_{CO} \tag{3-35}$$

$$M_{H_2O} = \frac{g_H}{2} - M_{H_2} = \frac{g_H}{2} - KM_{CO} \tag{3-36}$$

将式（3-35）、式（3-36）代入式（3-34），则

$$\frac{g_C}{12} - M_{CO} + \frac{M_{CO}}{2} + \frac{1}{2}\left(\frac{g_H}{2} - KM_{CO}\right) = \phi_a\left(\frac{g_C}{12} + \frac{g_H}{4} - \frac{g_O}{32}\right) + \frac{g_O}{32}$$

或

$$\frac{g_C}{12} + \frac{g_H}{4} - \frac{g_O}{32} - \phi_a\left(\frac{g_C}{12} + \frac{g_H}{4} - \frac{g_O}{32}\right) = \frac{M_{CO}}{2}(1 + K) \tag{3-37}$$

或

$$0.21(1 - \phi_a)L_0 = \frac{M_{CO}}{2}(1 + K) \tag{3-38}$$

解以上各式，可得各种燃烧产物为

$$M_{CO} = 0.42\frac{1 - \phi_a}{1 + K}L_0 \ (kmol/kg) \tag{3-39}$$

$$M_{CO_2} = \frac{g_C}{12} - 0.42\frac{1 - \phi_a}{1 + K}L_0 \ (kmol/kg) \tag{3-40}$$

$$M_{H_2} = 0.42K\frac{1 - \phi_a}{1 + K}L_0 \ (kmol/kg) \tag{3-41}$$

$$M_{H_2O} = \frac{g_H}{2} - 0.42K\frac{1 - \phi_a}{1 + K}L_0 \ (kmol/kg) \tag{3-42}$$

$$M_{N_2} = 0.79\phi_a L_0 \ (kmol/kg) \tag{3-43}$$

燃烧产物的总量为

$$M_2 = M_{CO} + M_{CO_2} + M_{H_2} + M_{H_2O} + M_{N_2} = \frac{g_C}{12} + \frac{g_H}{2} + 0.79\phi_a L_0(kmol/kg)$$

燃烧前后物质的量的变化为

$$\Delta M = M_2 - M_1 = \frac{g_C}{12} + \frac{g_H}{2} + 0.79\phi_a L_0 - \phi_a L_0 - \frac{1}{m_T}$$

$$= 0.21(1 - \phi_a)L_0 + \frac{g_H}{4} + \frac{g_O}{32} - \frac{1}{m_T} \tag{3-44}$$

本章复习题

1. 我国的汽油和柴油是根据哪一个指标来定标号的？在什么条件下才需要使用高标号的汽油或高标号的轻柴油？

2. 如果柴油机在冬季仍使用夏季柴油，后果如何？

3. 蒸发性不好的汽油，在使用中有什么缺点？蒸发性太好的汽油，在使用中可能出现什么故障？

4. 当汽油机热效率为28%，柴油机热效率为38%，在燃油箱容积相同时，问汽油机改为相同功率的柴油机，估计车辆的行驶半径有什么变化？

5. 已知12150柴油机每小时消耗柴油96 kg，过量空气系数 $\phi_a = 1.76$，试计算每小时需要供给空气的质量和体积（标准状态下）。

6. 在内燃机气缸内，燃烧前后工质数量是否变化？原因何在？上述柴油机燃烧前后工质数量增加了多少？设某汽油机额定工况时，过量空气系数 $\phi_a = 0.88$，燃烧前后工质数量增加了多少？汽油机在燃烧中工质数量增加较多，为什么？

7. 内燃机采用代用燃料的意义何在？

8. 一台汽油机改用甲醇时，对其动力性、经济性及排放性有何影响？应对发动机做什么改装？

9. 拉力赛中，通过在进气歧管喷射 N_2O 可提高动力输出。利用异辛烷作为燃料，两个相同发动机一个燃用化学计量比的异辛烷/空气混合气，另一个燃用化学计量比的异辛烷/〔70%空气和30% N_2O（体积分数）〕混合气。假定在进气门关闭时两发动机缸内充量的压力和温度都相同，异辛烷全部蒸发，忽略残余气体分数。N_2O 的热量为82.5 KJ/mol。

（1）定性地解释上述提到的动力输出的增加。

（2）单位质量的化学计量比的异辛烷/空气混合气的热值是多少？

（3）单位质量的化学计量比的异辛烷/空气和 N_2O 混合气的热值是多少？

（4）使用这两种助燃剂的两发动机功率输出的比值是多少？

10. 合成柴油的十六烷值很高（相对于普通柴油约为40的十六烷值而言，合成柴油为80）。列举两条高十六烷值对柴油发动机设计及运行产生的影响。

11. 一台内燃机以纯乙醇为燃料，燃料分子中含有7个C原子。排气歧管中废气组成如下：CO_2：13%；CO：5.2%；H_2O：9.1%；H_2：1.3%；N_2：71.3%。

（1）确定燃油分子的基本组成。

（2）确定相对空燃比，此空燃比时，相对化学计量空燃比是稀还是浓？

（3）发动机是一个每缸四气门、自然吸气、火花塞点火发动机，排量为3 L，空气流速为0.06 kg/s，发动机转速为3 000 r/min。估计发动机负荷（实际有效扭矩与最大有效扭矩之比，平均有效摩擦压力为200 kPa且与负荷无关，同样的指示热效率也是独立于发动机负荷的）。

提示：可以对与发动机进排气有关的特性参数、额定转矩进行合理假设。

12. 二氧化碳会引起温室效应，发动机 CO_2 排放越来越受到人们的关注。碳氢燃料的特性和发动机参数确定了发动机 CO_2 的排放水平。

（1）推导出单位有效输出功的燃料的 H∶C 比例（假设燃料组成为 $(CH_y)_n$）、燃料低热值 H_u 以及合适的发动机效率的表达式。

（2）比较以下两种燃料发动机的 CO_2 排放潜能：

①甲烷（CH_4）燃料火花塞点火发动机，压缩比为 10，燃用化学计量比混合气；

②柴油（CH_2）$_n$ 燃料压燃发动机，压缩比为 16，燃空当量比为 0.4。

在相同工况下，第一种发动机的机械效率为 0.6，第二种发动机的机械效率为 0.7。

13. 四冲程四缸汽油机燃用 E15 燃料（15% 乙醇 + 85% 汽油），发动机装有三元催化转化器。汽油：$C = 0.86$，$H = 0.14$；乙醇：C_2H_5OH；转速：$n = 2\ 000$ r/min；负荷：$p_{me} = 2$ bar；排量 = 1.8 L。

（1）确定 E15 燃料中 C、H、O、S 的质量分数以及化学计量理论空气量。

（2）基于以下参数确定混合气所需空气流量：燃油消耗率 $b_e = 380$ g/（kW·h），进气道压力（节气门后，进气门前）$p_d = 40$ kPa。

（3）为提高燃油经济性，装备外部 EGR 装置来降低节流损失。确定燃油经济性相对于无 EGR 发动机提高的百分比。假设：充量系数为 0.24，混合气气体常数 $R_G = 273$ J/（kg·K），环境温度为 25 ℃，环境压力 $p_a = 100$ kPa。

（4）确定 EGR 发动机最大缸压相对普通发动机的变化率。p_d 为节气门后进气门前的进气压力，普通发动机 $p_d = 40$ kPa，外部 EGR 发动机 $p_d = 55$ kPa。假设：发动机平均摩擦压力 $p_{mm} = 80$ kPa，发动机排气直接通向大气。

第4章
内燃机工作循环

4.1 概述

研究内燃机原理往往从工作循环开始。作为评价实际循环的标准，只有定容加热、定压加热及混合加热三种循环。有关理想循环在"热力学"课程中已有讨论，在此不过多重复，仅把循环效率的分析引入本书中。理想循环对深入了解发动机的工作过程是很有价值的。

近年来，随着计算机技术的发展，针对发动机工作过程中的进排气流动、喷雾、燃烧、排放等均发展了相对完善的计算模型，有些模型具有很高的计算精度，基本可以指导发动机的设计过程。

4.1.1 空气标准循环

空气标准循环（Air Standard Cycle）是理想循环（Ideal Cycle），其假定前提是：

（1）整个循环没有进排气过程，只考虑缸内过程，工作介质是质量不变的空气，温度均匀，比热容一定。

（2）用外源传热过程代替燃烧过程。

（3）向外界传热，直到使空气的温度与压力相当于初始状态以结束这个循环。

（4）整个压缩过程与膨胀过程内部是等熵的。

空气标准循环的热效率很高，在实际循环中是不可能达到的。此外，最高压力、最高温度、平均压力等也比实际循环高得多。但是，在定性地分析一些因素对热效率、压力、温度、平均压力的影响时，空气标准循环是很有用的。

4.1.2 燃料空气循环

燃料空气循环（Fuel Air Cycle）也是一个理想循环，其假定前提是：

（1）忽略换气，只考虑缸内过程。

（2）计入工质更换。工质性质（组成及比热容）和反应按化学平衡计算，但组成及温度取为均匀的（单区模型）。

（3）压缩、膨胀过程绝热，对外无热交换。

显然，燃料空气循环更接近实际循环，由此能定量地分析出在空气循环中不能得到的一些规律。影响燃料空气循环的主要因素有：

（1）工质组成。在燃烧前，柴油机是空气与余隙容积中残留的混合气，对于汽油机还要加上燃料。

（2）热分解。燃烧产物在高温（高于 1 000 ℃）下发生热分解，吸收热量。一些燃烧产物在高温下发生以下可逆反应：

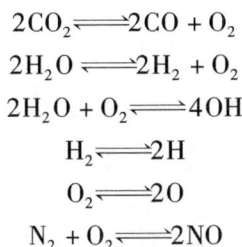

$$2CO_2 \Longleftrightarrow 2CO + O_2$$
$$2H_2O \Longleftrightarrow 2H_2 + O_2$$
$$2H_2O + O_2 \Longleftrightarrow 4OH$$
$$H_2 \Longleftrightarrow 2H$$
$$O_2 \Longleftrightarrow 2O$$
$$N_2 + O_2 \Longleftrightarrow 2NO$$

越是高温低压，上述反应越向右进行，并吸收热量，以保持化学平衡。随着工作介质的膨胀，温度下降，反应向左进行，分解吸收的热量又释放出来，还可做功，但其利用程度大大下降。柴油机压缩比高，过量空气系数大，循环的最高温度较低，高温分解对循环效率的影响较小。汽油机压缩比低，最高温度高，高温分解的倾向比柴油机严重，但随着温度的下降，分解程度急剧下降，最终结果对热效率和平均压力影响不是很大，只有在做精确计算时才予以考虑。

（3）比热容变化。气体比热容随温度增加而增加，这意味着加入同样热量，与空气标准循环相比，燃料空气循环的温升和压力上升减少，使做功量减少，输出功率降低。两循环间的差异，大部分是由比热容的增加所造成的。

（4）工质分子数的变化。如燃烧后工质分子数为燃烧前分子数的 μ 倍，则得

$$pV = R\mu MT \tag{4-1}$$

式中　M——燃烧前气体的物质的量（kmol）；

　　　R——通用气体常数。

从式（4-1）可以看出，如 $\mu > 1$，对于同样的 V、T，压力变高，从而使输出功和效率增加。用液体燃料时，$\mu > 1$；用气体燃料时，$\mu < 1$。对于碳氢化合物，分子质量越大，且过量空气系数越小，μ 值越大。柴油机 $\mu = 1.03 \sim 1.05$，汽油机 $\mu = 1.07 \sim 1.22$。

图 4-1 所示为压缩比 ε 和过量空气系数 ϕ_a 对燃料空气循环热效率 η_{th} 的影响。与空气循环情况相同，增大压缩比 ε，热效率上升，但增加比例小。过量空气系数 ϕ_a 变大，热效率增加，并趋近空气循环热效率。这是由于燃料减少使燃烧温度下降，以及燃气中 CO_2 和 H_2O 相对减少，使比热容及热分解的影响变小。当燃料较理论混合比浓时，由于不完全燃烧，热效率将急剧下降，图 4-2 所示为定容循环燃空比与热效率的关系。由图 4-1 可以看出，在理论混合比附近，热分解对效率的影响较明显，但也只有 3% 左右，当 $\phi_a = 2$ 时，仅在 0.2% 以下。因此，概略计算时可以忽略不计。

4.1.3　循环模拟

用循环模拟可以较精确地对内燃机性能进行预测，自从计算机应用于发动机性能分析后，这方面的工作加速发展。循环模拟可以使研究人员在设计阶段预测出发动机性能，预测出柴油机和汽油机某些排放物水平，进排气歧管对发动机功率输出及排放污染物的影响，可用歧管内波动作用的解法计算出来，这种方法还可用于研究涡轮增压对发动机性能的影响。

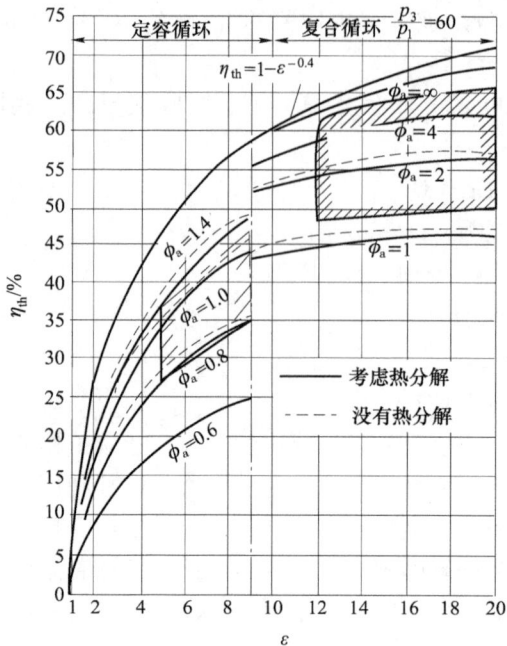

图 4-1 压缩比 ε 和过量空气系数 ϕ_a 对燃料空气循环热效率 η_{th} 的影响

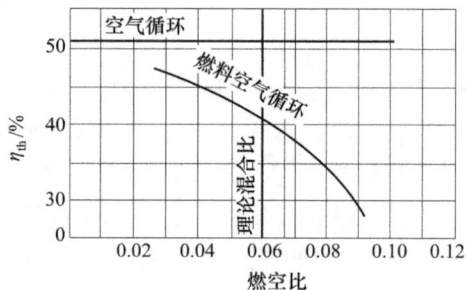

图 4-2 定容循环燃空比与热效率的关系

循环模拟已成为现代内燃机设计不可缺少的手段，目前世界上已有一些可应用的大型循环模拟程序，如英国 Ricardo 的 WAVE、美国 Gamma Technologies 公司的 GT - Power、奥地利 AVL 公司的 BOOST 以及俄罗斯的 Diesel - RK 等。关于循环模拟与内燃机性能计算的基本情况见第 14 章。模拟的基础在于内燃机工作过程中各环节的物理过程（或化学过程）的模型及数学表达是否完善、符合实际，没有正确的模型就不会有正确的结果。另外，在大型模拟程序的使用过程中，也存在模型选择及校核、验证的关键环节，仍需要大量深入的应用研究，循环模拟的应用效果取决于设计人员对发动机性能的理解深度和经验累积。

4.2 理想循环分析

4.2.1 循环效率计算方法

柴油机中的燃烧属于扩散燃烧，先期喷入气缸的燃油完成了燃烧前的物理、化学准备过程，一旦着火，这些燃油混合气几乎同时燃烧，放热速度很快，接近定容燃烧；之后喷入气缸的燃油伴随活塞下行，放热速度相对减慢，接近于定压燃烧。柴油机缸内工作过程可用简化的混合加热循环代替，如图 4-3 所示。

首先定义混合加热循环的循环参数为：

（1）压缩比：$\varepsilon_c = V_1/V_2$；

（2）定容升压比：$\lambda = p_3/p_2$；

（3）定压膨胀比：$\rho = V_4/V_3$。

分析热效率，首先应分析循环中的加热量与放热量。对于混合加热循环，加热量为图

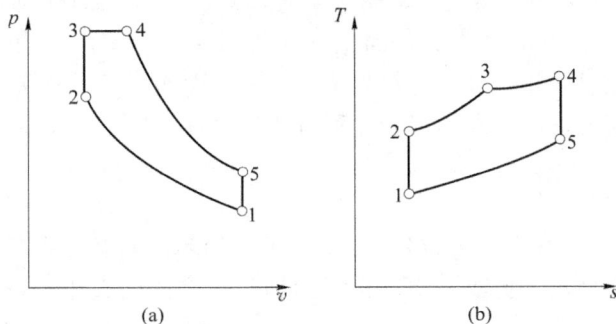

图 4-3　混合加热循环

4-3 中定容过程 2-3 与定压过程 3-4 的加热量之和，即

$$q_1 = c_{V0}(T_3 - T_2) + c_{p0}(T_4 - T_3) \tag{4-2}$$

循环中，只有定容过程 5-1 为放热过程，循环放热量为

$$q_2 = c_{V0}(T_5 - T_1) \tag{4-3}$$

将式（4-2）、式（4-3）代入循环效率计算公式中，可得

$$\eta_{th} = 1 - \frac{q_2}{q_1} = 1 - \frac{c_{V0}(T_5 - T_1)}{c_{V0}(T_3 - T_2) + c_{p0}(T_4 - T_3)}$$

$$= 1 - \frac{T_5 - T_1}{(T_3 - T_2) + k(T_4 - T_3)} \tag{4-4}$$

式（4-4）说明了循环效率与循环温度点之间的关系。下面利用循环过程中各参数之间的关系，将各点的温度表示为循环始点温度与各循环参数（ε_c、λ、ρ）的函数。

对于定熵压缩过程 1-2，得

$$T_2 = T_1 \left(\frac{V_1}{V_2}\right)^{k-1} = \varepsilon_c^{k-1} T_1 \tag{4-5}$$

对于定容加热过程 2-3，得

$$T_3 = \frac{p_3}{p_2} T_2 = \lambda T_2 = \lambda \varepsilon_c^{k-1} T_1 \tag{4-6}$$

对于定压加热过程 3-4，得

$$T_4 = \frac{V_4}{V_3} T_3 = \rho T_3 = \lambda \rho \varepsilon_c^{k-1} T_1 \tag{4-7}$$

对于定熵膨胀过程 4-5，得

$$T_5 = T_4 \left(\frac{V_4}{V_5}\right)^{k-1} \tag{4-8}$$

因 $V_4 = \rho V_3$，$V_3 = V_2 = V_1/\varepsilon_c$，$V_1 = V_5$，可得

$$T_5 = T_4 \left(\frac{\rho V_3}{V_5}\right)^{k-1} = T_4 \left(\frac{\rho}{\varepsilon_c}\right)^{k-1} = \lambda \rho^k T_1 \tag{4-9}$$

将以上各点温度的计算式代入热效率公式，整理后，得出

$$\eta_{th} = 1 - \frac{\lambda \rho^k - 1}{\varepsilon_c^{k-1}[(\lambda - 1) + k\lambda(\rho - 1)]} \tag{4-10}$$

式（4-10）定量地说明了混合加热循环的热效率与压缩比 ε_c、定容升压比 λ、定压膨胀

比 ρ 以及工质绝热指数 k 之间的关系，循环效率随着 ε_c、λ、k 的增大而增大，随 ρ 的增大而减小。在式（4-10）中，当 $\rho=1$ 时，即简化为定容循环；当 $\lambda=1$ 时，即简化为定压循环。

上述分析发动机理想循环时采用的都是绝热过程，而实际发动机中存在热交换，不可能是绝热过程，而是多变过程，当采用多变过程分析时必须先确定出多变指数。

4.2.2 多变指数

将 $p-V$ 示功图以对数形式表达为 $\lg p - \lg V$ 图，简称双对数图（图 4-4）。图 4-4 中压缩线和膨胀线可视为直线。直线段的延长线与横坐标之间的夹角为 α_1 与 α_2 时，则平均多变指数 n_1、n_2 为

$$n_1 = -\tan \alpha_1 = -\frac{\lg p_2 - \lg p_1}{\lg V_2 - \lg V_1}$$

$$n_2 = -\tan \alpha_2 = -\frac{\lg p_4 - \lg p_3}{\lg V_4 - \lg V_3} \tag{4-11}$$

一般可将压缩线的直线转折点（图 4-4 中 i 点）定为燃烧始点，在膨胀线上，由曲线转变为直线的过渡点 e 可视为燃烧终点。应当指出，对柴油机燃烧终点的确定，由于燃烧过程后期的复杂性，至今尚无较理想的方法。

气缸压力和容积之间的关系为 $pV^n = \text{const}$。实际压缩曲线的多变指数变化如图 4-5（b）所示。多变指数的最大值在压缩始点，最小值在上止点附近。在压缩终点，曲线 $n_{1x} = f(V_x)$ 稍许上升，这是因为工质容积减少且处于气缸最热零件包围之中，向外散热量减少；同时，部分燃油开始燃烧放热。

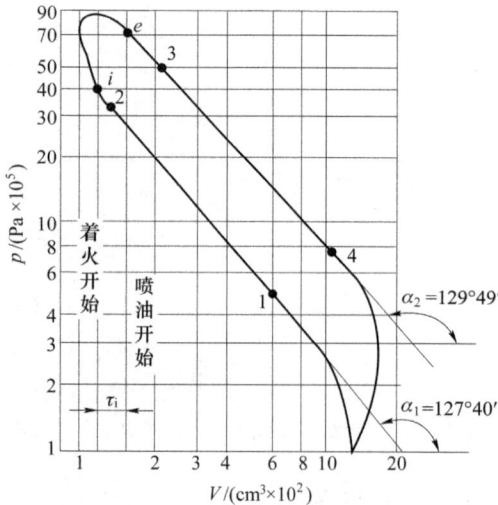

图 4-4 $p-V$ 双对数图

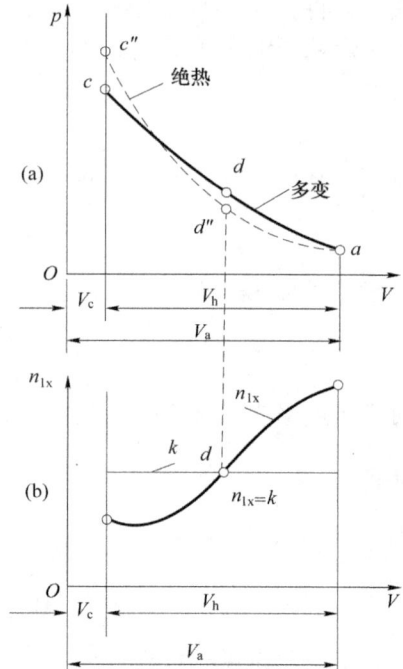

图 4-5 压缩多变指数 n_1
在压缩过程中的变化

为了便于计算，采用一个不变的平均多变指数 n_1 代替变化的 n_{1x}，只要计算所得的压缩终点的压力、温度和实际一致就可以。

影响 n_1 的主要因素有以下几个：

（1）转速。转速上升后，在单位时间内工作循环数增加，零件温度上升；同时，由于时间缩短，漏气量相应减少。所以，转速上升后，n_1 值增加（图4-6）。

（2）负荷。柴油机负荷变化，几乎不影响每循环的工质数量，负荷对 n_1 的影响只依零件温度及漏气量而定。试验结果表明，在各种负荷下，多变指数 n_1 几乎保持不变。

（3）气缸尺寸。工质与其周围零件接触的相对面积对传热情况有重要影响。相对面积（也称面容比）为

$$\frac{F_{cy}}{V_h} = \frac{ad^2}{bd^3} = \frac{常数}{d} \qquad (4-12)$$

式中　F_{cy}——工质与零件的接触面积；

a，b——与活塞冲程及燃烧室形式有关的系数；

d——气缸直径。

气缸工作容积减小（改变 d、S），相对散热面积增大，传热增加，多变指数 n_1 降低，结果使压缩终点温度降低。所以，小缸径发动机的起动性能不如大缸径发动机好，特别在冷起动时尤为明显。气缸工作容积一定时，缩短冲程则缸径增大，所以短冲程发动机的 n_1 值大。

（4）燃烧室形式。紧凑的燃烧室，可减少工质的散热面积，使散热减少。例如，直接喷射式柴油机的 n_1 值大。

（5）零件材料。铝合金的导热性好，受热性低，所以用铝合金代替铸铁制作气缸盖和活塞时，多变指数 n_1 下降。

（6）压缩比。提高压缩比，使压缩终点的工质压力和温度都升高，漏气量增多，工质与热机件的相对接触面积减少。总的效果是压缩比增加时，n_1 值稍有下降。

（7）冷却方式。风冷发动机的传热表面温度多高于水冷的，其多变指数 n_1 较高。提高冷却强度的措施将导致 n_1 值下降，如强制冷却活塞、增强冷却水循环流速等。

（8）增压。随着增压压力的提高，单位质量工质的冷却面积减小，相对散热损失下降，指数 n_1 增加。

对于膨胀过程，也用一不变的平均多变指数 n_2 代替变化的 n_{2x}。所选取的平均多变指数 n_2 要使计算所得的膨胀终点（图4-7中 b 点）的热力参数与实际值相符合。n_{2x} 变化趋势如图4-7所示。膨胀过程平均多变指数 n_2 与下列因素有关：

（1）传热损失。在膨胀过程中工质传出的热量增多时，膨胀线变陡，指数 n_2 增大。因此，在发动机转速低（传热时间加长）、冷却水温度低、气缸尺寸小（工质与缸壁接触面大）等情况下，n_2 增大。爆燃时，传热损失增大，n_2 值显著升高。

气缸工作容积一定时，减小 S/d（冲程/缸径）后，气缸相对散热面积减小，传热损失降低，n_2 值下降；当 S/d 保持一定时，减少工作容积，相对散热面积增大，传热损失增加，n_2 增大。

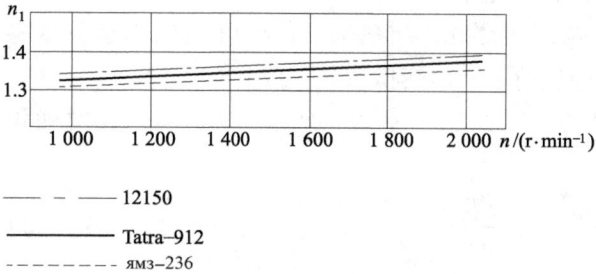

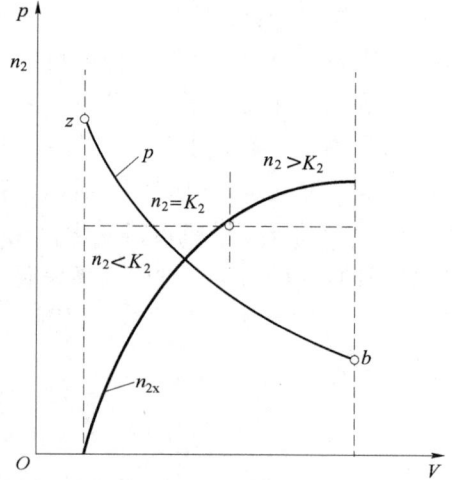

图 4 - 6　平均多变指数 n_1 随转速的变化关系　　　图 4 - 7　膨胀过程多变指数 n_{2x} 的变化趋势

（2）后燃现象。后燃及燃烧产物分解后在膨胀中重新化合所放出的热量，其作用与传热损失相反，故后燃使 n_2 值减小。柴油机在高速运转时，后燃增多，散热及漏气量减少，对于多数发动机，n_2 值下降。但有的发动机，当转速升高后，改善混合气形成品质，使燃烧及时，n_2 也有可能增大（图 4 - 8（a））。负荷增加，后燃增加，n_2 值下降（图 4 - 8（b））。

（3）技术状态。发动机磨损增加和漏气量多时，n_2 值增加。平均多变指数 n_1、n_2 的范围如表 4 - 1 所示。

表 4 - 1　平均多变指数 n_1、n_2 的范围

发动机类型	n_1	n_2
汽油机	1. 34 ~ 1. 37	1. 23 ~ 1. 30
柴油机	—	1. 18 ~ 1. 28
可分式燃烧室	1. 34 ~ 1. 40	—
直接喷射式	1. 34 ~ 1. 40	—
增压柴油机	1. 36 ~ 1. 37	—

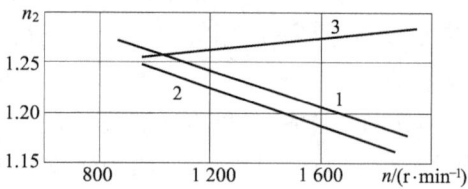

(a)

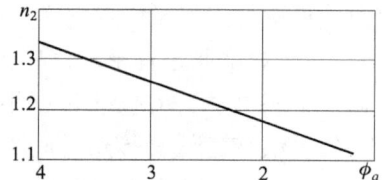

(b)

图 4 - 8　平均多变指数 n_2 随转速、负荷的变化关系

1—ЯМЗ；2—Tatra；3—12150

4.2.3 等容度

压缩比一定时，等容燃烧的热效率最高。随着燃烧远离上止点，热效率下降。表示热效率相对于等容循环的下降程度称为等容度（Degree of Constant Volume）。如图4-9中，把示功图分割成许多用两条绝热曲线和两条等容曲线围成的微元循环时，则微元循环的效率为

$$\eta_{t\varphi} = 1 - \frac{1}{\varepsilon_\varphi^{k-1}} \qquad (4-13)$$

式中，$\varepsilon_\varphi = \dfrac{V_1}{V_\varphi}$。

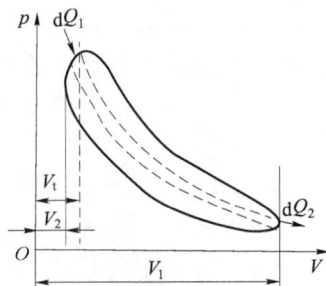

图4-9 微元定容循环

由于与实际循环相当的等容循环效率为 $\eta_t = 1 - \dfrac{1}{\varepsilon_c^{k-1}}$，则与此相比，该微元循环效率为

$$\eta_{dcv\varphi} = \frac{\eta_{t\varphi}}{\eta_t} = \frac{1 - \dfrac{1}{\varepsilon_\varphi^{k-1}}}{1 - \dfrac{1}{\varepsilon_c^{k-1}}} \qquad (4-14)$$

式中，$\varepsilon_c = \dfrac{V_1}{V_2}$。

由于微元循环的功为 $\eta_{t\varphi}dQ$，将该项积分，就可得到指示功的热量。相当于等容循环功的热量为 $\eta_t Q$，则等容度为

$$\eta_{dcv} = \frac{1}{\eta_t Q}\int \eta_{t\varphi}dQ = \frac{1}{\eta_t Q}\int \eta_t \eta_{dcv\varphi}dQ = \frac{1}{Q}\int \frac{dQ}{d\varphi}\eta_{dcv\varphi}d\varphi \qquad (4-15)$$

可见，要使等容度 η_{dcv} 增大，必须在上止点附近使 $\dfrac{dQ}{d\varphi}$ 增大，这将使发动机变得粗暴，动态载荷增加，致使机械效率下降。提高发动机的有效热效率是发动机开发的重要目标，因此需要权衡使用多高的等容度。

在现代内燃机中，若要提高等容度，就要尽量加快燃烧速度，就要求快速喷油、快速混合与快速燃烧，这给内燃机各系统的设计带来较大的挑战。

4.3 实际循环的损失

在气缸内，工质实际的工作情况和燃料空气循环中的情况有很大不同，其存在的各种能量损失如图4-10所示。

（1）传热损失。传热损失是实际循环与理想循环之间的主要差别，是由于在燃烧过程之前、之中和之后，缸内气体向燃烧室壁传热所造成的。在燃烧过程进行时，其影响最大，它直接降低有效加热量，从而降低了发动机的输出功和效率。

（2）换气损失。实际循环以换气过程代替了简单的定容放热过程，这使示功图的开始与结束部分发生变化，做功减少。同时气体在进排气系统中有流动阻力，气门处有节流损失，这些也造成能量损失。

（3）燃烧损失。由空气不足导致的不完全燃烧及热分解导致的放热量减少在燃料空气

循环中已计入，除此之外，燃料和空气混合不良也会产生不完全燃烧。实际循环中，在膨胀线上仍会有部分燃料燃烧，即所谓后燃现象，造成后燃损失。当不完全燃烧时，排气中仍残存可燃成分，如果这部分可燃成分所含的热量为 H_r，则燃烧效率为

$$\eta_{comb} = \frac{H_u - H_r}{H_u} \qquad (4-16)$$

汽油机在过量空气系数 $\phi_a \geqslant 1$ 时，柴油机在烟度容许情况下，燃烧效率 $\eta_{comb} > 99\%$。

（4）燃烧时间损失。气缸内燃烧过程并非按理论循环那样在定容和定压条件下进行。因燃烧存在着时间延迟，使循环最高压力下降，在膨胀过程中还有加热，此外提前着火也增加了压缩消耗功。

（5）流动损失。由活塞运动而引起缸内气体流动，造成了涡流损失。对于分隔式燃烧室，工质流入、流出也产生节流损失。

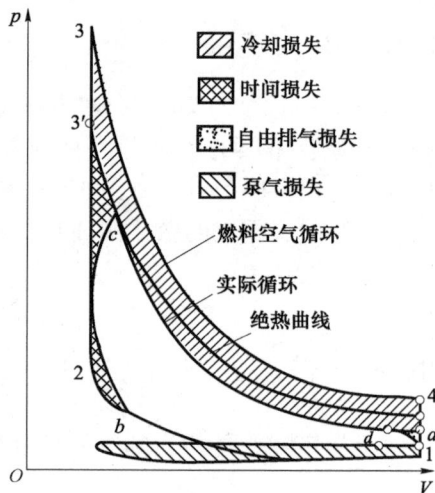

图4-10　燃料空气循环与实际循环的比较

（6）工质泄漏损失。通过活塞环向缸外漏气是不可避免的。

与理想循环相比，实际循环损失较大的是换气损失、传热损失和燃烧损失。可用相对效率 η_{rel} 表示实际循环与理想循环接近的程度，此时往往以空气循环热效率 η_{ai} 作为理想循环热效率使用。

$$\eta_{rel} = \frac{\eta_i}{\eta_{ai}} \qquad (4-17)$$

但空气循环是一个不可实现的最高值，可作为实际循环能达到的界限。例如一台柴油机，当压缩比为13，过量空气系数为2，最高压力为5 MPa时，其空气循环热效率为61%，燃料空气循环热效率降为53.5%，而实际循环热效率仅为45%。如以燃料空气循环为基准，η_{rel} 为84%，表示已接近界限，但以空气循环为基准，η_{rel} 为74%，于是会产生一种误解，认为尚有较大的潜力。

在汽油机中，过量空气系数的使用范围窄（$\phi_a = 0.8 \sim 1.2$），且混合均匀，如点火时刻适当，可得一定的 η_{rel} 值。在 $\phi_a > 1.15 \sim 1.20$ 时，燃烧速度变慢，而且由于混合气分配不均，则运转不良，η_{rel} 值下降。在柴油机中，燃料空气混合不完全，当 $\phi_a < 1.2 \sim 2.0$ 时，η_{rel} 值下降，且 $\phi_a > 2.5 \sim 3.0$，由于冷却损失，η_{rel} 值也略有降低。图4-10是燃料空气循环与实际循环示功图的示意比较，从中能定性地分析能量损失情况。

4.4　内燃机的热平衡

内燃机是热机中热效率最高的发动机。进入气缸内的燃料燃烧后产生的热量，只有一部分转变为有效功，其余由于各种原因而损失掉了。图4-11所示为一台增压发动机的热量分配情况。加入发动机气缸中的热量的分配情况由热平衡表征，根据热平衡，可以明确改善热量利用的方向，并给出冷却系统设计的原始参数。

热平衡（Heat Balance）表明燃料完全燃烧所产生的热量的分配情况。根据热力学第一

定律，燃料热值的能量必然以一定的形式存在。一般讲的热平衡，又称主要热平衡或外热平衡。外热平衡由以下各项组成：

$$Q = Q_e + Q_c + Q_o + Q_g + Q_{res} \qquad (4-18)$$

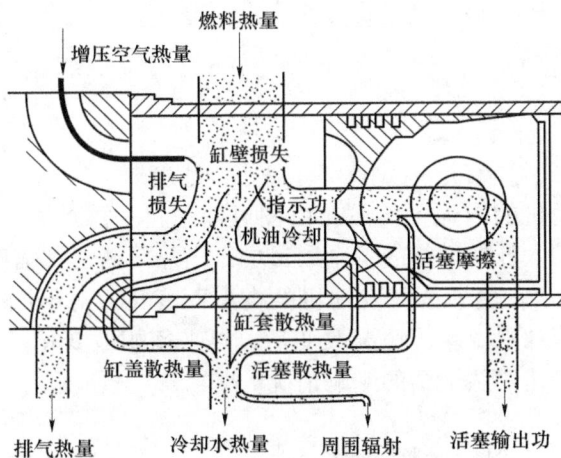

图 4 – 11　增压发动机的热量分配情况

式中　Q——发动机所燃烧燃料的热量：$Q = BH_u$（kJ/h）；

Q_e——发动机每小时做功的热当量：$Q_e = 3.6 \times 10^3 P_e$（kJ/h）；

Q_c——冷却介质带走的热量：$Q_c = M_c c_c\,(t_{c2} - t_{c1})$（kJ/h）

　　式中　M_c——冷却介质的流量（kg/h）；

　　　　　c_c——冷却介质的比热容 [kJ/（kg·K）]；

　　　　　t_{c1}，t_{c2}——冷却介质在冷却系统进口与出口的温度（℃）；

Q_o——润滑油带走的热量：$Q_o = M_o c_o\,(t_{o1} - t_{o2})$（kJ/h）

　　式中　M_o——经机油冷却器的机油流量（kg/h）；

　　　　　c_o——机油的比热容 [kJ/（kg·K）]；

　　　　　t_{o1}，t_{o2}——机油进出冷却器的温度（℃）。

Q_o/Q 在汽油机中为 2%~4%，在柴油机中为 6%~7%，用机油冷却活塞顶的发动机中，可以超过 10%。能测量 Q_o 时，它是独立的一项；不能测量时，Q_o 并入剩余项 Q_{res} 中；

Q_g——废气带走的热量，和冷却介质带走的热量一样，是发动机的主要损失。它由废气热焓量确定。

$$Q_g = M_2 M_f c_r^m t_{rm} - M_1 M_f c_f t_0\,(\text{kJ/h})$$

　　式中　M_f——每小时燃油流量（kg/h）；

　　　　　c_r^m，c_f——废气、燃油的比热容 [kJ/（kg·K）]；

　　　　　t_{rm}——按废气流量 m_r 确定的平均温度（℃）。

$$t_{rm} = \frac{\int c_r^m t_r m_r \mathrm{d}t}{\int c_r^m m_r \mathrm{d}t} = \frac{\int t_r m_r \mathrm{d}t}{\int m_r \mathrm{d}t}$$

　　式中　t_r，m_r——废气瞬时温度和流量率；

t_0——进入发动机的空气温度（℃）；

Q_{res}——余项损失热量，包括所有未测量的各项损失，如摩擦损失的热当量、排气动能的热量、辐射热损失等。

热平衡中的各项也可用燃料总热量百分比表示，即

$$q_e = \frac{Q_e}{Q} \times 100\%, q_c = \frac{Q_c}{Q} \times 100\%, q_o = \frac{Q_o}{Q} \times 100\%, q_g = \frac{Q_g}{Q} \times 100\%, q_{res} = \frac{Q_{res}}{Q} \times 100\%$$

于是

$$q_e + q_c + q_o + q_g + q_{res} = 100\%$$

图 4-12 所示为发动机的内热平衡图，由图可以一目了然地看到发动机中热量流动情况，以及各项损失如何纳入外热平衡的各个项目中。内热平衡也称辅助热平衡，热平衡的各项数值范围如表 4-2 所示。热平衡随发动机的类型而变化，对于同一台发动机，当燃料、负荷、转速、压缩比、冷却水温度等情况改变后，热平衡相应变化。图 4-13 和图 4-14 分别为一台柴油机负荷和转速对热平衡的影响情况。

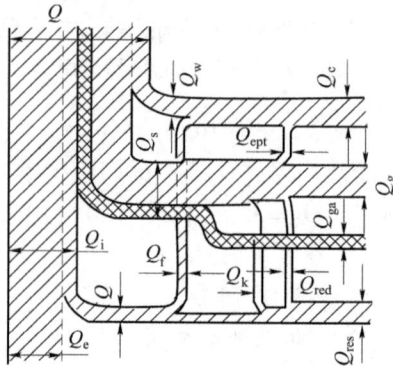

图 4-12 发动机的内热平衡图

表 4-2 热平衡的各项数值范围 %

发动机型式		q_e	q_o	q_{gf}	q_{gc}	q_{res}
汽油机		21~28	12~27	30~50	0~45	3~10
柴油机	非增压	29~42	15~35	25~45	0~5	2~5
	增压	35~45	10~25	25~40	0~5	2~5

表中 q_{gf}——废气带走的物理热百分比，即由废气热焓量所确定的损失；

q_{gc}——废气带走的化学能百分比，即不完全燃烧的热损失，此项常计入 q_{res} 中。

从内燃机热平衡中各部分的数值可以看出，真正输出功率驱动负载的燃料热量只占 30%~45%，其他热量的利用一直是内燃机的研究热点。20 世纪六七十年代曾掀起了绝热发动机的研究热潮，其目的是通过隔热技术增加发动机的有效功率，但采用隔热措施后，大量的热量进入排气系统，必须使用高效增压技术来回收这些排气能量。

对于军用发动机来说，随着发动机强化程度不断增加，传给冷却系统的热量显著增加，通过隔热技术降低冷却系统负担是现实的选择。减少散热量，可显著改善燃油经济性，后勤保障任务减轻，在相同功率下，燃油的重量和体积可以减少大约 40%，这样可以相应增加

战斗部重量；散热量的减少会使发动机冷却系统简化，冷却系统的体积减小，降低了冷却系统消耗的功率；减少散热量还能明显抑制坦克的红外特征；发动机在高温下工作，便于使用多种燃料。

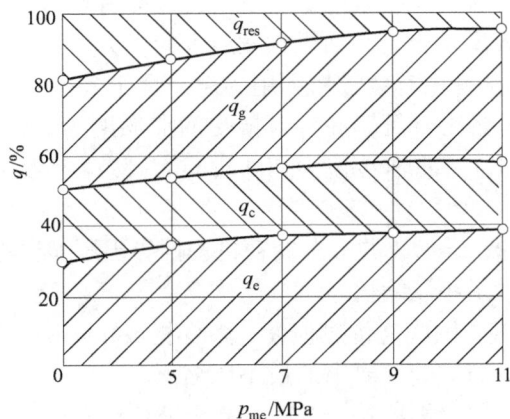

图 4-13　负荷对热平衡的影响
（MTU331 外气源增压单缸机）
（$n = 1\ 500$ r/min；$p_k = 0.15$ MPa）

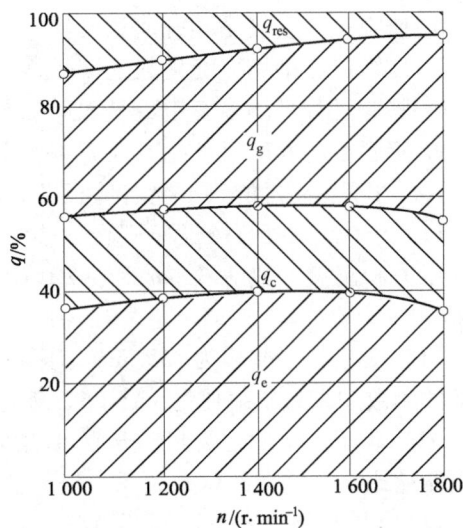

图 4-14　转速对热平衡的影响
（MTU331 外气源增压单缸机）
（$p_{me} = 1.0$ MPa；$p_k = 0.15$ MPa）

本章复习题

1. 在实际循环中，工质比热容变化受哪些因素影响？其对循环热效率有何影响？

2. 假设定压比热容 $c_p = 900$ J/（kg·K），计算增压发动机与非增压发动机平均有效压力的比值；在上述假设基础上，若循环指示热效率为 0.3，计算功率输出。

3. 泵气损失是在示功图上表示的，为何常列入内燃机的机械损失中？

4. 如何测定内燃机机械效率较理想？废气涡轮增压柴油机的机械摩擦损失功率应如何测定？

5. 火花塞点火发动机的压缩比受到爆震的限制，消除这种限制的策略是采用米勒（Miller）循环发动机。在米勒循环中，在压缩过程中推迟关闭进气门，从而使有效压缩比小于几何压缩比。因为压缩温度降低，从而减小了爆震发生的趋势；而热效率主要由膨胀比决定，所以对热效率影响不大。以下分析都是基于理想循环计算的，设工作流体的比热容为 1.33。

（1）绘制全负荷理想等容燃烧缸内压力变化曲线，绘制进气门关闭角为下止点后 90°曲轴转角的米勒循环缸内压力变化曲线。

（2）如果几何压缩比为 14，进气温度为 300 K，则相应的传统循环与米勒循环的压缩温度分别为多少？

（3）米勒循环由于进气门晚关造成进气回流，因此会产生相应的功率损失，列举两种策略来弥补米勒循环的功率损失。

（4）对于理想的等容燃烧循环，在压缩比为 14 时的热效率为多少？

（5）对于有效压缩比为 7、膨胀比为 14 的米勒循环发动机，如果进气温度为 300 K，在等容燃烧过程中温度上升到 3 000 K，则热效率是多少？

6. 研究燃料空气循环有何意义？

7. 压缩过程平均多变指数的变化规律怎样解释？

8. 膨胀过程平均多变指数是如何确定的？膨胀多变指数减少对发动机性能有何影响？

9. 定容度对发动机性能有何影响？提高定容度是否是柴油机的发展方向，为什么？

10. 讨论发动机的热平衡有何意义。改善热平衡中有效能量利用的途径是什么？

11. 为了使压缩自燃迅速进行，柴油机的压缩比要足够高，可接受的滞燃期为 20°CA，进气压力和温度分别为 1 bar 和 −20 ℃（253 K），曲轴转速为 200 r/min。燃料十六烷值为 45。

（1）对于一个冲程为 135 mm、压缩多变指数 $n = 1.2$ 的卡车发动机，推导出压缩比与滞燃期的函数关系，压缩比为 12~25，确定要求的最小压缩比。

（2）对于一个冲程为 80 mm 的小客车柴油机，因为高传热损失，多变指数 $n = 1.12$，推导出压缩比与滞燃期的函数关系，压缩比为 12~25，确定要求的最小压缩比。

12. 利用理想等容燃烧循环模型，分别绘制低压缩比（$\varepsilon = 8$）与高压缩比（$\varepsilon = 12$）的准确 $p-V$ 示功图，解释为什么高压比发动机具有更高的指示热效率。（在 $p-V$ 示功图中进行对比时，应考虑"什么应该保持不变"，是气缸最大容积、气缸工作容积、缸内空气质量、缸内燃油质量、缸内混合气相对空燃比、压缩始点缸内压力，还是压缩始点缸内气体温度？）

（1）解释在对比时所选择的保持不变的参数。

（2）在同一个图表中绘制两个 $p-V$ 示功图，显示出压缩、膨胀始点与终点缸内压力和温度的数值。

（3）利用 $p-V$ 示功图解释为什么高压缩比发动机效率更高。

第 5 章
内燃机的换气过程

5.1　概述

　　发动机气缸内工质更换的过程称为换气过程，它包括从气缸中排出废气和新鲜气体进入气缸两个部分。换气过程的质量直接影响发动机的动力指标、经济指标以及气缸内的热负荷。换气过程有极其复杂的气体动力学现象。换气时，气体是在配气机构流通截面变化的情况下做不稳定流动，气缸内工质的压力和温度都是随时间变化的。

　　四冲程发动机的换气过程占有两个单独的活塞冲程——排气冲程和进气冲程，其工作特点类似于气泵。换气期间，气缸内压力 p、排气管内压力 p_r，及进排气门流通截面 f 都随曲轴转角（时间）变化（图 5-1）。换气过程自排气门开启时刻开始（b' 点）至进气门关闭时刻结束（a' 点）。根据气体流动的特点，常将四冲程发动机的换气过程划分为以下 5 个阶段。

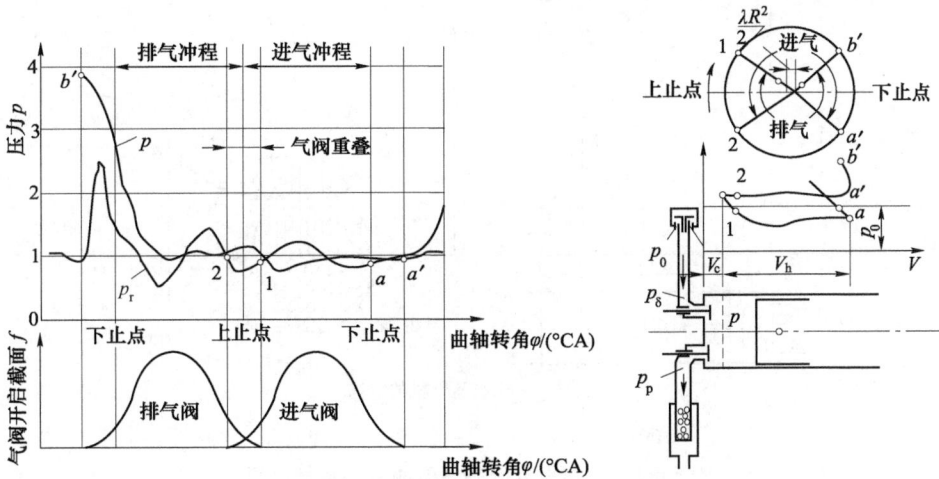

图 5-1　四冲程发动机的换气过程

　　（1）自由排气阶段。从排气门开启至气缸内压力接近排气管内压力为止的一段称为自由排气阶段。自由排气的特点是废气在压差作用下，自由排出气缸。排气开始时，气缸内压力大大超过排气管内压力（2 倍以上），压比超过临界值，废气以当地声速流出气缸。当压比低于临界值后，流动进入亚临界状态。这一阶段内由于气体流出速度快，废气量的 60% ~ 70% 排出气缸。

（2）强制排气阶段。在强制排气阶段，活塞从下止点向上止点运动，将废气推出气缸。气缸内压力的变化主要取决于活塞运动速度、气门流通截面的变化规律、排气管内的压力波动情况。

（3）扫气阶段。在扫气阶段，活塞行至上止点附近，进、排气门同时开启，此时，由于气流的惯性或较高的进气压力，使废气流出，新鲜气体进入。

（4）充气阶段。在充气阶段，活塞由上止点移向下止点，气缸内压力低于进气管的压力，由于进气系统有一定的阻力，因此进气压力 $p_a = p_s - \Delta p_s$（p_s 为进气管内压力，Δp_s 为压力损失，它取决于进气系统阻力及发动机工况）。又由于新鲜气体和热的机件接触，使进气温度 T_a 高于进气管内的气体温度 T_s，即 $T_a = T_s + \Delta T_s$。

（5）后充气阶段。从下止点至进气门关闭的一段称为后充气阶段。此时利用气流惯性，使新鲜气体在过下止点后继续流入气缸。显然，进气终点的工质参数和下止点时的数值不同。

二冲程发动机和四冲程发动机工作过程的主要区别在于换气过程。四冲程发动机的进气和排气靠活塞吸入和推出，整个换气过程占 400°～450° 曲轴转角，在两个冲程以上的时期内进行。二冲程发动机是靠新鲜充量驱除废气，换气过程占 120°～150° 曲轴转角，相当于在两个冲程的各 1/3 期间内进行，从而使二冲程发动机的换气不如四冲程完善。换气质量是影响二冲程发动机性能的重要因素。图 5 - 2 表示一台二冲程直流换气柴油机的换气过程情况。根据气体流动特点，将二冲程发动机的换气过程划分为 3 个阶段。

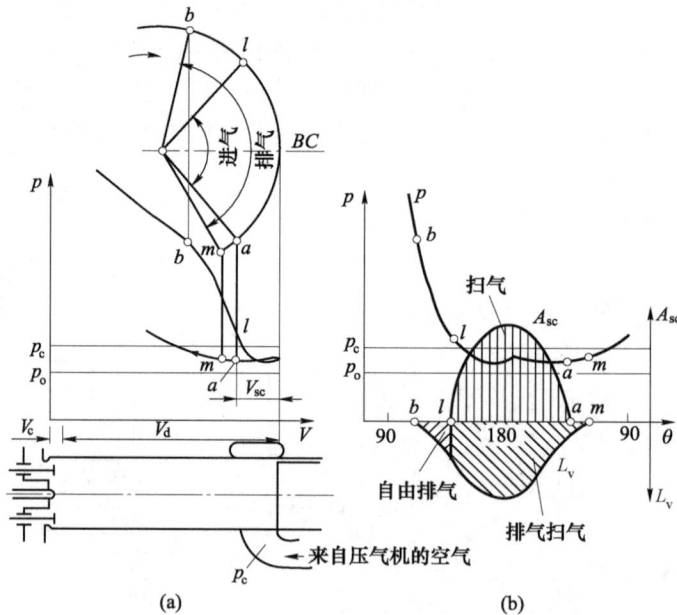

图 5 - 2　二冲程直流扫气柴油机的换气过程
（a）气门、气口定时及缸内压力变化；（b）缸内压力、扫气口面积 A_{sc} 及排气门升程 L_v 变化情况

（1）自由排气阶段。由图 5 - 2 可见，排气门在 b 点打开，由于缸内压力 p_b 和排气管内压力 p_r 比（p_b/p_r）大于临界值，则气缸内气体以声速流出。在扫气口打开之前，缸内压力应降至扫气压力以下，否则排气会向扫气口逆流，在自由排气期可以流出 70%～80% 的废气量。此阶段气体流出速度与发动机转速无关，故转速升高时，应提前排气，但如果太早，会使膨胀损失增加。

（2）扫气阶段。自由排气后，l 点扫气口打开，排气门（口）与扫气口同时开启，从此开始扫气，即以新鲜气体扫气取代排气。作为理想扫气过程，排出气体应与扫气气体截然分开，使排气与扫气不相混合，实际上这是不可能实现的。为了充分扫气，必须供给多于气缸工作容积的扫气气体，使部分新鲜充量由排气门（口）流出，这会影响发动机的经济性，特别对化油器式汽油机，由于用燃料空气混合气扫气，会造成较大燃料损失。

（3）附加排气或后充气阶段。附加排气或后充气期根据配气定时确定，排气门（或排气口）可在扫气口关闭之前或之后关闭。图 5-2（b）中 a 点扫气口关闭，m 点排气门关闭，此期间为附加排气。相反，如排气门在扫气口之前关闭，将有部分新鲜充量流入气缸。排气门关闭至扫气口关闭的这段时期称为后充气期。实际内燃机进、排气门的开启和关闭时刻相对于上、下止点位置是提前开启，迟后关闭，以增大气门的时间断面值、增大进气或排气量，并减少泵气损失功。排气门提前开启还能减少排气冲程的消耗功。若活塞行至下止点排气门才开启（图 5-3 中 $e''br$ 线），那么在排气冲程初期，气门流通截面很小，气体流动阻力很大，气缸内压力较高，在活塞反行排气时，势必增大排气功。若开得太早（图 5-3 中 $e''b'r'$ 线），则气体膨胀功减小，这也是不利的。排气门迟后关闭是为了多排出一些废气，如果正好在上止点关闭排气门，则在此之前，气门流通截面很小，妨碍废气排出。同时，晚关还可利用气流惯性和气门外的真空度，在上止点后继续排出废气。同理，进气的提前开启和迟后关闭也是为了多进气。

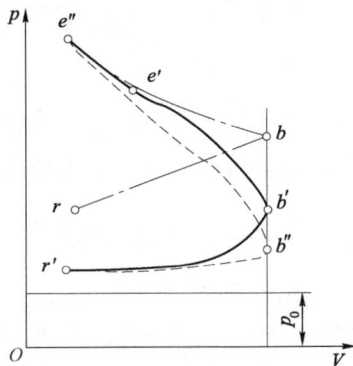

图 5-3　排气过程部分示功图

5.2　评价参数

换气过程品质由一系列参数表示，当气缸内燃烧产物完全由进气压力和进气温度下的新鲜充量所替换时，换气过程的效率最高。压缩冲程开始时的气缸容积称为封存容积，在有的书中用气缸工作容积（排量）代替。给出换气过程参数时，常使用以下符号：

p_s——进气系统中气体压力，非增压四冲程发动机 $p_s = p_o$，增压或二冲程发动机 p_s 是压气机出口压力；

T_s——进气系统中空气温度，非增压四冲程发动机 $T_s = T_o$，增压或二冲程发动机 T_s 是压气机出口温度；

m_a——封存在气缸中的新鲜充量质量；

m_r——在气缸中的残余废气质量；

m_o——在气缸中新鲜充量和残余废气的质量；

m'——在压力为 p_s、温度为 T_s 时，封存在气缸内的气体质量；

m_s——在 p_s、T_s 条件下，供入气缸的气体质量。

5.2.1　扫气效率

扫气效率（Scavenge Efficiency）是封存在气缸内的新鲜充量质量 m_a 与封存在气缸内的

总气体质量（新鲜充量质量 m_a 加上残余废气质量 m_r）之比，即

$$\eta_{sc} = \frac{m_a}{m_a + m_r} = \frac{1}{1 + \gamma}, \quad \gamma = \frac{m_r}{m_a} \tag{5-1}$$

扫气效率高，表明气缸内残余废气量少，但 η_{sc} 高往往以扫气量多为代价，因此在评价扫气效率时，还应考虑扫气量消耗的多少。

5.2.2　容积效率

容积效率（Volumetric Efficiency）定义为封存在气缸内的总气体质量（$m_a + m_r$）与在供气条件下（p_s、T_s）封存在气缸里的空气质量 m' 之比，即

$$\eta_v = \frac{m_0}{m'} = \frac{m_a + m_r}{m'} \tag{5-2}$$

由于流经进气门或扫气口的压力损失、传热和残余废气与新鲜充量的混合影响，封存在气缸内的气体的压力和温度与进气系统中的压力和温度不同。对此，可用容积效率来估计。

5.2.3　充量系数

充量系数（Charging Efficiency）是封存在气缸内的空气质量与气缸内仅封存 p_s、T_s 条件下的纯空气（或燃料与空气的混合气）质量之比，即

$$\phi_c = \frac{m'}{m'} = \frac{m_a}{m_a + m_r} \cdot \frac{m_a + m_r}{m'} \tag{5-3}$$

$$\phi_c = \eta_{sc} \eta_v \tag{5-4}$$

5.2.4　扫气比

扫气比（Scavenge Ratio）（也称给气比）表示供入气缸的气体质量（二冲程发动机即由扫气泵供给的新鲜充气量 m_s）与在 p_s、T_s 条件下气缸封存容积中气体质量之比，即

$$\phi_k = \frac{m_s}{m'} \tag{5-5}$$

扫气比大，说明扫气气体量消耗得多，相应使扫气泵消耗功率增加。完善的换气系统应有较高的扫气效率 η_{sc}，同时要有小的扫气比。

5.2.5　扫气系数

扫气系数（Scavenge Coefficient）定义为供给气缸的气体质量与封存在气缸中的气体质量之比，即

$$\eta_s = \frac{m_s}{m_a} = \frac{m_s}{\phi_c m'} = \frac{\phi_k}{\phi_c} \tag{5-6}$$

所以

$$\phi_k = \phi_c \eta_s \tag{5-7}$$

5.3　充量系数

对于车用发动机来说，充量系数是实际进气量与理想进气量的比较，是评价进气过程完

善程度的重要指标。根据定义，充量系数可表示为

$$\phi_c = \frac{m_a}{m'} = \frac{m_a}{V_h \rho_s} = \frac{V_s}{V_h} \qquad (5-8)$$

由气体状态方程，在下止点，V_a 的空气质量为 M_{a1} 时，则有

$$p_a V_a = R(M_{a1} + M_r)T_a \qquad (5-9)$$

式中，p_a 单位为帕（Pa），V_a 以 m^3 计，T_a 以 K 计，R 为通用气体常数（取值 8 314 J／（kmol·K））。

对于新鲜充量 M' 而言，有

$$\phi_c p_s V_h = RM'T_s \qquad (5-10)$$

从下止点至进气门关闭，由于后充气可能有附加充量，因此 M' 可能大于 M_{a1}，用附加充气系数 ϕ_1 计算附加充量。

$$\phi_1 = \frac{M' + M_r}{M_{a1} + M_r}$$

$$M_{a1} + M_r = \frac{M' + M_r}{\phi_1} \qquad (5-11)$$

由式（5-9）和式（5-11）得

$$M' + M_r = \phi_1 \frac{p_a V_a}{RT_a} \qquad (5-12)$$

由式（5-10）得

$$M' = \frac{\phi_c p_s V_h}{RT_s}$$

再将 M' 除（5-12）式，得

$$\frac{M' + M_r}{M'} = \phi_1 \frac{p_a}{p_s} \frac{V_a}{V_h} \frac{T_s}{T_a} \frac{1}{\phi_c} \qquad (5-13)$$

又因

$$\frac{V_a}{V_h} = \frac{\varepsilon}{\varepsilon - 1}, \quad \frac{M' + M_r}{M'} = 1 + \gamma$$

则得

$$\phi_c = \phi_1 \frac{\varepsilon}{\varepsilon - 1} \frac{p_a}{p_s} \frac{T_s}{T_a(1 + \gamma)} \qquad (5-14)$$

又由式（5-27）得

$$\phi_c = \phi_1 \frac{\varepsilon}{\varepsilon - 1} \frac{p_a}{p_s} \frac{T_s}{T_s + \Delta T + \gamma T_r} \qquad (5-15)$$

式（5-14）和式（5-15）适用于二冲程和四冲程发动机，对二冲程发动机，式中的压缩比是指实际压缩比。四冲程发动机充量系数和残余废气系数可进一步推算成以下形式，假定四冲程发动机排气过程在上止点结束，并且

$$V_c = \frac{V_h}{\varepsilon - 1}$$

则

$$M_r = \frac{p_r V_h}{R(\varepsilon - 1)T_r} \qquad (5-16)$$

由于

$$M' = \frac{\phi_c p_s V_h}{RT_s}$$

$$\gamma = \frac{M_r}{M'}$$

可以得到

$$\gamma = \frac{1}{(\varepsilon - 1)} \frac{1}{\phi_c} \frac{p_r}{p_s} \frac{T_s}{T_r} \tag{5-17}$$

在气门重叠期，扫气良好时，残余废气系数 γ 降低，大多数增压发动机在换气过程中都有附加扫气，考虑附加扫气系数 ϕ_{pur} 时，则残余废气系数可写成

$$\gamma = \frac{\phi_{pur}}{(\varepsilon - 1) \phi_c} \frac{p_r}{p_s} \frac{T_s}{T_r} \tag{5-18}$$

无扫气时，$\phi_{pur} = 1$；完全扫气时，$\phi_{pur} = 0$。把式（5-18）的 γ 代入式（5-15），经整理后，得

$$\phi_c = \frac{1}{\varepsilon - 1} \frac{T_s}{T_s + \Delta T} \left(\phi_1 \varepsilon \frac{p_a}{p_s} - \phi_{pur} \frac{p_r}{p_s} \right) \tag{5-19}$$

将 ϕ_c 值代入式（5-18）后，得到四冲程发动机只与温度、压力和试验系数有关的残余废气系数方程式，即

$$\gamma = \frac{\phi_{pur} (T_s + \Delta T)}{T_r} \frac{p_r}{\phi_1 \varepsilon p_a - \phi_{pur} p_r} \tag{5-20}$$

无扫气和附加充量时，$\phi_1 = \phi_{pur} = 1$。

5.4　影响充气量的因素

在其他条件相同的情况下，发动机每循环做功量是由进气量决定的。为了提高发动机的功率指标，应尽量改善换气过程的工作质量，提高充量系数。影响充气量的因素很多，根据上面的公式推导可以概括出来，主要因素如下所述。

5.4.1　气缸内充量压力

由于进气系统阻力，使进入发动机气缸的新鲜充量减少，因为此时充量密度降低了。在简化分析时，将进气过程视为稳定流动。利用伯努利方程式可近似地求出气体经过进气机构产生的流动损失。假定气体在管路中按稳定流运动，我们可以写出

$$\frac{p_0}{\rho_0} + \frac{\omega_0^2}{2} = \frac{p}{\rho} + \frac{\omega^2}{2} + \zeta \frac{\omega^2}{2} \tag{5-21}$$

式中　p_0，ω_0，ρ_0——进气管入口处充量的压力、流速及密度；

　　　　p，ω，ρ——气门处的压力、流速及密度；

　　　　ζ——进气系统的阻力系数。

假定 $\omega_0 = 0$，并近似地认为 $\rho_0 = \rho$，上式可写成

$$p_0 - p = \frac{\rho}{2} (1 + \zeta) \omega^2 \tag{5-22}$$

压力差 $p_0 - p$ 表明损失，令 $p_0 - p = \Delta p_a$，则

$$\Delta p_a = \frac{\rho}{2}(1 + \zeta)\omega^2 \tag{5-23}$$

由气体的连续流动条件，还可写成

$$f_s \omega = F_p V_m$$

式中　f_s——进气门流通截面（m^2）；

$\qquad F_p$——活塞面积（m^2）；

$\qquad V_m$——活塞平均速度（m/s）。

由此求出

$$\omega = \frac{F_p}{f_s} V_m$$

由于

$$V_m = \frac{S \cdot n}{30}$$

则

$$\omega = \frac{F_p}{f_s} \frac{S \cdot n}{30} = \frac{V_h n}{30 f_s}$$

代入式（5-23），得

$$\Delta p_a = K_1 (1 + \zeta) \frac{n^2}{f_s^2} \tag{5-24}$$

式中，$K_1 = \rho V_h^2 / (2 \times 900)$。

与 Δp_a 相似，可写出排气管路的压力损失为

$$\Delta p_r = K_2 (1 + \zeta') \frac{n^2}{f_E^2} \tag{5-25}$$

式中　f_E——排气门流通截面（m^2）；

$\qquad \zeta'$——排气系统的阻力系数。

由式（5-24）、式（5-25）可知，进、排气系统的压力降与转速平方成正比，与气门通道截面平方成反比。

进排气系统阻力对充量影响较大。阻力增大时，Δp_a 及 Δp_r 升高，使泵气损失功增大，如 12150 发动机在标定工况时装上空气滤清器和排气管后，功率损失为 31.6 kW（图 5-4）。图 5-5 给出了一般四冲程发动机进气流速 ω、ϕ_c 的变化范围。

5.4.2　气缸内充量温度

新鲜充量经进气系统时，与热壁面接触被加热，温度升高 ΔT。加热程度与充量的速度、进气间隔及壁面温度有关。充量温度增加，密度下降。在进气终点，气缸内的工质由残余废气和新鲜充量组成，工质的内能可以认为是新鲜充量和残余废气的内能之和，即

$$M_1 (T_s + \Delta T) c_V + M_r T_r c_V'' = (M_1 + M_r) c_V' T_a \tag{5-26}$$

式中　ΔT——新鲜充量受热表面传热产生的温度升高量；

$\qquad c_V$，c_V'' 及 c_V'——新鲜气、废气及混合气的 1 kmol 比热容，简化分析时，可以近似地认为 $c_V = c_V'$，$c_V'' = \gamma c_V$。

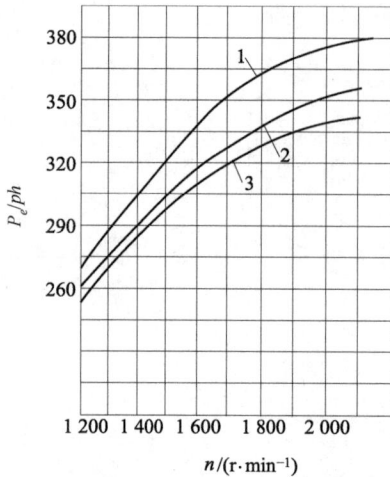

图 5 – 4　12150 柴油机进、排气系统的功率损失
1—外特性；2—装排气管；3—装排气管和空气滤清器

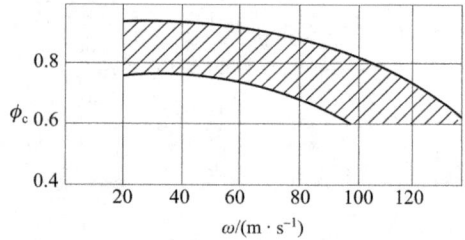

图 5 – 5　四冲程发动机充量系数的范围

考虑到残余废气系数的关系式，式（5 – 26）可写成

$$T_s + \Delta T + \gamma T_r = （1 + \gamma） T_a$$

所以

$$T_a = （T_s + \Delta T + \gamma T_r） / （1 + \gamma） \qquad (5 – 27)$$

由式（5 – 27）可见，进气终点温度 T_a 与温升 ΔT，废气温度 T_r 及残余废气系数 γ 等参数有关。非增压四冲程柴油机 $\Delta T = 20\ ℃ \sim 40\ ℃$，化油器式汽油机 $\Delta T = 0\ ℃ \sim 20\ ℃$。四冲程无中冷增压柴油机和扫气良好的二冲程发动机 ΔT 值较低，这是由于增压后空气温度较高，壁面和充量间的平均温度差较小。对于无中冷的增压发动机，当充量的温度较壁面温度高时，充量可能被冷却，ΔT 可能为负值。

5.4.3　工况变化

在介绍发动机充量系数随工况的变化规律之前，要先了解泵气功和泵气损失的概念。泵气功是指缸内气体对活塞在强制排气行程和吸气行程所做的功；泵气损失则是指与理论循环相比，发动机的活塞在泵气过程中所造成的功的损失。参照平均指示压力的概念，用平均泵气损失压力来表示泵气损失的大小（Pump Mean Effective Pressure，PMEP）。

1. 转速的影响

发动机的转速对于缸内气体的更换过程具有重要影响。对于进气行程来说，当发动机的转速增大时，活塞的平均速度增加，进气流速加快，在不改变进气门直径和进气门关闭角时，进气的阻力变大，进气损失增加，使得充量系数降低，从而降低发动机的性能。对于排气行程来说，在相同的排气提前角下，发动机排气行程对应的排气时间变短，通过排气门排出的废气流量变小，这样就使得膨胀损失减小，但是缸内的压力提高，一方面使得残余废气系数升高；另一方面，使得活塞推出损失变大，综合的结果是使发动机的排气损失增加，进而使换气品质降低，充量系数降低。一般而言，随着发动机转速的升高，排气损失总体上呈现出不断升高的趋势。对于发动机的充量系数而言，随着转速升高，进排气损失都会加大，特别是进气阻力的增加，将大大降低发动机在高转速下的充量系数，使发动机实际进入气缸的气体流量下降，换气品质下降，进而使发动机性能恶化。所以，对于发动机来说，为了减小转速对充量系数的影响，随着转速的增加，要合理地优化配气正时、加大进气门的流通面积，正确地设计进气管道及进气流动路径，以及适当地降低活塞的平均速度，适当地增大排气提前角，从而提高发动机的充量系数，改善发动机性能。

图 5-6 所示为一四冲程自然吸气汽油机的 PMEP 随转速的变化特性。对于非增压发动机来说，其泵气功是负的，转速越高，泵气损失越大。根据 PMEP 的定义可知，假设发动机的转速为 6 000 r/min，排量是 2 L，根据第 2 章性能指标的内容可以求出平均泵气损失压力大约为 8 kW，而此发动机在标定点的功率为 81 kW。所以，提高发动机的换气品质是十分重要且有意义的一项工作。

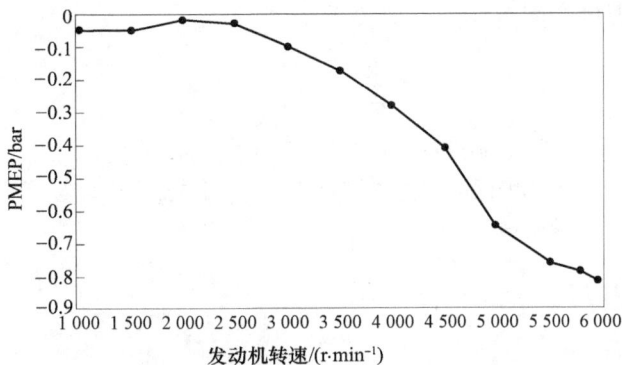

图 5-6　某四冲程自然吸气汽油机的 PMEP 随转速的变化特征

2. 负荷的影响

转速一定、负荷变化时，对于通过节气门控制功率的发动机而言，由于节气门开度改变，在小负荷时充量系数下降。对于非增压的柴油机，进气系统没有控制进气量的装置，负荷增加时，每循环供油量增加，传热表面温度上升，对进气加热增加，使气体密度下降，因而充量系数稍有下降。

对于增压柴油机来说，负荷增加，循环的供油量增加，传热表面温度上升，对进气加热增加，使气体密度下降，因而充量系数稍有下降。但是对于增压柴油机来说，负荷增加，增压比增大，进气压力增大，这就使得柴油机的泵气功增加，且是正功增加，进气压力更加高于排气压力。一方面利于扫气，另一方面也使得发动机的充量系数增加，综合的效果是使得增压柴油机的充量系数不会下降，甚至略有增加。

5.4.4　进排气门的尺寸和数目

由前面充量系数的计算公式可知，在其他系统参数不变的前提下，增加进气门的流通面积是降低进气阻力、减小马赫数、提高发动机充量系数的主要措施。当发动机的气门数由原来的 1 进 1 排两个气门的组成结构变成 2 进 2 排，甚至是 3 进 2 排的 5 气门结构之后，进气门面积之和所占气缸面积的比例会大幅度提高，增大进排气门尺寸和数目，可降低气流阻力。但增大气门直径受气缸尺寸限制，为提高充气量，适当增大进气门而减小排气门是合理的。但随着内燃机强化程度的增加，进排气的流通面积分配趋向是适当增加排气门部分。当气门直径和数目一定时，减小气门锥面角有利于提高充量系数，原因是增加了气门的流通截面积。同时采用 4 气门或者 5 气门结构不仅仅是增加了进排气流通面积，减小了流动阻力损失，对于汽油机，这种方案可以使火花塞布置在中央，以缩短火焰的传播距离，提高发动机抗爆性，因而可以采用更高的压缩比，提高汽油机的燃油经济性；对于柴油机而言，可以实现喷油器的垂直中置，对混合气形成和空气利用极为有利。正因如此，现代小型高速发动机越来越多地采用多气门方案。

5.4.5　进气状态

随着进气压力的提高，气体流动的相对损失下降，使压力比 p_a/p_o 增大，相应地使充量系数增大，所以增压发动机的 ϕ_c 值比非增压的高。进气温度上升时，新鲜充量和发动机热机件之间温差减小，热交换减少，使充量温升 ΔT 下降，从而使充量系数上升。试验数据显示，充量系数和进气温度之间有如下近似关系：

$$\frac{\phi_{c1}}{\phi_{c2}} = \sqrt{\frac{T_{o1}}{T_{o2}}}$$

式中　ϕ_{c1}，ϕ_{c2}——相应于进气温度为 T_{o1} 及 T_{o2} 时的充量系数。

应当指出，由于温度上升引起充量系数增加，并不意味着每循环进气量（按重量计）增多，因为温度上升，充量密度下降。

5.4.6　配气相位

1. 最佳的配气相位

进排气门开启和关闭的时刻一般以距上、下止点位置的曲轴转角来表示，称为配气相位，或气门定时（Valve Timing）。

图 5-7 所示为非增压和低增压柴油机的典型配气相位图。进、排气门在上止点附近的重叠度往往受到活塞顶的气门坑深度限制，重叠度过大使凹坑加深，会使燃烧室失去合理的结构，并在低速时排气倒灌。最佳的配气相位是根据发动机试验确定的。同一台发动机在不同转速时，其最佳配气相位是不同的。固定转速工作的发动机，应以其工作转速来选择最佳配气相位。对于车辆发动机，工作转速变化较广，如果要求得到较大的标定功率，就按标定功率转速选择；相反，如要求低速时获得大扭矩，则应按最大扭矩转速选择最佳配气相位。按最大扭矩转速选取配气相位，称为低速调整（图 5-8 曲线 1）。按最大功率转速选取配气相位，称为高速调整（图 5-8 曲线 2）。对于扭矩要求较大的发动机（坦克，运输、牵引用车辆），应当在最大扭矩转速时获得最多的充气量，以得到低速大扭矩。

2. 可变配气相位

一个固定不变的配气相位不可能满足发动机不同转速下对充气特性的要求，要想使这一问题得到良好解决，应使进排气门的开启关闭角随转速的变化而变化。有的车用发动机采用了可变配气相位（Variable Value Timing，VVT）技术。

（1）进气门迟闭角对充量系数的影响。

对发动机的充气也即对发动机性能影响最大的配气相位角度是进气门迟闭角。从图5-9中可以看出，进气门关闭角从小到大的过程中，随着进气门关闭角的增大，充量系数先增加后减小，在某角度时（和具体的发动机参数有关）出现峰值。进气门关闭时刻较晚，在发动机压缩行程时，缸内有一部分气体回流到进气歧管中，导致充量系数减小；当进气门关闭角过小时，无法有效利用进气的惯性效应，使得实际进入气缸的气体量减少。因而存在一个最佳的进气关闭角，既可保证进气时间的增加，又不至于有太多的进气回流损失，进气量为最大值，此时发动机充量系数最大。

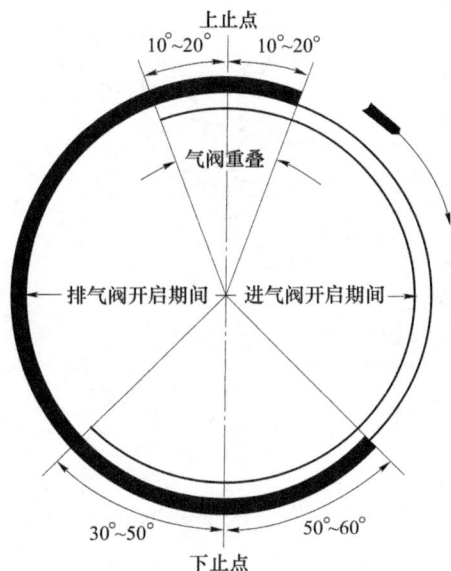

图 5-7　非增压和低增压柴油机的典型配气相位图

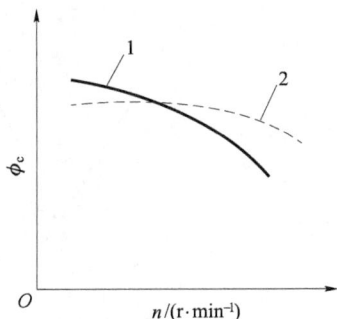

图 5-8　配气相位对 ϕ_c 的影响
1—低速调整；2—高速调整

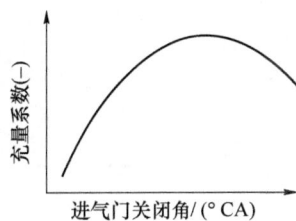

图 5-9　进气门关闭角对 ϕ_c 的影响

对于发动机来说，理想的配气系统是气门升程和进气门迟闭角都可随工况调整：在高速时，增加升程和迟闭角，利用惯性过后充气；在低速时，减小升程和迟闭角，以免倒流。

（2）排气门迟闭角对充量系数的影响。

和进气门迟闭角的影响结果类似，在排气门关闭角变化的过程中，充量系数也在某角度有峰值出现，其主要原因与前面介绍的排气门早开晚关的原因相同，这里不再赘述。

图 5-10 所示为某可变配气相位发动机的扭矩、功率和燃油消耗率随配气相位变化的特性图，可以看出，可变配气相位技术对发动机影响最大的部分是在高速时。一个优化良好的 VVT 发动机的性能要远远优于无可变配气相位的发动机，这也是现在车用发动机越来越多地采用 VVT 技术的原因，而且近几年的发动机技术出现了越来越多的智能可变配气相位（i-VVT）技术，这都证明了换气过程对于车用发动机性能改善的重要性。

5.4.7　进气马赫数

马赫数的定义是流速与声速之比，根据气体连续方程可知：

$$\rho \omega A = 常数$$

式中　ρ——气体密度；

ω——截面的气体流速；

A——截面面积。

对于进气过程来说，气体从进气管进入气缸内，其流动符合连续方程，则

$$\rho_1 \omega_1 A_1 = \rho_2 \omega_2 A_2$$

式中　ρ_1，ω_1，A_1——进气气体密度、进气气体流速和进气管截面面积；

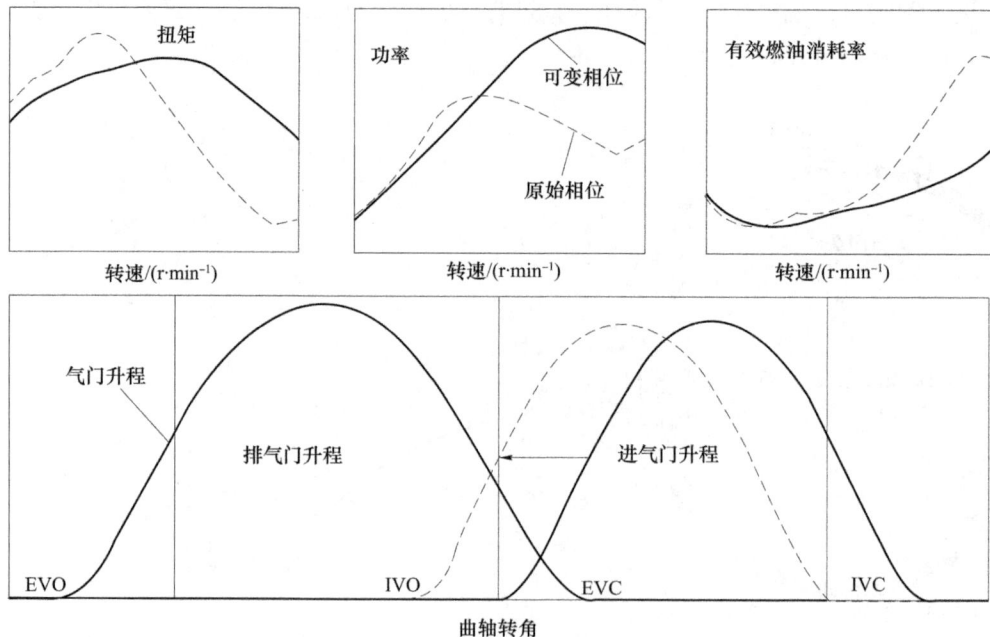

图 5 – 10 VVT 发动机性能随配气相应变化的特性图

ρ_2，ω_2，A_2——气缸内气体密度、气缸内气体流速和气缸截面面积。

在这里引入平均流量系数 μ_s 来表征在进气过程中的损失，气缸内的气体流速与活塞的平均速度 V_m 相等，则进气的平均流速为

$$\omega_1 = \frac{V_m}{\mu_s}\frac{A_2}{A_1} = \frac{V_m}{\mu_s}\left(\frac{d}{d_1}\right)^2$$

式中　d——气缸直径；

　　　d_1——进气道直径。

所以进气马赫数的表达式为

$$Ma = \frac{V_m}{c \cdot \mu_s}\left(\frac{d}{d_1}\right)^2 \tag{5 – 28}$$

式中，c 为当地声速，由一维气体动力学可得

$$c = \sqrt{kRT} \tag{5 – 29}$$

式中　k——空气绝热指数；

　　　R——气体常数；

　　　T——进气温度。

根据上面的马赫数公式，以缸径为 110 mm、冲程为 108 mm，进气门直径为 35 mm、进气温度为 340 K 的发动机为例，可得到如图 5 – 11 所示的马赫数与发动机转速及进气温度之间的关系。

不断提高车用柴油机功率密度的两种方式：提高平均有效压力，增大进气压力；提高发动机转速，增大空气流速。这两种方式都会增加进气马赫数，而大量的试验表明，在马赫数超过 0.5 之后，充量系数会急剧下降，从而使得发动机的功率密度不增反降，达不到预期的效果。所以，对于现代柴油机来说，提高转速和平均有效压力必须首先实现高充量换气，这

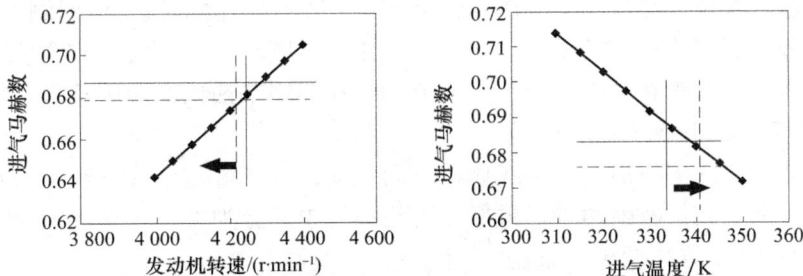

图 5-11　进气马赫数随发动机转速和进气温度的变化趋势

是柴油机提高功率密度的一个重要手段。

5.5　二冲程发动机换气

5.5.1　二冲程发动机简介

作为汽油机的一个重要分支，二冲程汽油机具有升功率大、运转平稳、机械损失小、结构简单、制造成本低以及便于维修等特点，在摩托车、快艇、农林植保机械以及小型发电机等许多领域已经得到了广泛应用。另外，由于其功重比高、升功率大，采用机油与汽油混合润滑的方式，并且可以实现倒立布置的优点，因此特别适用于小型无人机、轻型飞机及动力翼伞等飞行器。

二冲程发动机的换气时间为 120°~150° 曲轴转角，而四冲程发动机为 400°~450° 曲轴转角。二冲程发动机的换气过程比四冲程发动机时间短，而换气过程几乎不存在活塞的吸排作用，这就要求二冲程发动机必须由扫气泵将空气压入气缸，利用新鲜充量驱除废气。驱动扫气泵要消耗功率，二冲程发动机要想获得良好的功率指标，组织好换气过程是关键。

5.5.2　二冲程发动机扫气系统的基本形式

根据二冲程发动机气缸扫气流的流线性质，扫气系统可分为横流式、回流式及直流式 3 种（图 5-12）。

1. 横流扫气（Cross Scavenging）

横流扫气如图 5-12（a）所示，排气口与扫气口相对设置在气缸下部，气口下边缘与下止点相平，气缸内扫气流的形态依赖于活塞顶的形状及气孔方向相对气缸中心线的倾斜角度而定。这种扫气系统结构简单，多用于小功率发动机上，如摩托车、链锯动力，这些发动机多用曲轴箱和工作活塞的底面作为扫气泵，所以也称曲轴箱换气式发动机。

横流扫气的缺点是：换气质量差，在气缸内有较大的气流死角，气流形成的涡流不稳定，废气清除不干净，扫气气流常因短路而从排气口流出；同时，由于扫气、排气定时对称，扫气口比排气口早关，使气缸内的新鲜气体部分外逸；此外，在扫气口和排气口两边的气缸和活塞受热不均，容易产生变形；又由于扫气压力的作用，使活塞推向排气一侧，活塞组产生单边磨损。为改善换气品质，扫气口做成倾斜的，使扫气流向上。

2. 回流扫气（Loop Scavenging）

回流扫气如图 5-12（b）所示，排气口与扫气口位于同一侧，扫气口向下倾斜，使扫气气流首先扫过活塞顶，然后顺着气缸轴线回转 180°，流向位于扫气口同侧上方的排气口。这种结构可部分克服横流扫气的缺点，但扫气、排气口同在一侧，气道布置比较困难。回流扫气系统的气口也可布置在气缸周边上。回流扫气在船用柴油机上应用较多。

3. 直流扫气（Uniflow Scavenging）

直流扫气时，扫气流线沿气缸轴线做单方向流动，并流过整个气缸断面，新鲜空气与废气的掺混较少，换气质量较前两种形式好。直流扫气中又分为气口 – 气门式及气口 – 气口式（见图 5 – 12（c）、（d））两种方案。

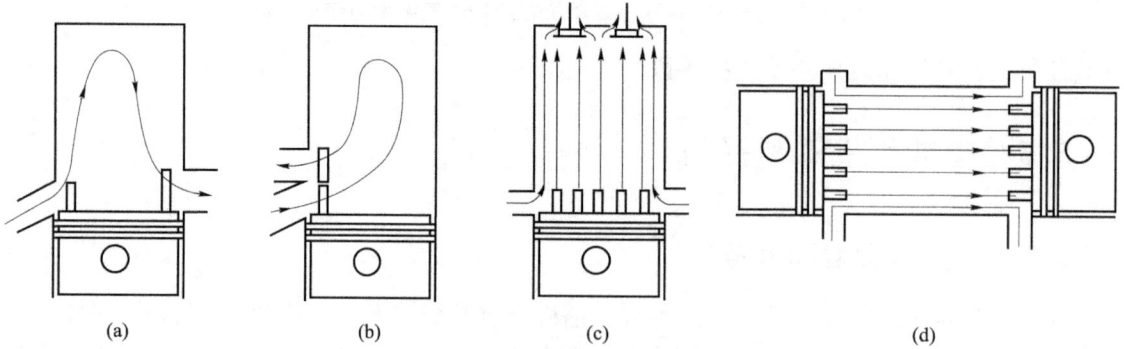

(a)　　　　　　　(b)　　　　　　　(c)　　　　　　　(d)

图 5 – 12　换气系统的形式
（a）横流扫气；（b）回流扫气；（c），（d）直流扫气

气口 – 气门式直流扫气系统中，扫气口在气缸下部圆周均匀分布，并与气缸圆周半径成一定角度，使扫气气流在气缸内形成强烈涡流，以利于清除废气和加强燃油与空气的混合。排气门的传动机构和四冲程发动机的配气机构相同。这种换气方式多在轻型高速车辆发动机上采用。

在气口 – 气口式换气方案中，扫气口与排气口分别布置在气缸的两端，开关扫气口和排气口由一对活塞控制。因此，这种发动机也称对置活塞式发动机，两个活塞分别通过两根曲轴传递功率，两根曲轴用齿轮传动机构联动，各种换气式的扫气效率及残余废气系数如表 5 – 1 所示。

表 5 – 1　各种换气方式的 γ、η_{sc} 值的范围

换气方式	γ	η_{sc}
曲轴箱换气	0.25 ~ 0.40	0.80 ~ 0.72
回流换气	0.08 ~ 0.25	0.92 ~ 0.80
气口 – 气门直流换气	0.06 ~ 0.16	0.94 ~ 0.87
气口 – 气口直流换气	0.04 ~ 0.10	0.96 ~ 0.91

一般排气口方向的曲轴比扫气口方向的曲轴超前 9° ~ 15° 的曲轴转角，以便使排气口比扫气口先打开，早关闭，从而延长充气时间。

排气活塞领先使排气活塞输出功率大于扫气活塞输出功率，领先角越大，两个活塞输出功率之差越大。一般排气活塞输出功率为整机功率的 60% ~ 70%。

上述横流扫气靠活塞控制气口的开闭，其扫、排气时间相对于下止点是对称的（图 5 –

13（a）），这种扫气也称为对称扫气（Symmetrical Scavenging）。回流扫气和直流扫气，其扫、排气时间相对于下止点是非对称的（图 5 – 13（b）、（c）），因而也可称为非对称扫气（Nonsymmetrical Scavenging）。

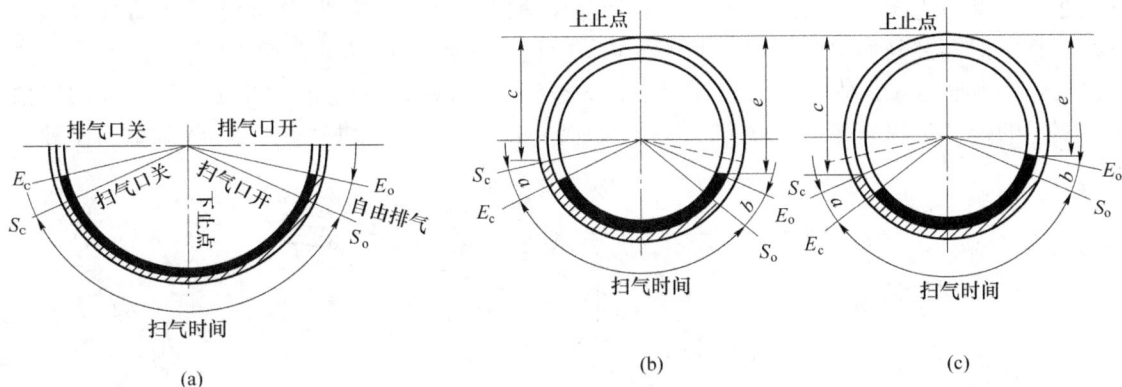

图 5 – 13　二冲程发动机配气相位

a—后继充气或加压；b—自由排气；c—压缩期间；e—膨胀期间

E_o—排气口开；E_c—排气口关；S_o—扫气口开；S_c—扫气口关

二冲程发动机扫气用充量需要预先压缩，主要有 3 种压缩方式：曲轴箱压缩（图 5 – 14（a））、罗茨泵压缩（图 5 – 14（b））、离心式压气机压缩（图 5 – 14（c））。

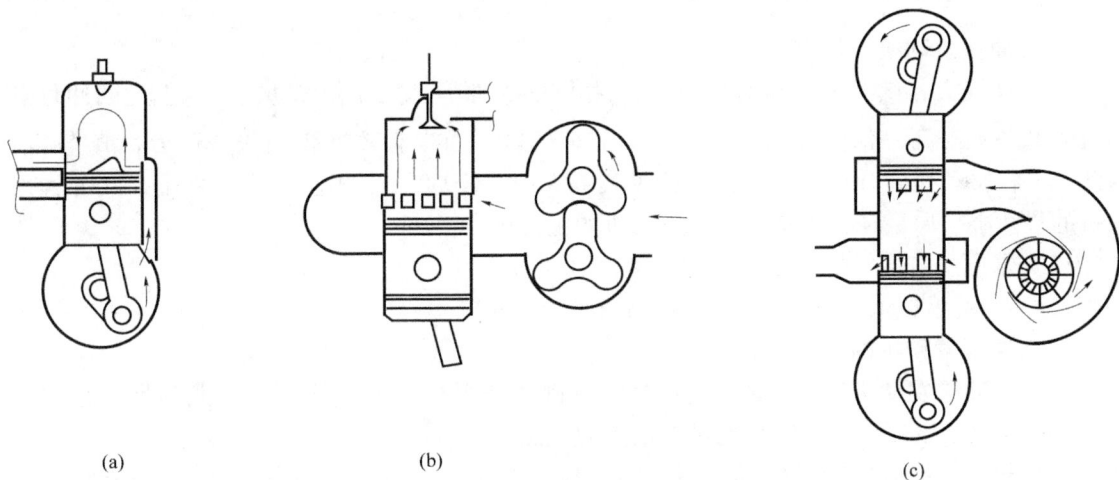

图 5 – 14　二冲程发动机扫气压缩方式

（a）曲轴箱压缩；（b）罗茨泵压缩；（c）离心式压气机压缩

由于二冲程发动机在扫气期间，气缸同时与进气和排气系统相通，流动过程十分复杂，用计算方法求扫气效率较难。于是人们做出一些简化的假设，按照假设求出的效率作为与实际效率相比较的标准。基准扫气效率模型有以下几种：

（1）替换式扫气（Displacement Scavenging）。替换式扫气是最简单的扫气过程模型，也称完全分层扫气。这种扫气模型用进入气缸的新鲜充量替换燃烧产物而在气缸内无混合，扫气效率直接与所供给的空气量有关。替换式扫气模型是扫气过程效率的上限，实际的扫气过程没有这样高的效率。

（2）完全混合扫气（Scavenging with Perfect Mixing）。完全混合扫气假定扫气在进入气缸的瞬间完全混合，气缸内气体的成分是均匀的。这是不切合实际的模型，因为没有充分的时间使混合过程在气缸里同时进行，而且在气体动力学上，这也是不可能的，因为混合只能发生在进气流的边缘。有人提出了一种兼有混合和替换的复合模型，称为混合－替换式扫气模型，其中把气缸分为两个区域：混合区和替换区。实际上还有一些新鲜充量短路而直接排入排气管，考虑这一因素后，可以建立混合－替换－短路扫气模型，这将更接近实际扫气情况。实际的扫气效率只能用实验方法求出。图5-15所示为各种扫气方式扫气效率的比较。

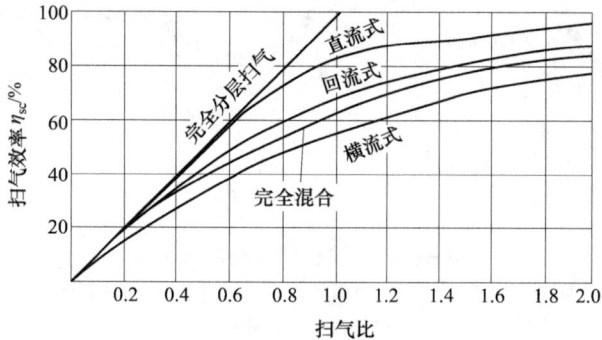

图5-15　各种扫气方式扫气效率的比较

5.5.3　二冲程发动机的优缺点

1. 二冲程发动机的优点

（1）在气缸容积V_h和平均有效压力p_{me}相同的条件下，二冲程发动机理论上比四冲程发动机的升功率提高一倍。实际上，气缸套上有气口，使得有效冲程损失一部分，p_{me}较低，因此二冲程发动机的升功率一般只比四冲程高50%~70%。在相同功率条件下，二冲程发动机的尺寸小、质量轻，这是二冲程发动机的主要优点。

（2）采用气口换气的方案，结构简单。

（3）扭矩随曲轴转角的变换比较均匀，飞轮尺寸较小。

2. 二冲程发动机的缺点

（1）二冲程发动机难以保证在各种转速下都能获得良好的换气品质（尤其是低速时），这对转速变化范围较大的车辆发动机是最大的缺点。

（2）热负荷高。二冲程发动机每一转完成一个工作循环，所以气缸内的平均温度高，活塞顶的平均温度要比四冲程发动机的高50℃~60℃。

（3）二冲程发动机的气体压力是单向作用的，活塞环在环槽中的活动较小，积炭不易排除，活塞环容易失去工作能力且容易刮伤缸壁。

（4）机油消耗量高，机油压力和流量较大。各轴承上承受单向载荷，为使承压面得到良好的润滑与冷却，一般要增大机油压力及流量；同时，扫气时难免有机油从曲轴箱窜入排气管或扫气口，导致机油消耗量增大。

（5）扫气泵消耗功率较大，使得发动机机械效率下降，经济性变差。采用废气涡轮增压的方式可以改善经济性，但是二冲程发动机的排气温度较低，由于没有单独的换气冲程，所以在低负荷或起动时，涡轮增压很难保证良好扫气。

（6）二冲程柴油机喷油泵的转速和曲轴转速相同，比四冲程的大一倍，因此柱塞的速度和加速度较高，使得喷油和传动系统的设计比较复杂。

5.6 进排气管道内的气体波动效应

利用进排气管道内气体的波动效应可改善发动机性能。进气冲程时，活塞吸气，在进气管路的气门端产生一负压力波（膨胀波），并在管路内以声速传播，传至开口端被反射形成正压力波（压缩波），在 t 时间后返回。如进气管长，返回时间 t 大于进气门开启时间 t_s，如图 5-16（a）所示，该波尚未到达进气门时，进气门已关闭，故对进气过程不产生直接影响。在进气管短而 $t<t_s$ 时，负压力波与正压力波相互重合，如图 5-16（b）所示，由于波的合成使进气过程的后半期成为正压。如能选择 t 值使正压恰在进气门关闭前达到最大值，就能提高充量系数。进气过程产生的正压力波，在返回时对充气过程产生的直接影响称为惯性效应（Inertia Effect）。管内残余压力波对下一个循环的进气过程产生的影响称为脉动效应（Pulsation Effect）。图 5-16（c）表示除惯性效应外的脉动效应，使进气过程后半期的压力进一步提高，从而使充量系数进一步提高。

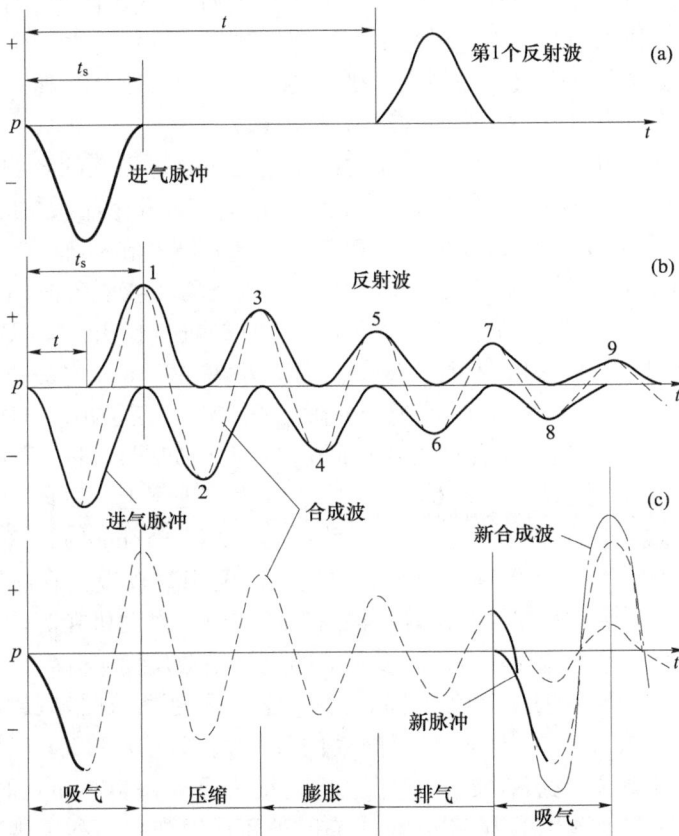

图 5-16 进气压力波动情况

正、负压力波的重合与压力波的频率 $H=1/(2t)$ 及吸气频率 n_s（四冲程机为 $n/120$，n 代表转速（r/min））有关，两者之比称为谐振次数 m。

$$m = \frac{H}{n_s} = 120H/n \qquad (5-30)$$

由图 5 – 17（b）看出，最佳谐振条件为 $t = t_s/2$，即在吸气期间仅振动一次，如进气门的有效开启角度为 $\theta_s = 6nt$，则最佳的谐振比为

$$m_{opt} = 720°/\theta_s \qquad (5-31)$$

如令 $\theta_s = 180°$，则 $m_{opt} = 4$。

同样，排气冲程时，排气管进口处产生较大的正压力波，该波在管端变成负压力波反射回来，因此产生正、负压力波合成的压力波动。如在排气冲程后半期出现负压力波，则残余废气就能被吸出，并改善进、排气重叠期的扫气效果。

对于多缸发动机，当共用一根排气管，在某一气缸排气门即将关闭时，正好另一气缸开始自由排气，此时自由排气产生的压力波就会传到即将关闭的那个气缸的排气门处，从而使该缸的残余废气压力升高，使充量系数减少，这种现象称为排气干涉。

在具有共同的进气歧管的多缸发动机中，由于进气压力波动的影响，也会引起上述现象，使充量系数下降，这种现象称为进气干涉。

为消除上述各缸之间进、排气的干扰现象，可将进、排气相位不重叠的气缸分组，使用独立的进、排气系统即可。采用较长的歧管与大容量的排气总管连接，也能消除干涉现象。在多缸发动机中，为利用动态效果，可将不产生进、排气干涉的一些气缸连接于一根进气管或排气管上，从而能像单缸机那样提高进、排气的惯性效果。现代高速、高性能车用发动机的进、排气系统已普遍采用波动效应原理进行结构设计。

为了更加形象地说明进、排气管内的压力波动效应对充量系数的影响，以一款 1.6 L 自然吸气的汽油机为例，计算在不同转速时，管长变化对发动机充量系数的影响。图5 – 17 所示为在 3 000 r/min 和 6 000 r/min 时，进气歧管的压力波动随曲轴转角的变化规律。从图 5 – 17 上可以看出，随着管长的变化，进气歧管压力波动的峰值随曲轴转角的变化规律不同，本例中的 1.6 L、VVT 发动机，在 3 000 r/min 时的进气门开启角 IVO 是 320°CA，从图 5 – 17（a）可以看出，在 320°CA 时，进气歧管长度在 400 mm 左右处于压力波的波峰，但是偏向于下降的一侧，这说明在 $L = 400$ mm 附近存在一个正波峰，即最佳的进气歧管长度，由图5 – 18 可以看出，这个最佳值为 450 mm 左右。而如图5 – 17（b）所示，在 6 000 r/min 时，IVO 是 355°CA，此时，对应 $L = 200$ mm，压力波处于上升阶段，且离波峰较近，所以最佳的进气歧管长度处于 300 mm 左右（图 5 – 18）。3 000 r/min 时进气歧管的长度最佳值大于 6 000 r/min 时的最佳值。低转速时，管内气流速度相对较慢，管内压力波动明显，可充分利用进气歧管长度与谐振腔的谐振效应提高充量系数。发动机在高转速时，谐振效应下降，较长的进气歧管加大了进气阻力，所以对应的充量系数反而下降。

图 5 – 19 是排气歧管压力波动在不同转速和歧管长度时随曲轴转角的变化关系。从图5 – 19 上可以看出，在 3 000 r/min 时，排气门开启角 EVO = 112°CA，则在歧管长度为 300 mm 时，正好处于压力波谷附近，利于排气；而对于 6 000 r/min 时，排气门开启角 EVO = 122°CA，同样在歧管长度为 300 mm 左右时处于压力波谷，利于排气，因此充量系数最高。

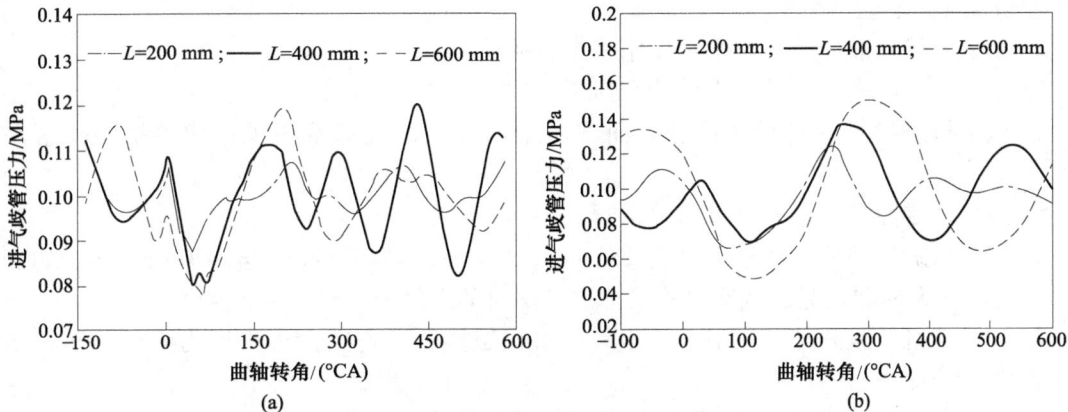

图 5 – 17　不同进气歧管的压力波动随曲轴转角的变化特性

（a）3 000 r/min；（b）6 000 r/min

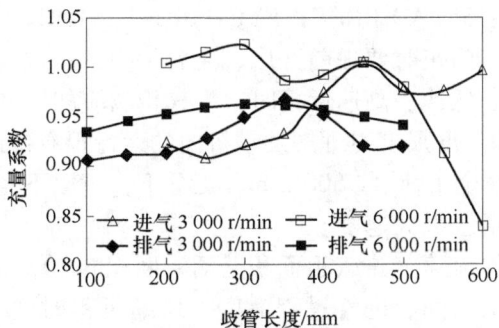

图 5 – 18　进排气歧管长度变化对充量系数的影响

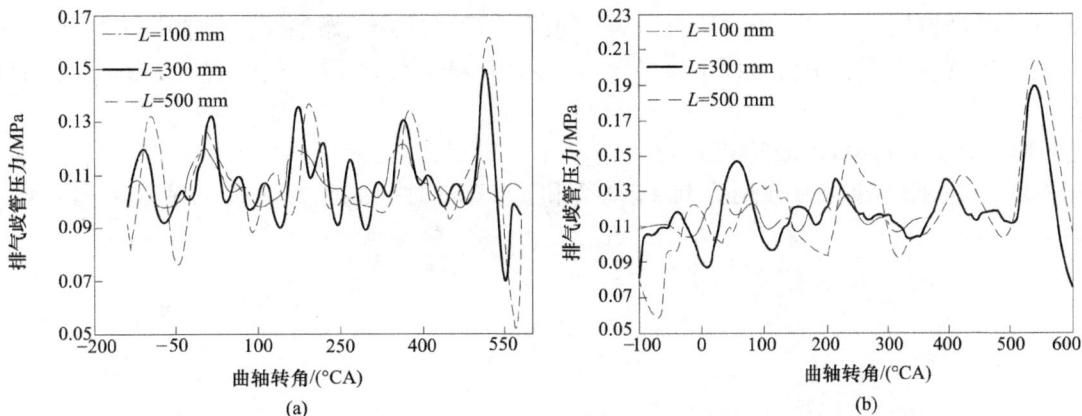

图 5 – 19　不同排气歧管的压力波动随曲轴转角的变化特性

（a）3 000 r/min；（b）6 000 r/min

本章复习题

1. 发动机高速运转时，是否进气流速大，进入气缸内的新鲜气量就多？充量系数为何在发动机高速运转时下降？

2. 影响充量系数的结构因素和使用因素有哪些？

3. 配气相位的变化对循环指示功有何影响？

4. 汽油机进气管都有预热措施，而增压柴油机的进气却希望采用中冷措施，这是为什么？

5. 进气马赫数与充量系数有何关系？

6. 有一六缸柴油机，气缸直径为 135 mm，$S/d=1$，标定转速 $n=2\,100$ r/min，如已知外界大气状态为标准状况，试确定该机标定工况时的空气消耗量 G_a（kg/s）。

7. 当发动机转速升高时，用于克服气门机构摩擦的平均摩擦损失压力降低，解释出现这种趋势的原因。

8. 为什么要在某些工况时采取灭缸策略？你认为在灭缸时应该保持气门开启还是关闭？解释原因。

9. 对四冲程发动机，进、排气门开启和关闭时曲轴转角如下：IVO：15CAD BTDC；IVC：50CAD ABDC；EVO：55CAD BBDC；EVC：10CAD ATDC。

（1）解释为什么这些气门正时要提前开启、滞后关闭，对进气质量有何影响。

（2）当发动机为增压、低速、高速运行时，配气相位应如何调整？

10. 一些速度、时间和长度尺度对理解发动机内的运行很有帮助。基于一台 1.6 L 排量、四缸火花塞点火发动机，在全负荷、2 500 r/min 工况下，对以下各项进行估计：

（1）活塞平均速度及活塞最大速度。

（2）进气道内最大气体流速（进气道面积是活塞面积的 20%）。

（3）发动机一个循环的时间、进气过程时间、压缩过程时间、膨胀过程时间、排气过程时间（过程不等同于冲程）。

11. 一台现代自然吸气火花塞点火发动机，指示热效率 η_i 为 38%，2 000 r/min 时的平均有效机械摩擦压力是 90 kPa，附件（冷却水泵、润滑油泵、燃油泵）摩擦压力为 20 kPa，在各进气歧管压力下燃用化学计量比混合气，采用 MBT 点火正时，排气压力为 1 个标准大气压。

（1）写出有效热效率表达式。

（2）在进气歧管压力分别为 0.4，0.7 和 1.0 bar 时，估计发动机机械效率和有效热效率。

第 6 章

汽油机混合气的形成

6.1 概述

汽油机燃油供给系统的功能是向气缸内供给适应空气量变化的燃油,形成所需浓度的可燃混合气,以保证发动机正常工作。为使汽油机的动力性、经济性、排放性、燃烧稳定性(特别是在怠速时)和起动性等获得最佳效果,燃油供给系统要经常自动调节混合气的空燃比。过量空气系数对扭矩、燃油消耗率及排气成分的影响如图 6-1 所示。

不同工况对混合气浓度的要求是不一样的。发动机冷起动时,混合气应浓一些,因为此时部分燃料将凝结在进气歧管和冷的气缸壁上。发动机在中等负荷,即车辆正常行驶的工况下工作时,要求经济性好,因此应用稀混合气($\phi_a \approx 1.1$)。如过稀,混合气不能点燃,$\phi_a > 1.25$,即达到稀薄失火极限。在全负荷时,要求功率大,混合气要稍浓些($\phi_a = 0.8 \sim 0.9$)。在怠速及低负荷时,也需稍浓的混合气。此外,还要满足排放法规的要求,调节混合气浓度。

汽油机混合气的形成方法有化油器式及电控汽油喷射式两种方式。

(1)化油器式。化油器式燃油供给系统曾经广泛应用在汽车发动机上,但是由于其无法精确控制混合气的空燃比,不能满足更严格的排放法规要求,故仅在部分小型汽油机上还有应用。

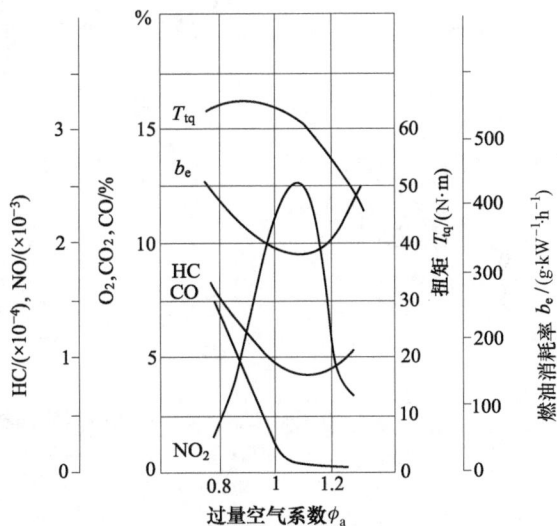

图 6-1 过量空气系数对扭矩、燃油消耗率及排气成分的影响

(2)汽油喷射式。20 世纪 80 年代以后,随着节能及排放法规的日益严格以及电子控制技术的发展,汽油喷射技术得到了飞速发展,逐渐代替了化油器。目前,汽车上普遍使用的是电控燃油喷射(Electronic Fuel Injection,EFI)系统。电控燃油喷射系统使发动机升功率增大,燃油消耗率降低,能精确控制空燃比,并使用三元催化转化器使排气更加清洁,各工况之间过渡性能更好。

6.2 化油器的原理

6.2.1 概述

图6-2所示为化油器式汽油机燃油供给系统工作简图。驾驶员通过油门踏板来操纵节气门的开度，以控制进入发动机的空气量。化油器浮子室油面应保持一定高度，浮子针阀和浮子一起控制流入化油器的燃油。空气流过喉口最小截面时，速度增大（最高可达120～150 m/s），并产生相应的真空度。喉口与浮子室油面之间的压差把燃油从浮子室吸出来，高速气流使汽油吹散、雾化。此时有部分汽油挥发，部分油滴悬浮在气流中，受热后继续蒸发，也有部分油滴落到进气歧管管壁上，形成油膜，受气流带动，沿管壁流向气缸，并不断受热蒸发。

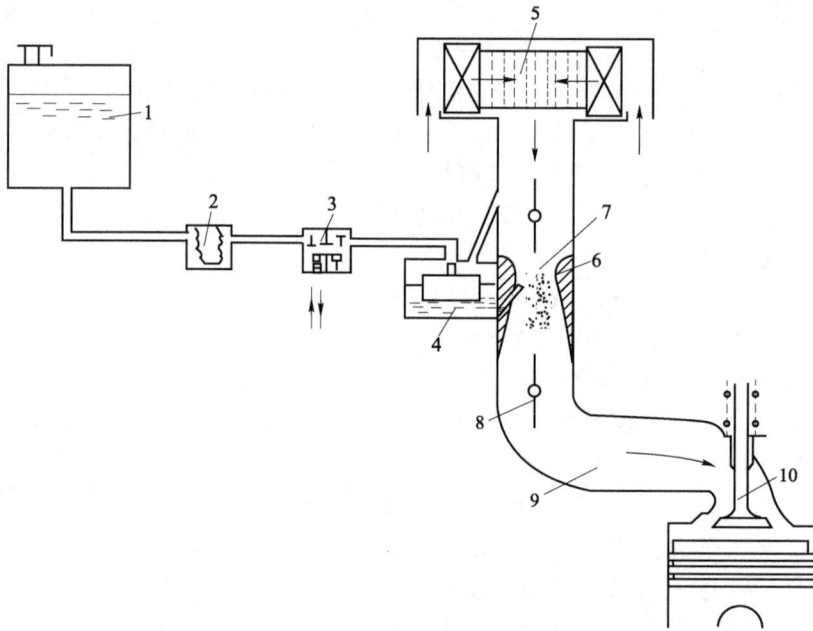

图6-2　化油器式汽油机燃油供给系统工作简图
1—油箱；2—汽油滤清器；3—油泵；4—浮子室；5—空气滤清器；
6—喉口；7—喷油管；8—节气门；9—进气管；10—进气阀

6.2.2 理想化油器特性

化油器配制的可燃混合气成分与进入气缸的空气流量的变化关系，称为化油器特性。理想化油器特性是利用调节特性通过实验确定的。确定调节特性时，发动机转速及节气门开度固定不变，测得发动机功率 P_e、燃油消耗率 b_e 随混合气成分变化的关系曲线。

图6-3所示为发动机转速固定时的化油器调节特性。曲线Ⅰ及Ⅰ′是节气门全开时的曲线，曲线Ⅱ及Ⅱ′、Ⅲ及Ⅲ′是节气门部分开启时的曲线。把各条曲线的最大功率点连接起来形成的曲线 a，称为最大功率混合气成分曲线；同样把各条曲线的最低燃油消耗率点连接起来形成的曲线 b，称为最经济混合气成分曲线。在各种节气门开度下，发出最大功率混合气

成分的 ϕ_a 都小于 1，而最低燃油消耗率时的混合气成分一般是稀混合气，但在节气门开度较小时，最经济混合气的 ϕ_a 也小于 1。

随着节气门的关闭，相应于最大功率的 ϕ_a 值（曲线 a 的 1，2，3 点）及最经济的 ϕ_a 值（曲线 b 的 4，5，6 点）都在减小。这是因为节气门关小时，每循环进入气缸的新鲜混合气量减少，残余废气量增加，燃烧变慢。为了使混合气具有适当的燃烧速度，必须加浓混合气，从而使经济性变差。

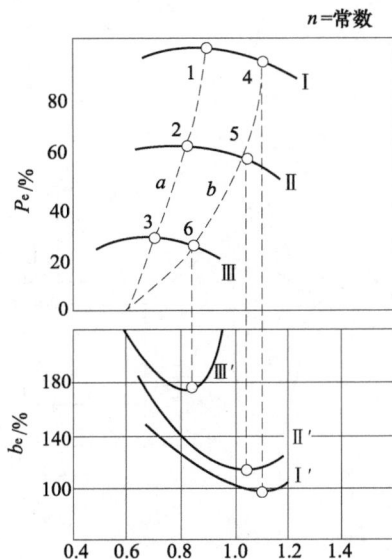

图 6 - 3　发动机转速固定时的化油器调节特性

6.2.3　简单化油器及其特性

图 6 - 4 所示为简单化油器工作简图。空气沿进气管向下流入气缸时，喉口处形成真空度 $\Delta p_d = p_0 - p_d$。在该压力差作用下，汽油克服阻力，经量孔 3，从喷嘴 1 进入喉口 2。为避免化油器倾斜时汽油自动流出，喷嘴出口高出浮子室油面 x，一般 $x = 4 \sim 8$ mm。汽油自喷嘴 1 流出后，在喉口处与空气混合，形成可燃混合气。代表混合气成分的过量空气系数 ϕ_a 为

$$\phi_a = \frac{G_a}{BL_0'} \qquad (6-1)$$

式中　G_a——流经化油器的空气量（kg/s）；

　　　B——燃油流量（kg/s）；

　　　L_0'——燃烧 1 kg 汽油理论上所需的空气量（kg/kg）。

分别建立空气、汽油的伯努利方程，可进一步获得过量空气系数的表达式如下：

$$\phi_a = \frac{1}{L_0'} \frac{f_a}{f_f} \sqrt{\frac{\rho_a}{\rho_f}} \frac{\mu_a}{\mu_f} \sqrt{\frac{\Delta p_d}{\Delta p_d - gx\rho_f}} \qquad (6-2)$$

分析式（6 - 2），便能确定简单化油器特性。根据前面的假设，在式（6 - 2）中，$\frac{1}{L_0'} \frac{f_a}{f_f} \sqrt{\frac{\rho_a}{\rho_f}}$ 各项可看作不随真空度 Δp_d 变化。根据实验数据，比值 μ_a/μ_f 接近于 1，并随着

Δp_d 的增加稍许减小；当 $\Delta p_d = gx\rho_f$ 时，$\sqrt{\dfrac{\Delta p_d}{\Delta p_d - gx\rho_f}}$ 为无限大，随着 $\Delta p_d > gx\rho_f$ 而减小，当为 $\Delta p_{d\max}$ 时接近于1。

因此，简单化油器的过量空气系数随真空度 Δp_d 或空气流量的增大而减小，即混合气浓度随节气门开大而变浓。这与所要求的理想特性正好相反，不能满足使用要求，因此，必须对简单化油器进行校正。为满足车用发动机的各种工况要求，配合主供油系统，化油器还设有辅助装置系统。

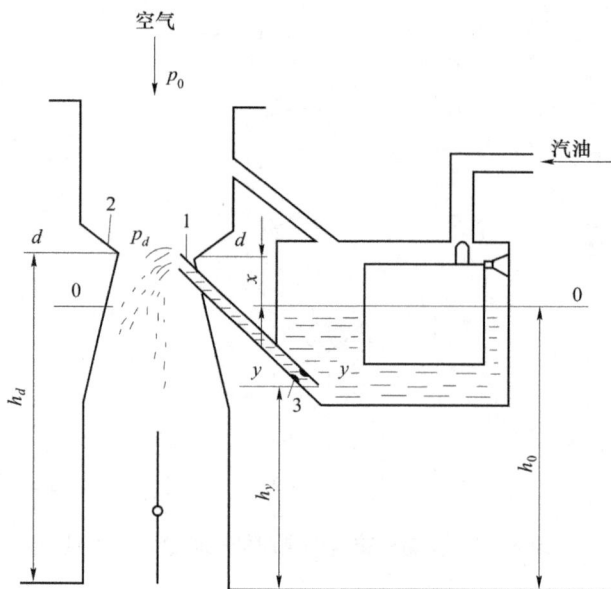

图 6 - 4　简单化油器工作简图
1—喷嘴；2—喉口；3—量孔

6.3　电控汽油喷射系统

6.3.1　概述

汽油喷射是将一定量的燃油以一定的压力直接喷射到进气道或气缸内。随着电子技术的发展，电子控制系统逐步取代了机械和机电控制系统，电控汽油喷射系统通过 ECU 和各种传感器来控制燃油喷射。电控汽油喷射系统由空气供给系统、燃油供给系统及电子控制系统三部分组成，如图 6 - 5 所示。电控汽油喷射系统有进气道喷射（Port Fuel Injection，PFI，也叫缸外喷射）和缸内直接喷射（Gasoline Direct Injection，GDI）两种。进气道喷射又有多点喷射（Multipoint Fuel Injection，MFI）和单点喷射（Single Point Injection，SPI），而缸内直接喷射均为多点喷射，如图 6 - 6 所示。

进气道多点燃油喷射系统是在每个气缸进气门附近安装一个喷油器。对于多点喷射方式，各缸之间的空燃比偏差小，并能合理设计进气管路，以便充分利用吸入空气的惯性增压作用提高输出功率。在进气系统中，由于没有化油器那样的喉口，故进气压力损失小。根据

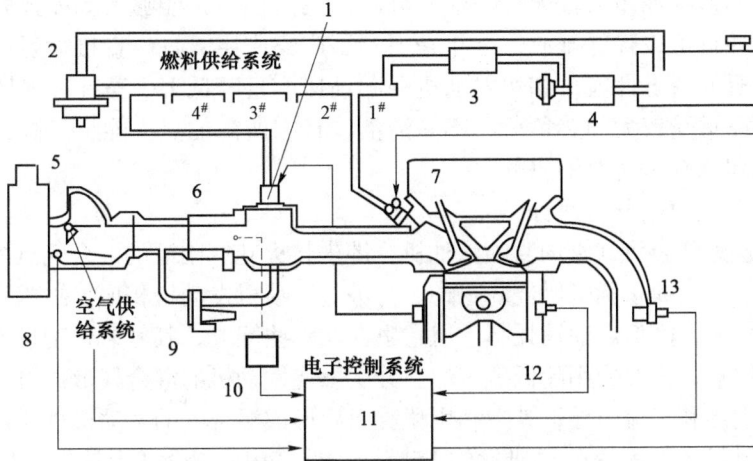

图 6 – 5　电控汽油喷射系统

1—低温起动喷油器；2—压力调节器；3—燃油滤清器；4—燃油泵；

5—空气流量计；6—节气门体；7—喷油器；8—进气温度传感器；

9—空气阀；10—节气门位置传感器；11—控制单元；12—水温传感器；13—氧传感器

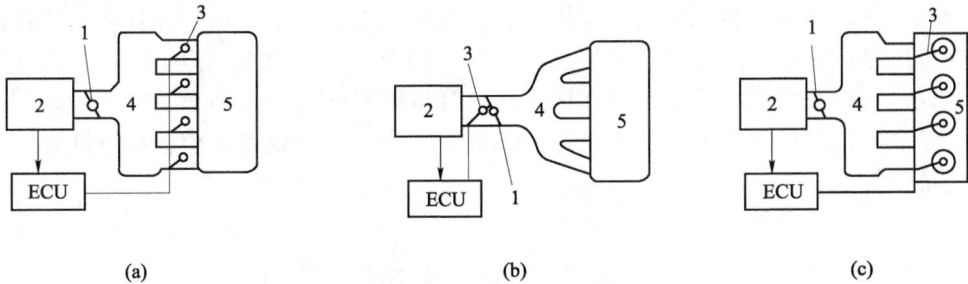

图 6 – 6　进气通喷射和缸内直接喷射简图

（a）多点喷射；（b）单点喷射；（c）缸内直接喷射

1—节气门；2—空气流量计；3—喷射阀；4—进气管；5—发动机

进气量检测方式的不同，多点燃油喷射系统又分为压力型（D 型）和流量型（L 型）两种类型。D 型燃油喷射系统是通过压力传感器检测进气歧管中的压力，并以此测得进气量；L 型燃油喷射系统通过空气流量传感器直接检测进气量。典型的 L 型燃油喷射系统是由博世公司研制的 L – Jetronic、LH – Jetronic 和 Motronic 燃油喷射系统。

　　进气道单点喷射是在多缸发动机节气门上方安装一个或两个同时喷油的喷油器。单点喷射系统也叫节气门体喷射系统（Throttle Body Injection System，TBIS）或集中喷射系统（Concentrate Fuel Injection System，CFIS）。单点喷射时，车辆性能介于多点喷射和化油器供油之间，排放性和燃油经济性均优于化油器，且其结构简单、成本低、故障率小、工作可靠、对发动机的改动较小、维修方便，因此在 20 世纪 90 年代得到广泛应用，但现在已趋于淘汰。

　　进气道喷射也有一定的缺点。首先，进气道喷射可造成冷起动时 HC 排放高，由于进气道在冷起动时壁面温度低，催化剂达不到起燃温度，从而造成较高的 HC 排放；再者，进气道喷射基本按照理论空燃比运转，影响中低负荷时用稀燃改善经济性的实现。

　　缸内直接喷射是指喷油器将燃油直接喷射到气缸内的一种喷射方式，喷油器安装在气缸盖上。缸内直接喷射喷油压力较大,喷油时刻可以灵活控制,能够大幅度提升汽车的动力性和燃油经济性,并且可以降低排放,近年来得到了广泛应用。缸内直接喷射可以提高燃油利用率,改善发动机的瞬态性能,加快发动机的起动速度且降低 HC 等有害气体排放。但由于喷嘴伸入气缸内需承受较大的热负荷,不易清洁,且它所需的点火能量过高,以及氮氧化物排放过高,这些问题都是需要解决的。

缸内直接喷射发动机分为两种。

第一种为分层燃烧点燃式缸内直喷汽油机,即先将火花塞附近的混合气点燃,再由此点燃其他区域的混合气,它属于稀薄燃烧的一种。与进气道喷射发动机相比,缸内直接喷射发动机可以大幅提高热效率,降低燃油消耗率。但它也存在一些问题,其氮氧化物排放处理困难,且碳氢化合物排放增加,需要使用超低硫汽油。分层燃烧发动机的混合气形成可以分为三类,即喷雾引导、壁面引导和气流引导,其中利用喷雾引导形成混合气的发动机性能最好。这种缸内直喷汽油机的典型代表是大众公司研发的 FSI 汽油机,2014 年全球十佳发动机第一位的奥迪3.0 V6 TFSI 发动机采用的就是这种技术。大众 FSI 燃烧系统如图 6 - 7 所示,其喷油器倾斜向下喷射,并装有滚流阀。其混合气的形成是利用滚流阀以及活塞上部的凹坑形成的壁面来组织空气与油雾的混合,优化了混合气的形成,可以提高发动机的热效率。

缸内直接喷射发动机的另一种为均匀混合燃烧缸内直喷汽油机,即在所有工况下都采用均匀混合气,空燃比和一般点燃式汽油机相似,故可以看作是常规均匀混合点燃式汽油机的改进。与分层燃烧相比,这种发动机虽然对热效率的提升不是很大,但是可以有效地解决排放问题,且它可以有效提高充量系数和压缩比,降低爆燃倾向。这种发动机一般采用双进气道进气,喷油器位于进气道下方,火花塞位于燃烧室中心。燃烧室紧凑,抗爆性好,动力性及燃油经济性较好。

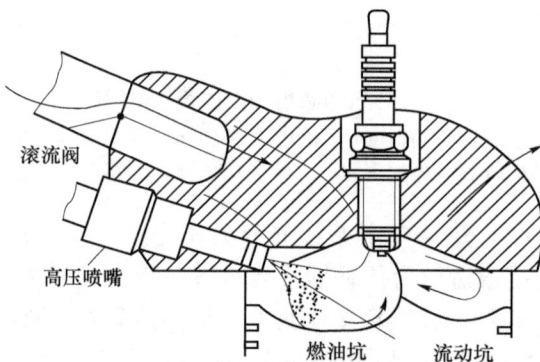

图 6 - 7 大众 FSI 燃烧系统

虽然进气道喷射与缸内直接喷射各有优缺点,但是总体上缸内直接喷射发动机的性能比进气道喷射优越很多。以 2014 年全球十佳发动机为例,入选的六款汽油机中有五款是使用缸内直接喷射技术,以此来提高压缩比和燃油经济性。

根据喷油方式的不同,汽油喷射分为连续喷射和间歇喷射。连续喷射是指在发动机运转过程中,喷油器不断地喷射燃油;间歇喷射是指在发动机运转过程中,喷油器间歇地喷射燃油。由于连续喷射的控制精度太低,目前已被淘汰,现在电控汽油喷射主要使用间歇喷射。间歇喷射又分为同时喷射、分组喷射和顺序喷射。为降低电控装置的复杂性,多点喷射发动机曾采用同时喷射,通常曲轴转一圈,各缸喷油一次,即每循环喷油两次,每次喷射每缸、每循环所需油量的一半。也有的发动机将几个气缸分为一组同时喷射，即分组喷射，就是将多缸发动机分为 2～4 组进行喷射，同一组各缸同时喷射，不同组之间顺序喷射。例如，对于六缸机，可分为 2 组，每组 3 个喷油器，喷射脉冲如图 6-8 所示。由于喷油时间对混合气形成有较大影响，为使各缸都能在最佳时间喷油，多点喷射发动机逐渐采用顺序喷射，目前大多数发动机采用多点顺序喷射。顺序喷射也叫次序喷射，即依气缸工作顺序按时按量地对需要供油的气缸进行喷射，在一个工作循环内各缸喷油一次。

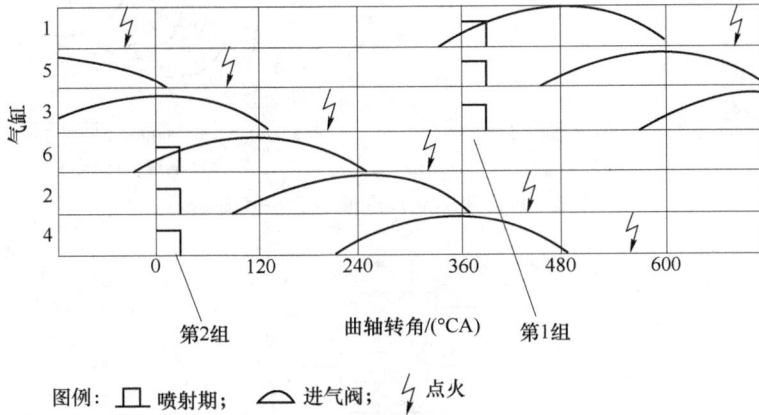

图 6-8　D-Jetronic 系统六缸机喷射脉冲

6.3.2　空气供给系统

空气供给系统（图 6-9）的作用是提供必要的空气给发动机以形成可燃混合气，并检测和控制供给发动机燃烧所需的空气量。进入气缸的空气量和发动机曲轴转速、节气门开度及进气管压力有关，图 6-10 所示为某 2.0 L 汽油机的空气流量。精确计量进气量对汽油喷射发动机十分重要，因为喷油量是根据进气量来确定的。根据进气量计量方式的不同，有相应的空燃比控制方式（图 6-11），即质量流量式、速度密度式及节气门速度式。

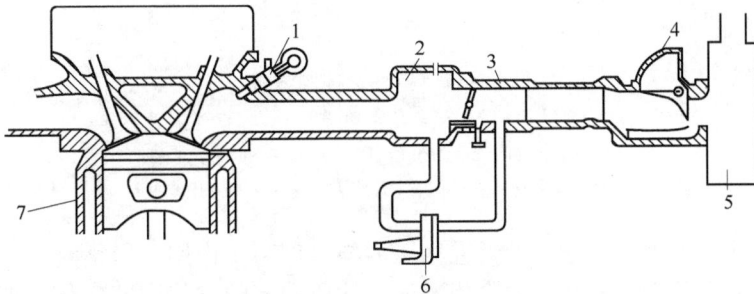

图 6-9　空气供给系统

1—喷油器；2—稳压箱；3—节气门体；4—空气流量计；
5—空气滤清器；6—空气阀；7—发动机

进气量可直接或间接计量。直接计量是利用空气流量计直接计量进气量，也称质量流（Mass Flow）量式。根据计量原理不同，空气流量计有叶片式（Vane Type）、卡门涡流式（Karman Vortex Type）及热式等。图 6-12 所示为常见的叶片式空气流量计。进气时，气流

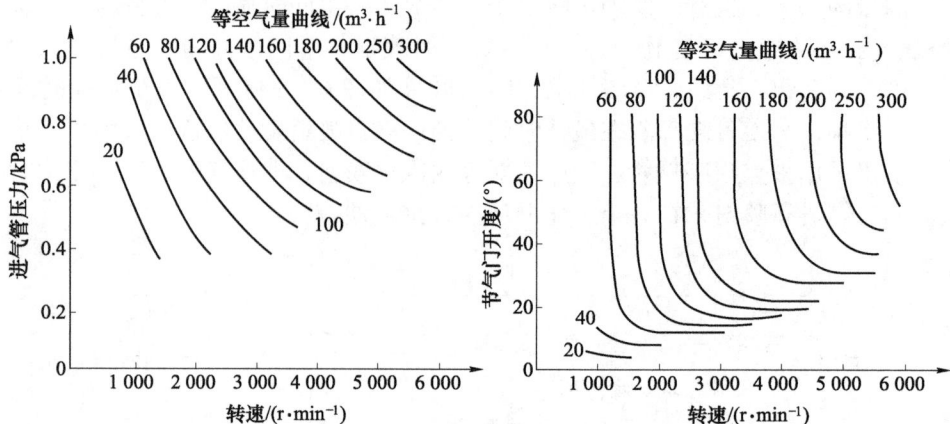

图 6-10 某 2.0 L 汽油机的空气流量

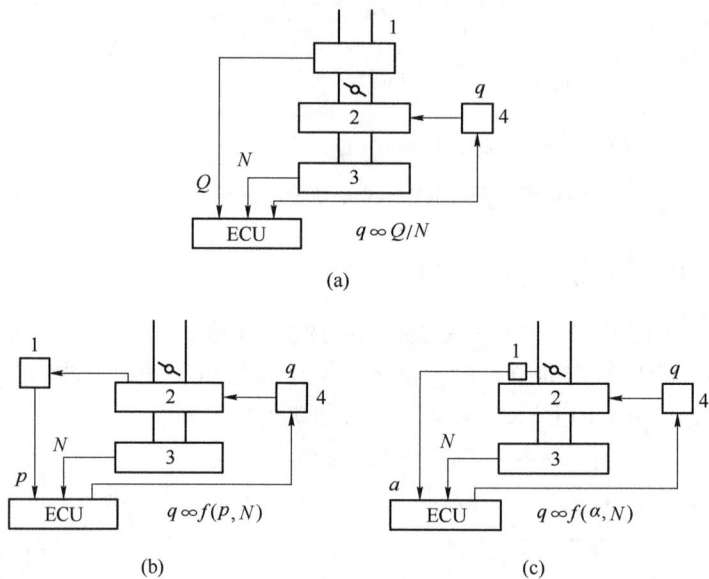

图 6-11 空燃比控制方式

（a）质量流量式；（b）速度密度式；（c）节气门速度式

1—空气流量计；2—进气管；3—发动机；4—喷射阀；

Q—吸入空气量；N—转速；p—进气管压力；α—节气门开度；q—喷射量

推开叶片风门，风门转到某一位置，当进气压力与复位弹簧作用力平衡时，电位计把风门角度变为电信号，并送至控制装置。为检测温度变化所引起的空气密度变化，把温度传感器装在空气流量计里，并将其信号送到 ECU 中。

间接计量有速度密度（Speed Density）法和节气门速度（Throttle Speed）法。速度密度法是根据发动机转速和进气管压力推算发动机每一冲程吸入的空气量。此方法的缺点是进气管压力和进气量之间并非简单的线性关系，在过渡状态时，需对所测进气量进行修正；此外，当采用 EGR 时，进气管内压力变化很大，测量进气量较困难。节气门速度法是由发动机转速和节气门开度来推算进气量的，其缺点是进气量与转速及节气门开度之间的关系较复杂，因而测量较难。

在空气流量计和进气歧管之间设有节气门体（Throttle Body）（图 6 – 13），由驾驶员操作加速踏板控制节气门开度，从而改变发动机工况。怠速时，节气门关闭，由旁通通道供给发动机所需空气。用调节螺钉调节旁通通道面积，从而调整怠速转速。

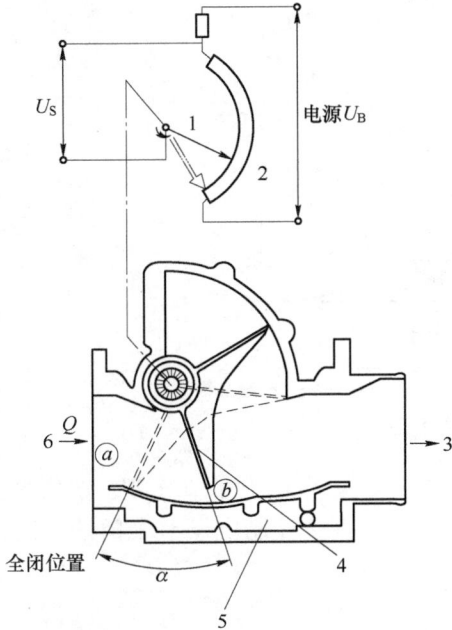

图 6 – 12　叶片式空气流量计
1—可变电阻滑动触头；2—电位器；
3—发动机；4—测量板（叶片）；
5—旁通通道；6—空气滤清器

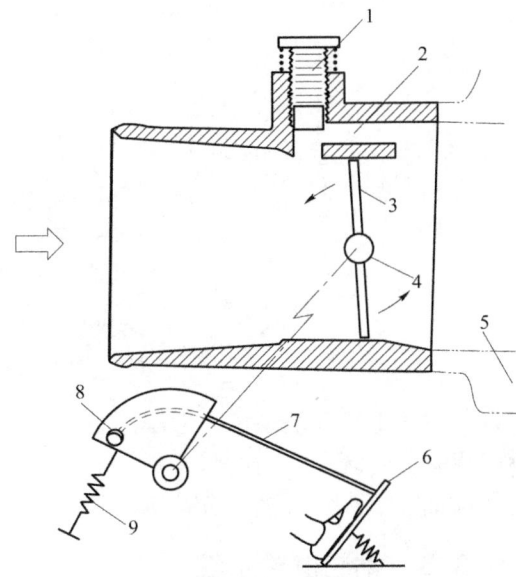

图 6 – 13　节气门体
1—调节螺钉；2—旁通通道；3—节气门；
4—轴；5—稳压箱；6—加速踏板；
7—加速踏板拉线；8—操纵臂；9—复位弹簧

低温冷起动时，进入空气室的空气量由位于空气流量计下游的辅助空气阀（图 6 – 14）控制，该机构也称快怠速（Fast Idle Speed）机构，旁通进气量随发动机温度升高而减少。发动机暖机后，空气阀关闭，发动机吸入的空气由节气门体的旁通通路供给，使发动机在怠速工况稳定运行。

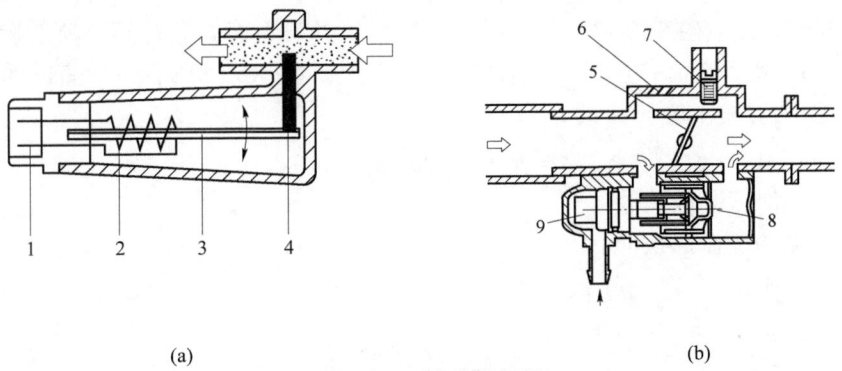

(a)　　　　　　　　(b)
图 6 –14　辅助空气阀
（a）双金属式；（b）蜡柱式
1—电源接头；2—电加热器；3—双金属片；4—挡板；5—节流阀；
6—节流体；7—旁通通道调节螺钉；8—阀门；9—螺柱

空气阀有双金属式（图6－14（a））及蜡柱式（图6－14（b））等结构。双金属式是利用加热线圈加热，使双金属片产生位移来驱动空气阀。蜡柱式是利用发动机冷却水的温应控制蜡柱膨胀、收缩来驱动空气阀。安装空气阀后，发动机的暖机特性如图6－15所示。

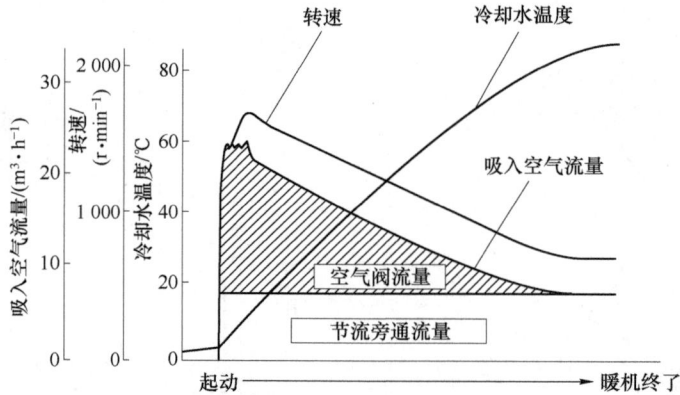

图6－15　发动机的暖机特性

现代汽车电控喷油系统一般采用电子节气门来控制进气。采用电子节气门，在怠速控制时就可以省去传统节气门所采用的旁通通道，可以由ECU直接控制电子节气门的开度，从而达到喷油、点火、进气综合控制的目的。

6.3.3　燃油供给系统

燃油供给系统（图6－16）供给发动机燃烧所需的燃油，其主要由油箱、油泵、滤清器、调压器、燃油分配管、喷油器及回油管等部件组成。20世纪90年代以前，燃油系统中装有冷起动喷油器，但是后来电控系统控制冷起动时通过增大喷油量来解决冷起动的问题，因此冷起动喷油器被淘汰。油泵将汽油从油箱吸出，泵至供油总管（或称燃油轨道（Fuel Rail）），然后再供给喷油器。根据结构不同，油泵分为滚柱式、叶片式、齿轮式、涡轮式、侧槽式5种。油泵有安装在油箱内和油箱外两种形式，目前大多数汽车采用内装式燃油泵。图6－17所示为常用的由电动机驱动、连续旋转的滚柱式转子泵（汽油泵）。利用调压器（图6－18）使供油总管油压保持高于进气管压力0.2～0.3 MPa。喷油器（图6－19）是一种电磁阀，电流通过电磁线圈时，电磁吸力克服复位弹簧力而开启针阀，喷射燃料。针阀升程固定，为0.1～0.2 mm，进气道喷射的喷油压力为270～450 kPa，缸内直喷的喷油压力为5～10 MPa。喷油器一次的喷油量B为

$$B = \mu_n F_n \sqrt{2\rho_f(p_f - p_b)}\,dt$$

式中　μ_n——喷油嘴流量系数；

F_n——喷油嘴流通截面；

ρ_f——燃料密度；

p_f——燃料压力；

p_b——进气压力；

dt——针阀开启时间。

在上式中，除dt之外，其他参数均为常数，故喷油量B为

$$B = 常数 \times dt$$

(a)

(b)

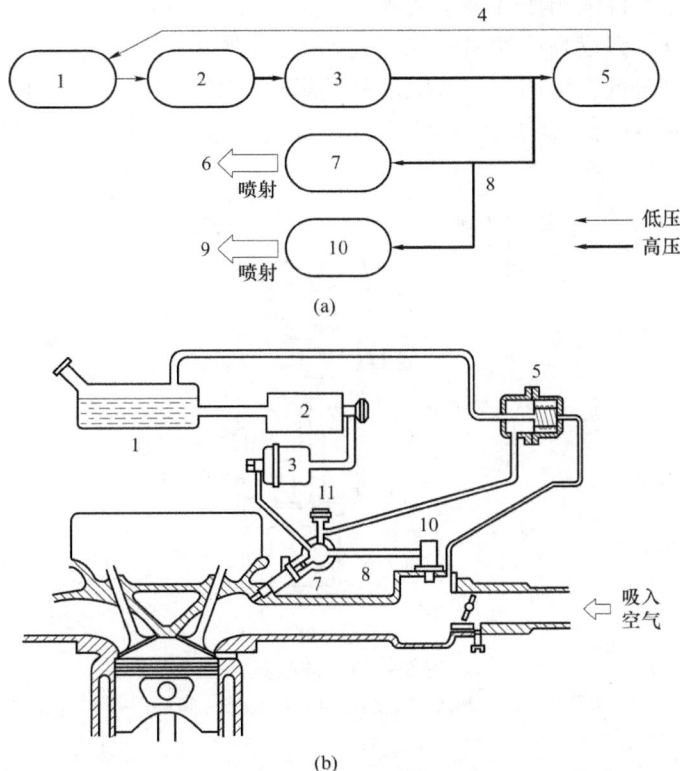

图6-16 燃油供给系统简图

（a）系统框图；（b）系统构成图（MPI）

1—油箱；2—油泵；3—燃油滤清器；4—回油管；5—压力调节器；6—各缸进气歧管；

7—喷油器；8—输出管；9—稳压箱；10—低温起动喷油器；11—脉动减振器

可见，喷油量仅取决于喷油器开启时间，即取决于输送给电磁线圈的脉冲信号宽度。针阀开启时间通常为0.002~0.008 s。控制喷油器的脉冲信号来自电控单元（ECU），空气流量计、转速传感器、负荷、水温和其他传感器的信号输入电控单元，经计算后决定最佳的喷油器开启时间。

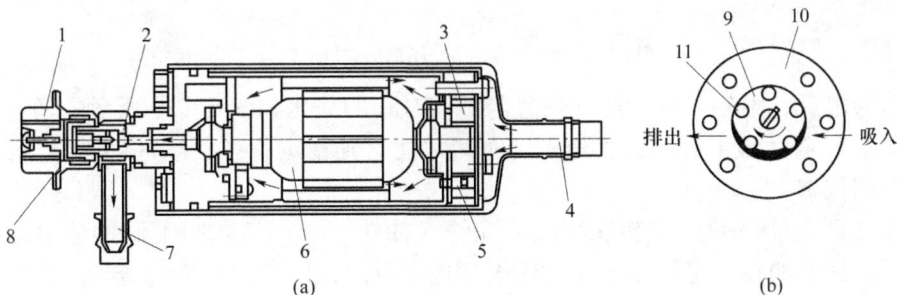

(a)   (b)

图6-17 汽油泵

1—防止燃料脉动用的消振器；2—保持残余压力用的单向阀；3—泵室；4—吸入口；

5—保护燃料输送管路用的安全阀；6—直流电动机；7—出口；8—膜片；9—转子；10—泵套；11—滚柱

间歇喷射时，燃油有高压喷射和低压喷射之分，当与进气歧管压差在200 kPa以上时，称为高压喷射，在200 kPa以下时称为低压喷射。高压喷射时，汽油不易产生蒸气，燃油管、燃油供给系统零部件的耐压性要求较高，而且油泵消耗功率较大。多点喷射时，喷油器大多装于进气门附近，温度高，油易汽化，故采用高压喷射。低压喷射对油管及燃油供给系统零部件的耐压性要求低，可用壁较薄的油管及耐压强度较低的材料，使系统质量减轻以达到轻量化的目的。所以，低压喷射常用于安装在节气门体上的喷油器，此时油路内防汽化的结构可以简化。

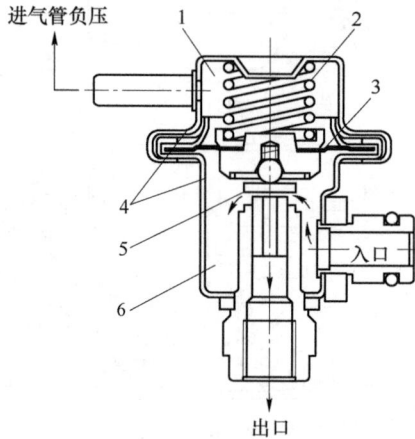

图 6 – 18　调压器
1—弹簧室；2—弹簧；3—膜片；4—壳体；5—阀；6—燃料室

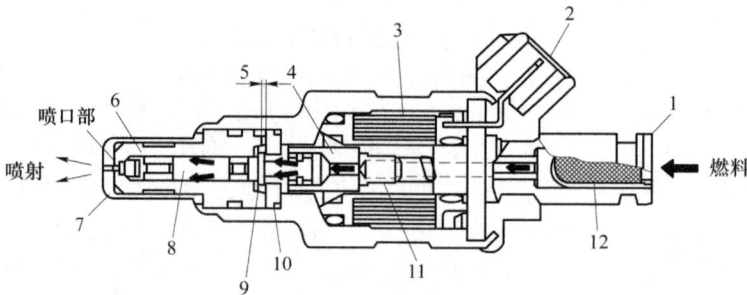

图 6 – 19　喷油器
1—燃料接头；2—电器接头；3—电磁线圈；4—磁芯；5—行程；6—阀体；
7—壳体；8—针阀；9—凸缘部；10—调整垫；11—弹簧；12—滤清器

喷油器通电后，电磁线圈的脉冲信号与针阀升程的变化如图 6 - 20 所示。通电后，经过开阀时间 T_0，针阀达最大升程，再经一定时间才能达到稳定状态。脉冲切断后，经 T_0 后针阀恢复至全闭位置。

喷油器（即汽油喷嘴）安装在燃油分配管（油轨）上，接收喷油脉冲信号，精确计量燃油喷油量，使燃油在一定压力下及时喷射到进气道内，以形成可燃混合气。汽油喷嘴是供油系统中的一个关键部件，加工精度非常高。汽油机对喷油器的要求是其动态流量特性稳定、抗堵塞与抗污染能力强且有良好的雾化性能。根据结构的不同，喷油器分为轴针式、球阀式和片阀式 3 种（图 6 -21）。球阀式和片阀式喷油器为孔式喷油器，按喷孔数目分为单孔、多孔与双孔等形式。进气道单点喷射系统由于要求油束锥角大，故只能用轴针式或多孔喷油器；对于进气道多点喷射系统，两气门时采用轴针式或单孔喷油器，四气门以上时采用

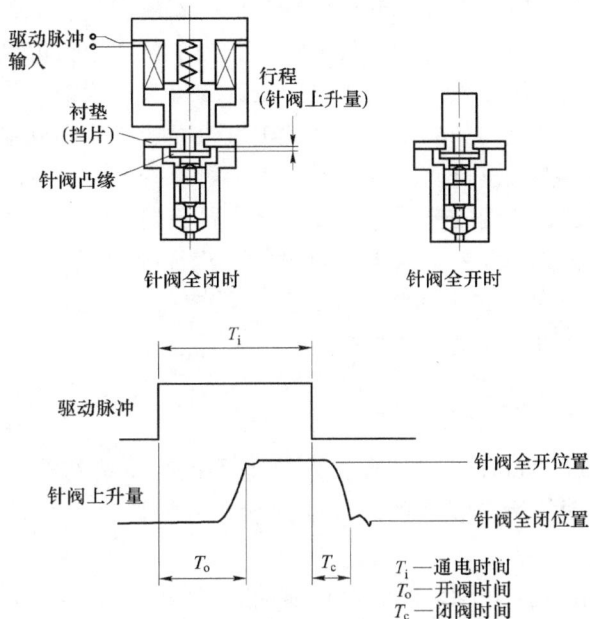

图 6 – 20 电磁线圈的脉冲信号与针阀升程的变化

双孔或多孔喷油器。对于缸内喷射一般使用三种喷油器：第一种是电控单孔涡流型喷油器，第二种是一种类似柴油多孔喷油器的多孔喷油器，第三种叫"散喷"或"外开式"喷油器。

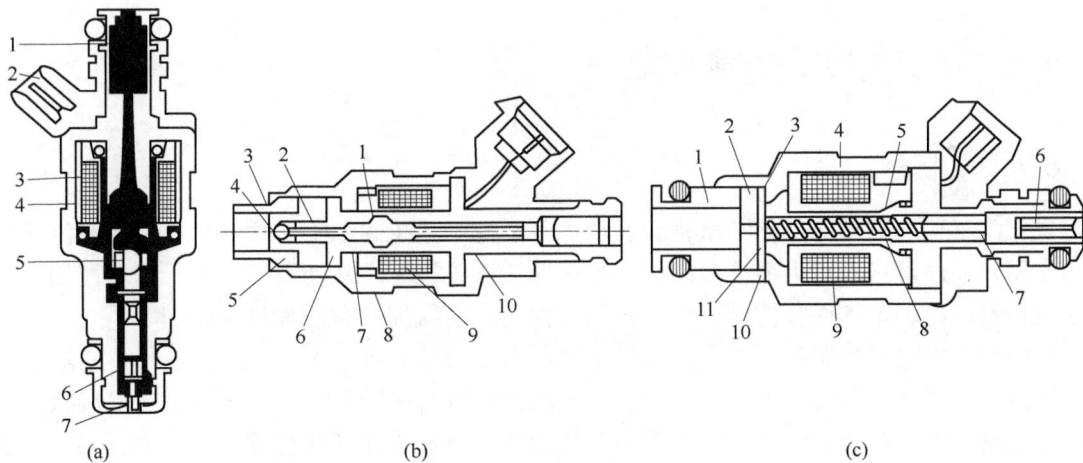

图 6 – 21 喷油器的类型

（a）轴针式电磁喷油器；

1—滤网；2—接口；3—电磁线圈；4—弹簧；5—衔铁；6—针阀；7—轴针

（b）球阀式电磁喷油器；

1—弹簧；2—阀杆；3—阀座；4—喷孔；5—护套；

6—挡块；7—衔铁；8—喷油器体；9—电磁线圈；10—盖

（c）片阀式电磁喷油器

1—喷嘴套；2—阀座；3—垫圈；4—喷油器体；5—铁芯；

6—滤网；7—调节阀套；8—弹簧；9—电磁线圈；10—限位圈；11—阀片

喷油器的喷雾特性对于电喷汽油机的混合气形成有着巨大的影响，喷雾特性主要包括喷油锥角、油滴直径和喷油时间等。对于进气道喷射，为了使油束可以到达进气门背面，喷雾锥角不能过大，以此来避免汽油喷雾碰到距气门较远的进气道表面。采用闭阀喷射时，喷雾油滴的直径对发动机燃烧排放的影响很小，因此进气道喷射采用闭阀喷射，即进气门关闭后喷油，一方面防止汽油油雾大量进入气缸，另一方面可以降低汽油油滴直径变化对发动机的影响。进气道喷射对于喷雾油滴的要求是希望油滴直径不要过大，但也不要过小。过大，油滴蒸发性差；过小，油滴贯穿性差。对于缸内喷射，汽油喷射只能在进气和压缩行程进行，因此油气混合时间较短。为了加快燃油蒸发速度，需要较小的油滴平均直径，一般直径为 $20~\mu m$ 的油滴平均值就可初步满足这种要求。

6.3.4　燃油喷射的控制

电控单元（Electronic Control Unit，ECU）是电子控制系统的核心，它根据来自各种传感器的信号确定满足发动机运转状态的燃油喷射量，并根据该喷射量控制喷油器的喷射时间，最后控制喷油器的喷油。

发动机的喷油时间由基本喷油时间和修正喷油时间两者综合确定。基本喷油时间是在标准大气状态下，根据发动机每个工作循环的进气量、发动机的转速和试验确定的空燃比确定。修正喷油时间需根据温度传感器信号、大气压力传感器信号和蓄电池电压信号等来确定。电控系统还应该根据汽车不同的工作状况来控制不同的喷油正时，使发动机在不同工况下有对应的最佳喷油提前角。

6.4　发动机电子控制系统

6.4.1　概述

现代汽车普遍采用电子控制系统。发动机电子控制系统除了上节说到的可以控制汽油喷射的作用外，还承担着点火系统控制、空燃比反馈系统控制、怠速系统控制、爆燃控制、进气系统控制、燃油蒸气回收控制、废气再循环控制、巡航控制和故障诊断控制等。

应用发动机电子控制系统的主要目的是提高汽车的动力性、经济性及排放性。它通过对发动机点火、喷油、空气与燃油的比例、后处理器等进行电子控制，使发动机在最佳状态下工作。发动机电子控制系统是由传感器与开关元件、电控单元和执行器3部分组成的。传感器包括空气流量传感器、曲轴位置传感器、凸轮轴位置传感器、节气门位置传感器、进排气温度传感器、冷却液温度传感器、氧传感器和爆震传感器等。执行器包括电动燃油泵、电磁喷油器、点火控制器等。发动机电子控制系统的传感器和执行器进行不同组合即可实现多种控制功能。

发动机电子控制系统是汽车电子控制系统中最复杂的部分，它控制的部件与参数最多，控制功能最强，控制过程最复杂。

6.4.2　点火控制系统

点火控制系统主要由凸轮轴位置传感器、曲轴位置传感器、节气门位置传感器、各种控制开关、点火线圈和火花塞组成。发动机工作时，ECU 根据接收到的各传感器信号，按存储器中存储的有关程序和标定好的相关数据，确定出每一工况下最佳的点火提前角和点火初级线圈的通电时间，并以此向点火系统发出点火指令。

点火系统的控制主要是点火提前角的控制和点火导通角的控制。点火提前角由初始点火提前角、基本点火提前角和修正点火提前角组成。每次点火 ECU 都会通过计算来确定一个最佳的点火提前角，以使发动机发出最大功率并耗油最少。点火导通角是指点火线圈初级通电的时间（角度），它直接影响线圈初级电流和点火能量。点火导通角过大或过小都会对发动机的性能产生影响。当发动机转速增大或电池电压减小时，要求点火导通角增大。

点火控制系统高压电的分配方式分为机械配电方式和电子配电方式。机械配电方式是指由分火头将高压电分配至分电器电极，再通过高压线输送到各缸火花塞上的传统配电方式。电子配电方式是指在点火控制器下，点火线圈的高压电按照一定的点火顺序直接加到火花塞上的点火方式，这种点火方式没有分电器。由于电子配电方式优于机械配电方式，因此目前大多数汽车采用无分电器的直接点火方式。

电子点火系统经历了由晶体管点火系统、半导体点火系统到无分电器式的半导体点火系统的发展历程。无分电器式的半导体点火系统取消了机械装置，无任何运动部件，直接由点火控制器输出多个脉冲电流，驱使点火线圈向气缸直接点火。

点火提前角的大小与爆燃的发生有着密切的关系。爆燃控制系统的传感器将监测到的爆燃信号传递给 ECU，ECU 计算处理后会对点火控制系统发出指令来改变点火提前角，从而达到消除爆燃的目的。

6.4.3　故障诊断系统

车载故障诊断（On – Board Diagnosis，OBD）系统是发动机电控系统中不可缺少的一部分，它检测车辆发动机的运行状况，实时检测 ECU 的命令、系统响应和传感器信号的变化。为了保证汽车行驶中的排放正常，OBD 系统持续检测车辆尾气的排放。由于排放法规日益严格，近年来许多国家要求汽车必须配备 OBD 系统。当车辆发动机电子控制系统发现排放出现问题时，OBD 系统应该提醒驾驶员，并将错误数据存入微机中，以便诊断和检修时使用。

第一代 OBD 系统于 1988 年诞生在美国，第二代 OBD Ⅱ 系统由美国汽车工程师学会在1994 年推出，它监测影响汽车排放性能的每一个零件，包括所有传感器、执行机构，以及催化转化器、燃油供给系统和发动机失火的检测。

OBD Ⅱ 系统的主要功能包括系统检测、部件保护、应急反应、信息储存、超标限制和信息读取。系统检测所有与排放相关的系统和部件，防止关键部件的损坏（如三元催化转化器）。应急反应为设定故障忽略或跛行回家方式，信息储存为存储故障发生时刻的有关信息，超标限制为在有害排放物超过标准时报警，信息读取即可在维修站利用检测设备读取故障信息。

OBD Ⅱ 系统最重要的两个监测项目为催化转化器的效率和发动机失火检测。三元催化转化器效率检测的基本原理是监测三元催化转化器的储氧能力，若三元催化转化器的转换性能良好，则其上游的过量空气系数与控制器产生的过量空气系数波动信号会通过三元催化转化器储氧与放氧过程而变平整；若因为一些原因三元催化转化器的效率变低，则其上游的过量空气系数波动信号将会在下游存在。发动机失火检测是对发动机转速波动的评估。监测任意一缸的失火是通过测量两次点火之间对应曲轴转角或时间来评估每个气缸转矩的变化，也就是测量发动机角速度的变化，从而实现精确的失火检测。

除了上述检测项目外，OBD Ⅱ系统还可以对传感器和执行器进行诊断，以达到对喷油、电控系统等的检测，以及一些其他监测。

6.4.4 辅助控制系统

除了一些主要的控制系统外，发动机还有一些辅助控制系统，如怠速控制、排气控制，在一些车上还有对增压系统的控制。

怠速控制（Idle Speed Control，ISC）就是在保证发动机排放要求且运转稳定的前提下，使发动机尽可能保持最低稳定转速，以降低怠速时的燃油消耗量。发动机怠速负荷增大、发动机起动以后冷却水未达正常温度之前、转速急剧降低到怠速转速时，ECU 都会通过怠速控制系统来加大进气量，从而加大怠速转速，防止发动机运转不稳定或熄火。发动机怠速负荷减小时，ECU 又会控制降低怠速进气量，降低怠速转速，防止怠速转速过高。怠速空气量控制有两种基本类型：一种是控制节气门旁通通道空气量的旁通空气式；另一种是直接控制节气门关闭位置的节气门直动式。其中旁通空气式应用较为广泛。

排气控制包括废气再循环（Exhaust Gas Recirculation，EGR）和活性炭罐蒸发污染控制。废气再循环即在发动机工作时，将一部分废气引入进气管，与新鲜空气混合后再次燃烧。EGR 的主要功用是通过降低燃烧温度来抑制氮氧化物的生成，但是 EGR 也会使发动机的功率下降、怠速及低速等工况运转不稳，因此需由电控单元根据发动机的工况控制 EGR 的工作。活性炭罐蒸发污染控制系统可防止油箱中的汽油蒸气排放到大气中产生污染，ECU 通过一个电磁阀来控制这个系统，其功能是将油箱中蒸发的汽油蒸气收集和存储在活性炭罐中，在发动机工作时再送入发动机中。

在装有废气涡轮增压系统的发动机上，ECU 还对增压系统进行控制。ECU 根据发动机的加速、爆震、冷却液温度、进气量等信号确定增压压力的目标值，然后控制增压系统。

本章复习题

1. 简单化油器为什么不能满足车辆发动机的要求？

2. 汽油喷射有哪些优点和缺点？为什么会有这些优点和缺点？

3. 进气道喷射与缸内直接喷射相比各有什么优点和缺点？哪种在汽油机上的应用前景更好？

4. 缸内直接喷射分为哪两种？各有什么特点？

5. 请查阅资料，整理分析各种类型的喷油器的特点，并了解喷油器最新的发展状况。

6. 请查阅资料，整理分析进气道喷射和缸内直接喷射的喷雾特性。

7. 汽油喷射电控系统的主要控制选项有哪些？

8. 请查阅资料，整理 OBD Ⅱ系统的完整功能。

9. 解释汽油机中形成混合气的目的，描述化油器和燃油喷射系统的功用。

10. 一台四缸四冲程汽油机，不连续进气道喷射（4 个喷油器）。扭矩：$T_{tq} = 97$ N·m；

转速：$n = 5\,400$ r/min；过量空气系数：$\phi_a = 1.0$；外界环境压力：$p_a = 998$ kPa；外界环境温度：$T_a = 20\,℃$；混合气气体常数：$R_G = 0.274\,7$ kJ/（kg·K）；燃油预压力：$\Delta p = 3$ bar；燃油温度：$T_B = 15\,℃$；燃油喷射体积：104 cm³；燃油喷射时间：17 ms。另外，缸径 $d = 90$ mm，冲程 $S = 86.6$ mm。

（1）确定该工况点下平均有效压力 p_{me}、有效燃油消耗率 b_e、有效热效率 η_e、充量系数 ϕ_c。

（2）如果喷油脉宽是循环时间的 45%，喷孔的有效流动面积是多少？

（3）因为污染，喷孔的有效流动面积减小到 0.04 mm²，确定此时的喷射流量，为恢复原有的喷射流量，喷油脉宽应为多少？

11. 一台四缸四冲程四气门（两进两排）汽油机在台架上进行试验。发动机装备进气道喷射系统及三元催化转化器。发动机特性如下：排量：$V_{at} = 2.2$ L；转速：$n = 3\,900$ r/min；最大扭矩：$T_{tqmax} = 180$ N·m；喷油器压力变化：$\Delta p_B = 3.8$ bar；燃油喷射体积：250 cm³；燃油喷射脉宽：$t_B = 31.6$ ms；燃油密度：$\rho_B = 760$ kg/m³；充量系数：$\phi_c = 0.998$。

（1）确定最大扭矩点有效功率 P_e、平均有效压力 p_{me}、有效燃油消耗率 b_e。

（2）如果喷孔有效流动面积为 0.21 mm²，则此工况点下的喷油脉宽为多少？

（3）采用单缸双喷油器系统后（每个喷油器的有效流动面积为 0.15 mm²，喷油脉宽为 6.7 ms），如果新发动机的有效热效率与原机相同，则新发动机的充量系数及最大扭矩是多少？

第 7 章

柴油机混合气的形成及燃烧室

7.1 概述

柴油机使用的燃油是较难挥发而较易自燃的柴油，其混合气的形成和燃烧与汽油机相比有着本质的不同。柴油机燃油需借助喷油设备（喷油泵和喷油器等），通过高压将柴油以细小的油滴形式（油滴直径为 $10 \sim 50\ \mu m$）喷入气缸。其燃油供给系统的作用是按照柴油机各种不同工况的需要，将适量的柴油在适当的时间，以合理的空间形态喷入燃烧室，即对喷油量、喷油时刻和油束的空间形态三个方面进行有效控制。

柴油机可燃混合气的形成过程是在接近压缩冲程终点和膨胀冲程始点附近的较短时间内完成的，占 $20° \sim 60°$ 曲轴转角。其中部分过程是和燃烧过程重叠进行的。

喷油泵在上止点前 $15° \sim 40°$ 曲轴转角，将柴油高压喷入燃烧室内的高温高压空气中，喷入的细小油粒与高温高压空气接触后，将进行一系列的物理过程，主要有加热、蒸发、扩散及混合等。

柴油机燃烧室有以下几种类型：开式燃烧室（Open Chamber），也称直接喷射式燃烧室（Direct Injection Chamber）；分开式燃烧室（Divided Chamber），分开式燃烧室还可分为涡流室（Swirl Chamber）和预燃室（Pre – combustion Chamber）两种。

柴油机燃烧室设计的主要问题是使喷射的燃料和气缸内的空气快速、充分地混合，以保证在上止点附近实现完全燃烧。对于燃烧室的设计，一般提出以下要求：

（1）发动机具有较高的平均有效压力和经济性，而且燃油消耗率对转速和负荷的变化不敏感。

（2）发动机工作柔和、噪声低、热负荷低、工作可靠。

（3）起动和加速性能好。

（4）排气污染少、排烟少。

（5）工艺性好，适用于大量生产。

军用战斗车辆柴油机还要求能够使用多种燃料，对冷起动性的要求也更为严格，如在 $-40\ ℃$ 能可靠地起动。

上述要求是互相制约的，同时满足较难，特别是对于工况变化范围较广的车用柴油机，只能根据发动机的工作特点予以折中解决。

为了获得良好的混合和燃烧过程，单靠燃烧室的几何形状设计是不够的，还必须使燃烧室结构与燃油喷射过程、气缸内的气体流动有良好的匹配。因此，对柴油机的燃烧系统，应理解为燃烧室、喷油系统和进气系统的综合体。在柴油机技术发展过程中曾出现过各式各样的燃烧室，多年来，经过筛选及对燃烧物理、化学过程的深入理解，只有少数基于正确原理的结构设计被保留下来。

7.2　气缸内的空气运动

7.2.1　柴油机混合气形成方式

柴油机的混合气形成方式可分为两大类，即空间雾化混合和油膜蒸发混合。

1. 空间雾化混合

空间雾化混合是喷油器将燃油高压喷入燃烧室空间，利用油束与空气之间的相对运动并吸收空气在压缩过程中产生的热量，实现燃油破碎雾化、蒸发吸热以及在空间形成可燃混合气的过程。在大型、低速柴油机中，燃烧室内的空气基本上没有涡流，主要依靠油束的推进使燃料与空气混合（图 7-1 (a)），这是一种射流混合，燃油射入高温高压空气后，油粒受到空气阻力而减速，空气被卷入油束中，燃油微粒与空气迅速产生传热、传质现象。

在一些高速车用发动机及气缸直径较小的分开式燃烧室中，只靠油束推进作用及喷射条件的改进还不够，还必须人为地制造空气涡流，使气流与油束侧面接触（图 7-1 (b)），把油束周围的燃气吹走，并及时向油束提供新鲜空气，从而加速燃烧，提高空气利用率。涡流强度视燃烧室形式而定。

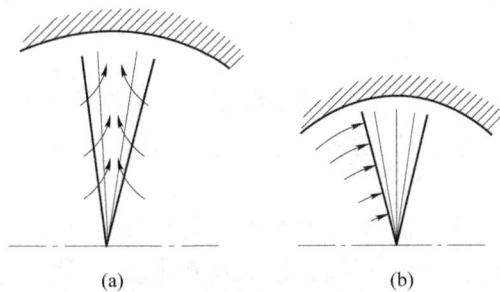

(a)　　　　　　　　　(b)

图 7-1　空间雾化混合方式

另外，撞击喷射（将燃油高速喷向壁面产生撞击）也是一种空间混合方式，通过油束对不同形状壁面的撞击和反弹，使得油束的分布范围扩大，在涡流的作用下迅速形成混合气。

空间雾化混合是一种传统的混合气形成方式，它对供油系统与供油设备的技术和质量要求较高，而对进气系统和燃烧室形状要求相对较低。

空间雾化混合方式的优点是不需要专门组织进气涡流，从而避免了复杂的进气道及由此造成的充量系数下降，因此柴油机的经济性较好。其缺点是供油设备的制造和调试水平要求高；由于预混合燃烧阶段燃烧的柴油较多，最高燃烧压力和最大压力升高率较高，导致柴油机工作粗暴，零件承受的热应力和机械应力较大；由于最高燃烧温度较高，一般 NO_x 的排放也较高。

2. 油膜蒸发混合

油膜蒸发混合是将大部分柴油直接喷射到燃烧室壁面上，形成一层很薄的油膜，如图 7-2 所示。在较低的燃烧室壁面温度控制下，油膜的底层保持液态，表层的油膜受热后以较低速度蒸发，在燃烧室强烈的涡流作用下，柴油蒸气与空气逐渐形成均匀的可燃混合气。着火后，随着燃烧的进行，燃烧室内温度迅速升高，油膜受热逐层加速蒸发，加快了混合气的形成速度。油膜蒸发混合可以通过改变燃油蒸发速度来控制混合气的形成速度，其中燃烧室壁面温度和空气涡流起主要作用。

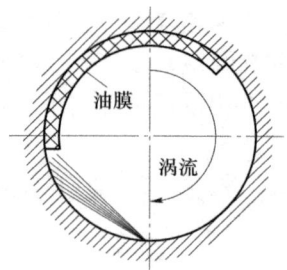

图 7-2 油膜蒸发混合方式

实际上，柴油在喷射过程中或多或少地会喷到燃烧室壁面，所以上述两种混合方式是同时存在的。目前，大多数车用柴油机仍以空间雾化混合为主，而有些车用球形燃烧室柴油机则以油膜蒸发混合为主。

7.2.2　缸内气体流动

柴油机缸内空气运动对混合气的形成和燃烧过程有决定性影响，进而影响发动机的动力性、经济性和有害气体排放。组织良好的缸内空气运动可以促进燃烧过程中空气与未燃燃料的混合，提高燃烧速率。因此，了解缸内气体流动对于提高发动机各方面的性能具有十分重要的意义。

内燃机缸内的气体运动形式可分为涡流、挤流、湍流和热力混合 4 种，被分别或组合应用于不同的燃烧系统中。

7.2.2.1　进气涡流

缸内的涡流运动是柴油机混合气形成的主要手段，根据形成方式不同，涡流又可以分为进气涡流和压缩涡流。涡流转速与发动机转速之比称为涡流比 Ω，以此作为衡量涡流强度的指标。

在进气过程中形成的绕气缸轴线旋转的有组织的气体流动，称为进气涡流。由于存在气流间的内摩擦和气流与气缸壁之间的耗损，进气涡流强度在压缩过程中逐渐衰减，一般情况下，在压缩终了时初始动量矩的 $1/4 \sim 1/3$ 被损失掉。进气涡流的大小主要由进气道形状和发动机转速决定。常见进气涡流的组织形式有以下三种。

1. 带导气屏的进气门

图 7-3 所示为带导气屏的进气门。导气屏设置在进气门上，当空气到达进气门时，强制空气从导气屏的前面且以不同的角度流入气缸，依靠气缸壁面约束产生旋转气流。由于导气屏占据的进气门周长范围内气流不进入气缸，从而增大了导气屏对面的气流速度，形成对气缸中心的动量矩。导气屏在试验时调整比较方便，常在单缸机上做调试用，为新气道的设计提供参考数据，其缺点主要包括以下几个。

（1）由于导气屏减小了气流流通截面，使流动阻力增大、充量系数降低。

（2）气门上有导气屏，为保证工作时气流的旋转方向和强度，进气门必须设置导向装置，以防工作时转动；为固定导气屏位置，气阀会定位装置，这些使结构变得复杂，增加了加工技术要求和制造成本。

（3）气门盘刚度不均匀，变形较大，气门在工作时不能转动，使气门容易偏磨，对密封性产生不良影响。

2. 切向进气道

图 7-4 所示为柴油机切向进气道，其形状比较平直，在气门座前强烈收缩，引导气流以切线方向进入气缸，从而造成气门口速度分布不均匀，相当于在均匀速度分布的基础上，增加一个沿气道切向的速度使进气流转向，造成涡流。切向进气道的特点：结构简单，在进气涡流要求不高时，流动阻力不大；当涡流要求高时，由于气门口速度分布不均匀，气门流通面积得不到充分利用，气道阻力将很快增加，因此切向气道仅适用于进气涡流强度不高的发动机。气口在气缸中的位置对涡流强度影响很大，合适的气口位置能够形成较好的涡流效果。

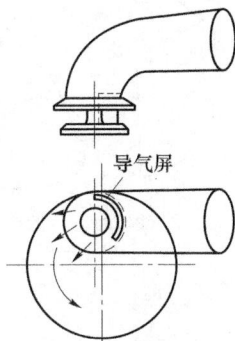

图 7-3　带导气屏进气门　　　图 7-4　切向进气道

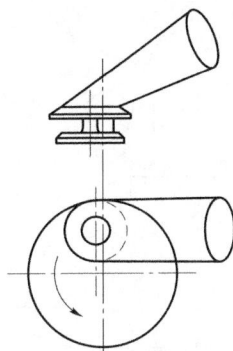

3. 螺旋进气道

图 7-5 所示为柴油机螺旋进气道。把气门座上方的气门腔做成螺旋形，使气流在螺旋进气道内形成一定强度的旋转，气门口处气流的情况相当于在均匀速度分布的基础上，增加一个切向速度，合成后的速度图是一个中心对称图形。因此，除了螺旋进气道本身形成的动量矩外，速度分布对气缸中心不再形成动量矩，这种气道称为纯螺旋进气道。由于在气缸盖上布置气道时，螺旋高度值不是很大，气流流入气缸时必然含有一部分切向气流的成分，因此实际使用的螺旋进气道中的空气旋转运动均由两部分组成。

螺旋进气道的下坡段，有浅坡和陡坡两种。陡坡螺旋进气道可以改善燃油消耗率及排气烟度，为降低排气污染而采取迟后喷射时，仍能保持这些优点。设计陡坡进气道时，螺旋部分在旋转一圈后，坡面必须降至进口通道以下。

四气门柴油机采用螺旋气道时，布置比较困难，因为两个气门的空气运动相互冲突，不易调和，一般难以产生良好的效果。进气门位置影响涡流强度，气门位置以偏心率 δ_y 表示，即有

$$\delta_y = \frac{1}{2} - \frac{c}{d - d_v} \tag{7-1}$$

式中　c——气门离缸壁的间隙；

　　　d——气缸直径；

　　　d_v——气门直径。

气门和气缸同心时，$\delta_y = 0$；气门边缘接触缸套时，$\delta_y = 0.5$。偏心率 δ_y 的正、负方向规

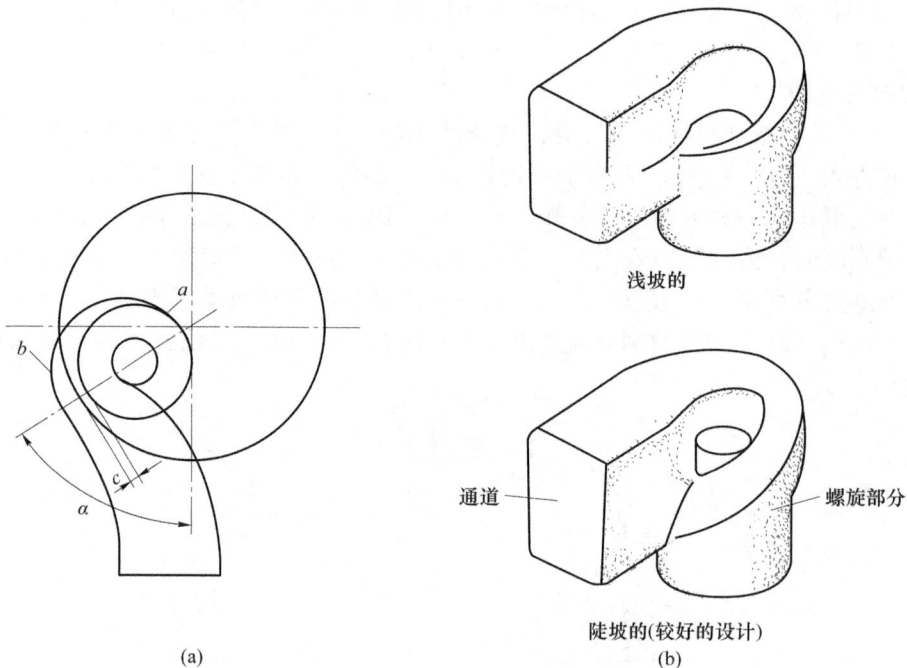

图 7 – 5 柴油机螺旋进气道

定及其对螺旋气道的影响如图 7 – 6 所示。气道往负方向移动到某一位置时，产生的涡流特别强烈。气门中心与气缸中心的连线对气缸轴线所成的夹角 α 一般为 $50° \sim 90°$。间隙 c 对切向气道约为 $0.01d$，对螺旋气道约为 $0.03d$。

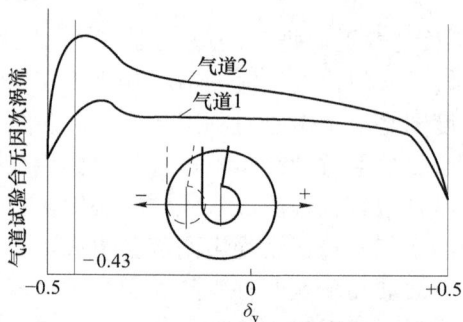

图 7 – 6 进气门位置对螺旋气道涡流的影响

采用强涡流螺旋进气道燃烧室的性能与进气道质量的关系极为密切，从而提高了对进气道铸造工艺和加工的要求。例如，对进气道泥芯的变形、定位、进气道出口和气门座圈的同心度等必须严格控制。

7.2.2.2 进气道的评定方法

为了增加进气充量，要求进气道的流动阻力越小越好。进气道的流动阻力和进气涡流强度是影响内燃机燃烧的重要参数，但由于在实际运转的内燃机进气道内，气流运动随活塞和气门的运动而周期性变化，很难对它们进行测量和评价，于是气道稳流试验方法得以发展。通过把气道和气缸内的不稳定气流运动在气道模拟试验台上进行稳态流动模拟试验，测量进气涡流强度和进气道阻力，以此来评价气道性能的优劣，并作为确定气道结构和尺寸的依据。一般进气道稳流试验台如图 7-7 所示。评定涡流强度时，通常采用叶片式风速仪测量模拟气缸内涡流的转速，或用角动量计直接测出涡流的角动量，用流量计测定气体流量。当进行高增压的稳流试验时，需要对原气道试验台进行改进，其结构布置如图 7-8 所示。进行试验时，通过调节旁通阀 2 的开度来调节从压气机进入气缸内的进气量，即进气压力，通过调节电动阀 3、13 来控制气缸内的压力。两个阀门相互配合，即可保持某一进气压力、某一缸压下的气体流动状态。当进气道和缸压都稳定时即可测量叶片转速和气体流量，测量方法一般采用定压差法和变压差法。定压差法是在各个气门升程下，控制气道入口和出口之间的压差为定值，测量叶片转速、气体流量等参数，并以此为依据评判高增压时气道的流通能力和形成涡流的能力。高增压气道试验的变压差法与自然吸气的稳流试验不同，其利用稳流试验台真实地模拟增压发动机的进气状态，即根据增压发动机的某实际工况各个气门升程的进气压力和气道前后压差进行试验。

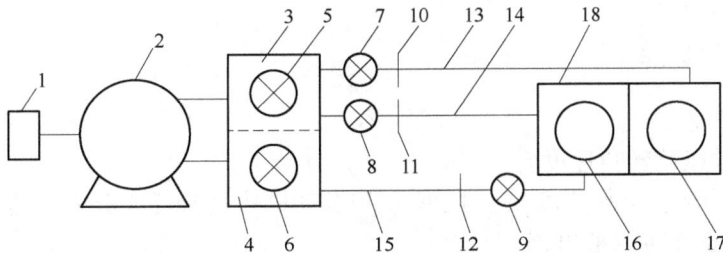

图 7-7　进气道稳流试验台

1—变频器；2—风机；3—稳压箱右侧室；4—稳压箱左侧室；5—电动阀 1；6—电动阀 2；
7—手动阀 1；8—手动阀 2；9—手动阀 3；10—进气流量计 1；11—进气流量计 2；12—排气流量计；
13—通气道 1；14—通气道 2；15—排气道；16—叶片式风速仪；17—动量计；18—试验台主体

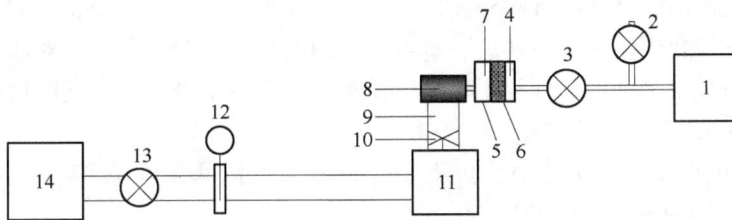

图 7-8　增压气道试验台

1—压气机；2—旁通阀；3—电动阀 1；4—温度传感器安装处；5—稳压泵；
6—疏流器；7—进气压力传感器；8—待测缸盖；9—缸压传感器安装处；
10—叶片式风速仪；11—稳压箱；12—孔板流量计；13—电动阀 2；14—消音器

在评定方法上普遍采用 Ricardo 方法，其流量系数 C_F 定义为流过气门座的实际空气流量与理论空气流量之比，即

$$C_F = \frac{Q}{Av_0} \tag{7-2}$$

式中　Q——试验测得的实际空气流量；

A——气门座内截面面积；

v_0——理论进气速度。

$$A = \frac{\pi d_{v1}^2 m}{4} \qquad (7-3)$$

式中　d_{v1}——气门座内径；

　　　m——进气门数目。

$$v_0 = \sqrt{\frac{2\Delta p}{\rho}} \qquad (7-4)$$

式中　Δp——进气道压力降，一般取 2.5 kPa；

　　　ρ——气门座处气体密度。

　　　Ricardo 量纲的涡流数 N_R 为

$$N_R = \frac{\omega_R d}{v_0} \qquad (7-5)$$

式中　ω_R——叶片旋转角速度；

　　　d——缸径。

　　　Ricardo 涡流比 Ω 为

$$\Omega = \frac{\omega_R}{\omega_e} \qquad (7-6)$$

式中　ω_e——发动机旋转角速度。

　　由于 v_0 可视为活塞平均速度 v_m，根据 v_0 和发动机冲程 S 可求出相应的发动机转速 n 和旋转角速度 ω_e，从而可以求出 Ω。

7.2.2.3　挤流

　　在压缩过程的后期，活塞接近上止点时，活塞 – 缸盖间隙内的空气被挤入燃烧室凹坑内，由此产生的空气流动称为挤流或挤气涡流。挤流强度主要由挤气面积和挤气间隙的大小决定。当活塞下行时，气体由燃烧室凹坑向外流出，产生膨胀流动，称为逆挤流（图 7 – 9）。逆挤流有助于燃烧室内的混合气流出，使其进一步与气缸内的空气混合和燃烧，对改善燃烧和降低排放十分有利。缩口形燃烧室可充分利用较强的挤流和逆挤流来进行混合气的形成和燃烧。

　　挤流速度随曲轴转角的变化关系如图 7 – 10 所示。由图 7 – 10 可见，在上止点前 10°CA 左右，挤流速度 ω 最大。d_1/d 越小，挤流速度 ω 越大；活塞顶间隙越小，挤流速度 ω 也越大。一般情况下，挤流速度可达 30 ~ 50 m/s。

图 7 – 9　燃烧室内的逆挤流

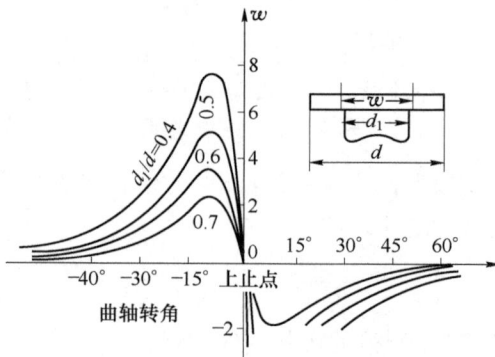

图 7 – 10　挤流速度随曲轴转角的变化关系

在压缩过程中形成的有组织的空气旋转运动，称为压缩涡流。如涡流室柴油机在压缩过程中，气缸内的空气通过与涡流室相切的通道被压入涡流室中，形成有组织的旋流运动，这种压缩涡流可促进喷入涡流室中的柴油与空气混合。涡流强弱由涡流室形状、通道尺寸、位置和角度决定。

7.2.2.4　热力混合

燃烧室内空气有旋转涡流时，空气运动规律一般认为符合势涡流的规律。此时，气缸内介质密度不同的质点运动轨迹如图 7-11 所示，密度较小的燃气卷入燃烧室中央，密度较大的新鲜空气甩向燃烧室外周，促进油气和空气的混合。气缸内的气流速度分布为：越向燃烧室中心，流速越高。显然，压力分布与此相反，周边部分压力高，中心部分压力低。

图 7-11 中质点 A 随旋转气流运动，既受到离心作用力，又受到由于压差而引起的向心作用力。理论分析和计算表明，质点 A 的运动轨迹与其本身密度 ρ' 及空气介质密度 ρ 有关。当 $\rho'=\rho$ 时，质点 A 做圆周运动；$\rho'/\rho>1$，即质点较重时，离心力起主要作用，质点 A 沿螺旋线向外运动；$\rho'/\rho<1$，即质点较轻时，压差引起的向心力起主要作用，质点沿螺旋线向内运动。液体油粒或燃油蒸气的密度比空气大，$\rho'/\rho>400$，因此运动轨迹沿螺旋线向外运动，飞向壁面，即燃油很容易涂在壁面上，或者向空气较多的燃烧室壁附近集中。燃烧产物的密度比空气小，$\rho'/\rho<0.3$，其运动轨迹沿螺旋线向内运动。由于燃烧产物向室中心运动，将中心部分的新鲜空气挤向外壁与未燃烧的燃料混合，这样就使已燃物与未燃物分开，进一步促进了正在燃烧中的可燃混合物的不断形成和燃烧，这种混合原理称为热力混合。

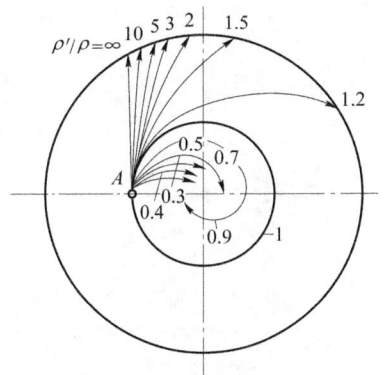

图 7-11　介质密度不同的质点运动轨迹

7.3　燃油喷雾特性

燃料在流经喷孔喷射时，被撕碎成微粒群的过程称为燃料喷雾。柴油机的燃料喷雾是按一定的准确时间循环进行的，是与连续射流不同的一种间歇射流。燃料撕碎的程度越高，消耗的功越多。

为使柴油机每次喷射的燃料得到完全燃烧，必须使燃料分子与适量的氧分子进行化合。满足这一条件最常用的方法就是将燃油分散成细小的微粒，以增大与空气中氧分子的接触概率。

7.3.1　贯穿距离与喷雾锥角

从喷孔射出的油雾称为油束（Spray），在静止的气体中，其外形呈焰状体（图 7-12）。油束是由许多不同尺寸的油粒组成的。油束的几何参数主要包括贯穿距离（Penetration，又称油束射程）L_f、喷雾锥角 α_f 和油束的最大宽度 B。从喷嘴出口画出的一对相切于油束外廓面的切线之间的角度称为油束锥角。喷射时，燃料微粒向前推进，油束长度逐渐增加，先喷出的燃料微粒被挤向外围，油束锥角随射程增加而减小。油粒贯穿空气介质时，消耗动能，油粒速度逐渐下降，油束芯部油粒的动能消耗殆尽时，油束路程最远，该长度称为油束的贯穿距离。

图 7-13 所示为油束参数随喷油泵凸轮转角的变化关系。从图中可以看出，在气体阻力作用下，油束前锋速度 w_f 迅速下降，射程 L_f 的变化近似为抛物线。

此外，穿透率也是衡量油束质量的参数之一，穿透率为相对值，是指油束的贯穿距离和喷孔沿其轴线到燃烧室壁面距离的比值。着火后，若穿透率小于 1，叫作穿透不足，燃烧室外围空气得不到充分利用；若穿透率大于 1，叫作穿透过度，此时会有部分燃油喷在燃烧室壁面上。不同形式的燃烧室，其最佳穿透率是不同的。对于直喷式柴油机，在静止气流或弱涡流条件下，一般穿透率可小于 1，以避免大量燃油喷到壁面上；在强涡流时，油束偏转，呈不规则的阿基米德螺旋形，为保证油束仍能到燃烧室壁面附近，应使穿透率不小于 1。

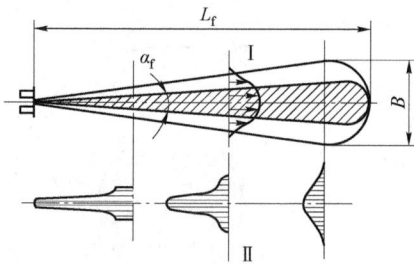

图 7-12　油束焰状体简图
I—油束横截面上油粒速度；
II—油束横截面上燃油分布

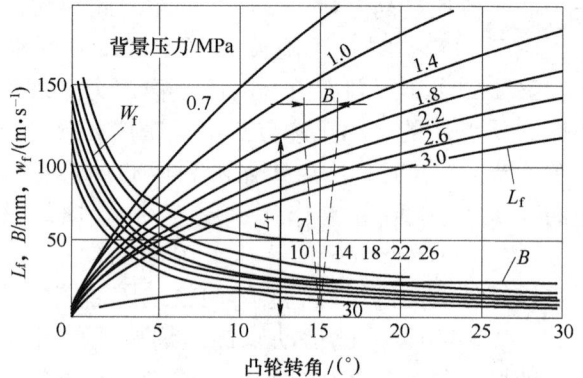

图 7-13　油束参数随喷油泵凸轮转角的变化关系

7.3.2　粒度特性

在采用空间雾化混合和油膜蒸发混合方式的柴油机中，燃油喷雾的油粒尺寸为 5~40 μm，以保证迅速燃烧。油粒粗大，会拖延燃烧过程并且排气冒烟；喷雾太细（当油粒在 10 μm 以内），在喷油器附近就会蒸发，离喷油器稍远区域的空气不能很好地被利用。

油束的雾化质量一般是指油束中液滴的细度和均匀度，油束核心部分液滴非常密集且液滴直径较大，液滴运动速度较高，空气少；油束外围部分则与之相反，液滴稀少且液滴直径较小，液滴运动速度低。细度可以用液滴直径来表示，由实测方法确定。例如在油束的不同位置放上涂有某种介质（如黏性液体或熏烟）的挡片，以接住喷射的油粒，然后进行显微（放大）照相，根据放大照片测出油粒直径及数目。喷雾中，直径小的油粒越多，表示喷雾越细。将燃油分散成细小微粒，可以增加燃料与空气的接触面积。

油粒大小的均匀性，表示油粒直径的变化范围。

油粒直径变化范围大，表示均匀性差。粒径分布既表示油粒大小，又表示其均匀程度。如图 7-14 所示，有 3 种分布曲线：曲线 1 表示油粒细而均匀，曲线 3 表示油粒粗而均匀，曲线 2 则为不均匀。显然，曲线 1 的总表面积最大、雾化时间最短。

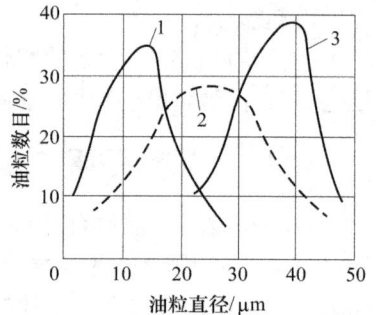

图 7-14　喷雾特性

从油滴蒸发考虑，常用油滴平均直径来表示，目前多用德国人索特（J. Sauter）提出的索特平均直径 SMD（Sauter Mean Diameter），其定义为

$$SMD = \frac{\sum_{i=1}^{k} N_i d_i^3}{\sum_{i=1}^{k} N_i d_i^2} \tag{7-7}$$

式中　N_i——直径为 d_i 的被测油滴数；

　　　k——直径分挡数。

该平均直径 SMD 是油滴群总体积与总表面积之比，其倒数是单位体积油量的汽化表面积。SMD 越小，汽化表面积越大，则汽化速度和混合速度越快。喷雾质量的优劣实质上是由每循环喷油量雾化成油滴后所占总表面积的多少来决定的。

在柴油机中，喷射是间断的，喷射压力不断变化，气缸内介质是高温而且流动的，其雾化情况很难测定。利用激光全息摄影可观测断续喷射情况，但高压高温且有气流时的情况难以测定。目前，在产品发展中仍利用稳态试验结果，将其与燃烧过程宏观表现联系起来，作为设计时的判断方向。Ricardo（里卡多）公司提出计算 SMD 的公式为

$$SMD = 207.6 d_c^{0.418} \Delta p^{-0.351} \quad (\mu m) \tag{7-8}$$

式中　d_c——喷孔直径（mm）；

　　　Δp——喷孔压差（bar，1 bar = 10^5 Pa）。

关于柴油机最佳的油滴范围，存在不同意见。里卡多公司推荐：

（1）无涡流或弱涡流燃烧室：SMD = 10 ~ 15 μm；

（2）有涡流燃烧室：SMD = 15 ~ 25 μm；

（3）增压柴油机：SMD ≤ 25 μm。

广安博之（H. Hiroyasu）提出的 SMD 公式为

$$SMD = A\Delta p^{-0.133} \rho_a^{0.121} q^{0.131} \tag{7-9}$$

式中　Δp——通过喷孔的平均压降（MPa）；

　　　ρ_a——空气密度（kg/m³）；

　　　q——循环喷油量（mm³/循环）；

　　　A——系数。

此外，不同的研究者还提出了不同的 SMD 计算公式。

7.3.3　影响燃油喷雾特性的因素

影响燃油喷雾特征的因素有喷射压力、喷油器结构、燃料物理性质（黏度、表面张力）、介质密度及喷油泵凸轮型线等。

1. 喷射压力

喷射压力越大，燃油流出的初速度越大，可以改善油束雾化的细微度和均匀度。近年来，随着排放法规的日益严苛，要求燃料消耗率不断下降，这就要求柴油机燃油供给系统的喷射压力越来越高，接近 1 600 ~ 2 200 bar。高压共轨系统在柴油机中的应用越来越广泛，与机械式供油系统相比，共轨系统能够对燃油喷射压力实现更为精确的控制，使高压油管压力大小与发动机转速无关，可以大幅度减小柴油机供油压力随发动机转速变化的程度，同时提高发动机的动力性和经济性，降低排放污染。在燃油喷射期间，喷油压力是变化的，从而

使燃油雾化的情况也是变化的。喷射过程初期和末期的雾化情况差，中期最好。

图 7 – 15 表示柴油机在喷油期间，喷射率（$dQ_f/d\varphi$）、油粒平均直径 d_{vm} 及喷雾质量的变化情况。柴油机转速升高时，油泵柱塞速度增大，喷油压力及喷射速度增大，喷雾质量可得到改善。反之，柴油机在低速时，喷雾情况变坏，排气烟度增加。柴油机起动时，转速低，喷雾质量差，这是造成起动困难的主要原因之一。

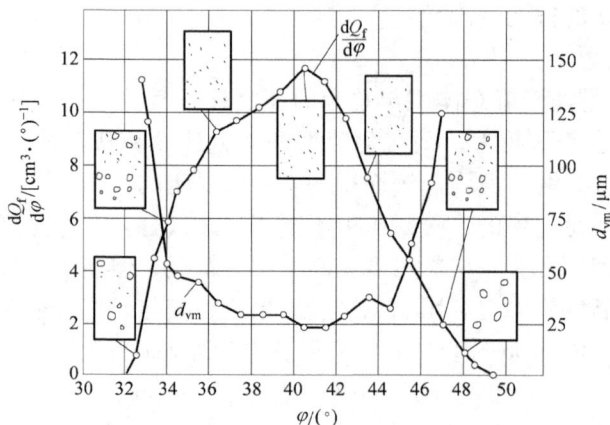

图 7 – 15　喷油期间，喷射率、油粒平均直径及喷雾质量的变化

2. 燃料黏度

燃料黏度大，分子间相互吸引力大，油束不易喷散，油粒变大，油束的锥度和宽度减小，射程加长，油气混合变坏。在冬季必须考虑黏度的影响，并采取相应措施。燃用重油时应加温预热。

3. 介质密度

气缸内介质压力高、密度大，有利于油束的雾化，但使介质阻力增大，油束射程减小（图 7 – 16）。介质的密度主要取决于发动机的压缩比和增压度，是不能任意调整的。

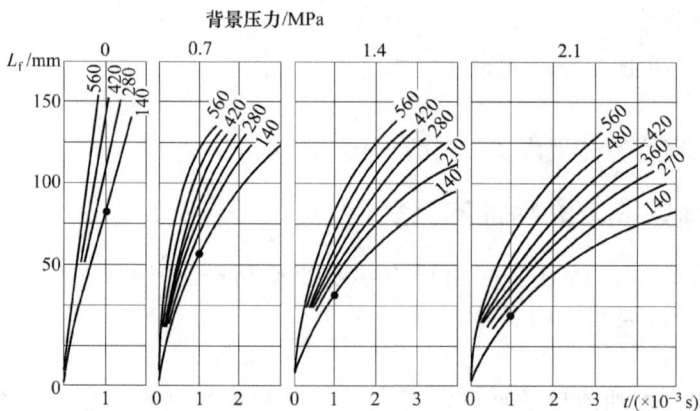

图 7 – 16　喷油压力及介质背景压力对油束射程的影响

4. 喷油泵凸轮型线

凸轮型线比较陡峭时，喷射压力较高，喷射速度较大，油粒变细。图 7 – 17 表示凸轮型线对油束参数的影响。曲线 1 的凸轮型线最陡峭，曲线 4 最平缓。

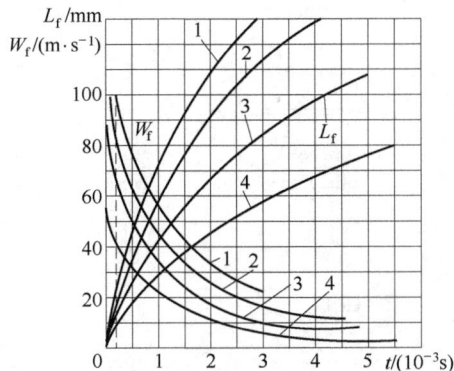

图 7 - 17　喷油泵凸轮型线对油束参数的影响

7.4　压燃式内燃机的燃烧室

燃烧室的形状和喷油器布置决定了混合气的形成方式，根据这两个特征，柴油机的燃烧室基本上分为直喷式燃烧室和分开式燃烧室。直喷式燃烧室位于活塞顶上，根据燃烧室凹坑深度，分浅坑形和深坑形两种，前者称为开式燃烧室，后者称为半开式燃烧室。

7.4.1　开式燃烧室

一般开式燃烧室（图 7 - 18（a））的混合气形成方式以空间混合为主。浅坑形燃烧室混合物的形成质量是依靠燃油喷雾的细微度及油束在燃烧室内的均匀分布实现的，进气是无涡流的，因此，用孔径较小（$d_c = 0.15 \sim 0.35$ mm）的多孔（$i_0 = 6 \sim 12$）喷油器和较高的喷油压力（$20 \sim 150$ MPa）。为避免油束或火焰直接接触气缸壁，四冲程发动机取喷射角 $\varphi_0 = 140° \sim 160°$。喷射角减小到 120° 以下时，燃油会直接喷到活塞顶面，使火焰扩展不活泼，燃烧室外围部分空气不能充分利用，发动机性能变差。喷射角 φ_0 应使燃油能够达到空气量较多的凹坑四周，此时，有可能使燃油和活塞顶部接触，但如果活塞顶能保持一定的温度，因油滴周围是油气，对壁面的湿润并不严重，而且利用油束从壁面反跳，会使燃油分布更合理，从而获得较好的混合。

大缸径柴油机大多使用浅坑形开式燃烧室。其优点是：结构简单；相对冷却面积 F/V 小，传热损失少；起动性能好；混合物形成过程稳定；经济性好（$b_e = 200 \sim 240$ g/（kW·h））；热负荷低，有利于增压。主要缺点是：过量空气系数 ϕ_a 大（$1.7 \sim 2.2$），空气利用率低；工作粗暴；对供油系统的制造质量与工作准确性要求较高；对燃料的质量要求较严格。

双卷流燃烧室（Double Swirls Combustion Chamber，DSCC）的结构特点主要表现在活塞顶内的燃烧室，如图 7 - 19 所示。燃烧室呈双盘形，大圆盘中套小圆盘，大圆盘构成外室，小圆盘构成内室，0—3 虚线为内、外室的理论分界面。R_1、R_2 分别为外室和内室环壁半径；d_1、d_2 分别为外室和内室喉口直径；H_1、H_2 分别为外室和内室的深度；d 为活塞直径。大、小圆盘的交线形成凸缘 3，称为弧脊，h_1 为弧脊到活塞顶的距离。该燃烧室开口大，深度浅，近似于开式燃烧室，室中心可隆起锥台。

油束、进气涡流与双卷流燃烧室在室横截面内（与室中心线垂直的截面）的匹配、混合与传统的 ω 形燃烧室的匹配、混合机理基本相同，主要区别是在纵截面内，燃油射流触脊

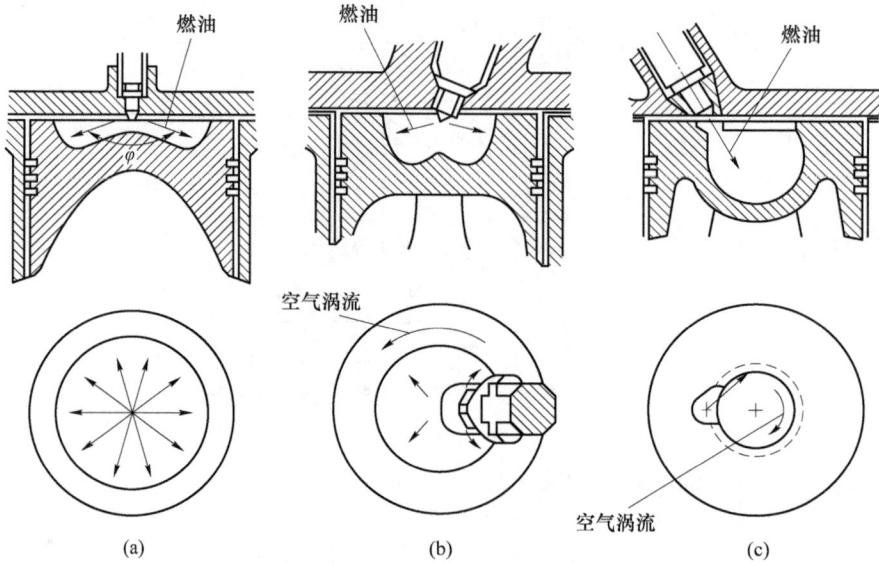

图 7 – 18　直喷式燃烧室

（a）浅坑形；（b）ω形；（c）球形

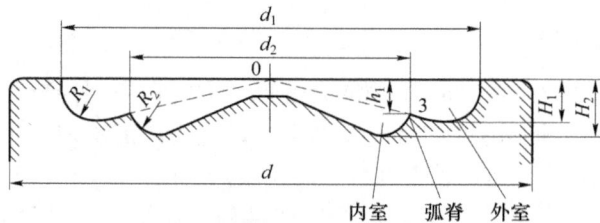

图 7 – 19　双卷流燃烧室

后形成内、外两股卷流，不断翻滚，与内、外室的空气进行充分的混合燃烧。

7.4.2　半开式燃烧室

在现代车用柴油机上应用最多的是半开式燃烧室（图 7 – 18（b）、（c）），燃烧室的主要部分在活塞顶内，一般配有较强的进气涡流，但也有采用无涡流或弱涡流，依靠多油束高压喷射，从而形成高品质的混合气。半开式燃烧室结构形状很多，其中 ω 形是较为典型的一种。

德国 MAN 公司的 J. S. Meurer 于 1954 年提出了油膜蒸发混合燃烧室，其特点是用双孔或单孔喷嘴把油喷涂到球形燃烧室壁面上形成油膜，同时有专门的螺旋进气道，造成强烈的进气涡流（图 7 – 18（c））。油膜从燃烧室壁面和热空气中吸热，在旋转气流吹拂下迅速分层汽化，分批投入燃烧。这种燃烧系统的混合气形成方式有着明显的热分层效应，有利于空气的有效利用。靠油膜蒸发混合的球形燃烧室也称为 M 过程球形燃烧室。采用该燃烧室的柴油机具有轻声、无烟、空气利用率高等特点。该燃烧室的缺点是：低速性能差，低负荷时排烟大，冷起动性能差，增压度不高，热负荷过于集中在活塞中，喉口易裂。对于转速变化范围宽广的车用发动机，球形燃烧室的性能不如 ω 形好。因此，这种燃烧室不再用于新设计的柴油机，但油膜蒸发混合理论在对内燃机燃烧的认识上有较大的学术价值。

图 7-20 表示 ω 形燃烧室各部位的几何参数关系。设计这种燃烧系统时，要考虑以下几个问题。

(1) 燃烧室的几何形状。燃烧室侧壁与顶面的夹角 β，大多取 $\beta \geqslant 90°$。如果 $\beta < 90°$ 有收口，有时能改善燃烧，但在高负荷时，喉口热负荷高，容易产生热裂，增压时，多不用收口。垂直口热负荷低，制造方便。燃烧室底部一般凸起，有助于稳定涡流，但平底也能获得较好的性能。燃烧室喉口直径 d_1 与深度 h 之比称为形状参数，d_1/h 一般为 $2.5 \sim 4.0$，增加 d_1/h（即凹坑变浅）时，气缸爆发压力增大。喉口直径 d_1 与气缸直径 d 之比称为口径比，一般为 $0.5 \sim 0.7$。燃烧室容积 V_k 与压缩室容积 V_{ce} 之比一般取 $0.75 \sim 0.85$，增加该比值能增大功率，但其受到活塞顶与缸盖间的间隙 S_0 的限制。

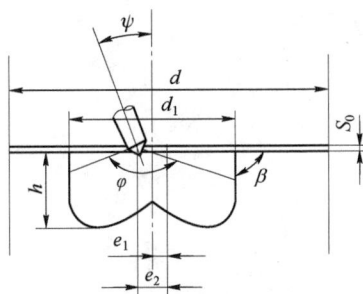

图 7-20　ω 形燃烧室各部位的几何参数关系

(2) 活塞—缸盖间隙 S_0。间隙 S_0 较大时，油、气混合变差，空气利用率较低。减小 S_0 对改善性能有利，但应保证不使气门碰撞活塞顶。气缸直径 $d = 110 \sim 165$ mm 时，里卡多公司（Ricardo）推荐 $S_0 = (8 \sim 10) \times 10^{-3} \times S$（$S$ 表示冲程，单位为 mm）。

(3) 喷油器位置。喷油器伸出缸盖的高度太小时，油束有喷到缸盖底面的危险；太大则容易因过热而结焦。

从工作性能及热流分布看，希望喷油器、燃烧室和气缸是同心的。在二气门气缸盖上，布置同心有困难，一般需将三者错开。经验表明，如果 $e_1/d < 0.05$，$e_2/d < 0.10$，对发动机性能不会有很大影响。

喷油器的安装角 ψ 一般为 $20° \sim 25°$，也有达 $35°$ 的，倾斜太大会使喷孔加工复杂化。喷油孔数一般为 $3 \sim 6$ 个，采用 4 个孔的较多。喷射角 φ 一般是 $140° \sim 160°$，但也有更小的，甚至为 $115°$，需与具体的燃烧室几何参数匹配。

C_5 燃烧室是在原开式燃烧室基础上发展的 ω 形半开式燃烧室，其使发动机性能指标得到提高。在图 7-21 所示的示功图中，B_2、B_3 都是浅坑形开式燃烧室，后者采用供油强化来提高功率。从图 7-21 中可以看出，C_5 燃烧室的最高燃烧压力和压力升高率最低。

图 7-22 为 C_5 燃烧室的放热规律，其燃烧初期放热速度比开式燃烧室慢，而中期放热较快，既可保证发动机工作柔和，又有较好的经济性。

随着环境问题越来越严重，特别是 PM2.5 污染加剧，而柴油机是汽车排放 PM2.5 的来源之一，面对范围广、污染重、周期长的雾霾天气，国家将出台更为严格的排放法规。过去人们主要关心的是发动机的动力性和经济性，而现在发动机的排放性能已成为衡量发动机的重要指标。为了满足排放法规并迎合市场需求，出现了一种缩口形低排放燃烧室。

缩口形燃烧室（图 7-23）与直喷式 ω 形燃烧室的形状类似，只是其喉口是向内收缩的。燃烧室的中间有一个圆锥形的凸起，底部过渡圆弧连接燃烧室喉口，燃烧室喉口处为圆角形状。还有一种缩口偏置燃烧室（图 7-24），缩口偏置是指燃烧室中心不在活塞的中心轴线上，致使整个活塞形成一个非对称结构。

缩口形燃烧室和缩口偏置燃烧室相比于普通的 ω 形燃烧室，能够促使燃烧室内形成较大的挤流，以得到比较合理的涡流分布，使燃料和空气混合更均匀，燃烧得更彻底，在一定程度上提高了柴油机的动力性和经济性指标；同时可以增长燃烧室内的涡流持续期，有效地降低炭烟的排放。其缺点是：过大的缩口和偏置会使燃烧室部分温度过高、局部应力过大，也可能使靠近偏离一侧的环岸烧蚀，影响活塞的寿命。

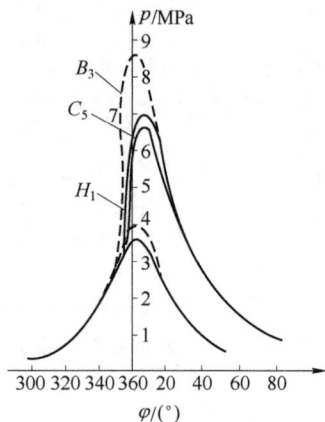

图 7-21 C₅燃烧室的示功图

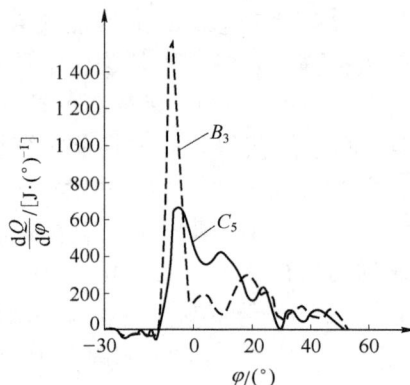

图 7-22 C₅燃烧室的放热规律

	B₂	B₃	C₅
n / (r·min⁻¹)	2 000	2 000	2 000
Pₑ/ (kW·缸⁻¹)	29.4	36.8	36.8

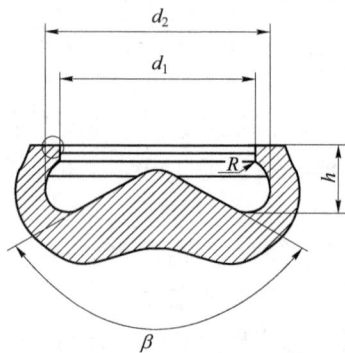

图 7-23 缩口形燃烧室

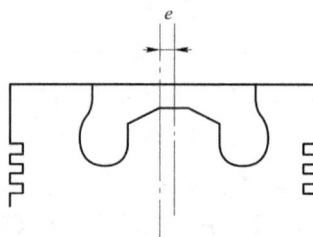

图 7-24 缩口偏置燃烧室

7.4.3 分开式燃烧室

7.4.3.1 涡流室燃烧室

图 7-25（a）所示为涡流室的结构，高速小缸径柴油机广泛采用这种燃烧室。压缩室容积 V_{ce} 分为两部分，一部分在气缸盖与活塞顶之间，称为主燃烧室；另一部分在气缸盖内，呈球形或圆柱形等，称为涡流室，其容积以 V_k 表示。二者用一个或数个窄小通道相连；通道方向与活塞顶成一定角度，且与涡流室相切。涡流室容积 V_k 占 V_{ce} 的 50% 左右。连接通道的截面积一般为活塞面积的 1.2%~3.5%。喷油器安装在涡流室内，燃油顺气流方向喷射。

在压缩过程中，气缸中的空气被活塞推挤，到上止点时，大部分空气（取决于 V_k、V_{ce} 的比值）经过通道挤入涡流室。由于通道倾斜并偏离涡流室中心，在涡流室内形成强烈的有组织的涡流，其方向始终不变；此涡流促使喷入室中的燃油与空气混合。着火后，涡流室中的气体压力、温度迅速上升。在膨胀行程，涡流室内未燃或未完全燃烧的混合物连同燃烧产物一起，从通道喷入主燃室形成紊流，与主燃室中的空气进一步混合燃烧。涡流室式发动机主要有下列特点：

（1）混合气形成主要是利用有组织的强压缩涡流，涡流比（涡流室中的涡流速度与发动机转速之比）为 25 ~ 40。由于涡流速度高，可降低对燃油喷雾质量的要求，一般采用轴针式喷嘴，喷油压力较低，一般为 10 ~ 12 MPa。

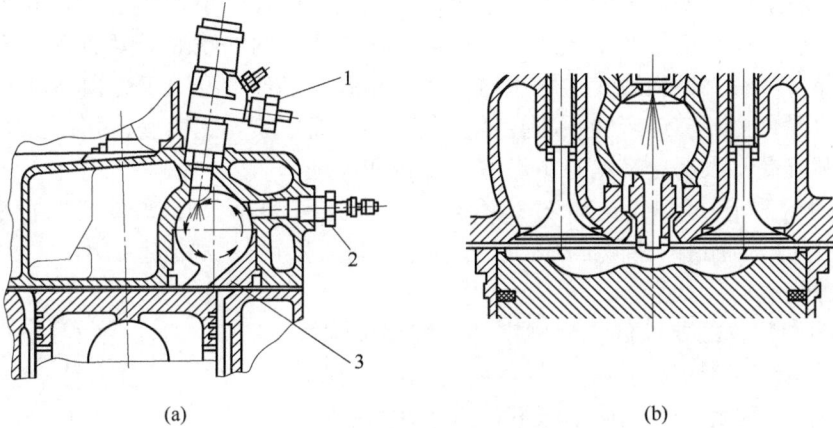

图 7 - 25　分开式燃烧室
（a）涡流室；（b）预燃室
1—喷油器；2—预热塞；3—涡流室镶块

（2）高速性能好。由于压缩涡流随发动机转速升高而加强，因此发动机在高转速时仍能保持较好的混合，对转速变化不敏感。由于涡流室偏离气缸中心线，气门位置充裕，进气门直径可以大些，在高转速时，仍能获得较高的充气效率，为提高发动机转速带来有利条件。目前有的小型涡流室柴油机转速已超过 4 000 r/min，个别在 5 000 r/min 以上。此时，摩擦功的增长是限制转速提高的主要障碍。

（3）空气利用率高。由于强烈的压缩涡流和燃烧后产生的二次气流，燃烧室内的空气利用率高，过量空气系数 ϕ_a 较小，一般在 1.2 ~ 1.3 内；平均有效压力 p_{me} 较高，不增压时为 0.7 ~ 0.8 MPa。

（4）噪声低。燃烧首先由涡流室开始，经过通道节流后，高压气体进入主燃烧室，故活塞顶所受气体压力下降。涡流室内涡流强，油、气混合好，用小的喷油提前角可使燃烧及时结束，推迟喷油，噪声下降。与直喷式相比，涡流室的压力升高率低，$\Delta p/\Delta \varphi$ 约为 0.25 MPa/°CA；最高燃烧压力低，$p_{max} = 5.5 ~ 6.5$ MPa。

（5）排放低。涡流室要求在接近上止点时开始燃烧，以获得最佳性能。在这种条件下，着火延迟期不长，因此涡流室内的放热过程平稳而快速。主燃烧室进行燃烧时，活塞已开始下行，最高燃烧温度低，可减少 NO_x 排放量，HC 和微粒排放量也较低。对燃料不敏感，易于使用多种燃料。

涡流室式发动机的缺点是：

（1）经济性差。燃油消耗率高（$b_e = 258 ~ 286$ g/（kW·h）），这是因为燃烧室分成两部分，中间用通道相连，散热损失和气体流动损失大。

（2）起动性差。装置电热塞后可解决此问题，电热塞的温度高达 900 ℃，可直接点燃柴油。涡流室式柴油机的压缩比较高，一般为 17～20，有利于改善起动性。

（3）涡流室通道出口处的活塞顶部易局部过热导致热负荷过大，增压度较低。

7.4.3.2　预燃室燃烧室

预燃室燃烧室是汽车用小型高速柴油机常用的燃烧室。预燃室燃烧室（图 7-25（b））由缸盖内的预燃室和活塞顶上的主燃室组成，两室之间由几个小孔连通。在压缩冲程，部分空气通过小孔进入预燃室，产生强烈的紊流。装在预燃室内的喷油器喷油后，紊流的空气与一部分燃料混合。着火燃烧后，预燃室内的压力和温度迅速上升，于是预燃室内尚未燃烧或未完全燃烧的混合物随燃烧产物一起，经预燃室小孔高速喷入主燃室，并在主燃室内引起燃烧涡流。该涡流促使大部分燃料在主燃室内混合和燃烧。

预燃室的容积比 $V_k/V_{ce} = 25\%～40\%$，比涡流室的小。连接通道的面积比 $f/F_p = 1/100～1/400$（f 为通道的总截面积；F_p 为活塞顶截面积），比涡流室的小。

预燃室燃烧室的优点为：

（1）对喷油装置的要求低。预燃室的压缩涡流强度小，且是无组织的紊流，油、气混合主要靠燃烧涡流（二次喷射），因此，燃油喷雾质量对工作过程不敏感，可采用单孔的轴针式喷油器，喷油压力较低（8.0～15.0 MPa）。

（2）工作柔和，燃烧噪声低。预燃室中温度高，着火延迟期短。此外，气体通过预燃室和主燃室的连接通道时有较大的节流损失，故主燃烧室内气体压力低。图 7-26 所示为预燃室的示功图。

（3）空气利用率高，$\phi_a = 1.2～1.6$。

（4）可使用多种燃料，NO_x 排放低。

预燃室的缺点为：

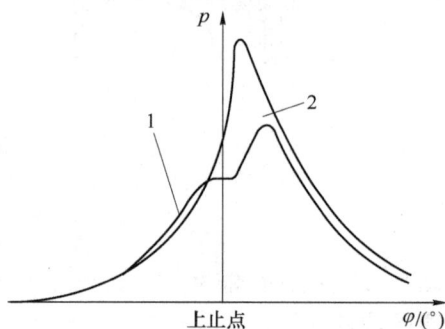

图 7-26　预燃室示功图
1—主燃烧室；2—预燃室

（1）低温起动性差。相对散热面积比涡流室还大（F_k/V_c 达 3.5 以上），安装起动电热塞可解决这一困难。

（2）经济性较差，燃油消耗率比直喷式燃烧室高 15% 以上，缸盖结构复杂。

用高增压及提高转速来强化发动机时，预燃室式发动机的机械负荷低，最高燃烧压力值约比直接喷射式燃烧室下降 30%，燃油消耗率与直喷式接近。因此，有的大型军用车辆也曾采用预燃室式发动机，如德国豹 I 主战坦克的 MB838CaM-500 柴油机、豹 II 坦克的 MB873Ka-501 柴油机等。

本章复习题

1. 什么是空间雾化混合、油膜蒸发混合？
2. 什么是进气涡流？组织进气涡流的方式有哪些？

3. 热力混合对改善燃烧过程有何作用？原理是什么？

4. 试述评定涡流进气道的方法以及评价涡流进气道性能的主要指标。

5. 分析缸内空气运动形式及其对混合气形成和燃烧过程的影响。

6. 影响柴油雾化质量与油束特性的因素有哪些？它们分别是如何影响的？

7. 列表分析比较直喷式和分开式燃烧室的优缺点。

8. 分析低排放燃烧室和 ω 形燃烧室的区别，以及各自的优缺点。

9. 增压发动机燃烧室如何设计比较合理？

10. 气缸尺寸减小时，混合气形成的时间大大缩短，对燃烧室设计应采取什么措施？

第 8 章

火花点火内燃机的燃烧过程

8.1 燃烧阶段划分

汽油机可在气缸外部或气缸内部形成均匀混合气，并以电火花点火燃烧。在压缩冲程活塞接近上止点时，可燃混合气压力达 1.5 ~ 2.5 MPa（$\varepsilon_c = 7 ~ 10$），温度达 400 ℃ ~ 600 ℃，在上止点前某一时刻用电火花点火，形成紊流火焰向未燃混合气传播，最后完成燃烧过程。火焰的传播过程决定燃烧室内已燃气体和未燃气体的热力学状态，从而决定发动机的功率、效率和排放。

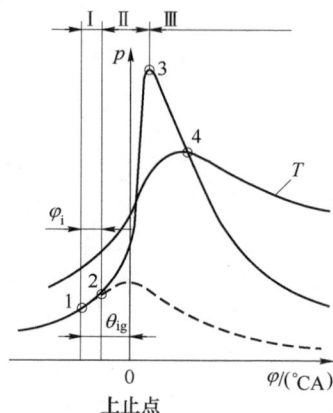

图 8 - 1　燃烧过程的 $p - \varphi$ 示功图

为研究方便起见，常将汽油机正常燃烧过程在 $p - \varphi$ 示功图上人为地划分为三个阶段（图 8 - 1）。

1. 着火延迟期（Ignition Lag）

着火延迟期又称滞燃期（Delay Period），是指自火花塞跳火（压力曲线上的 1 点）到火焰中心出现（压力曲线上的 2 点）所经历的时间（Ⅰ）。在这一阶段，混合气内进行活化核心的积累，反应速度加快。着火延迟期的长短与燃料性质、混合气成分、温度、压力及电火花放电强度等因素有关。为使放热及时，在上止点前 20° ~ 35°（曲轴转角），火花塞提前点火。为便于观察，以压力值离开压缩线的一点 2 作为着火延迟期的终点，也可用出现火花或火核的时刻定义延迟期终点。着火延迟期以曲轴转角计，一般为 4° ~ 60°曲轴转角，大约为整个燃烧持续时间的 15%。

着火延迟期的长短与下列因素有关：

（1）燃料与燃料特性；

（2）点火时缸内温度、压力高，着火延迟期缩短；

（3）过量空气系数，当 $\phi_a = 0.8 ~ 0.9$ 时，着火延迟期最短；

（4）残余废气增加，着火延迟期延长；

（5）缸内气流强，着火延迟期延长；

（6）火花能量大，着火延迟期缩短。

2. 明显燃烧时期

明显燃烧时期又称速燃期，是指从第一阶段结束到压力达最高值（图 8 - 1 中的 3 点），也可以是温度达到最高值（图 8 - 1 中的 4 点）所经历的时间（图 8 - 1 中的第 Ⅱ 阶段）。接近速燃期终点时，火焰面几乎传到距火花塞最远的地区，工作混合物大约已燃烧 90%。这一时期，气缸内压力迅速升高。曲轴每转 1°，气缸内压力的升高值 $\Delta p/\Delta\varphi$ 称为压力升高率。为使汽油机工作柔和、动力性好，$\Delta p/\Delta\varphi$ 控制在 0.175 ~ 0.250 MPa/°CA，最高压力点出现在上止点后 10° ~ 15°曲轴转角。最高压力点对动力性、经济性影响很大，最高压力点出现过早，除可能诱发早燃外，也使压缩负功变大，$\Delta p/\Delta\varphi$ 增加，p_{max} 过高；过晚的话，膨胀比小，对热功转换不利，燃烧高温时期的传热面积增加。

3. 后燃时期

明显燃烧时期以后，燃烧放热反应仍在进行，明显燃烧期未烧尽的可燃气在此阶段继续燃烧（图 8 - 1 中的第 Ⅲ 阶段）。此外，由于燃烧高温而分解的燃烧产物（如 H_2、CO 等）又重新与氧化合放热。燃烧产物 CO_2 和 H_2O 等在温度低于 1 500 ℃时无显著的分解现象，温度升高，部分燃烧产物分解，吸收一部分热量，使燃烧反应总的放热量减少。在膨胀过程中，工质温度降低，分解产物重新化合，放出热量。因此，分解不影响燃烧与膨胀时期燃烧反应放出的总热量，只是使燃烧阶段放热量减少，燃烧不及时损失增大，热效率下降。

除按示功图上的 3 个阶段划分外，也可以采用累积放热率来划分燃料的燃烧过程，如图 8 - 2 所示。

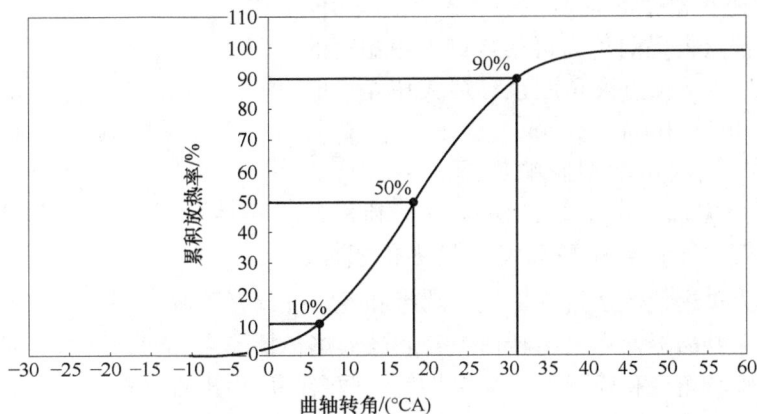

图 8 - 2 燃烧阶段按累积放热率划分

从图 8 - 2 上可以看出标志燃烧过程的 10%、50% 和 90% 的特征点，其中 50% 放热率所对应的曲轴转角的范围是上止点后 7° ~ 10°，90% 与 10% 放热率所夹的曲轴转角被称为燃烧持续期。

这些特征点可以从示功图中分析得出，也经常被用于发动机性能分析软件中燃烧模型的输入数据，或作为缸内热力过程计算模型的标定数据。

8.2　点火定时

点火系统必须在规定的时刻点燃压缩混合气。电火花出现时，电火花击穿周围的混合气，瞬间温度达到 6 000 K，能迅速加热其周围的局部可燃混合气，火花核心反应区的放热率超过散热损失时，产生火焰并向混合气其余部分传播，这种着火方式称为"点燃"或"强制点火"。如果点火后火焰不能传播出去，则表示点火失败，称为"缺火"或"失火"。

点火所需能量是空燃比的函数，对于化学当量比范围内的汽油－空气混合气，其点火能量为 0.2 mJ；而浓和稀的混合气每次点火则需 3 mJ；汽油机在任何工况都能可靠点火，所要求的点火能量为 30~50 mJ。

从火花塞点火至上止点的曲轴转角称为点火提前角 θ_{ig}，如图 8-1 所示。点火提前角的选择应满足下列要求：

（1）发动机功率最大；

（2）燃油经济性最好；

（3）发动机不发生爆燃；

（4）排放指标好。

同时满足上述要求是不容易的，只能根据具体情况予以折中考虑。最佳点火提前角取决于多种因素，尤其和发动机转速、负荷、结构、混合气浓度及运转工况（起动、怠速、超速等）有关。在节气门全开、转速一定时，最佳点火提前角为可获得最大扭矩时的点火角度（图 8-3），该点火角度也称最大扭矩定时 MBT（Maximum Brake Torque Timing）。

点火定时对气缸内示功图影响如图 8-4 所示。点火过早，压缩功增加，功率和经济性达不到最佳值，并易发生爆燃，导致火花塞和发动机零件损坏，排放性变差。点火过迟使燃烧过程推迟，功率和经济性同样下降。

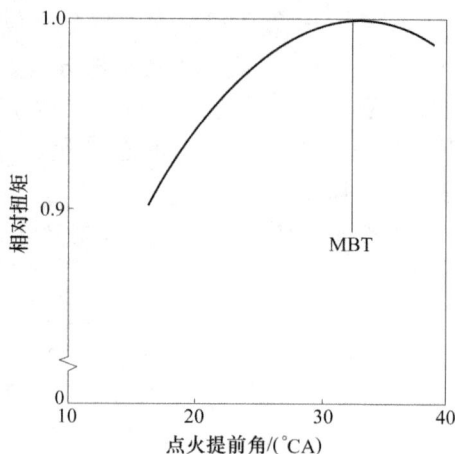

图 8-3　点火定时对扭矩的影响

发动机转速上升需提前点火，转速上升后虽火焰传播速度加快，而着火延迟期以时间计缩短较少，以曲轴转角计相应增加，为保持气缸内最高压力出现在最佳位置，应加大点火提前角。发动机负荷减小时，节气门开度减小，进气量减小，缸内压缩压力和温度降低，残余废气系数相应增加，着火延迟期增加，燃烧速度变慢，故应加大点火提前角。

化油器式汽油机采用了离心和真空点火提前装置，以适应转速和负荷变化时调整点火定时的要求，如图 8-5 所示。尽管其结构复杂，但只能做单维调节。现代新型汽油机采用电子点火系统代替传统的分电器，最佳点火提前角可以根据发动机工作范围及一些附加要求（如排放、爆燃界限或驾驶性能等）标定出来，以实现点火提前角的多维优化调节（图 8-6）。

点火时刻对排放影响很大，推迟点火可降低 NO_x 和 HC 的排放量。点火晚使气缸内最高温度降低，NO_x 减少。在高温区域，几十度的温差对 NO_x 的生成都有极大影响。推迟点火使膨胀行程后期缸内气体温度和排气温度升高，有利于排气过程中未燃气体氧化反应，从而减少了排气中 HC 的浓度。在不同点火提前角时，NO_x 与过量空气系数 ϕ_a 的变化关系如图8-7所示。

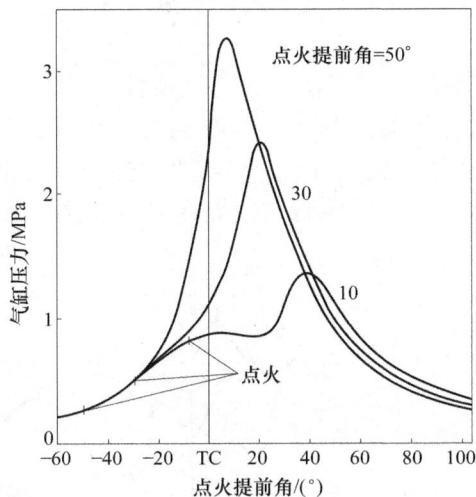

图 8 - 4　点火定时对示功图的影响

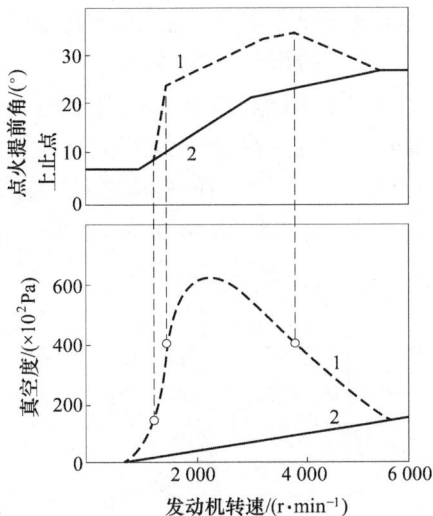

图 8 - 5　离心和真空点火定时曲线
1—道路部分负荷；2—全负荷

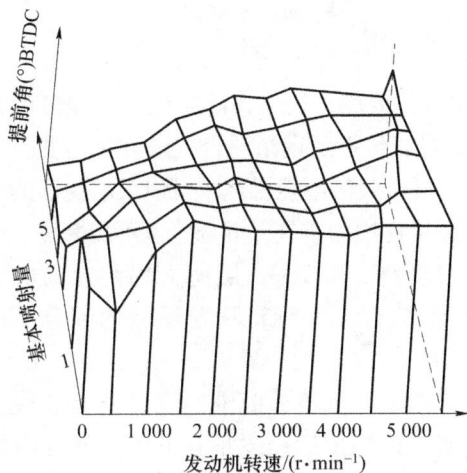

图 8 - 6　点火提前角多维控制

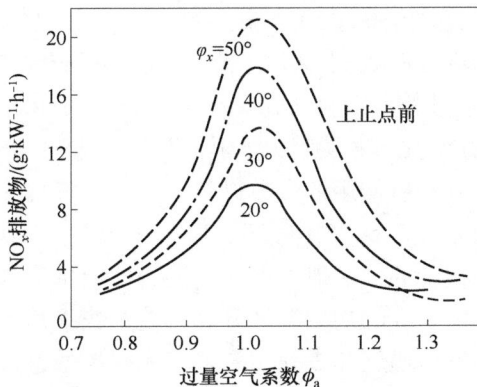

图 8 - 7　不同点火提前角时，NO_x 与 ϕ_a 的关系

8.3　火焰传播

如上所述，汽油机的正常燃烧是由火焰面传播完成的。明显燃烧期的长短，基本上取决于火焰传播的速度。在静止或层流的可燃混合物中，火焰面是很薄的一层，在大气压力下，其厚度仅为十分之几毫米，至多为 $1 \sim 2$ mm。火焰面将温度为 T_c 的未燃新鲜混合气与温度为 T_z 的燃烧产物分开（图 8 - 8）。

火焰面由加热区和化学反应区构成。化学反应区仅占火焰面总厚度的很小一部分，如甲烷 - 空气混合气，在大气压力下，理想混合比时，火焰面厚度约 1 mm，其中 20% 为化学反应区，大部分（约 80%）为加热区。火焰面只有在高温时才能进行化学反应，化学反应区的温度与燃烧结束温度 T_z 接近。反应区的热量以热传导和燃烧产物的扩散（主要）方式对火焰面前端部分混合气加热。

火焰传播速度是指火焰相对于静止燃烧室壁面的运动速度，其与燃料性质、混合气浓度、温度、密度及混合气的紊流状况等因素有关。烃类燃料混合气在混合气稍浓（ϕ_a = $0.85 \sim 0.90$）时，火焰传播速度最快，分子变化系数也较大（比 $\phi_a = 1$ 时增大 $3\% \sim 5\%$）。混合气过稀或过浓，火焰传播速度都会减弱。如图 8 - 9 所示为在燃烧弹中的试验结果，图中箭头表示 $\phi_a = 1$ 时的混合气成分。

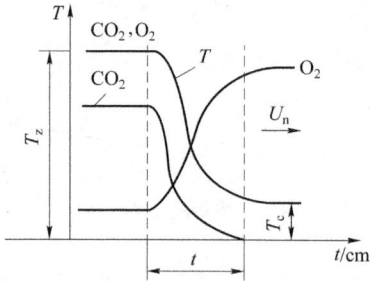

图 8 - 8 火焰面上温度及成分的变化情况

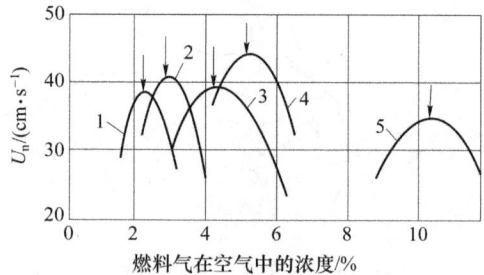

图 8 - 9 混合气浓度对火焰传播速度的影响

（$p_0 = 1$ atm，$t_0 = 20$ ℃）

1—正己烷；2—苯；3—丙烷；4—丙烯；5—甲烷

火焰传播速度降到某一较低数值时（$U_n \leqslant 8 \sim 12$ cm/s），火焰将熄灭，此时化学反应区的相对散热损失太大，温度下降，不能将反应维持下去。火焰可以传播的最浓混合气浓度称为混合气的着火上限，混合气成分以 $\phi_{a_{min}}$ 表示，如果再加浓燃料，混合气将不能燃烧。可使火焰传播的最稀混合气浓度称为着火下限，混合气成分以 $\phi_{a_{max}}$ 表示。如果再增加空气，混合气也不能燃烧。

发动机使用的多数燃料，在一个标准大气压力和温度为 20 ℃ 时，层流火焰传播的着火上限 $\phi_{a_{min}} = 0.25 \sim 0.30$，着火下限 $\phi_{a_{max}} = 1.65 \sim 1.80$。实际上，保证稳定燃烧的混合比范围是很窄的，一般汽油机的混合比范围为 $0.60 < \phi_a < 1.30$。

混合气的初始温度升高，能加快火焰传播速度，并稍许放宽着火范围，这是由于加快了化学反应速度和提高了混合气的热扩散系数。压力增加，火焰传播速度稍有下降。气缸内的工作混合气有适当的紊流运动，会大大加快火焰传播速度。紊流运动是由具有一定运动方向的涡流和无规则的气体脉动所组成的。

强烈的涡流运动和脉动使平整的火焰面成为褶皱形式，甚至使火焰面分隔为许多小块，如图 8 - 10 所示，这使燃烧区域的厚度 δ_T 增加。

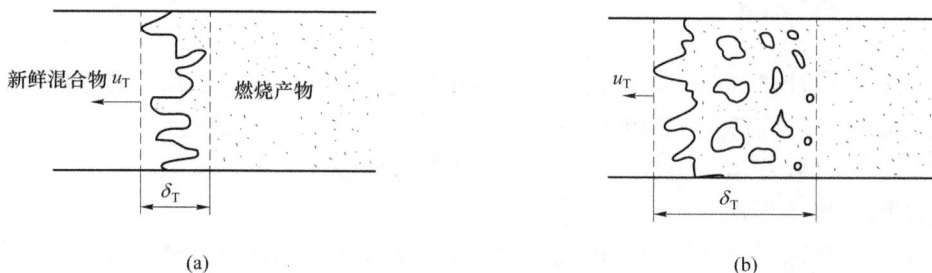

(a)

(b)

图 8 - 10 紊流对火焰面形状的影响

（a）弱紊流；（b）强紊流

车用汽油机燃烧室内火焰传播速度可达 50~80 m/s。图 8-11 表示涡流运动对火焰传播速度及火焰前锋形状的影响。发动机转速升高时，气缸内混合气紊流加强，火焰传播速度提高，如图 8-12 所示。

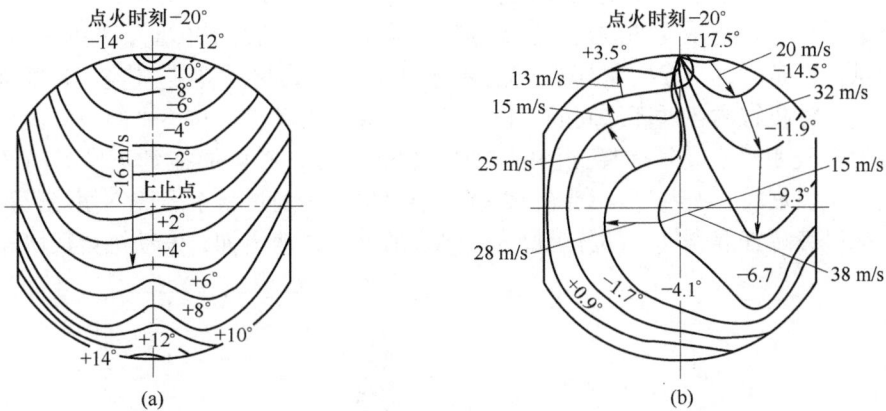

图 8-11　涡流运动对火焰传播速度及火焰前锋形状的影响
（a）无涡流；（b）有涡流

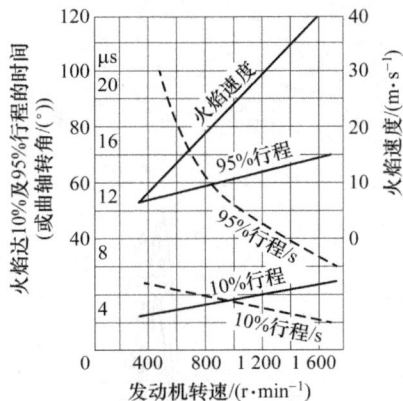

图 8-12　发动机转速对火焰传播速度的影响

8.4　燃烧稳定性

利用燃烧分析仪或示波器观察气缸内压力变化时，可以发现汽油机各个循环燃烧压力的变化和放热情况是不同的，最大燃烧压力 p_{max} 在一个相当大的范围内变动（图 8-13）。对于多缸发动机，各个气缸之间的燃烧情况也不完全相同。燃烧不稳定会损害整机的工作稳定性，影响汽车的行驶稳定性，也对汽油机的排放控制产生不利影响。

气缸内火花塞附近混合气紊流情况、新鲜混合气和残余废气混合情况及进气量的差异都是造成气缸内各循环间燃烧过程不同的原因，也是各气缸间不均匀性产生的原因。对于每一个循环，混合气参数和点火提前角不都处在最佳值，从而影响汽油机性能指标的提高，使废气排放指标恶化。

评价循环变动的指标是平均指示压力变动系数 COV_{imep}（Coefficient of Variation Indicated

Mean Effective Pressure）：

$$\mathrm{COV}_{\mathrm{imep}} = \frac{\sigma p_{\mathrm{mi}}}{p_{\mathrm{mi}}} \times 100\% \tag{8-1}$$

式中 σp_{mi}——平均指示压力 p_{i} 的偏差值。

该参数表示每循环指示功的波动。实践表明，当 $\mathrm{COV}_{\mathrm{imep}}$ 超过 10% 时，汽车的操纵性恶化。发动机台架试验标定时，一般控制其 $\mathrm{COV}_{\mathrm{imep}}$ 不超过 5%。当混合气被过剩空气冲淡而变稀或由废气稀释时，汽油机缸内各循环之间的工作不稳定，导致发动机运转不平衡及碳氢化合物排放增加。随着混合气变稀或废气稀释比例的增加，燃烧变慢，有可能拖延至排气门开启时才结束。如果进一步发展时，有些循环会终止燃烧，或火焰还未通过整个燃烧室便熄灭，最终产生循环失火。如继续稀释混合气，部分燃烧或不燃烧的循环迅速增加，发动机会很快停止运转。

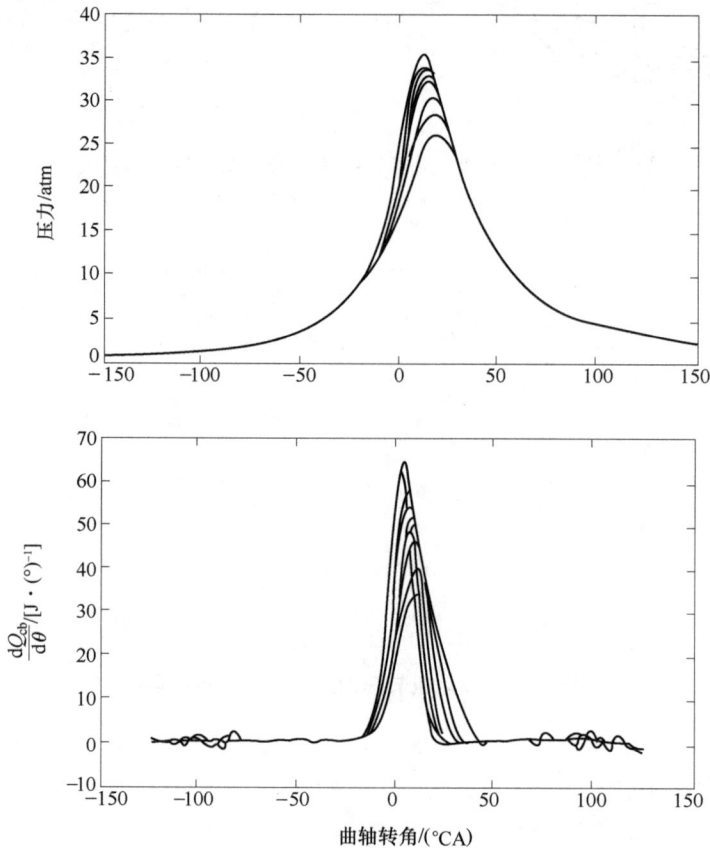

图 8-13　气缸内压力及瞬时放热率的变化（10 个循环）
（单缸机 $n = 1\,500$ r/min，MBT 定时 25 °CA BTC）（$\phi_{\mathrm{a}} = 0.1$，$p_{进气} = 0.7$ atm）

循环变动是汽油机固有的属性，在汽油机发展历程中，被采用的改进燃烧稳定性的主要措施是：

（1）改进点火过程，如多点点火、加大点火能量、加大火花塞间隙；

（2）增加进气涡流、滚流，加快燃烧速率；

（3）提高发动机的运行转速，增加缸内的湍流强度，提高火焰传播速率；

（4）采用燃油电控喷射技术（特别是多点顺序燃油喷射）可改善各循环混合气的均匀性；

（5）采用理论空燃比或 $\phi_a = 0.8 \sim 0.9$ 浓度的混合气，其目的是加快燃烧速度。

8.5　非正常燃烧

8.5.1　爆燃

爆燃是汽油机的非正常燃烧，汽油机爆燃时有下列现象：

（1）气缸内有金属敲击声；

（2）燃烧室和冷却系统过热；

（3）废气温度降低，爆燃严重时冒黑烟；

（4）功率下降，油耗率上升；

（5）气缸压力线出现爆震波（图 8 - 14）。

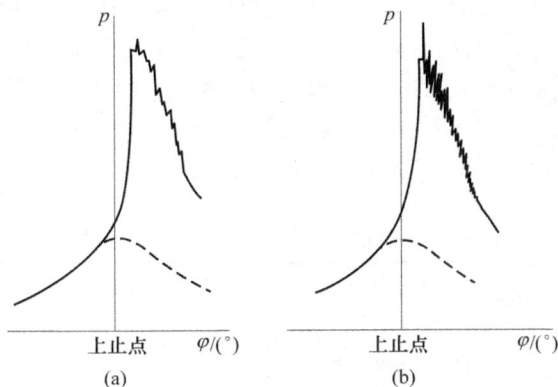

图 8 - 14　爆燃时的 $p - \varphi$ 图

（a）弱爆燃；（b）强爆燃

爆燃的原因是气缸内最后燃烧的那部分可燃混合气（末端气体）的温度超过其自燃温度，并持续相应的着火延迟期，在火焰面未到达前，产生了自燃。此时，末端混合气同时着火，形成局部的高温与高压。燃烧具有爆炸性特征，形成压力冲击波，它在燃烧室中的传播速度可能达到 1 000 ~ 2 300 m/s。冲击波经燃烧室壁面反射，又形成若干新的冲击波和新的着火中心，导致燃烧产物分解，形成一氧化碳，原子状的碳、氢、氧，并吸收热量，在膨胀过程又产生后燃。冲击波使壁面传热增加，并会破坏缸壁表面的油膜，引起干摩擦，作用在活塞上的冲击载荷可能破坏连杆轴承的减磨层，并增大缸套上部的磨损。因此，发动机不允许长时间在爆燃情况下工作。

影响爆燃的因素有以下 3 个方面：

（1）燃料因素：提高压缩比，发动机热效率上升，功率增加。但压缩比受爆燃限制，用抗爆性好的燃料或在燃料中适当添加抗爆剂，以提高其辛烷值及许用压缩比，汽油机压缩比不同应选用不同牌号的汽油。

（2）结构因素：燃烧室结构影响压缩终点工质的紊流度。提高紊流后，火焰传播速度加快，能避免爆燃。选择适当的几何形状，配合适当的火花塞位置（或数目），使火焰传播路程缩短，能减少爆燃；对末端气体所接触的燃烧室壁进行强烈冷却，降低壁温，也可减少爆燃。气缸直径小，火焰行程短，不容易爆燃。采用铝合金制造活塞和缸盖时，其表面温度低于铸铁，有利于提高压缩比而不发生爆燃。

（3）运转因素：发动机转速增加时，进气速度加快，压缩终点气体紊流度提高，火焰传播速度加快，爆燃程度减弱甚至消失。当转速一定而负荷减小时，由于残余废气系数增加，使工作混合气的自燃温度升高，着火延迟时间加长，从而可减弱或消除爆燃。混合气成分对爆燃影响也很大，一般发动机在 $\phi_a = 0.85 \sim 0.95$ 时爆燃最为严重。虽然这种混合气成分的火焰传播速度较快，但它具有较低的自燃温度与较短的着火延迟期，因此容易爆燃。加大点火提前角，会使最后燃烧部分的可燃混合气在火焰面到达前的压力和温度升高，容易发生爆燃。反之，减小点火提前角可减轻或防止爆燃。气缸内积炭增加使热阻加大，壁面温度升高，实际压缩比增加，因此爆燃加重。

在现代的轿车用汽油机上装有爆震控制装置，能在所有工况下消除爆燃。它是在发动机的适当位置装有爆震传感器，检测结构噪声，并转换成电信号，输入到电控单元（ECU），通过滤波取出典型爆震信号，然后与正常燃烧产生的结果对比，以判断是否存在爆燃。由闭路控制电路操纵点火系统，爆燃时推迟点火，正常后再恢复原来的角度。

从前面所描述的爆震的定义出发，我们可以知道爆震取决于火焰传播到末端混合气的时间 t_1 与末端混合气的自燃时间 t_2 之间的相对关系，只要 $t_1 < t_2$，就不会发生爆震，因此需要找出缩短 t_1、延长 t_2 的方法。在现代汽油机中已经采取的抑制爆震主要技术手段见表 8 – 1。

表 8 – 1　抑制爆震燃烧的主要技术手段

缩短 t_1	减小火焰传播距离	燃烧室形状紧凑，缸径不宜过大； 火花塞尽可能采取中央布置
	加速火焰传播速度	提高混合气紊流度； 控制空燃比，使混合气适当偏浓； 提高进气温度； 加大点火提前角； 降低残余废气系数； 提高压缩比，提高压缩了温度
延长 t_2	延长滞燃期	降低压缩比； 提高残余废气系数； 推迟点火提前角； 降低进气温度，进气管喷水或增压中冷； 避开偏浓混合气的工作区域
	合理冷却末端混合气	增加燃烧室末端区域的面容比； 燃烧室周边零部件采用散热性能好的材料； 优化气缸盖冷却系统设计
	提高燃料抗爆性	采用高辛烷值燃料，或加入抗爆添加剂

从表 8 – 1 可以看出，在缩短 t_1、延长 t_2 的技术措施中，有些是互相矛盾的。

8.5.2　表面着火

燃烧室内炽热部分（排气阀头部、火花塞电极及金属凸出点等）的温度超过某一界限后（700 ℃ ~800 ℃），可使气缸内的燃料 – 空气混合气在电火花出现前点燃，炽热的积炭也可能提早点火，这种不是由火花塞点燃的燃烧现象称为表面着火（Surface Ignition）。在电火花出现之前产生的表面着火又称为早燃（Pre – ignition），电火花出现之后产生的表面着火称为迟延着火（Post Ignition）。

表面着火的时刻是不可控制的。过早的早燃使压缩负功增加，发动机功率下降。早燃时气缸内压力、温度升高，热表面越来越热，使着火更提前。此时传给缸壁的热量明显增加，并能使活塞烧熔。爆燃对发动机的破坏主要是机械方面的，而早燃的破坏主要是热负荷方面的。表面着火可诱发爆燃，同时爆燃又会促进表面着火。爆燃性表面点火也称为激爆，激爆是由于表面点火与爆燃相互促进才发生的。

表面着火产生的主要影响因素在于燃料形成沉积物的能力以及抵抗点燃的能力，主要的控制手段是：

（1）选用沸点低的汽油和成焦性小的润滑油；

（2）降低压缩比；

（3）避免长时间低负荷运行和频繁加减速行驶；

（4）应用磷化物为燃油添加剂，提高沉积物中炭的着火温度。

8.5.3　其他非正常燃烧

失控运转：当点火开关关闭后，发动机有时还能着火的现象称为失控运转。其产生原因可能是气缸内热表面引起着火。另外，进气温度高、燃烧室表面冷却不良、气门配气相位不当和高压缩比等都能诱发失控运转。

轰鸣：由燃烧沉积物点火的现象称为轰鸣。发动机突然增加负荷时，壁面上炽热沉积物有可能引起额外的火焰前锋，使燃烧速率急剧增大。在燃料中添加磷化合物，可使沉积物失去化学活性而不易着火。

8.6　火花点火内燃机的燃烧室

燃烧室结构是影响汽油机燃烧过程的主要因素。燃烧室结构涉及活塞顶和缸盖形状、火花塞位置、进排气门的尺寸和数量及进气口的设计等一系列问题。最佳燃烧室的设计目标应当是：

（1）在全部工况下都能实现快速、稳定、连续的燃烧过程；

（2）在节气门全开时有较高的容积效率；

（3）由燃烧室壁传走的热量损失最少；

（4）抗爆燃性能好；

（5）排放污染物低。

燃烧室的结构形状有很多种，且应与配气机构相配合。图 8 – 15 表示几种典型的汽油机燃烧室形状。由于燃烧室的几何形状决定了火焰前锋的表面积、气流运动趋势及散热情况，因此对混合气燃烧及其发展有重要影响。

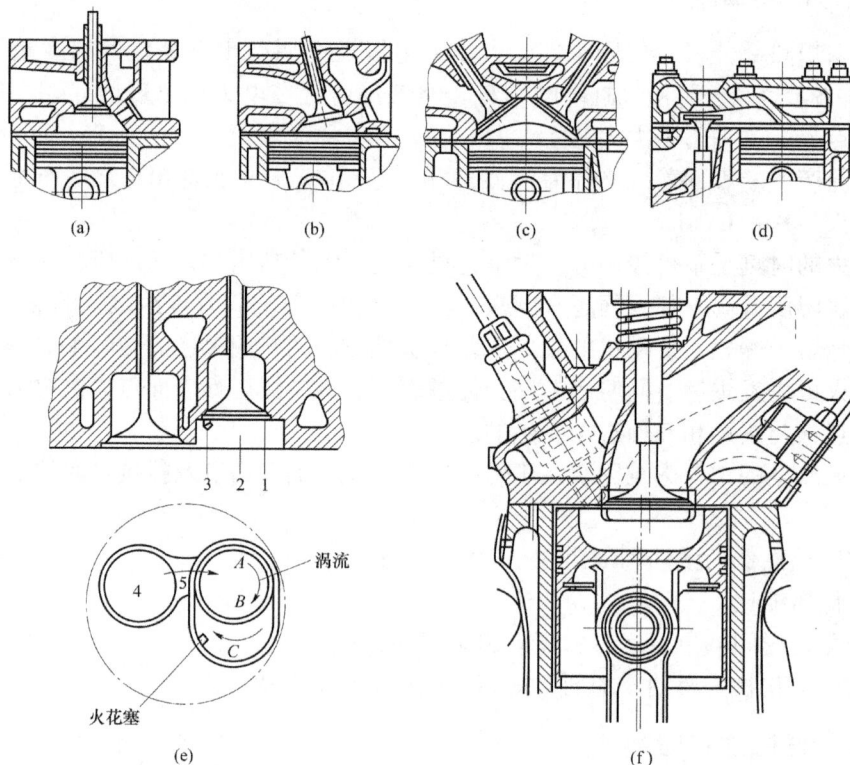

图 8-15 燃烧室简图
（a）浴盆形；（b）楔形；（c）半球形；（d）L形；（e）May 火球形；（f）碗形
1—排气门；2—燃烧室；3—火花塞；4—进气门；5—导向槽

对燃烧室工作有较大影响的结构因素，包括以下几个。

（1）面容比 F/V。燃烧室表面积 F 和容积 V 之比 F/V 在某种程度上可表示燃烧室的紧凑性。顶置气门燃烧室的 F/V 比侧置气门时小。F/V 值大时，燃烧室相对散热面积大，传热损失大，火焰传播路程长，容易爆燃，HC 排放高。

（2）火花塞位置及点火性能。火花塞位置及数量影响火焰传播路程长度，从而影响抗爆燃能力和燃烧速率。火花塞应靠近排气门处，使高温区混合气及早燃烧，避免成为爆燃源。火花塞间隙处的残余废气要充分排除，以使新鲜混合气容易点火，但也不能有过强的气流吹向火花塞间隙，以防止吹灭火核、引起失火并增加循环变动率。对于半球形或碗形燃烧室，火花塞安装在气缸中心，与侧置相比，可增加火焰前锋面积。火花能量强，火花间隙宽，点火性能好，有利于稀混合气的燃烧。

（3）燃烧室内气体流动。燃烧室内气体流动状况对燃烧有重要影响，采用进气涡流能加速燃烧过程并能获得更好的燃烧稳定性。以涡流形式进气可在气缸内形成稳定的气流，在进气和压缩冲程中气流衰减和损失要小，燃烧室燃烧时能产生较强的紊流，可增加火焰传播速度，提高燃烧速率。

利用缸盖和活塞顶部的结构形状，在压缩冲程后期依靠活塞的挤气作用产生紊流也能增加火焰传播速度，并能使大部分混合气集中于火花塞附近，使燃烧室更紧凑；而远离火花塞

的边缘气体受挤气面积的冷却作用，有利于提高抗爆性。燃烧室强化紊流能力可用相对挤气面积 E_r 表示，即

$$E_r = \frac{4E}{\pi d^2} \qquad (8-2)$$

式中　E——挤气面积（cm^2）；

　　　d——气缸直径（cm）。

相对挤气面积 E_r 增大，紊流强度增加，可缩短燃烧时间。

（4）进气门尺寸及布置。较高的充气效率是实现高比功率的重要途径。气缸盖的形状直接影响进排气门的尺寸。气门斜置时，气门尺寸最大，因而半球形燃烧室输出功率高。高性能轿车用汽油机向多气门化发展，有的发动机已采用五气门，每缸三个进气门、两个排气门。

在图 8-15 中，L 形燃烧室在汽油机发展早期应用广泛，而现代汽油机均采用顶置气门，浴盆形和楔形燃烧室使用较广，性能居中，制造容易，价格低，都有较大的挤气面积，挤流效果好。浴盆形比楔形工作柔和。半球形燃烧室在高速下仍有较高的容积效率，适于最高转速在 6 000 r/min 以上的汽油机。由于燃烧室紧凑，F/V 值小，HC 排放低，燃烧最高温度较高，NO_x 排放较高，工作较粗暴。碗形燃烧室在活塞顶上，工艺性好，挤流效果较好。火球形燃烧室也称为高紧凑性燃烧室（High Ratio Compact Chamber，简称 HRCC），或 May 火球形燃烧室（May Fireball Chamber），这种燃烧室用高辛烷值汽油有较好的燃油经济性，排放指标较好。在这种燃烧室中，进气过程形成的旋流在压缩过程挤入排气门下小室中，由于气流运动的加强，可以快速燃烧，有利于用稀混合气工作。

8.7　新概念燃烧

采用稀薄燃烧、分层充量、缸内直喷的主要优点是：

（1）缸内直接喷射，通过燃油的蒸发，可使缸内工质冷却，为提高压缩比、降低 NO_x 排放创造条件；

（2）雾化质量好，均匀，低速工况功率可增加 5% ~ 10%；

（3）压缩比高，部分负荷油耗降低 5%，怠速油耗降低 12%；

（4）若采用稀燃，油耗还可进一步降低；

（5）与均质燃烧相比，NO_x 低（平均浓度稀，各缸均匀，整机 T_{max} 低）、HC 高（局部混合气稀薄、易熄燃）；

（6）可大幅度降低冷起动时的 HC 排放；

（7）稳定工作的最大空燃比可达 25:1 ~ 40:1。

这些措施可改善火花点火式汽油机燃油经济性，降低 CO 排放量，特别是使 NO_x 排放符合法规要求的有效途径，同时也能放宽所用汽油的种类。使用稀混合气会降低火焰传播速度，因此，要对传统的结构采取措施，以使混合气加速燃烧。实现稀薄燃烧所采取的主要措施有采用高能点火系统、空气喷射燃烧系统、火焰喷射燃烧系统、分层燃烧与缸内直喷等不同方法。

日本三菱汽车公司的 MCA - JET 发动机（图 8-16）除了进排气门之外，还装有一个喷气阀。该阀在进气冲程开始后打开，喷入新鲜空气，使气缸内的混合气产生强烈涡流，同时还能对火花塞附近扫气，促进燃烧。当节气门开大、接近全负荷时，喷气量相对减少，恢复成传统的工作方式。这种系统的优点是在稀混合气和 EGR 率较高的情况下，也能快速稳定

燃烧，同时可改善低负荷时的燃烧、经济性和排放性。

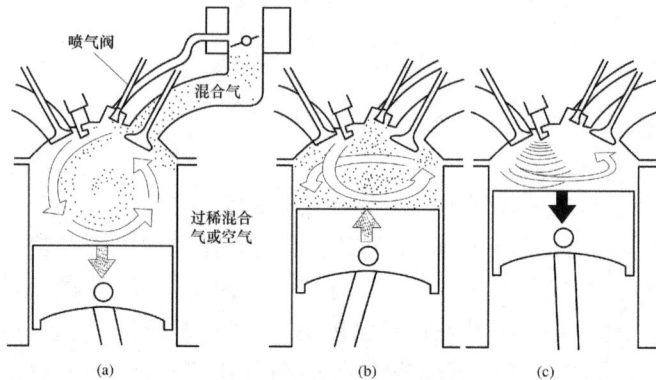

图 8－16　三菱 MCA－JET 燃烧室

（a）进气行程；（b）压缩行程；（c）点火、燃烧行程

图 8－17 所示为日本丰田 12T 汽油机的火焰喷射燃烧系统，该系统是火焰喷射点火的最简单的一种。在燃烧室中设置一个容积较小的预燃室，该室也称为紊流发生器（Turbulence Generating Pot，TGP）。在 TGP 的喷口处设置火花塞，点火后 TGP 内压力随火焰传播而升高，然后火焰冲出喷口喷向主燃烧室，产生紊流，促使主燃室内混合气迅速燃烧。其缺点是TGP 中很难由新混合气完全扫气。

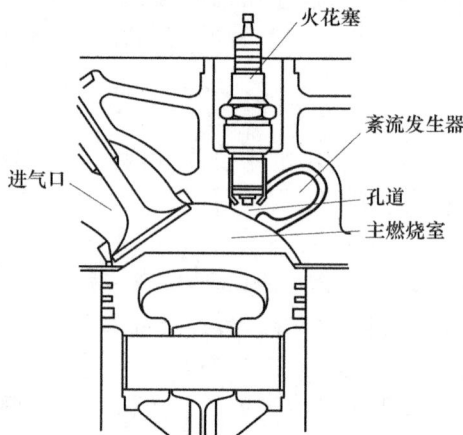

图 8－17　12T 汽油机的火焰喷射燃烧系统

分层充量发动机（Stratified Charge Engine，SCE）的概念已经提出很长时间了，这种发动机兼有柴油机和火花点火汽油机的特性。分层充量系统能燃烧平均混合比很稀的混合气，但在火花塞附近的混合气要较浓，以保证混合气点火，形成火焰后再点燃其余稀混合气。分层充量发动机部分负荷的燃油经济性可达到柴油机水平，同时使 CO 和 NO_x 的排放保持在较低的程度。实现分层充量有两种方式，结构上和柴油机类似，有预燃室和开式燃烧室之分。

日本本田 CVCC（Compound Vortex Controled Combustion）系统是预燃室系统中较具代表性的一种（图 8－18（a））。该系统用化油器供给混合气，由进气门向主燃烧室供应稀混合气，用一个辅助小气门向预燃室供应浓混合气，火花塞装在预燃室中，火花塞点火后预燃室内浓混合气着火，然后火焰经由几个通道喷向主燃烧室内的稀混合气，使其燃烧。由节气门量调节功率，发动机的经济性改善不够理想，但排放指标相当好，并且已有正式产品。此外，也可以不用辅助气阀，而用附加喷嘴向预燃室（图 8 – 18（b））喷入部分燃油造成浓混合气，易于点火，主燃室内的稀混合气仍通过进气门供应。上述系统的缺点是结构复杂。

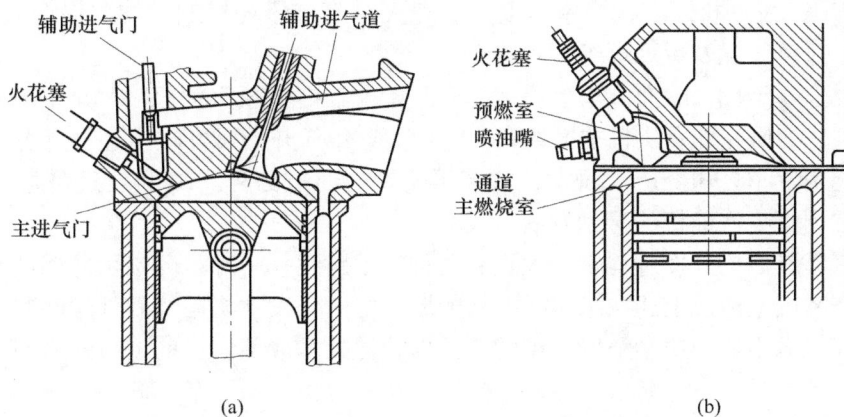

图 8 – 18　有预燃室的分层充量燃烧系统
（a）CVCC 系统；（b）带辅助喷嘴的系统

　　传统火花点火汽油机的热效率低于柴油机的主要原因是其着火燃烧方式，为了正常的火焰传播，必须使混合气的浓度保证在一定的范围内（空燃比 12 ~ 17），为避免爆震燃烧使用了较低的压缩比（汽油机压缩比 9 ~ 11，柴油机压缩比 13 ~ 22），这两个因素共同限制了汽油机热效率的提高。要想从根本上提高汽油机的热效率，必须突破上述限制。21 世纪初，均质压燃（Homogeneous Charge Compression Ignition ，HCCI）突破了传统汽油机受到的混合比、压缩比的限制，具备大幅度提高汽油机热效率的可能性，引起了汽车生产企业和研究机构的广泛重视。

　　图 8 – 19 是 HCCI 与直喷式柴油机放热规律的比较，其基础是直喷式柴油机全负荷运行工况，空燃比为 30，纵坐标为以柴油机为基础的相对值。从中可以看出，HCCI 的放热过程持续的时间更短，具有更快的燃烧速度，使得燃烧的等容度加大，有利于提高发动机的热效率，可能达到与柴油机相同的热效率，但其带来压力升高率的急剧变化，对噪声有明显的影响。

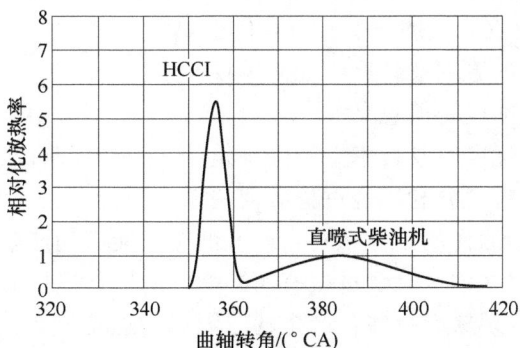

图 8 – 19　HCCI 与直喷式柴油机放热规律的比较

　　由于 HCCI 的燃烧温度较低，NO_x 的生成比传统柴油机降低 90% 以上，但随着负荷的增大，混合气浓度进一步增大，燃烧温度提高，NO_x 排放显著增加，甚至比传统柴油机还差，表明 HCCI 高负荷运转有待进一步改善。同时因为燃烧温度的降低，使得 HC 和 CO 在后续燃烧中被氧化的可能性降低，导致过高的 HC 和 CO 排放，可以采用成熟的氧化型后处理器。

但目前 HCCI 发动机还存在功率密度低、着火时刻与燃烧控制、均质混合气形成技术、变工况运行、过渡工况及后处理等技术难点。

在 20 世纪 50 年代，欧洲汽车公司就已经开始了缸内直喷汽油机（Direct Injection Spark Ignition，DISI）的研究开发。日本大约在 20 世纪 80 年代开始研发缸内直喷点燃式汽油机并投入市场，北美汽车公司经历了研发、放弃再研发的曲折路程。2008 年经济危机及之后的几年时间是缸内直喷汽油机的蓬勃发展阶段。

在缸内直喷汽油机开发过程中，大致有两种技术路线，一种是分层稀薄燃烧，另一种是均质混合燃烧系统。造成上述技术路线差异的原因之一是发动机尾气后处理问题，稀薄燃烧的尾气后处理技术不如均质燃烧所采用的三元催化器技术成熟。目前上市的机型主要以均质燃烧型为主。

但缸内直喷均质燃烧汽油机还面临以下技术难点：

（1）缸内会生成很细小的炭烟，炭烟粒径为 $2.5 \sim 10~\mu m$；

（2）对喷射压力要求高（汽油的黏度小，高压供油与喷射系统的密封难度比柴油机高）；

（3）需要增加安装喷油器，使缸盖结构更复杂，并影响气门的布置；

（4）需要组织更强的缸内气流运动，流动损失增大，使高充量气道设计变难；

（5）工作模式与排放控制策略比传统的 PFI 汽油机实施难度大。

本章复习题

1. 汽油机燃烧过程各阶段的特点是什么？对发动机性能的影响如何？

2. 火焰传播速度对汽油机的性能有何影响？为什么？

3. 火焰传播速度与爆燃有什么关系？在什么条件下，加速火焰传播速度可抑制爆燃，在什么条件下反而加强爆燃？

4. 造成汽油机燃烧不稳定的因素是什么？怎样才能使其稳定？

5. 过量空气系数 ϕ_a 对汽油机燃烧的进行有何影响？

6. 汽油机燃烧室设计的原则是什么？如何体现？

7. 燃烧稀混合气对汽油机有何意义？

8. 分层燃烧系统有何优点？其技术上的困难是什么？如何解决？

9. 减少汽油机废气有害成分和燃烧过程有何关系？为什么？

10. 汽油机点火提前角的作用是什么？它对汽油机性能有何影响？

11. 气缸内充量运动对汽油机燃烧过程有何影响？采取什么措施可造成充量的运动？

12. 汽油机非正常燃烧现象有哪些？产生的原因和特点是什么？如何避免？

13. 发动机稳态工况参数：1 500 r/min，进气压力为 38 kPa，过量空气系数 =1，点火角度为 30°BTDC，缸径为 86 mm，冲程为 86 mm，连杆缸径比为 1.58，余隙容积为 58.77 mL，残余废气体积系数为 20%。利用计算机程序（Matlab，Excel 等）绘制随工质质量燃烧分数变化时，以下参数的变化规律曲线。

（1）未燃气体和已燃气体的温度；

（2）燃烧压力；

（3）层流火焰速度；

（4）层流火焰扩散速度；

（5）质量分数燃烧率 $dX/d\varphi$；

（6）假定发动机的气缸盖和活塞都是平的，已燃气体占据一个圆柱体积，其中半径为 R，燃烧室高度相同，求 $2R/d$（其中 d 为缸径）。

14. 为什么在发动机冷起动时，延迟怠速运转时的点火正时可使着火更快？

15. 利用你对火花点火发动机燃烧基础的理解，解释循环间缸压波动的原因。缸压波动对发动机运行有什么影响？你认为柴油发动机中循环间缸压波动是应该小一些还是应该大一些？

16. 设计一款高功率密度（单位气缸排量具有最高的功率）进气道喷射、自然吸气火花点火发动机，最大功率的设计值为 150 kW。回答以下问题：

（1）怎么实现高功率密度？

（2）怎么处理爆震问题？（燃料的研究法辛烷值为 92。）

（3）在以上问题的基础上，估计发动机所要求的排量、冲程、缸径、气缸数、压缩比。

（4）描述你的燃烧系统，并解释你所做选择的目标和理由。

17. 车用火花点火发动机，每英里（1 英里 = 1.609 km）油耗为 120 g 汽油。每英里 NO_x（NO_2）、HC（$H/C = 1.85$）、CO 排放量分别为 1.5 g，2 g 和 20 g。

（1）指出排气中 NO_x、HC 和 CO 的浓度。

（2）计算在给定排放水平下的燃烧效率。

（3）假设发动机三元催化转化效率为 95%，忽略传热损失，在过滤掉污染物后，求催化剂升高的温度。

第 9 章

压燃式内燃机的燃烧过程

9.1 概述

9.1.1 柴油缸内燃烧基本过程

柴油的燃烧过程是一个非常复杂的物理 – 化学过程。

柴油机在压缩过程中，当活塞到达上止点前，燃料在高压下以高速喷入高温（450 ℃ ~ 550 ℃）、高压（3 ~ 4 MPa）的空气中。发动机增压时，空气的温度和压力可达更高数值，这视增压压力而定。

喷入气缸内的油束是由数以百万计的细微油滴组成的，油滴直径为 5 ~ 150 μm。在炽热的静止空气中，单颗油滴周围的温度场和浓度场如图 9 – 1 所示。油滴受热后迅速蒸发，向周围扩散并与空气混合，在油滴周围形成可燃混合气。着火点是在混合比适当、温度超出自燃温度的地方。在最合适的混合比时，化学反应速度 C_w 最高。

喷入燃烧室内旋转气流中的燃油束如图 9 – 2 所示。小油滴被空气带走，形成油束前缘，较大油滴集中在油束心部和后缘。油滴之间的平均距离在油束各处均不

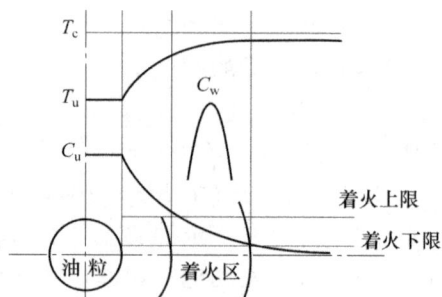

图 9 – 1 油滴着火区域

T_c—热空气温度；

T_u—油滴周围温度；

C_u—油滴周围混合气浓度；

C_w—化学反应速度

同，油束前缘区最大。柴油机油束燃烧的摄影研究表明，在前缘附近开始着火，在油束心部和前缘之间，空气中燃料浓度是不均匀的，燃空比可从零变至无限大。在混合气最适于自燃的若干处将形成着火核心（图 9 – 3）。一旦着火，火焰前锋将从着火核心传播，点燃周围的可燃混合气。在这一区域，混合气较稀，因而也称为稀火焰区。

在油束前缘最外层，混合气很稀，以致不能着火或维持燃烧，该区称为稀熄火区。该区为排气中未燃烃主要来源之一。燃烧室中温度和压力较高时，该区宽度将减小。

在稀火焰区着火和燃烧后，火焰向油束心部传播。在稀火焰区和油束心部之间，油滴较大，从已形成的火焰获得辐射热，故蒸发速率较高。温度升高，分子扩散能力增大，并进一步提高蒸发速率。这些油滴可全部或部分蒸发，火焰将烧掉燃烧混合比范围内的混合气，油束心部的燃烧主要取决于局部空燃比。

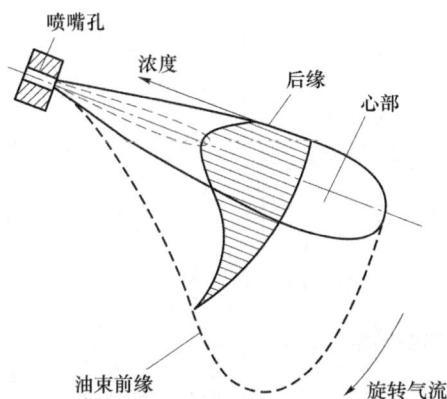

图 9 - 2　在旋转气流中的油束

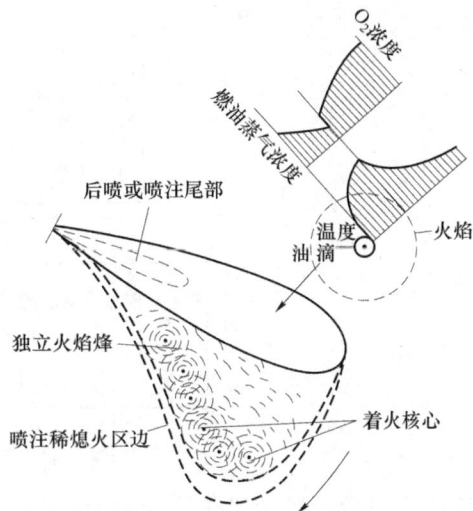

图 9 - 3　燃油喷注燃烧机理

在喷油过程快结束时，由于喷油压力下降，油束的最后部分油滴较大。同时，这部分燃油的贯穿度通常不大，该部称为油束尾部。在中负荷或高负荷时，很多喷油系统发生后喷现象，虽然喷油量不多，但其雾化程度差、贯穿度小，并在膨胀冲程中射入气缸，这些燃油很快蒸发和分解，形成 CO、炭粒、未燃烃等。

9.1.2　柴油机燃烧研究进展

自柴油机问世以来，始终面临着排放污染控制、噪声、振动、行驶不平顺以及成本等因素的平衡与协调问题。随着供油系统、增压技术以及现代电子控制等标志性技术的不断发展，现代柴油机已经完全改变了过去"粗大笨重"的形象，成为精巧的高科技产品。现代柴油机不仅仅具有良好的燃油经济性，更重要的是随着对排放的要求越来越严，柴油机具有的潜力逐渐被人们重视起来。70 年来，坦克柴油机的功率增加到 1 100 kW，约为 20 世纪 50 年代的 3 倍，总体积并未增加很多，单位体积功率增长了大约 3 倍，有效燃油消耗率达到195 ~ 220 g/（kW·h）。欧洲的轿车柴油机市场占有率有明显增长趋势，在近 10 年内，甚至有望达到 60% 以上，大众、奔驰、宝马、奥迪、标致等公司也在其生产的豪华轿车上部分采用柴油机。

在柴油机燃烧系统的开发过程中，涉及油、气、室三方面主要因素的综合优化匹配（如图 9 - 4 所示）：从流动介质看，既有液体，又有气体；从流动空间看，既有管中一维流动，又有叶轮、燃烧室内部的三维流动；从流动时间看，既有低速的准层流状态，又有高速高湍流状态；从进行的过程看，包括进气、压缩、喷油与雾化、燃烧以及排气等。

内燃机工作过程内部机理十分复杂，具有高温高压、非均匀、三维不定常和紊流性强等特点。可以用先进的测试仪器测量分析，也可以用多维数值模拟进行更详尽的计算研究，实验研究和多维模拟还可以相互结合，发挥各自的长处，并相互补充，使研究更加深入。一般来说，实验研究能够反映所测对象的实际情况和数据，但受到内燃机复杂结构和过程的限制，有些数据是无法测量的，而建立描述内燃机工作过程的数学模型，并借助电子计算机进行数值计算，可以更好地预测内燃机的性能，并可在短时间内进行广泛的变参数研究，通过

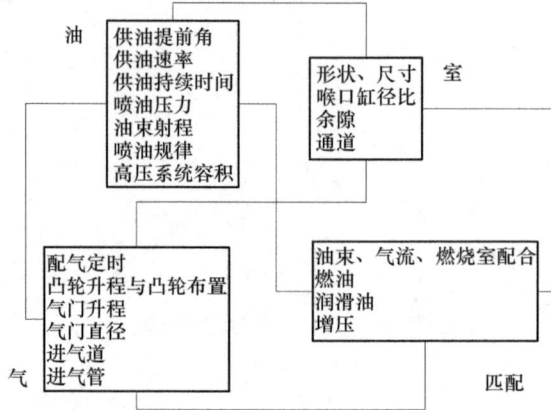

图 9 - 4　油、气、室综合匹配关系图

分析比较为新发动机的优化设计和旧发动机的性能改善提供指导，对柴油机燃油紊流燃烧机理的认识正经历"由粗到精"和"由表及里"的过程。在 20 世纪 70 年代后，随着多种激光测试仪器的普遍应用，试验结果的时间和空间分辨率、精度有了飞跃式进步，研究者对燃烧过程的认知也经历了实质性的提高或突破，一些新观点引起了更多研究者的兴趣。

9.2　燃烧阶段的划分

利用气缸内气体压力 – 曲轴转角示功图（$p - \varphi$），可将柴油机燃烧过程划分为以下几个时期，如图 9 – 5 所示。

1. 着火延迟期

着火延迟期（Ignition Delay）也称着火滞燃期（压力线 AB 段）。此阶段气缸内压力没有明显偏离压缩线。在压缩过程中，气缸内压力和温度不断上升，而燃油的着火温度因周围压力升高而下降。在上止点前 θ 曲轴转角燃油开始喷入气缸，粉碎成细小的油滴，并加热蒸发及扩散，化学反应缓慢，其效果难以观察到。当燃油和空气紧密混合时，化学反应速度将增大。燃烧前的物理化学过程不是相继发生，而是重叠进行的。通常在喷注外缘的燃油最先着火，并且是在接近化学当量比的混合气区域着火。

根据经验的方法已经得出许多柴油机着火延迟期的公式，但由于机型，燃料性质，气缸内实际的温度、压力及壁温的差异，这种计算只能是近似的。用计算机进行循环计算时，往往需要对其进行估计。着火延迟期以时间（τ_i）或曲轴转角（φ_i）表示，在柴油机中，一般 $\tau_i = 0.7 \sim 0.3$ ms，τ_i 与 φ_i 有如下关系：

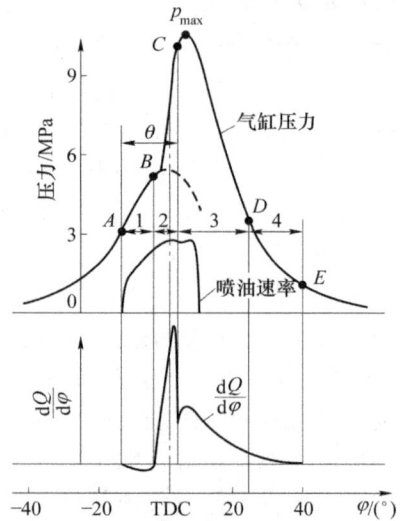

图 9 – 5　柴油机燃烧过程 $p - \varphi$ 图

$$\tau_i = \frac{\varphi_i}{6n}(s) \qquad (9 - 1)$$

式中　n——曲轴转速（r/min）。

τ_i 时间虽短，但对整个燃烧过程影响很大，它直接影响下一阶段的进行。

着火延迟期是柴油机燃烧过程中一个极为重要的阶段，它对整个燃烧过程及柴油机的性能指标都有直接的影响，也是改善燃烧过程的关键之一。滞燃期的计算公式已发表了很多，文献［22］、［52］做了较好的概括，归纳总结前人着火延迟期计算公式的关键特征参数，可得到着火延迟期的通用计算公式如下：

$$\tau_i = aIP^b P_{cyl}^c \exp\left(\frac{d}{T_{cyl}}\right) \qquad\qquad (9-2)$$

式中 τ_i——着火延迟期（ms）；

　　　IP——喷油压力（bar）；

　　　P_{cyl}，T_{cyl}——τ_i 内的燃烧室平均压力（bar）和温度（K）。

　　　a，b，c，d——相应的计算系数。

2. 速燃期

速燃期（Rapid Combustion）对应压力线的 BC 段，此阶段气缸内压力迅速上升，第一阶段准备好的混合气，在某一处着火后，其他各处也随即着火，并迅速燃烧。气缸内压力离开压缩线，急剧上升。第二阶段的燃烧速度取决于延迟期的持续时间和在此时期内油、气的准备速度。这一时期也称不可控燃烧期（Uncontrolled Combustion）。一般用平均压力升高率 $\Delta p/\Delta\varphi$ 表示压力升高的急剧程度，即

$$\frac{\Delta p}{\Delta\varphi} = \frac{p_C - p_B}{\varphi_C - \varphi_B}(\text{MPa}/{}^\circ\text{CA})$$

式中，压力 p 及曲轴转角 φ 的注脚 B、C 表示第二阶段的起点及终点。在此阶段中的瞬时压力增长率为 $dp/d\varphi$（MPa/ °CA），压力升高率太高，柴油机工作粗暴，运动零件的冲击负荷增大，影响发动机使用寿命，为使柴油机运行平稳，$\Delta p/\Delta\varphi$ 一般为 $0.4 \sim 0.6$ MPa/°CA。

3. 缓燃期

气缸内压力缓慢上升，可以认为从气缸内压力急剧升高的终点至缸内温度最高点的一段时期为缓燃期（Lower Rate Combustion），对应压力曲线的 CD 段。柴油机最高温度点一般在上止点后 20°CA ~ 35°CA 出现，最高温度为 1 600 ℃ ~ 2 000 ℃。至本阶段结束时，燃油放热量可达循环总放热量的 70% ~ 80%。从着火开始到出现燃烧最高温度点这一时期又称为主燃期。由于此时燃烧室中充满火焰，温度很高，燃油喷入缸内立即蒸发燃烧；同时活塞已离开上止点并下行，气缸容积不断扩大，使气缸内压力略有上升或不变，在此阶段后期压力还会下降。在这一阶段，气缸内压力的变化由喷入气缸内的燃油找到可供燃烧的氧分子的速度来控制，因此，加强这一阶段的空气流动，加速混合气的形成，对保证在上止点附近迅速而完全地燃烧具有重要作用。上一阶段和这一阶段是燃烧过程的主要部分。

4. 极低速燃烧期

极低速燃烧期（Very Low Rate Combustion）也称后燃期（After Burning，压力线 DE 段），它常指发生于发动机膨胀冲程进行一段以后的后燃，即从缓燃期终点至燃油基本烧完为止的阶段。由于燃油和空气混合不均匀，每循环总有一些燃油拖延到膨胀线上燃烧。特别是柴油机在高速、高负荷运行时，过量空气少，后燃更为严重。后燃放出的热量得不到有效利用，使散热损失增加，热效率下降，并增加了活塞热负荷及排气温度，因此，应尽量缩短后燃期。

将燃烧过程分成这样几个阶段，只是便于分析，因为整个燃烧过程是连续进行的，从喷油开始，物理的和化学的过程就是连续的。喷注燃烧以及气缸内压力和温度的发展过程如图

9 - 6 所示。

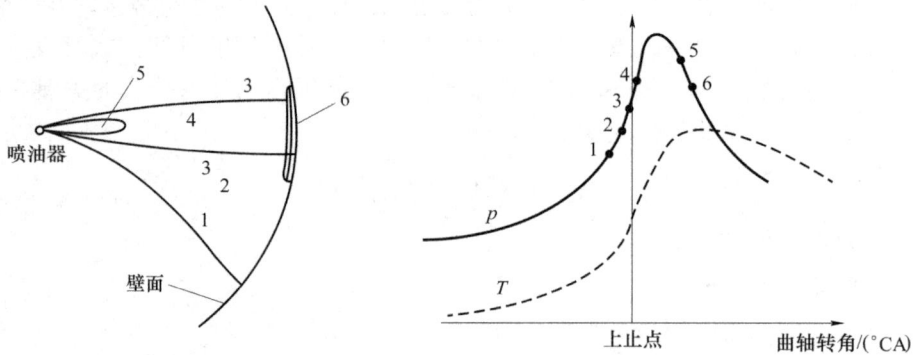

图 9 - 6   直喷式柴油机喷注燃烧、缸内压力和温度的变化

9.3   影响着火延迟期的因素

改变着火延迟期是调节燃烧过程和整机性能的重要手段之一。当喷油始点一定时，着火延迟期越长，喷入缸内燃料的预混燃烧量越多，从而使这一阶段放热量增加，放热峰值增大，并导致最高燃烧压力 p_{max} 和温度 T_{max} 增加。同时最高燃烧压力增长率 $\left(\dfrac{\mathrm{d}p}{\mathrm{d}\varphi}\right)_{max}$ 增加，柴油机工作粗暴。如 $\dfrac{\mathrm{d}p}{\mathrm{d}\varphi}$ 超过 0.5 ~ 0.6 MPa/°CA，就会发出敲缸声。压力增长率提高时，曲柄连杆机构产生比静载荷大的应力。

1. 燃料性质

图 9 - 7 表示喷油时刻相同，使用不同十六烷值的燃料对燃烧过程的影响。用十六烷值高的燃料，着火延迟期短，着火后压力平缓上升，最高燃烧压力低，因为大部分燃料在缓燃期燃烧。

十六烷值与着火延迟期之间并非直线关系，实际上，只有当十六烷值低于 50 时，对着火延迟期才有显著影响，十六烷值自 50 增至 70 的过程中，着火延迟期变化很小。

将十六烷值提高到超过需要的数值是没有任何意义的。十六烷值很高的柴油在燃烧室中分解很快，当供氧速度赶不上时，燃料易热裂化、分解产生炭烟。当十六烷值超过 60 ~ 65 时，排气冒烟，燃油消耗率上升。

燃料的黏度、表面张力及蒸发性对燃烧过程也有影响。黏度和表面张力影响燃料喷雾的细微度。蒸发性影响形成可燃混合气的速度。燃料雾化细微可提高空气利用率，使燃烧完全。其他条件相同时，雾化越细微，工作越粗暴；蒸发性好的燃料，也容易使工作粗暴。

2. 发动机转速

发动机转速变化时，充量的数量和涡流运动、发动机热状态、燃料的喷雾品质以及在供油齿杆位置不变时每循环供油量等参数都会改变。这些参数的变化均影响燃烧过程，在不同的发动机中，其产生的影响是不同的。转速增加，着火延迟期以时间（s）计减小，而以曲轴转角计却增加了，所以，随着转速的增加应适当增加喷油提前角。另外，随着转速的增加，一般非增压的直喷式柴油机的最高燃烧压力 p_{max} 减小（图 9 - 8）。

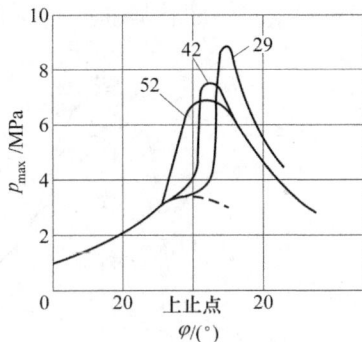

图 9 – 7　十六烷值对着火延迟期的影响

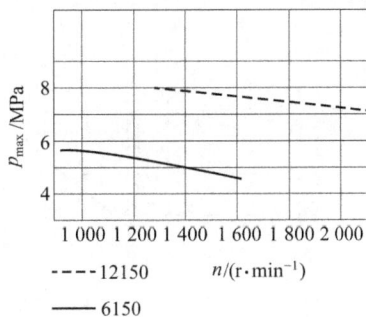

图 9 – 8　曲轴转速对 p_{max} 的影响

3. 负荷

发动机负荷会改变气缸内零件表面的温度，从而影响着火延迟期（图 9 – 9），所以负荷小时，工作比较粗暴。

4. 压缩比和增压度

提高压缩比，压缩终点的工质温度和密度增加，从而改善了燃料液滴与空气间的传热，使着火延迟期缩短，工作较为柔和。增压时，压缩终点的工质温度与密度增加，燃料着火延迟期缩短（图 9 – 10），故发动机工作柔和。提高压缩比和增压压力，降低了发动机对燃料的敏感性，适合用多种燃料工作。

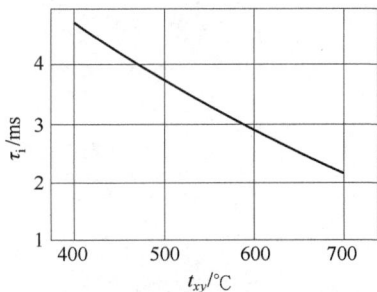

图 9 – 9　燃烧室壁温度对着火延迟期的影响
（ $T_c = 450$ ℃；$p_c = 3.3$ MPa）

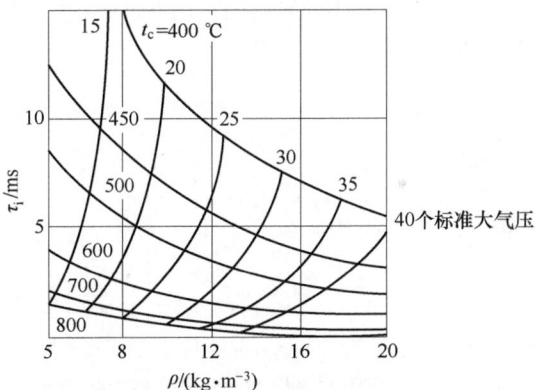

图 9 – 10　空气密度对着火延迟期的影响

5. 喷油提前角

喷油提前角过大，则由于喷油开始时气缸内温度较低，使着火延迟期延长（图 9 – 11），在此期间喷入缸内的燃料量增加，结果使工作过程趋于粗暴。喷油提前角过小，工作过程柔和，但循环热效率因为燃烧不及时而下降。图 9 – 12 表示不同喷油提前角的示功图。最佳的喷油提前角和发动机转速、压缩比、燃料性质、燃烧室形式、喷油规律及增压度等因素有关。

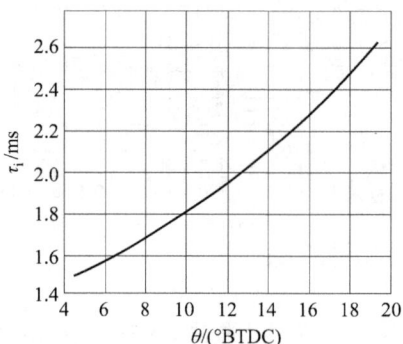

图 9 – 11　喷油提前角对着火延迟期的影响

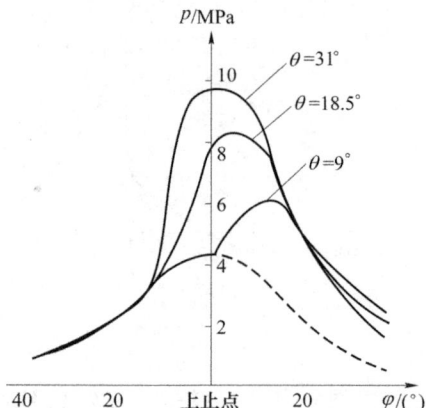

图 9 – 12　喷油提前角对示功图的影响

（$n = 1\ 700$ r/min，转速一定）

6. 喷油规律

每循环供油量相同时，供油延续时间随供油速度减小而延长。供油速度或供油延续时间，与油泵凸轮形状、柱塞直径、高压油管直径和长度以及喷油器的特性等有关。对于同一台发动机，每循环供油量相同而供油延续时间不同时，所得到的示功图也是不同的。图 9 – 13 中曲线 3 对应于供油延续时间长的示功图，曲线 4 对应于供油延续时间短促的示功图。

燃油喷射装置设计成在主喷射稍前一点，先喷射少量的燃油，这可减少敲缸，此方法称为预喷射。

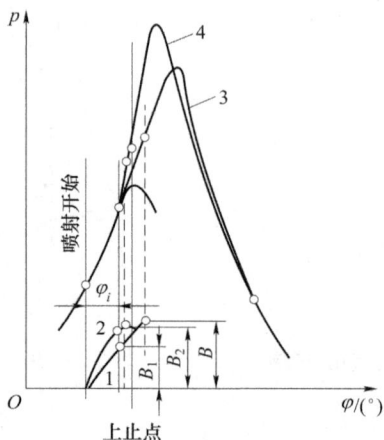

图 9 – 13　供油速度对气缸内压力变化的影响

9.4　放热规律分析

9.4.1　放热规律的计算方法

柴油机放热规律是用单位时间或单位曲轴转角燃油燃烧放出的热量（ dQ/dt 或 $dQ/d\varphi$ ）

表示，也可用累积放热量 $Q = f(\varphi)$ 表示，有时以累积放热百分比 X 表示，即该瞬时的放热量占每循环供油量燃烧放热量的百分比。

图 9 - 14 表示典型的放热规律曲线。燃油着火后最初为预混燃烧（Premixed Burning）阶段，相当于速燃期，燃烧的数量和速度取决于延迟期的持续时间和燃油准备速度。预混燃烧阶段热辐射较少，产生的炭烟也少。这一阶段的特点是放热率最大值很高，其变化急剧。

预混燃烧后进入扩散燃烧（Diffusion Burning）阶段，燃油与空气的混合是通过分子间的扩散，最后形成火焰，火焰受燃烧室中空气扰动的影响，从而使火焰扩散到整个燃烧室空间。这种燃烧既有炭粒产生，也有炭粒的燃烧，同时辐射传热的速度也较高。扩散燃烧期内，燃油边蒸发、边混合、边燃烧，其燃烧速度取决于混合速度。扩散燃烧期对柴油机的经济性及排放至关重要，改善燃烧过程的重点是改善扩散燃烧期，提高燃烧速度，缩短燃烧期。

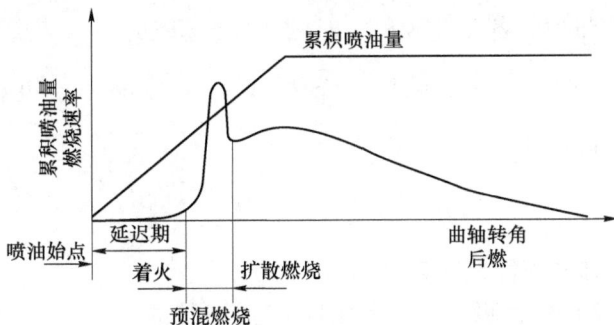

图 9 - 14　放热规律曲线

用试验方法直接测得燃烧放热规律较难，一般是在分析 $p = f(\varphi)$ 示功图之后间接算出，此时该示功图必须具有足够的精度。随着电子计算机的应用及测试技术的改善，可在试验过程中，利用快速模数转换装置和专用软件由计算机立即算出放热规律和其他指标，对试验过程进行监督，并适时调整试验内容。

下面介绍放热规律的基本计算方法。

根据热力学第一定律，可写出

$$\frac{dQ_B}{d\varphi} = \frac{dU}{d\varphi} + \frac{dL}{d\varphi} + \frac{dQ_W}{d\varphi} \tag{9 - 3}$$

式中　$\dfrac{dQ_B}{d\varphi}$——燃料燃烧放热率；

$\dfrac{dU}{d\varphi}$——工质内能变化速度；

$\dfrac{dL}{d\varphi}$——工质做功的变化速度；

$\dfrac{dQ_W}{d\varphi}$——工质的传热速度。

在 $p - \varphi$ 示功图上，对于微元曲轴转角 $\Delta\varphi$，又可写出

$$\Delta U_n = \int_{n-1}^{n} d(Mc_V T) \tag{9 - 4}$$

式中　M——气缸内气体的物质的量（kmol）；

c_V——气缸内气体的定容比热容。

不考虑成分的变化，利用气体状态方程式

$$pV = MRT$$

及

$$c_V = \frac{R}{k-1}$$

代入式（9-4），得

$$\Delta U_n = \int_{n-1}^{n} \frac{1}{k-1} \mathrm{d}(pV)$$

对于 $\Delta\varphi$ 微元期间，可写成

$$\Delta U_n = \int_{n-1}^{n} \frac{1}{k-1}(p_n V_n - p_{n-1} V_{n-1}) \tag{9-5}$$

压力 p 从示功图上量取，各曲轴转角 φ 时的气缸容积为

$$V_n = V_c + \frac{\pi}{4}d^2 S_n = V_c + \frac{\pi}{4}Dd^2 R\left(1 - \cos\varphi + \frac{\lambda}{2}\sin^2\varphi\right) \tag{9-6}$$

式中　V_c——气缸内余隙容积；

　　　d——气缸直径；

　　　R——曲柄半径；

　　　λ——曲柄半径 R 与连杆长度 L 之比。

在示功图上，$\Delta\varphi$ 期间气体做功量，利用梯形法可得

$$\Delta L_n = \frac{p_{n-1} + p_n}{2}(V_n - V_{n-1}) \tag{9-7}$$

燃气传给气缸壁的散热量为 ΔQ_{wn}

$$\Delta Q_{wn} = \frac{\Delta\varphi}{21\,600n}\sum_{i=1}^{3}\alpha_g F_i(T_n - T_{wi}) \tag{9-8}$$

式中　i——冷却表面号码（气缸盖为1、活塞为2、气缸套为3）；

　　　α_g——由燃气向缸壁的传热系数 $[kJ/(m^2 \cdot K \cdot h)]$；

　　　$\Delta\varphi$——微元曲轴转角（°CA）；

　　　F_i——散热面积；

　　　n——曲轴转速（r/min）；

　　　T_{wi}——有关散热表面的平均温度。

内燃机气缸内燃气向缸壁传热的主要形式是对流传热，其次是辐射传热，辐射传热量占总传热量的20%~30%，其中较大值适用于增压强化柴油机。在式（9-8）中，α_g 是以对流传热形式来表达整个传热状态的，而把燃油蒸发吸热以及辐射传热都放在传热系数 α_g 中统一考虑，α_g 值是由经验公式确定的，用不同的 α_g 经验公式，所得结果差异很大。为此，必须根据柴油机具体情况适当选用，才可得出较接近实际的结果。

除了上述基于热力学第一定律计算发动机瞬时放热率之外，现今使用的燃烧分析仪多是基于 R-W 方法，该方法是 Rassweiler 和 Withrow 于 1938 年提出的根据测取的缸内压力直接计算放热率的方法。该方法假定：在第 i 个 $\Delta\theta$ 曲轴转角内气缸压力升高 Δp，是由气缸容积改变而引起的压力升高 Δp_V 和燃烧引起的压力升高 Δp_c 两部分组成。在第 i 个 $\Delta\theta$ 曲轴转角内燃烧放热引起的压力变化 $(\Delta p_c)_i$ 可以用式（9-9）表示。

$$(\Delta p_c)_i = (\Delta p)_i - (\Delta p_V)_i = p_{i+1} - p_i - (\Delta p_V)_i = p_{i+1} - p_i \left(\frac{V_i}{V_{i+1}}\right)^n \qquad (9-9)$$

式中　n——多变指数。

假设在此期间燃烧引起的压力升高与燃料的消耗量成正比，这样就有式（9 – 10）：

$$X_b = \frac{m_{b,i}}{m_{b,total}} = \frac{\sum\limits_0^i (\Delta p_c)_i}{\sum\limits_0^k (\Delta p_c)_i} \quad (i = 0,1,\cdots,k) \qquad (9-10)$$

式中　X_b——累积已燃质量分数；

$\quad\quad m_{b,i}$——到第 i 个 $\Delta\theta$ 曲轴转角已燃的燃料质量；

$\quad\quad m_{b,total}$——燃烧结束已燃的燃料质量；

$\quad\quad k$——燃烧区间内 $\Delta\theta$ 的个数。

R – W 法计算简便快捷，而且除缸压外无须输入其他测试量，但由于在计算中被忽略的传热、缝隙气流等因素都包括在多变指数 n 的取值中，故 R – W 法的精度受 n 的影响较大。随着 n 的变化，燃烧相位角度也有明显的不同，且在压缩、燃烧和膨胀过程中 n 本身并不恒定而是连续变化的，其取值大多根据经验，故 R – W 法一般不用于精确的热力学分析中。

根据实测示功图计算获得的放热规律的客观性在很大程度上取决于测量示功图的准确性，其主要影响因素有：上止点误差、压力采样步长和计算步长、示功图光顺及采样循环数等。实验表明，上止点误差为 ±1°CA 时，放热率峰值相差 10% ~ 15%，放热百分率相差 7% ~ 9%，为了得到更准确的放热规律分析结果，要求在示功图测量时上止点的角度偏差为 0.1°CA。

不同形式的燃烧室，其放热规律是不同的，图 9 – 15 表示三种常见燃烧室的放热规律。放热规律对气缸内压力及热效率的影响如图 9 – 16 所示。图 9 – 16 中四种放热规律的燃烧开始点都在上止点，燃烧延续期全是 40°曲轴转角。由图 9 – 16 可见，典型的直喷式柴油机的放热规律是 △ 的，其最高燃烧压力及压力升高率最大，按实际工质计算的理论热效率 η_t 为 52.9%。等边三角形的放热规律，热效率稍有降低，然而最高燃烧压力及压力升高率较低。比较三种三角形的放热规律可知，最高燃烧压力和压力升高率低，热效率也低。

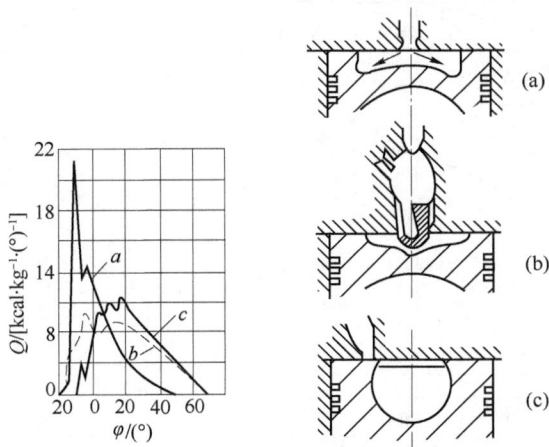

图 9 – 15　不同燃烧室的放热规律
（a）直接喷射室；（b）预燃室；（c）M 过程的球形室

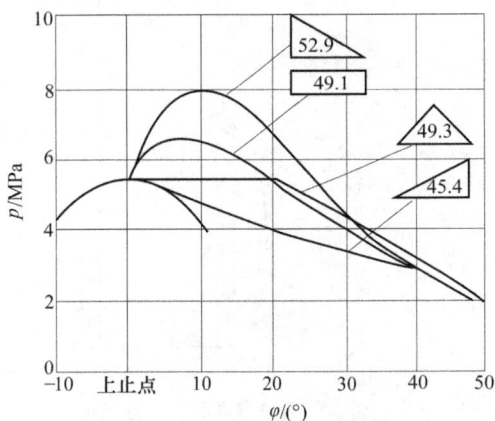

图 9 – 16　放热规律对气缸内
压力及热效率的影响

9.4.2　典型发动机放热规律分析

前面给出了发动机放热规律的基本计算原理，本节引入一些典型的基于发动机示功图得到的燃烧放热规律的分析过程，主要是给大家展示得到放热规律后如何推断发动机燃烧放热过程，或如何用于发动机燃烧过程分析。

图 9-17 给出了某重型柴油机在最大扭矩点的放热规律。图 9-17 的上部为瞬时放热规律与喷油压力随曲轴转角的变化趋势，下部为该工况下累积放热规律的变化趋势。从图 9-17 中可以分析判断出该工况下柴油机燃烧的各个阶段，清晰分辨出滞燃期、速燃期、主燃期和后燃期。喷油开始后，并未立即燃烧，此时正处于发动机的着火延迟阶段，直到瞬时放热规律曲线出现上升趋势后才开始真正的缸内燃烧，经过着火滞燃期内燃烧的雾化混合准备过程，开始预混燃烧阶段，瞬时放热规律曲线上出现了第一个峰值；然后，大量燃油喷入发动机气缸中，开始扩散燃烧，随着喷油过程的结束，活塞开始下行，从瞬时放热规律曲线上可以看出燃烧过程越来越缓慢，累积放热规律的上升也变缓，直到缸内燃烧完毕。通过上述分析获得缸内基本热力参数的演变规律，对于柴油机缸内工作过程的组织具有重要的指导作用。

在图 9-17 的分析中，用到了一些标志放热规律的常用特征参数，如喷油始点、喷油结束点、预混燃烧始点、预混燃烧期、瞬时放热规律最大值及对应角度，还有累积放热规律中 10%、50% 及 90% 放热规律对应的曲轴转角。

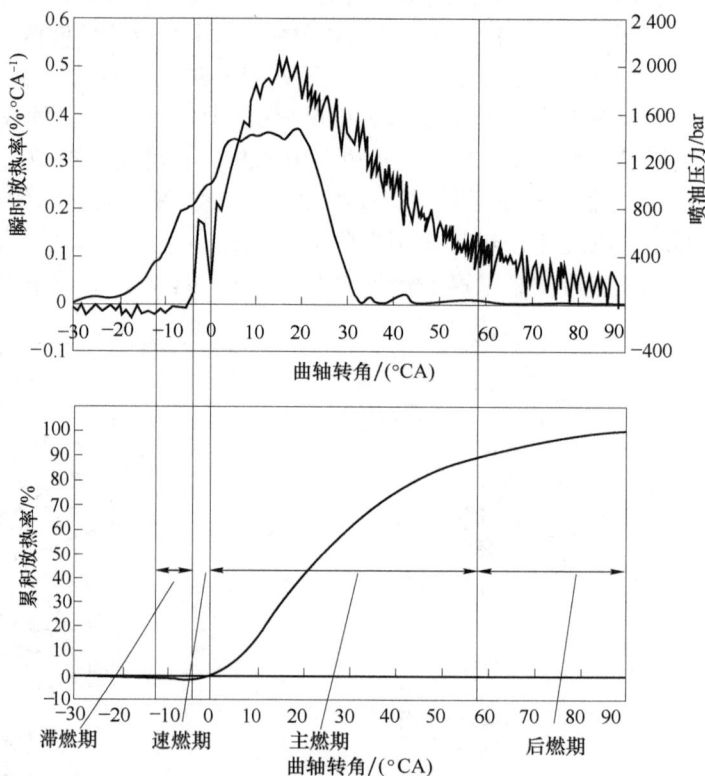

图 9-17　柴油机放热规律分析

当柴油机负荷变化时，循环喷油量发生明显变化，在增压柴油机中，排气温度变化后致使进气压力温度发生变化，从而柴油机缸内燃烧过程也发生明显变化。图 9 - 18 是某重型柴油机负荷变化时得到的缸内燃烧放热规律的变化曲线，图中的功率指发动机的单缸功率。从图 9 - 18 中可以看出，当发动机的负荷较小时，如发动机功率为 24 kW 时，可以看出燃烧过程具有明显的预混燃烧和扩散燃烧的特征，当负荷逐渐变大时，预混燃烧占全部燃烧过程的比例逐渐下降，当单缸功率达到 92 kW 时，预混燃烧已经非常短，因为此时发动机进气压力大，压缩终了的温度、压力高，所用电控单体泵的喷射压力也较高，喷油雾化更细，使得着火滞燃期明显缩短，这也是高强化柴油机缸内燃烧过程的基本特征。

另外，从图 9 - 18 中可以看出，随着负荷的加大，循环喷油量加大，燃烧持续期明显拉长，此时柴油机的油耗很高。为了降低大负荷工况的燃油消耗率，必须缩短燃烧持续期，客观上要求缩短喷油持续期，从图 9 - 17 中也能看出柴油机中喷油持续期对燃烧持续期的明显决定作用，缩短大负荷的喷油持续期后，小负荷时的预混燃烧相应变大，发动机在小负荷的工作更加粗暴，排放控制更加困难。因此，全工况的综合优化控制是目前柴油机燃烧及柴油机供油控制的难点之一。采用电控单体泵实现不同转速时大、小负荷的全局优化对电控单体泵凸轮工作段的设计提出了更高的要求。在一些大功率柴油机供油系统中，有逐渐采用高压共轨技术的发展趋势，采用高压共轨系统后，可以采用预喷射方法控制着火滞燃期内的循环喷油量，使得各转速、负荷下的燃烧放热规律处于比较理想的状态。

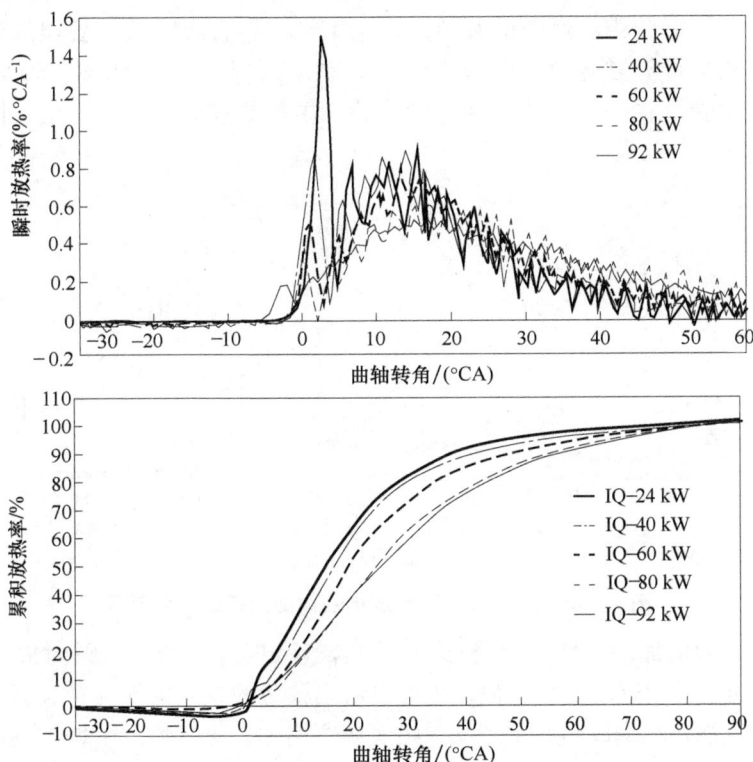

图 9 - 18　柴油机放热规律随负荷的变化规律

以上介绍了某型柴油机的燃烧放热规律，上述放热规律分析所用的示功图是基于 50 循环的平均缸内压力得到的，而在火花点火发动机中，由于循环变动较大，需要采集的工作循环数要更多一些，一般需要采集 150 ~ 200 个循环。图 9 - 19、图 9 - 20 给出了点燃式发动机放热规律数据[①]。图 9 – 19 所用数据的对应工况是发动机转速为 1 500 r/min，喷氢脉宽为 3.5 ms；图 9 – 20 所用数据的对应工况是发动机转速为 1 500 r/min，节气门均为全开状态。

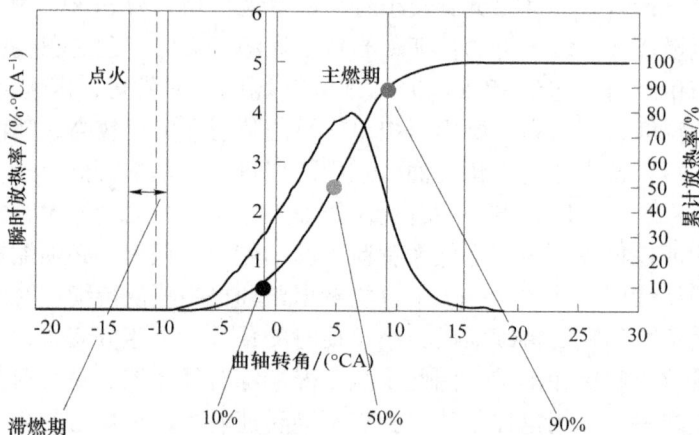

图 9 – 19　某点燃式发动机放热规律分析

从图 9 – 19 中可以看出点燃式发动机燃烧过程的主要阶段。给出火花塞点火指令后，并未立即开始着火，扣除电路系统延迟，便可推断出火花点火式氢燃料内燃机的着火延迟期，从瞬时放热率曲线可以分辨出燃烧的开始点及结束点，结合瞬时放热规律的最大值及其对应的曲轴转角，可再次计算燃烧放热的分布情况。图中还标示出了 10%、50% 及 90% 三个放热规律的标志点位置，在许多发动机性能计算软件中都要求输入此三数值，以便模拟发动机的缸内燃烧过程。

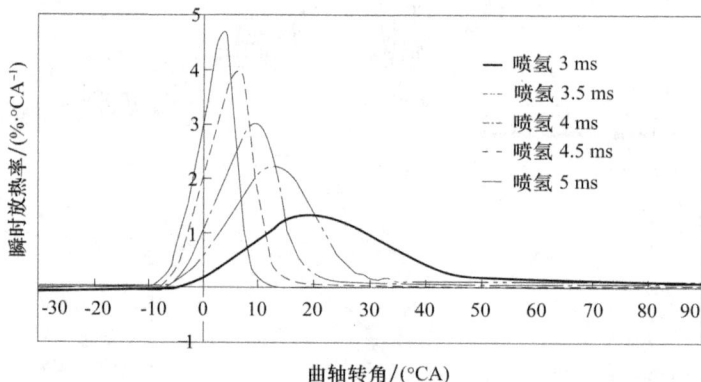

图 9 – 20　点燃式发动机放热规律随负荷的变化规律

随着喷氢脉宽的增加，循环供氢量加大，混合气浓度逐渐增加，瞬时放热速率也明显变大。从图 9 – 20 可以看出这一变化趋势，也可以看出稀薄的氢 – 空气混合气具有更低的燃烧放热速率，甚至比汽油机燃烧放热速率还低，喷氢脉宽增加，氢气喷射量增加的同时，挤占了更多的缸内空间，空气减少，浓度增加较快，当喷氢脉宽达到 5 ms 时，虽然点火提前角没有变化，但最大瞬时放热率的峰值迅速增加，并且峰值对应的曲轴转角也越来越靠近上止点。明确瞬时放热率峰值的曲轴转角对于控制热负荷、提高热效率、控制噪声都具有重要意义。

---

①　该数据是北京理工大学在开发氢燃料内燃机时，试验台架实测数据。

以上给出了两类发动机的典型放热规律及其主要参数，对于读者进一步分析示功图具有一定的借鉴作用。当前国内发动机生产企业大都购买了燃烧分析仪并用于发动机燃烧开发，加上本书第 2 章介绍的示功图部分的内容，以期协助读者建立一个对示功图采集、分析的比较完整的知识构架。

本章复习题

1. 柴油机工作粗暴的原因是什么？如何防止？
2. 影响柴油机着火延迟期的因素有哪些？着火延迟期对柴油机有何影响？
3. 柴油机理想的放热规律是什么？如何实现？
4. 提高转速对柴油机燃烧过程有何影响？
5. 柴油机油束中的有害排放物是怎样生成的？研究油束中排放物生成的意义何在？
6. 厂家欲将汽油机改为柴油机，如气缸排量不变，试问在最大扭矩、最大功率及经济性方面会怎样变化？

第 10 章
柴油机燃油喷射

10.1 概述

供油系统是柴油机的重要组成部分，柴油机性能在很大程度上取决于供油系统参数的选择。同时，供油系统还影响柴油机的油耗、排气污染、噪声、工作可靠性与工作寿命等。

供油系统一般由以下几部分构成：储存燃油的油箱，输送燃油的高、低压油管，粗、细滤清器，产生高、低压的泵油装置。产生高压的泵油装置是供油系统的核心部分，而且由于产生高压的方式不同，供油系统的组成、布置、特点各异。

供油系统的基本功能包括：燃料存储；燃料准备（清除水分和杂质、加热或冷却）；对不同工况下按照气缸的发火顺序进行燃料的供给，保证各缸供油量的均匀；在确定的供油循环区间按照指定的供油规律喷油；在燃烧室内按照混合气形成方式的不同供油。

由于供油系统需要满足以上的功能，因此对其提出了以下具体要求：

（1）循环供油量、喷油提前角可以随发动机的转速、负荷、增压比、环境等参数的变化进行控制；

（2）保证指定的喷射压力和喷射特性，并能够根据不同的工况进行调节；

（3）在允许的使用时间内保证供油指标的稳定性；

（4）供油装置喷油速率曲线的形状符合柴油机燃烧系统的要求；

（5）保证最低的各缸供油的不均匀性，降低发动机的噪声；

（6）不产生二次喷射、穴蚀等异常喷射；

（7）保证发动机过渡工况的动态特性、油泵自身的动态加速过程；

（8）重量较轻，工艺性好，方便在发动机上布置与安装；

（9）防止燃油泄漏的必要的耐震性和密封性，防止灰尘、水分、空气混入燃油；

（10）在较宽温度范围内的工作能力强；

（11）服务、维修与调整的便捷性、价格低廉；

（12）保证发动机生命周期内的无故障运行时间。

按照产生高压原理与装置的不同，供油系统包括以下类型：柱塞式（滑阀式）喷油泵供油系统、转子分配式喷油泵供油系统、泵－喷油器供油系统、P－T燃油供给系统、共轨式系统。柱塞式（滑阀式）喷油泵供油系统发展最早，性能良好，使用可靠，目前，绝大多数柴油机采用这种系统。

近年来，在研制直喷式柴油机方面，出现了以小喷油提前角、高喷射压力和高喷射速率与低涡流甚至无涡流（大缸径）进气相结合的发展趋势。直喷式柴油机这一发展趋势对供油系统的要求是提高喷油压力和喷射速率，并解决由此引起的结构强度、刚度、二次喷射和穴蚀等问题。

几十年来，各国生产的柱塞式喷油泵虽有发展和改进，但基本结构大同小异。1934 年 Bosch 公司生产的 A 型泵（图 10 - 1），应用范围几乎遍及世界各国。到目前为止，其产量仍居世界之首。但这种泵的泵体为侧面开窗口，削弱了泵体刚度；通过柱塞套承受出油阀紧固力，易引起变形；凸轮机构强度和刚度受到限制等，其许用峰值压力低于 60 MPa，几何供油速率低于 18 mm³/°CAM（CAM 为凸轮轴转角，下同）。为了进一步提高供油系统的喷油压力、喷油速率及其综合技术指标，国外许多生产厂家近年来对供油系统的结构做了改进，出现了一些性能较为先进的喷油系统，这主要反映在以下几个方面：

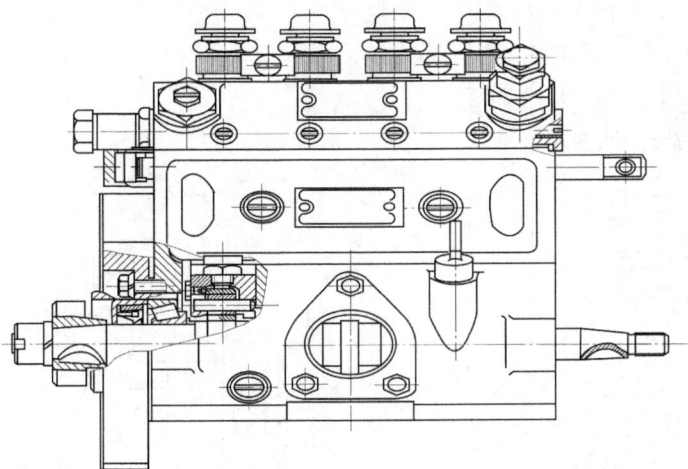

图 10 - 1　A 型泵

（1）泵体结构方面。为了加强泵体刚度，降低喷油泵的噪声，可采用全封闭型泵体。如 P 型泵（图 10 - 2），以及 T 型钢制泵盖与铝合金下体通过螺栓紧固的上、下分体结构，如 Minimec 泵（图 10 - 3）。喷油压力接近或超过 100 MPa 高强化柴油机，有采用单体泵的趋势。

（2）柱塞偶件方面。柱塞套有 3 种新结构：第 1 种是柱塞套和出油阀装于同一法兰套结构；第 2 种是柱塞套与法兰焊接整体结构；第 3 种是锻造式法兰柱塞套结构。这三种结构便于装、拆与调整，更重要的是柱塞套为悬挂结构（见图 10 - 2），避免了受力引起的变形。在高喷油压力下，为减少磨损和防止咬死，出现了压力平衡柱塞结构（图 10 - 4），其特点是在柱塞控油斜槽的对称面加开一螺旋槽，平衡控油棱边侧压力。

（3）凸轮结构方面。在凸轮结构方面出现了函数凸轮和大基圆凸轮等，同时采用鼓形滚轮，使凸轮滚轮副的接触应力大幅度下降，如图 10 - 5 所示。同时，采用圆柱滚子、双排圆柱滚子或无内圈滚针轴承等，以提高承载能力。

（4）出油阀方面。采用新型的阻尼式出油阀或等压卸载阀代替传统的等容卸载阀，保证在加大喷油压力的同时，避免二次喷射与穴蚀。

（5）喷油器方面。采用低惯量喷油器（图 10 - 6）。这种喷油器弹簧下移，减小了运动零件质量，缩短了喷针落座时间，冲击负荷减小，排气倒灌减少，提高了喷油器使用寿命。

减小喷嘴处压力室容积，HC 排量明显下降，如图 10-7 所示。

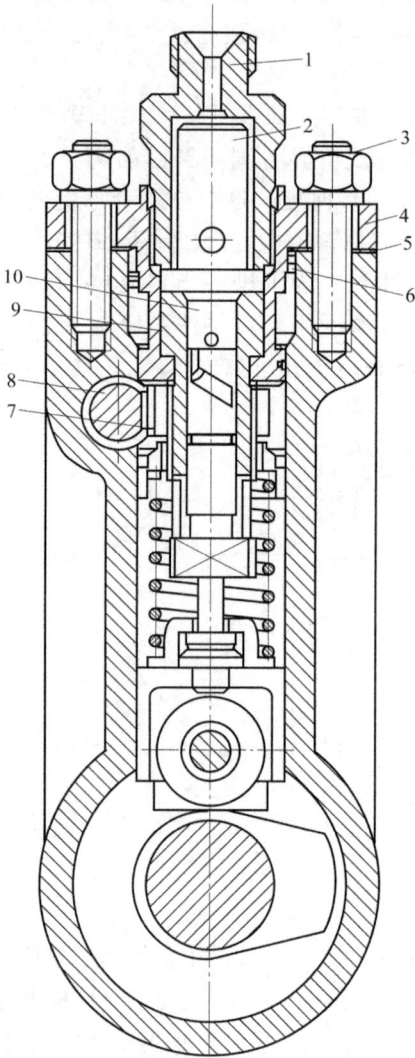

图 10-2 P 型泵

1—出油阀紧帽；2—出油阀；3—螺栓；
4—法兰；5—垫圈；6—O 形密封圈；
7—齿圈；8—齿杆；9—柱塞套；10—柱塞

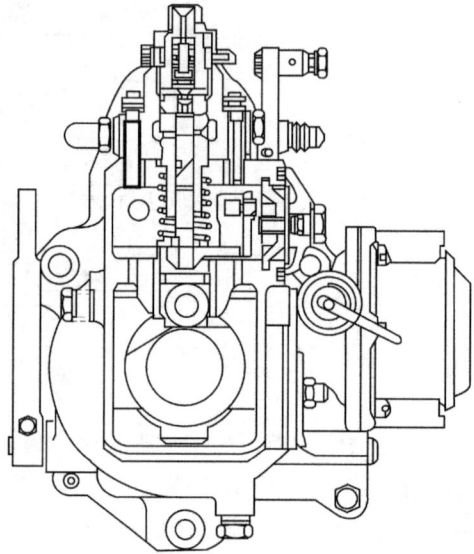

图 10-3 Minimec 泵

在内燃机调节方面，电子控制技术是当前内燃机的重要发展方向之一。由于传统的机械式控制系统不能满足更高的控制要求，并伴随着汽车排放法规日益严格和电控装置价格下降等诸多因素，柴油机电控获得广泛应用，并将成为柴油机上所必需的装置之一。采用电控技术除减少有害排放物外，还带来了降低燃油消耗率、改善车辆操纵性能等益处。

按照结构的不同，可将柴油机喷油系统的电子控制分为两类：一类是利用现有柱塞式喷油泵、分配式喷油泵的燃油控制执行机构，在此基础上实现电子控制；另一类则摒弃上述结构，采用电控组合式喷油系统，这类电控系统是以蓄压式喷油装置（含高压共轨）为基础，利用不同的结构实现高压与燃油计量功能。

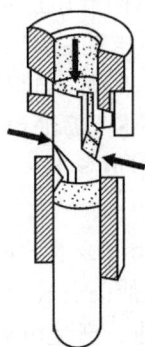

图 10-4 压力平衡柱塞结构

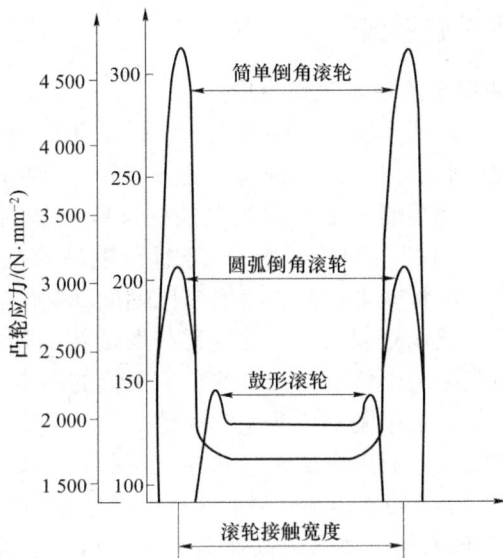

图 10-5 凸轮滚轮副的边界应力效应

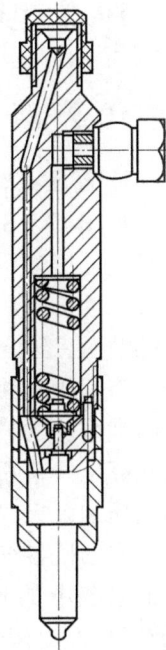

图 10-6 低惯量喷油器

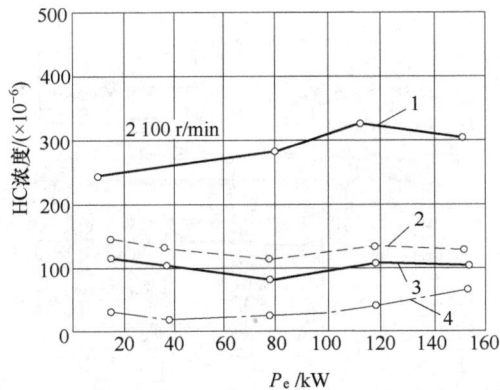

(a)

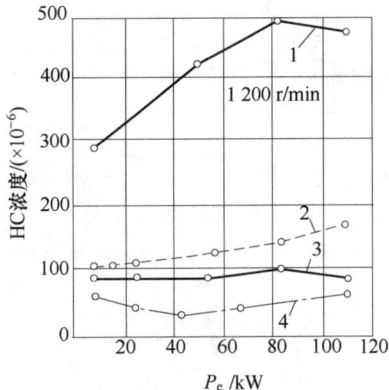

(b)

图 10-7 HC 浓度与喷油嘴压力室容积的关系

1—压力室容积为 3.5 mm^3；2—压力室容积为 0.7 mm^3；

3—压力室容积为 0.5 mm^3；4—压力室容积为零

10.2　典型高压供油系统

10.2.1　高压共轨系统

1. 高压共轨喷油系统的基本工作原理

如图 10 – 8 所示，在低压输油泵的作用下，燃油箱的燃油首先经过燃油粗滤器的过滤，被吸入低压油泵并加压后输出低压燃油（一般在 300 ~ 900 kPa）；然后经过精滤器的过滤，通过发动机驱动的高压油泵的进油阀进入泵油柱塞腔（或者经过电液比例低压进油节流阀的调节后，进入高压油泵的泵油柱塞腔），经过泵油柱塞的加压后，高压油泵的出油阀开启，将高压燃油送入共轨管。进入共轨管的高压燃油在共轨管进行滤波、稳压，这样高压共轨喷油系统的喷油压力就建立起来了。此过程与发动机的转速和喷油器是否喷油没有关系，这是高压共轨喷油系统区别于传统柴油机的喷油系统的最本质特征。一般情况下，低压油泵和高压油泵集成在一起，采用同一个凸轮轴驱动。

发动机各气缸的喷油器通过高压油管和共轨管相连（如图 10 – 8 所示），因此高压共轨喷油系统中的喷油器始终处于高压环境中。当相应的喷油器需要喷油时，由电控单元（ECU）发出指令，高压共轨喷油器的高速电磁阀开启，喷油器开始喷油。高速电磁阀开启时间的长短以及喷油器喷油时共轨管的燃油压力决定了喷油器的喷油量，喷油量的大小和发动机的转速或高压油泵的转速无关，这也是高压共轨喷油系统的最主要的特征之一。

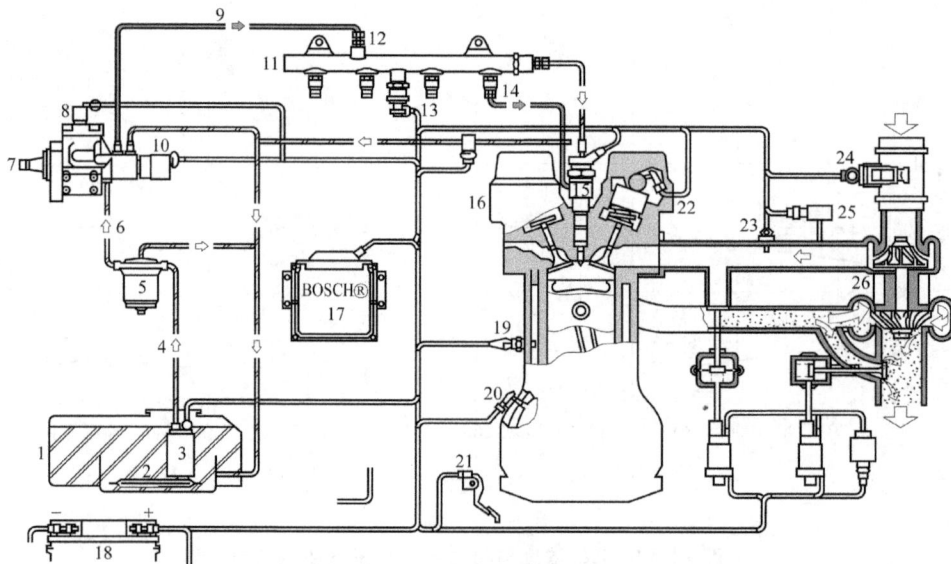

图 10 – 8　Bosch 公司的高压共轨喷油系统结构

1—燃油箱；2—粗过滤器；3—低压油泵；4，6—低压油管；5—精过滤器（带油水分离器）；
7—高压油；8—停油阀；9—高压油管；10—电液比例高压溢流阀；11—共轨管；12—高压油进油口；
13—共轨压力传感器；14—流量限制器；15—高压共轨喷油器；16—燃油温度传感器；17—电控单元（ECU）；
18—蓄电池；19—冷却液温度传感器；20—曲轴转速传感器；21—加速踏板传感器；22—凸轮轴转速传感器；
23—进气温度传感器；24—空气流量传感器；25—增压压力传感器；26—涡轮增压器

2. 高压共轨喷油系统中共轨压力的建立

上面介绍的高压共轨喷油系统的燃油喷射压力的控制技术，是用在高压油泵的出口安装的电液比例高压溢流阀来控制的，如图 10 - 9（a）所示。这种方法通过将多余的高压燃油泄回燃油箱的方法来控制共轨管的燃油压力。这时经过电液比例高压溢流阀的燃油具有较高的压力，因此具有较高的能量，但是这种高压燃油没做功而是直接流回燃油箱，其所具有的能量完全变成了热，使得燃油箱的温度升高，因此造成了能量的损耗。这种控制燃油喷射压力的方法使喷油压力的控制精度比较高，特别是在动态工况，系统的调压响应速度快。

应用电液比例低压进油节流阀控制高压油泵的泵油单元在吸油行程中实际吸入燃油量的大小，以此来实现共轨管燃油压力大小的控制，这种调节喷油压力的方法是目前的主流控制方法。如图 10 - 9（b）所示，该方法可以大大减小高压油泵的能量损耗，使控制燃油箱的燃油温度不致过高，而且该进油节流阀工作在低压状态，系统的可靠性较高。但这种调节共轨管燃油压力的方法动态工况的响应速度比较低。

由于上述两种共轨管的燃油压力的控制方法都有各自的优缺点，因此在一些新的高压共轨系统中，往往将以上两种控制方法结合起来，实现理想的共轨管燃油压力，也就是喷油压力的控制与调节，如图 10 - 9（c）所示。

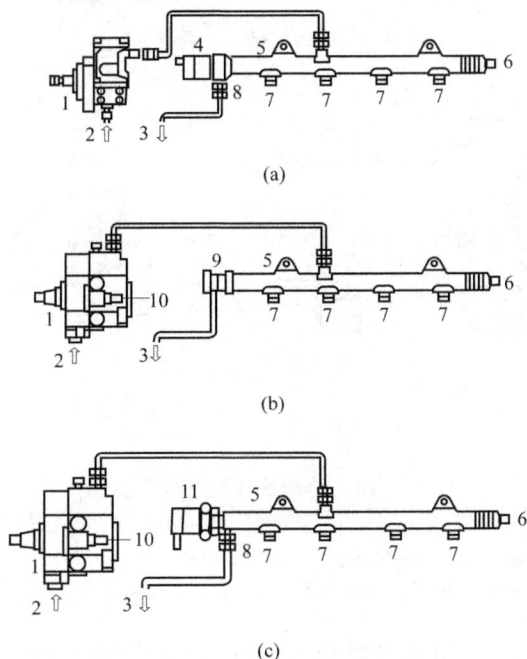

(a)

(b)

(c)

图 10 - 9　高压共轨喷油系统中共轨压力的建立方法

（a）应用高压油泵的出口安装电液比例高压溢流阀来控制共轨管压力，图中的比例溢流阀实际安装在共轨管上；
（b）应用电液比例低压进油节流阀控制共轨管的燃油压力；
（c）将上述两种方法结合起来的共轨管燃油压力控制方法，即低压端安装电液比例低压进油节流阀，高压端安装电液比例高压溢流阀，两者结合控制共轨管的燃油压力

1—高压油泵；2—高压油泵的进口；3—燃油回油口；4，11—电液比例高压溢流阀；5—共轨管；
6—共轨压力传感器；7—共轨管的高压管接头；8—低压管接头；9—限压阀；10—电液比例低压进油节流阀

10.2.2　分配式喷油泵

分配式喷油泵（简称分配泵）是用一组供油元件通过分配机构定时、定量地将燃油分别供给各气缸。围绕着"分配供油"的原理出现过各种各样的方案，但至今大量生产的主要有两大类，即对置柱塞转子式分配泵和单柱塞分配泵。此外，按燃油计量方法又分为进油计量和断油计量；按调速方法又分为机械调速和液压调速等各种型式。各种不同类型的分配泵之间不仅结构不同，而且工作原理也有差异。现以带机械式调速器的对置柱塞转子分配泵为例，说明其工作原理。

图 10-10 是分配式油泵总成的示意图，通过粗滤器滤清的柴油，经油道进入滑片式输油泵 9，提高油压后，流入分配套筒 8，再经油量控制阀 19 流入分配转子 7 的柱塞内腔，内凸轮 6 转动时，推动一对柱塞 3 向内运动，使燃油加压，高压油通过高压油管流至喷油器。

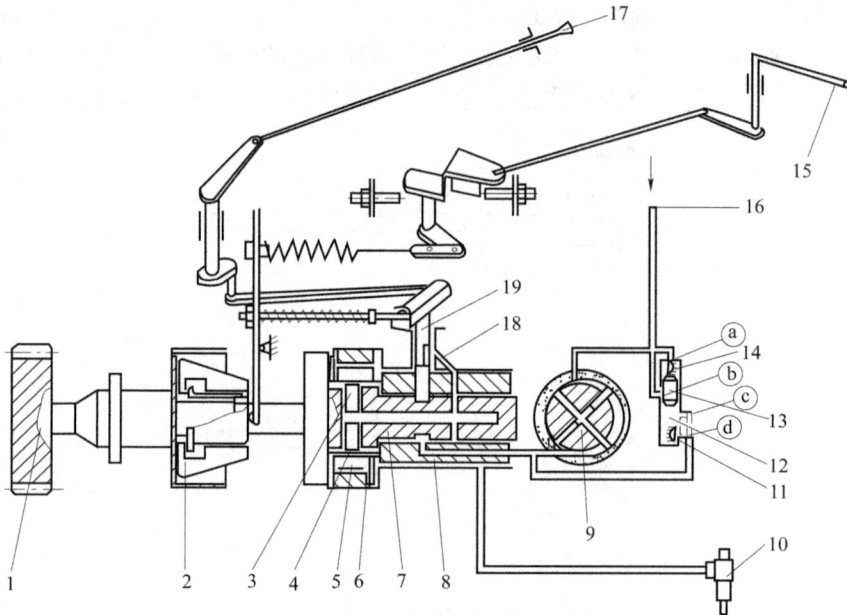

图 10-10　分配式油泵总成示意图

1—传动齿轮；2—飞锤；3—柱塞；4—滚柱座；5—滚柱；6—内凸轮；7—分配转子；
8—分配套筒；9—滑片式输油泵；10—喷油器；11，14—弹簧；12—调压阀；13—柱塞；15—油门拉杆；
16—与精滤器相通的管道；17—停油拉杆；18—进入分配转子的油道；19—油量控制阀

改变油量控制阀 19 的开度可调节供油量。由司机操纵油门拉杆 15 及调速器的自动调节作用，改变油量控制阀上的孔与分配套筒上的孔的相对流通截面，改变进入分配转子的油量，从而改变供油量。最大供油量取决于柱塞的压油行程。

由于这种泵是靠控制进油流通截面来调节油量的，因此必须有一个定压输油泵。输油泵是滑片式的，在输油泵内装有调压阀 12，其作用主要有以下 3 个：

（1）当油泵转速增加时，溢流孔开度加大，部分燃油回到输油泵进口，使输油泵压力不致随转速上升太快。

（2）滑片式输油泵的出油压力是不稳定的，4 个滑片的输油泵每一转有 4 个波动，这将对多缸柴油机造成高压油泵供油不均匀，通过柱塞 13 和弹簧的缓冲作用，使油压稳定。

（3）柴油机未起动前，如需排出高压泵中的空气，则按动装在柴油机上的膜片式输油泵，柴油将柱塞 13 由图示位置顶到下端，压缩另一弹簧 11，打开孔 c，柴油不经过滑片输油泵而直接进入油量控制阀，驱除油路中的空气。膜片泵停止按动后，柱塞 13 在弹簧 11 的推动下关死油孔 c；柴油机起动后，由油孔 d 进来的压力油将活塞推向图示位置。

高压油泵泵油原理如图 10 – 11 所示。图 10 – 11 中（a）为进油过程，这时分配转子进油孔 4 与分配套筒进油孔 3 相通，在离心力和进油压力作用下，一对柱塞沿着凸轮凹槽向外移动，使柴油充入柱塞压油腔 10，当分配转子继续转动时，分配转子进油孔与分配套筒进油孔错开，进油被切断。分配转子继续转动，内凸轮用其凸起部分推动柱塞沿径向向内移动，使压油腔中的油压急剧升高。当分配转子的出油孔开始与分配套筒的某一出油孔相通时，高压油通过喷嘴喷出，完成一次喷油过程，如图 10 – 11（b）所示。转子继续转动，供油被切断。当分配转子另一进油孔与分配套筒进油孔相通时，又开始进油过程，于是转子套筒上另一出油孔与分配转子上的出油孔相通而供油，如此循环工作。转子的进油孔数（或分配套筒上的出油孔数）与气缸数目相等，分配转子每转一圈即完成对各缸的供油过程。与柱塞式喷油泵比较，分配转子泵具有以下优点：

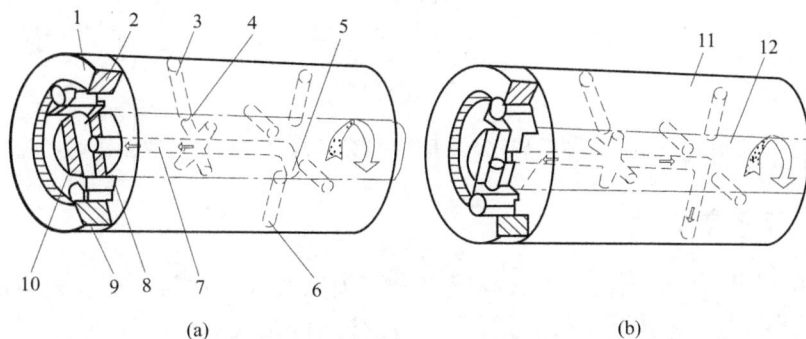

图 10 – 11　高压油泵泵油原理

（a）进油过程；（b）压油过程

1—凸轮圈；2—柱塞；3—分配套筒进油孔；4—分配转子进油孔；5—分配套筒出油孔；6，7—径向油道；
8—滚柱座；9—滚柱；10—柱塞压油腔；11—分配套筒；12—分配转子

（1）没有柱塞弹簧、出油阀等零件，能适应高速工作。

（2）采用一个或两个泵油元件可供多缸使用，减少了精密零件，供油均匀性主要靠工艺保证。

（3）柱塞行程小，柱塞尺寸小，往复惯性力小，可以减小柱塞和凸轮的磨损，延长了使用寿命。

（4）整个分配泵零件少，结构紧凑，成本低。

（5）对置柱塞转子分配泵采用进油节流计量，可避免高压油溢流，并使部分负荷运转时喷油延迟，小负荷燃烧噪声降低，怠速性能改进。

（6）无滚动轴承，不用专门润滑，柴油充满壳体，靠柴油起润滑作用。

（7）高度通用化、系列化、标准化。

其缺点是：分配转子、分配套筒、凸轮等零件精度高，加工复杂；对柴油滤清要求严，否则脏物易卡死。

图 10 – 12 为对置柱塞式分配泵的典型结构之一。

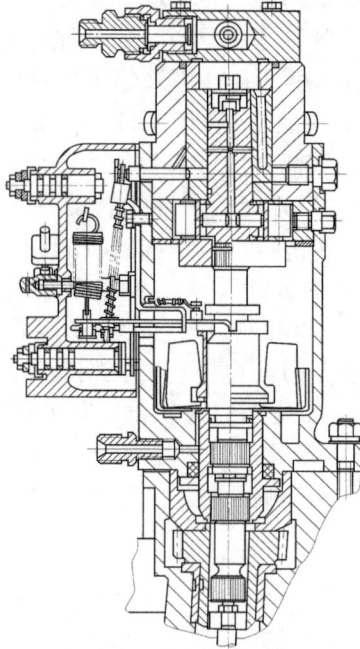

图 10 – 12   英国 CAV 公司 DPA 型分配泵（带机械调速器）

10.2.3   电控单体泵

电控单体泵利用两位两通的常开式高速电磁开关阀实现喷油量、喷油定时的联合控制。如图 10 – 13 所示的电控单体泵系统包括：一个传统的机械式喷油器、一个电控单体泵以及连接它们的高压油管。可以看出，喷油器和单体泵不在一个集成体内，而是通过高压油管连接，因此电控单体泵系统的闭死容积比较大，所以喷射压力不是很高（不宜超过电控泵喷嘴的最高喷射压力）。当常开式高速电磁开关阀不通电时，阀口呈开启状态，泵油柱塞向上运动压油时，柱塞上腔的油液流回油箱，柱塞腔内不会建立起高压；当电磁阀通电换向，阀口关闭，柱塞腔和低压回油通道的连接切断，泵油柱塞向上运动将燃油压向高压油管，高压油管 – 喷油器中的燃油压力上升，当此压力上升到足以克服喷油器的针阀复位弹簧的预紧力时，针阀开启实现喷油。显然，控制电磁阀的关闭时刻就可实现对喷油定时的控制，而控制电磁阀关闭时间的长度即可实现对喷油量的控制。电控单体泵采用高速电磁开关阀实现喷油量与喷油定时的功能以后，单体泵结构可大大简化，泵油柱塞上的螺旋槽可取消，柱塞结构大大简化，出油阀也可以取消。这里泵油柱塞还是像传统的合成式直列泵，由发动机曲轴通过凸轮轴来驱动，因此，发动机的转速对喷油过程会有影响。

1. 典型电控单体泵供油系统构成

图 10 – 14 为一个典型的电控单体泵的结构，包括机械式喷油器、高压油管、高压长接头（可不用）、单体泵总成、驱动凸轮等几部分。而单体泵的关键技术是采用常开式两位两通高速电磁阀开关阀。

2. 电控单体泵系统的工作原理

图 10 – 15 给出了典型电控单体泵的工作原理及相应的高速电磁阀开关阀的驱动电流波

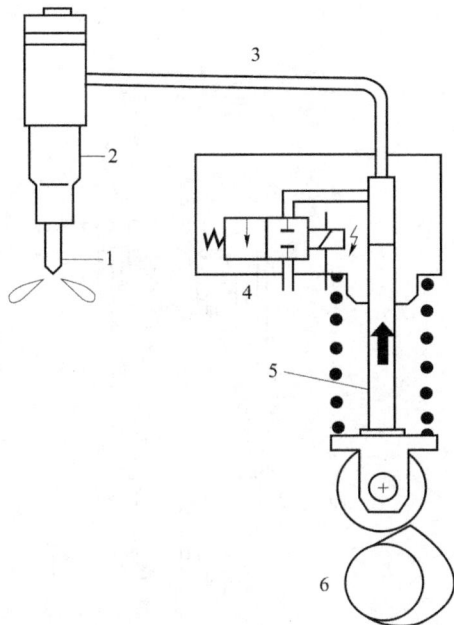

图 10 - 13　电控单体泵的工作原理
1—针阀；2—喷油器；3—高压油管；
4—高速电磁阀；5—泵油柱塞；6—驱动凸轮

形、电磁阀阀芯位移、单体泵的喷射压力等曲线。电控单体泵的工作原理分为 5 个阶段。

（1）供油前的静止状态。在供油前的静止状态，对电磁阀线圈未通电时，电磁阀阀芯 6 在电磁阀复位弹簧 5 的作用下，与限位垫块 8 接触。这时电磁阀阀芯位移量为零，阀口开度处于最大状态，为 Δa（如图 10 - 15 中的 A），高、低压油路畅通。

（2）供油准备阶段。在快速上升的大电流所产生的电磁力的作用下，衔铁 4 带动电磁阀阀芯 6 克服静态惯性及电磁阀复位弹簧 5 的预紧力，迅速向右移动。阀芯行程 h 由起初时的零位快速向最大行程位置移动，为开始供油做好准备。

（3）初喷阶段。在 a 区，随着电流的不断上升，电磁阀阀芯 6 开始向关闭方向快速移动。在整个预喷阶段，泵油柱塞虽然是在压油行程中，喷射压力应该很快上升，但由于有泄漏（密封座面存在间隙，如图 10 - 15 中的 B），因此导致喷射压力只能缓慢上升，而且喷油压力始终保持在比较低的水平。

（4）主喷阶段。电磁阀阀芯行程移到最大位置，电磁阀阀口完全关闭，高压腔内燃油压力迅速上升，燃油在高压下以高速率喷入燃烧室。在整个主喷期内，泵油柱塞继续向上运动。由于密封面处无间隙泄漏状态（如图 10 - 15 中的 C），因此，喷油压力能不断快速上升。

（5）d 区喷射终了。当喷油量达到期望值后，由控制器（ECU）发出指令，切断电磁阀线圈的驱动电流，驱动电流迅速下降，电磁力消退。在电磁阀复位弹簧 5 的作用下，电磁阀阀口开启，电磁阀阀芯由关闭时最大行程迅速回位到行程为零时的全开位置。电磁阀阀口开启后，高、低压油路连通，喷油压力迅速下降到与低压油路相等的压力。

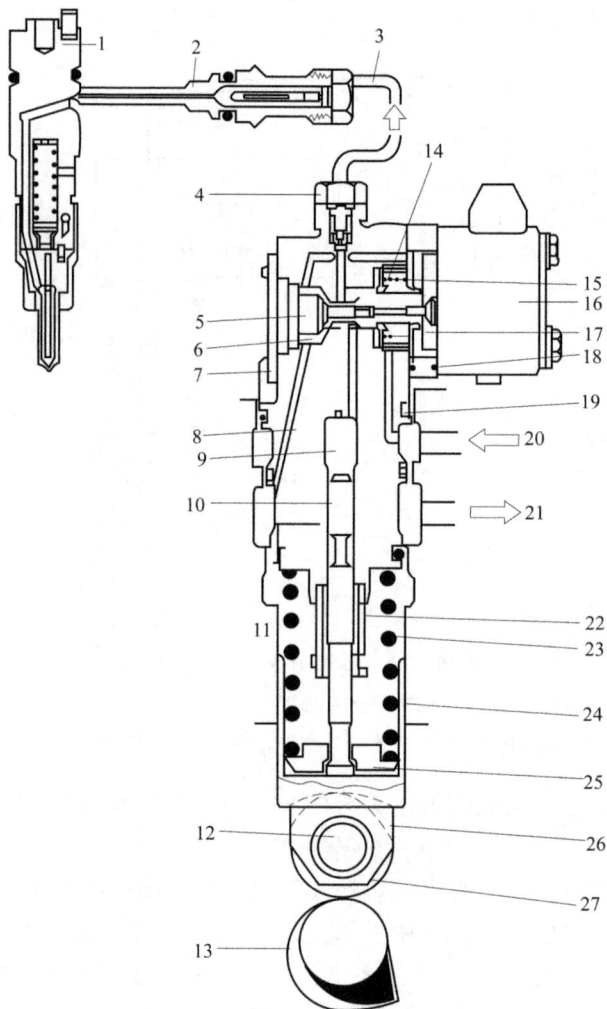

图 10-14 电控单体泵供油系统的典型结构

1—机械式喷油器；2—高压长接头；3—高压油管；4—螺母；5—限位垫块；6—电磁阀阀芯；7—盖板；
8—泵体；9—柱塞腔；10—泵油柱塞；11—发动机机体；12—滚轮销；13—驱动凸轮；14—弹簧座；
15—电磁阀弹簧；16—电磁铁静铁芯；17—衔铁；18—调整垫圈；19—密封圈；20—低压油进油孔；
21—回油孔；22—柱塞导向套；23—柱塞复位弹簧；24—导程筒；25—柱塞；26—挺柱体；27—滚轮

10.2.4 其他类型燃油系统

10.2.4.1 直列泵

凸轮驱动柱塞的直接作用式燃油系统是一种经典的、最普及的燃油系统。凸轮驱动柱塞的喷油泵系统结构相对简单、维护方便、可靠，在发动机上容易布置，允许循环供油量有较大的变化。但也存在一些缺点，如在系统速度和负荷工况变化的情况下，喷射压力和特性不随之变化。特别是在怠速、起动及低速工况下喷油雾化不好，传动零件中的负荷也较大，很难保证多柱塞喷油泵各供油单元性能的一致性。

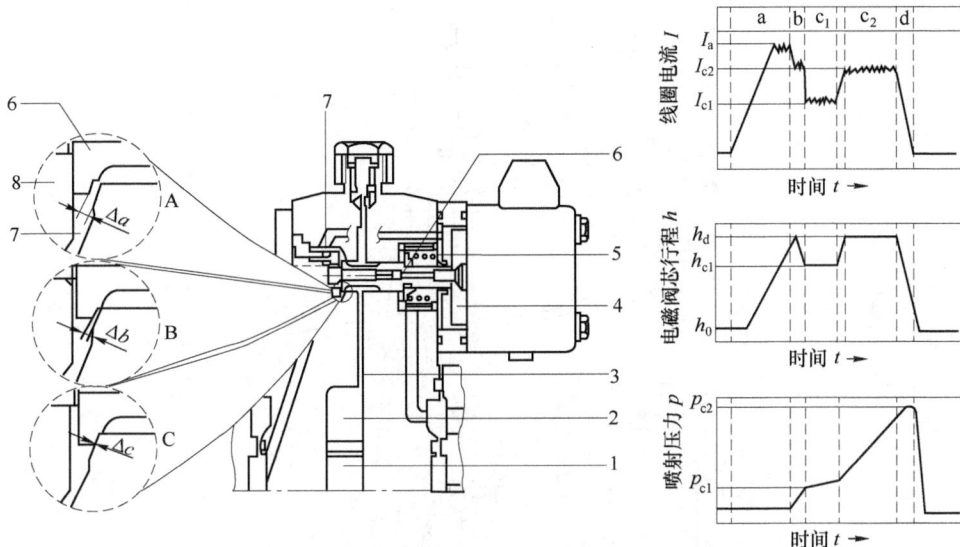

图 10 – 15 电控单体泵系统的工作原理及相关特性曲线
1—泵油柱塞；2—柱塞腔；3—高压油道；4—衔铁；
5—电磁阀复位弹簧；6—电磁阀阀芯；7—低压油路；8—限位垫块

这种喷油泵的流量主要采用滑阀调节，其有固定的柱塞几何行程。循环供油量随着柱塞有效行程的变化而变化。如图 10 – 16 所示，在齿杆 4 的作用下，通过齿套 10 拉动回转套筒 5，使得柱塞 3 绕中心轴回转，实现有效行程的调节。在柱塞回转时，其有效行程变化的详细原理如图 10 – 17 所示。

当柱塞运动到柱塞上边缘封闭柱塞套筒上的径向进油口之后开始加压。柱塞继续升高时，柱塞下边缘打开回油口，在高压下将燃油从柱塞上腔中挤出，即快速切断供油。这种泄油对于快速切断供油是必需的，因为低压下喷射相位被延迟，导致冒烟和油耗的增加。同样，断油时间与柱塞末端形状及几何供油持续期有关。如果在图 10 – 16 所示喷油泵中，拆下调整孔 11，拧松调整螺钉 7，使柱塞占据更高的位置，可提早开始供油，也就是说，该喷油泵单元的喷油提前角增加。如果在回转套筒 5 上拧松齿套 10 的螺钉，旋转柱塞 3，那么在同样和自动调节器相连的齿杆位置下，可改变该单元的循环供油量。

10.2.4.2 电控泵喷嘴

电控泵喷嘴就是将泵油柱塞和喷嘴（或针阀）合成一体，安装在气缸盖上，如图 10 – 18 所示。电控泵喷嘴无高压油管，所以可消除长的高压油管中压力波和燃油压缩的影响，高压容积大大减小，因此可达到较高的喷射压力，如电控泵喷嘴目前压力可达 200 MPa。但它的驱动机构比较特殊，必须是顶置式凸轮驱动机构。电控泵喷嘴和电控单体泵一样，都是采用一个两位两通的高速电磁阀控制燃油的喷射。如图 10 – 19 所示，当泵油柱塞在顶置凸轮的驱动下向下运动压油时，若此时常开式两位两通的高速电磁阀保持开启，则柱塞下的柱塞腔并不能建立起高压油，而当电磁阀通电、两位两通的电磁阀关闭时，柱塞腔的油压才能升高，此压力上升到足以克服喷油器针阀复位弹簧的预紧力时，针阀才开启实现喷油。电磁阀关闭时间的长短决定了喷油量的多少。因此，用一个两位两通电磁阀就实现

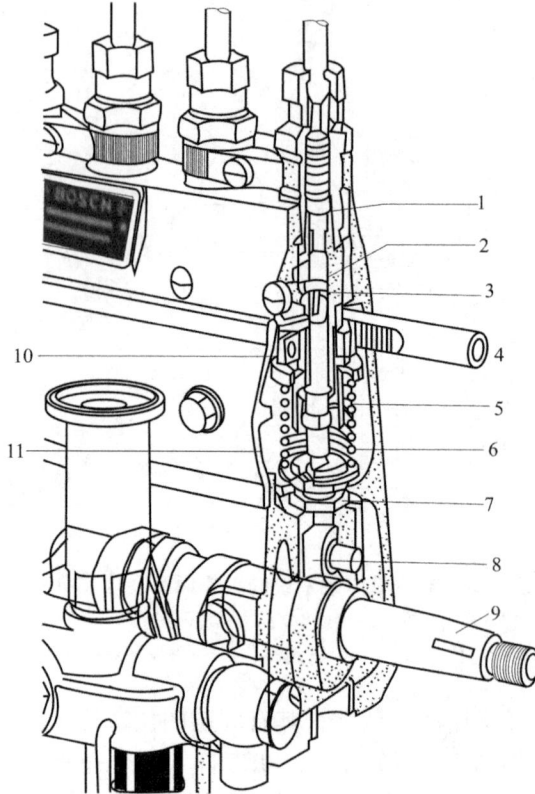

图 10-16　直接作用式系统典型喷油泵

1—出油阀；2—柱塞套；3—柱塞；4—齿杆；5—回转套筒；6—柱塞弹簧；
7—调整螺钉；8—滚轮挺柱；9—凸轮轴；10—齿套；11—调整孔

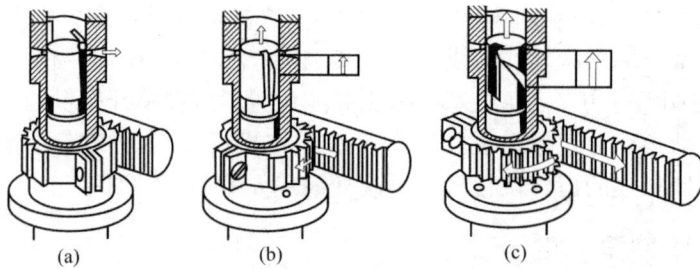

图 10-17　循环供油调节原理

（a）零供油；（b）中间供油；（c）最大供油

了喷油正时与喷油量的联合控制，且控制自由度很大，同时泵喷嘴机械部分大大简化。

另外，泵喷嘴的泵油凸轮曲线一般为等速型，而直列泵的升程速率曲线一般为典型的切线型。等速型的特点是保证了当供油定时改变时，其喷油压力不受影响，从而给电控带来便利；而直列泵的工作段会随其预行程的改变而改变其喷油特性。在同等转速条件下，泵喷嘴的柱塞速度相对于直列泵要低，这使得在相同的接触压力下，泵喷嘴所容许的喷油压力就高一些。由此可见，泵喷嘴的高喷油压力是从其内部柱塞的液压作用获得的，而不是依靠高的泵油柱塞速度。

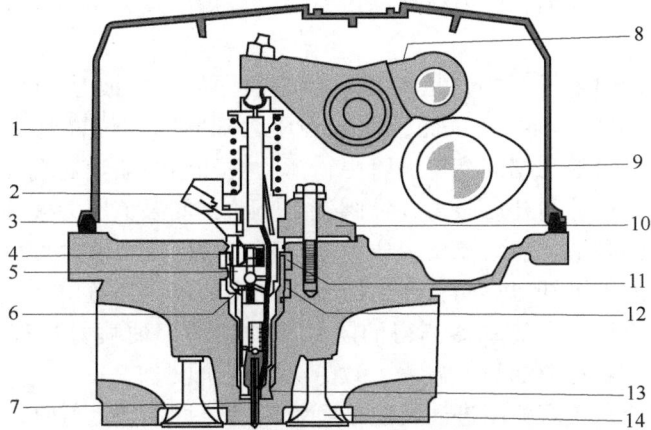

图 10－18　电控泵喷嘴在发动机气缸盖上的安装

1—复位弹簧；2—电气插头；3—柱塞腔；4—电磁铁线圈；5—电磁阀阀体；6—电磁阀阀芯；
7—针阀；8—摇臂；9—驱动凸轮；10—压板；11—回油孔；12—进油孔；13—紧帽；14—气门

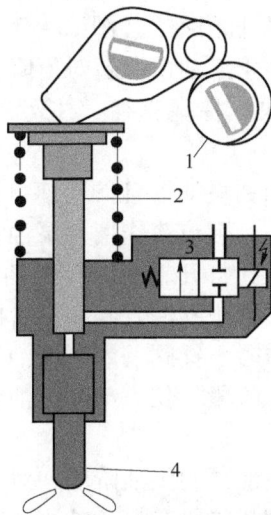

图 10－19　电控泵喷嘴的工作原理

1—驱动凸轮；2—泵油柱塞；3—高速电磁阀；4—针阀

10.3　燃油喷射过程

柴油机燃油喷射过程一般指的是燃油从喷油泵经高压油管到喷嘴，再由喷嘴的喷孔高压喷射的整个过程。燃油喷射过程并不包括燃油在燃烧室的过程，所以又叫燃油喷射的管内过程。

10.3.1　燃油喷射过程的进展

高速柴油机燃油喷射过程时间很短，只有千分之几秒，仅占 15°～35°曲轴转角。在这极短的时间内，高压油管的压力由几兆帕变化到几十甚至百余兆帕，压力变化大，加上燃油的可压缩性、油管的弹性变形、压力波在高压系统的传播以及针阀惯性等，使喷射过程十分复杂。

实验证明，在燃油喷射过程中，从喷油泵到喷油器的压力波是以音速传播的。在燃油中，音速为 1 200 ~ 1 400 m/s。高压油管内各处压力随时间和位置变化。当喷油泵柱塞压油，出油阀打开，靠近喷油泵端的高压油管中，压力波开始向喷油器端移动，压力波到达喷油器，如果该压力波超过针阀开启压力，针阀开启喷油；如果该压力波不足以抬起针阀，压力波将全部反射回喷油泵端。在泵端反射压力波与新产生的压力波叠加后，重新向喷油器传播。压力波强，则一次即可开启针阀；压力波弱，则需往复传播数次才能将针阀开启。

用压力传感器与喷针升程传感器测得的闭式喷油器的燃油喷射过程如图 10 - 20 所示。按照压力变化的特点，可将燃油喷射过程大致分为 3 个阶段。

第 1 阶段：从喷油泵柱塞关闭进油孔起，到针阀开启燃油喷入气缸（图 10 - 20（b）中的 I 阶段）。喷油始点落后于供油始点，这一落后角度称为喷油延迟角。这一阶段的长短主要取决于高压油管中压力波从喷油泵端传到喷油器端所需的时间，也取决于把燃油从剩余压力升高到针阀开启压力所需的时间。缩短高压油管长度、减少高压系统内的燃油容积、减小出油阀减压作用、提高柱塞供油速度，这些措施可缩短喷油延迟时间。

第 2 阶段：从喷油开始到喷油泵开始回油（图 10 - 20（b）中的 II 阶段）。针阀开启后，由于部分燃油喷入气缸，嘴端压力由于燃油惯性暂时下降。同时，柱塞一直压油，泵端压力继续升高。这一阶段的长短主要取决于柱塞直径、柱塞有效行程、凸轮轮廓以及柴油机的负荷。

第 3 阶段：从喷油泵端停止供油到喷油器针阀落座（图 10 - 20（b）中的 III 阶段）。当柱塞斜槽打开回油孔时，最初开度小，因节流作用，泵油室中的压力并不立刻下降，由于柱塞继续运动，压力略有上升。当回油孔打开较大时，泵油室内压力下降，出油阀立即关闭，燃油停止进入高压油管。但由于燃油膨胀和油管收缩，管内压力仍然很高，燃油继续从喷孔喷出。当管内压力降到针阀关闭压力时，针阀关闭，喷油结束。为了提高热效率，避免过后燃烧，应尽可能缩短这一阶段。这一阶段的长短与高压油管的最大压力、高压系统容积、出油阀减压作用有关。

因此，第 1 阶段和第 2 阶段是喷油泵的供油阶段，对应柱塞供油行程，此行程对应的凸轮轴转角是喷油泵的供油延续角；第 2 阶段和第 3 阶段是喷油阶段，对应的凸轮轴转角为喷油延续角。

10.3.2　几何供油规律

柱塞（Plunger）理论上供入高压油管的燃油量（以每秒或每度凸轮轴转角所供燃油量表示）随时间 t 或凸轮轴转角 θ 之间的变化关系称为几何供油规律。只要知道柱塞的运动特性，即可求得

$$\frac{\mathrm{d}q_{\mathrm{p}}}{\mathrm{d}t} = f_{\mathrm{p}}\omega_{\mathrm{p}} = f_{\mathrm{p}}\frac{\mathrm{d}h}{\mathrm{d}t}(\mathrm{mm}^3/\mathrm{s}) \tag{10 - 1}$$

或

$$\frac{\mathrm{d}q_{\mathrm{p}}}{\mathrm{d}t} = f_{\mathrm{p}}\omega_{\mathrm{p}} = f_{\mathrm{p}}\frac{\mathrm{d}h}{\mathrm{d}\theta}(\mathrm{mm}^3/°\mathrm{CAM}) \tag{10 - 2}$$

式中　f_{p}——柱塞面积（mm^2）；

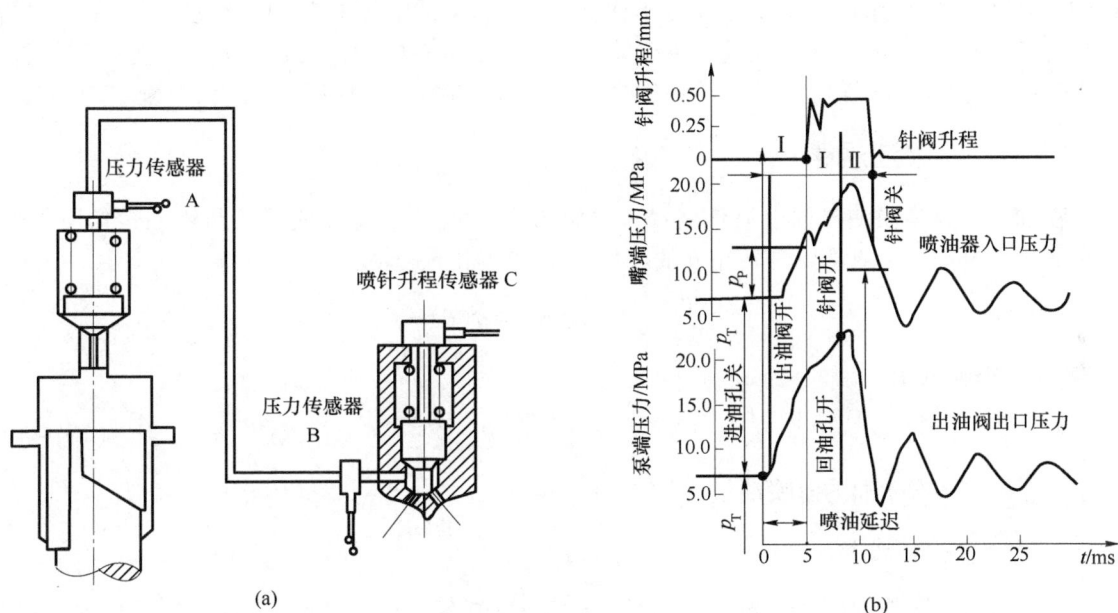

图 10 - 20　燃油喷射过程

ω_{p}——柱塞速度（mm/s 或 mm/°CAM）；

h——柱塞升程（mm）。

通过实际测量或按凸轮型线与滚轮尺寸计算，可以作出柱塞升程曲线、速度曲线和供油曲线，如图 10 - 21 所示。由于供油曲线与速度曲线只差一个常数 f_{p}，可以通过变换纵坐标比例尺，用同一曲线来表示。图 10 - 21 的横坐标上，分别标出理论供油始点 θ_{1} 和终点 θ_{2}，对应的柱塞升程为 h_{1}、h_{2}，速度为 $\mathrm{d}h_{1}/\mathrm{d}\theta$、$\mathrm{d}h_{2}/\mathrm{d}\theta$，供油率为 $(\mathrm{d}q_{\mathrm{p}}/\mathrm{d}\theta)_{1}$、$(\mathrm{d}q_{\mathrm{p}}/\mathrm{d}\theta)_{2}$。图示的剖面线面积为几何供油规律图形，其面积代表的数值是每一循环喷油泵的供油量，以 q_{p0} 表示。

$$q_{\mathrm{p0}} = \int_{\theta_{1}}^{\theta_{2}} \frac{\mathrm{d}q_{\mathrm{p}}}{\mathrm{d}\theta} \mathrm{d}\theta \qquad (10 - 3)$$

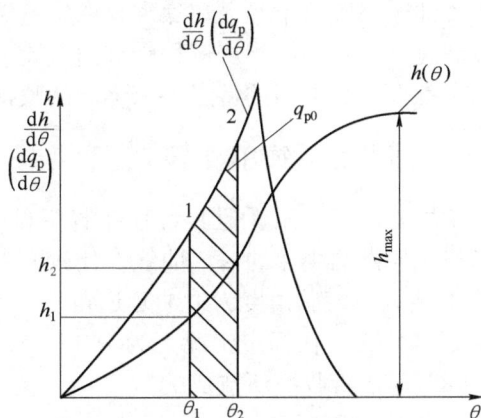

图 10 - 21　几何供油规律

式中，θ_1 到 θ_2 是凸轮的工作段，它决定了柱塞相对于套筒的轴向位置，因此决定了柱塞供油始点与终点，也决定了喷油提前角与喷油延续角。与 θ_1、θ_2 对应的柱塞行程 h_1、h_2 为有效行程，一般喷油系统的有效行程选择在速度曲线高速区段的升速段，以保证较高的供油速率。

10.3.3 喷油规律

喷油规律是指喷油过程中喷油器喷入气缸的燃料量（以每秒或每度凸轮轴转角所供燃料量表示）随时间 t 或凸轮轴转角 θ 的变化关系。可用下式表示：

$$\frac{\mathrm{d}q}{\mathrm{d}t} = f(t) \text{ 或} \frac{\mathrm{d}q}{\mathrm{d}\theta} = f(\theta)$$

式中　q——喷油量。

$$q_0 = \int_0^{\theta_F} \frac{\mathrm{d}q}{\mathrm{d}\theta}\mathrm{d}\theta \qquad (10-4)$$

式中　q_0——一次喷油的总喷油量；

　　$\dfrac{\mathrm{d}q}{\mathrm{d}\theta}$——喷油速率；

　　θ_F——一次喷油的延续角。

正常喷油规律的基本类型如图 10 – 22 所示。

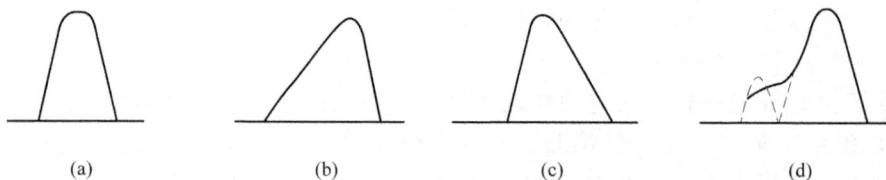

图 10 – 22 正常喷油规律的基本类型
(a) 高速凸轮；(b) 适当修正的低速凸轮；
(c) 过渡圆弧（减速段）供油；(d) 二级喷射，节流式喷油嘴

喷油规律表示燃油喷射期间的燃油分配比例，其决定燃烧放热的速率，对工作过程有重要影响，尤其是空间混合的开式燃烧室，喷油规律决定了压力升高率。一般认为，从减轻燃烧粗暴性考虑，在滞燃期，喷油速率应该小些。在噪声与燃烧室温度允许的条件下，采用较小的喷油提前角、较高的喷油速率为好。但燃烧过程受缸内气流、混合气形成与燃烧室结构影响，因此各种具体的柴油机都按各自不同的特点要求不同的喷油规律。

10.3.4 喷油规律与几何供油规律的比较

喷油规律与几何供油规律虽有密切关系，但两者存在着明显的差异，图 10 – 23 所示为在同一喷油系统中喷油规律与几何供油规律的对比曲线。比较两者，存在着以下差别。

(1) 喷油始点落后于供油始点，落后角度为喷油延迟角。

(2) 喷油延续角比供油延续角大，在标定工况下为 1.3～1.7 倍，这是由喷油泵回油孔节流及高压油管减压时燃料膨胀与油管收缩所造成的。

(3) 喷油规律外形与供油规律明显不同。

(4) 每一循环喷油总量比同一循环理论供油量小。循环喷油量与理论供油量之比，称为供油系数。据统计资料，标定工况供油系数一般为 0.6～0.9。

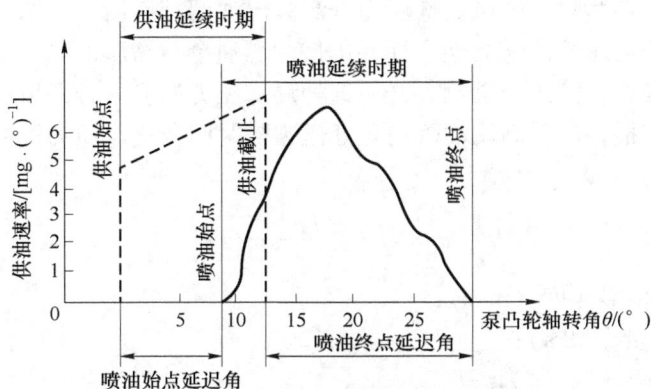

图 10-23 喷油规律与几何供油规律的比较

喷油规律不同于供油规律是由于受到下列因素的影响。

（1）燃油的可压缩性。高压系统中压力变化大，且高压系统的体积比每循环供油量的体积大得多，因此，燃油的可压缩性对喷油的影响较大。用可压缩性系数表示燃油的可压缩性。可压缩性系数是单位压力变化时的燃油体积相对变化率。

$$\alpha = \frac{V_1 - V_2}{V_1(p_1 - p_2)}(1/\text{MPa}) \qquad (10-5)$$

式中　V_1——压缩前燃油体积（cm^3）；

　　　V_2——压缩后燃油体积（cm^3）；

　　　p_1——压缩前燃油压力（MPa）；

　　　p_2——压缩后燃油压力（MPa）。

（2）高压系统容积的变化。当油管中压力变化 Δp 时，油管内径的变化为

$$\Delta r = \frac{r}{E}\left(\frac{R^2 + r^2}{R^2 - r^2} + \mu\right)\Delta p \qquad (10-6)$$

管路容积变化为

$$\Delta V = \pi (r + \Delta r)^2 L - \pi r^2 L \approx 2\pi r \Delta r L \qquad (10-7)$$

式中　L——高压油管长度（cm）；

　　　r——高压油管内半径（cm）；

　　　R——高压油管外半径（cm）；

　　　μ——泊松系数，钢管 $\mu = 0.3$；

　　　E——弹性模量，钢管 $E = 2.1 \times 10^5$ MPa。

从式（10-7）中可知，压力变化越大，管子内径越大，管路越长，则容积变化越大。

（3）压力波在管路中的传播（图 10-24）。燃油的可压缩性和管路弹性使得高压系统形成了一个弹性系统，燃油在高压系统中的流动产生弹性振动。在供油过程中，出油阀开启之前，柱塞运动仅使泵油室中燃油压力升高；出油阀开启瞬时，在高压油管靠喷油泵一端的燃油受到泵油室

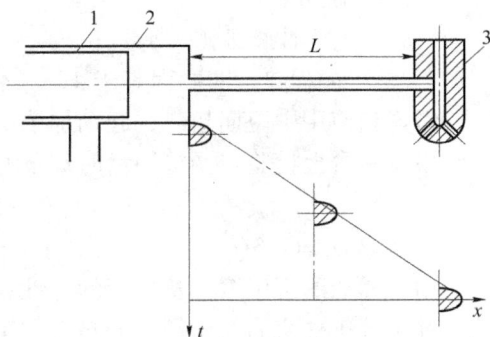

图 10-24 压力波在管路中的传播

1—柱塞；2—套筒；3—喷油器

来的燃油压力冲击，在其附近区域局部压力升高；出油阀开启后，柱塞运动将燃油挤向高压油管；但由于燃油的可压缩性与惯性，柱塞排挤的燃油量与高压油管中流动的燃油量不平衡造成了燃油的瞬时堆积，使压力继续上升。这种局部压力的瞬时升高以压力波的形式沿高压油管向喷油器一端传播，使得高压油管内各处压力随时间变化。压力波的传播是声音在这种介质中的传播速度，即

$$v = a = \sqrt{\frac{E}{\rho}} (\mathrm{m/s}) \tag{10-8}$$

式中 a——压力波传播速度（m/s）；

E——弹性模量（MPa）；

ρ——燃油密度（kg/m³）。

从泵端到嘴端压力波传播所需的时间为

$$\Delta\tau = \frac{L}{a} (\mathrm{s}) \tag{10-9}$$

式中 L——高压油管长度（m）；

a——压力波传播速度（m/s），在燃油中，一般 $a = 1\,200 \sim 1\,400\ \mathrm{m/s}$。

（4）燃油受到节流作用。

10.4 供油系统参数及其对发动机性能的影响

10.4.1 每循环喷油量

每循环喷油量的大小直接关系到单缸功率的大小，因此，它是选择和设计喷油泵的根据。每循环喷油量 Q_p 是指标定工况下，每缸每循环喷入气缸内的油量。

$$Q_\mathrm{p} = \frac{P_\mathrm{e} b_\mathrm{e} \tau}{60 \times 2 n i \rho_\mathrm{f}} \times 10^3 [\mathrm{mm^3/(循环·缸)}] \tag{10-10}$$

式中 P_e——柴油机标定功率（kW）；

b_e——柴油机标定工况下的燃油消耗率［g/（kW·h）］；

n——柴油机标定转速（r/min）；

i——缸数；

ρ_f——燃油密度（g/cm³）；

τ——冲程数，四冲程等于4，二冲程等于2。

考虑到使用中短期超载、起动加浓引起油耗率增大，以及实际工作时气缸内的背压，而喷油泵试验台上检验与调整油量时却没有考虑背压等，标定工况实际喷油量为

$$Q_\mathrm{p}' = (1.2 \sim 2.0)\ Q_\mathrm{p}$$

一般取 $Q_\mathrm{p}' = 1.5 Q_\mathrm{p}$。

由于燃油的可压缩性及油管的弹性变形、漏油与油孔的节流作用影响等，喷到气缸内的油量并不等于柱塞的供油量，于是标定工况的供油量为

$$Q_\mathrm{g} = \frac{Q_\mathrm{p}'}{\eta_\mathrm{t}} \tag{10-11}$$

式中 η_t——供油系数，标定工况下供油系数一般为 0.6 ~ 0.9，亦随工况与结构参数而变。

柴油机怠速喷油量 Q_d 等于 $(0.20 \sim 0.25) Q'_p$。由标定工况的供油量可以确定柱塞直径与有效行程的关系：

$$Q_g = \frac{\pi}{4} d_p^2 S_p \qquad\qquad (10-12)$$

因此

$$d_p = \sqrt{\frac{4Q_g}{\pi S_p}} (\text{mm}) \qquad\qquad (10-13)$$

式中　　d_p——柱塞直径（mm）；

　　　　S_p——柱塞有效行程（mm）。

柱塞直径与有效行程的选取应兼顾。柱塞直径大，可以增大喷油速率，缩短喷油延续时期，如图 10-25 所示，这可以避免后燃，对动力性、经济性均有利。但柱塞直径过大，开始喷油过多、过快，柴油机工作粗暴，作用在凸轮上的机械负荷加大，接触应力增大，凸轮表面容易剥落；柱塞直径过小，喷油速率下降，喷油延续时间加长，后燃严重，油耗率增加。

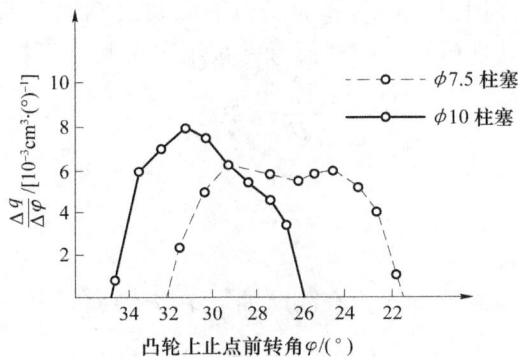

图 10-25　柱塞直径对喷油速率的影响
（喷油量：0.1 cm³/循环；转速：750 r/min）

柱塞直径 d_p 与有效行程 S_p 之比用 m_1 表示，即 $m_1 = d_p/S_p$。一般范围是：单缸功率小于 150 kW 时，$m_1 = 1.0 \sim 4.0$；单缸功率大于 150 kW 时，$m_1 = 1.0 \sim 2.5$。

为了保证进油时燃油能充满柱塞上部的油腔，并能在柱塞仍有一定速度时回油，柱塞总行程（等于凸轮升程）S 应比有效行程大。总行程包括三部分：准备行程——柱塞从下止点开始运动起，到柱塞把进、回油孔完全遮住的行程；有效行程——从进、回油孔关闭到回油孔打开；剩余行程——从柱塞控油棱边打开回油孔，到柱塞到达上止点的行程。

10.4.2　喷油时刻

喷油时刻影响柴油机的经济性和工作柔和程度。过早喷油，燃油进入气缸时缸内压力和温度低，柴油着火延迟期加长，最高燃烧压力和压力增长率增加，发动机工作粗暴，怠速不良，难以起动，燃烧噪声大，压缩功增加；供油提前角过小时，大部分燃料在上止点后喷入，加剧了过后燃烧，热效率降低，燃烧变坏，P_e 值下降，排温增加。影响喷油时刻的因素包括两方面：喷油延迟时间与供油提前角。

1. 喷油延迟时间

喷油延迟时间由下述四项组成。

（1）从柱塞开始压油到出油阀离开阀座的时间 t_1，可以近似地表示为

$$t_1 = \frac{V_{n0}(p_T + p_{sd} - p_{n0})}{Ef_p U_m} \times 10^{-2}(\text{s}) \tag{10-14}$$

式中　V_{n0}——压油时柱塞腔初始容积（cm^3）；

$\quad\quad p_T$——高压油管内残余压力（MPa）；

$\quad\quad p_{sd}$——出油阀弹簧压力（MPa）；

$\quad\quad p_{n0}$——柱塞腔初始压力（MPa）；

$\quad\quad f_p$——柱塞截面积（cm^2）；

$\quad\quad U_m$——柱塞平均速度（m/s）；

$\quad\quad E$——燃油弹性模量（MPa）。

泵腔容积越大，管内残余压力越大，柱塞速度越小，则时间 t_1 越长。一般来说，t_1 所占的时间较短，只有低速时，由于漏油量增加，才值得重视。

（2）填补前次喷射终了时减压所引起的压力下降和"空泡"所需的时间 t_2。由于"空泡"计算要在模拟计算中才能解决，此处仅考虑减压容积 V_0，可粗略估算。

$$t_2 = \frac{V_0}{f_p U_m} \times 10^{-2}(\text{s}) \tag{10-15}$$

式中　V_0——减压容积（cm^3）；

$\quad\quad f_p$——柱塞截面积（cm^2）；

$\quad\quad U_m$——柱塞平均速度（m/s）。

（3）压力波从喷油泵端到喷嘴端，在高压油管中以声速传播的时间 t_3 为

$$t_3 = (2N + 1)\frac{L}{a} \times 10^{-2}(\text{s}) \tag{10-16}$$

式中　L——高压油管长度（cm）；

$\quad\quad N$——正整数。如果一次压力波到达油嘴时即开始喷油，那么 $N=0$，则式（10-16）为

$$t_3 = \frac{L}{a} \times 10^{-2}(\text{s}) \tag{10-17}$$

式中　a——压力波在燃油中的传播速度，其值随管内压力变化，在 1 200～1 400 m/s 内。

（4）从压力波传到油嘴开始，至针阀开始上升所需时间 t_4，可近似地估算为

$$t_4 = \frac{V_{f0}(p_{sm} + R - p_T)}{Ef_f C_{rm}} \times 10^{-2}(\text{s}) \tag{10-18}$$

式中　V_{f0}——喷油器内高压容积（cm^3）；

$\quad\quad f_f$——喷油器油路内孔截面积（cm^2）；

$\quad\quad C_{rm}$——喷油器油路内燃油平均流速（m/s）；

$\quad\quad p_{sm}$——针阀弹簧预压力（MPa）；

$\quad\quad R$——针阀平均单位面积的摩擦力（MPa）；

$\quad\quad p_T$——高压油管内残余压力（MPa）。

因此，喷油延迟时间 $t = t_1 + t_2 + t_3 + t_4$（s），它与喷油泵的结构、使用、调整、运转等

因素有关系，由上面这些近似公式一目了然。一般喷油延迟时间用曲轴转角表示，称为喷油延迟角 θ_2，$\theta_2 = 6nt$（°CA）。

2. 供油提前角

为保证燃烧在上止点附近进行，供油必须提前。供油提前角是指喷油泵开始供油时，活塞离开上止点的曲轴转角。由于存在喷油延迟，供油提前角并不等于喷油提前角，它们存在着下述关系：

$$\theta = \theta_1 + \theta_2 \tag{10-19}$$

式中　θ——供油提前角；

θ_1——喷油提前角；

θ_2——喷油延迟角。

喷油过早、过晚都不利，因此相应地存在着一个最佳供油提前角。最佳供油提前角由调整试验确定。试验时，供油齿杆位置不变，发动机转速不变，改变供油提前角，测出柴油机功率和燃油消耗率，作出 $P_e = f(\theta)$ 与 $b_e = f(\theta)$ 曲线，称为供油提前角调整特性（图10-26）。曲线上柴油机功率最高点及燃油消耗率最低点所对应的供油提前角为最佳供油提前角。应该指出，有些发动机，特别是增压柴油机，在最佳供油提前角 p_{max} 值较大，为降低机械负荷，实际选用的供油提前角比最佳值小些。

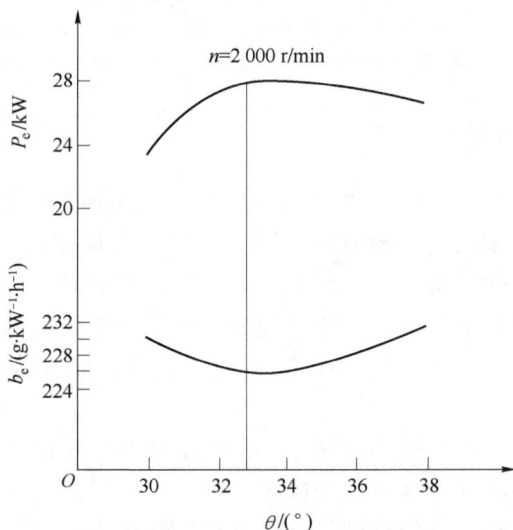

图 10-26　150 单缸柴油机 C_5 型燃烧室供油提前角调整特性

最佳供油提前角随转速与负荷变化。当柴油机转速增加时，喷油延迟角加大，而以秒计的混合气形成和燃烧时间缩短，为保证在上止点附近燃烧，供油应相应提前，最佳供油提前角随转速的增加而增大。当柴油机负荷增大时，供油量加大，为减轻过后燃烧，也应加大供油提前角，但影响比转速的变化要小。

目前，车用柴油机上一般装有供油自动提前器，保证柴油机在一定转速变化范围内都有合适的喷油时刻。图10-27所示为D2型机械离心式自动提前器。提前器位于联轴节和喷油泵之间，采用两对弹簧和弧形块转盘机构，飞块与弧形块之间为滚动传动，可减少摩擦与磨损。当转速升高时，飞块向外张开，在弹簧的约束下飞块上的滚轮沿弧面滚动，并推动弧形块按旋转方向转过一定角度，从而使供油提前角提前，调节范围为 0°~5°30′。

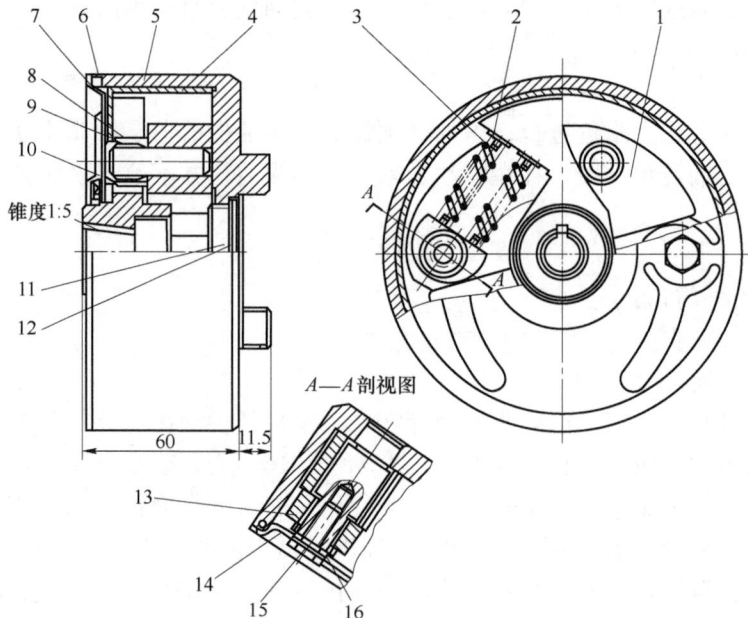

图 10 – 27 D2 型机械离心式自动提前器

1—重锤；2—调整垫片；3—弹簧；4—弧形块转盘组合件；5—外壳；6—橡胶圈；7—盖；8—滚轮；
9—滚轮套圈；10，14—垫圈；11—螺塞；12，16—垫片；13—弹簧座；15—六角螺栓

10.4.3 喷油延续时间

喷油始点到喷油终点的时间间隔为喷油延续时间（或称为喷油持续时间），用凸轮轴转角或曲轴转角表示喷油延续角。缩短喷油延续时间是获得理想放热规律，改善功率、油耗、噪声及排烟的重要措施。喷油延续角一般为 $15° \sim 35°$ 曲轴转角，比几何供油延续角大。

在循环喷油量相同的情况下，提高喷油速率是缩短喷油延续角的唯一方法。喷油速率除了与柱塞直径有关外，还与凸轮型线、喷孔直径、凸轮轴转速有关。

1. 凸轮型线

凸轮型线规定了滚轮中心的运动轨迹，即决定了柱塞的运动规律，因此，凸轮型线对供油规律及喷油泵传动机构的动力特性起着决定性的作用。虽然存在燃油的可压缩性和高压油管内压力波传播和反射的影响，使喷油规律与凸轮型线规定的供油规律有所不同，但正确设计凸轮型线是获得理想喷油规律的重要条件。

常用的凸线型线包括 3 种基本形式：凸面圆弧凸轮（图 10 – 28（a））、切线凸轮（图 10 – 28（b））、凹面圆弧凸轮（图 10 – 28（c））。在同一角度下，凸面圆弧凸轮的升程与上升段的速度变化最小，多用于中低速柴油机上；凹面圆弧凸轮的升程与上升段速度变化最大，但加工困难，应用很少。切线凸轮介于两者之间，而且外形简单、制造方便，与凸面圆弧凸轮相比，在相同的凸轮转角下升程较大，可缩短喷油延续时间，适用于高速柴油机。图 10 – 29 所示为上述凸轮运动特性。由图 10 – 29 可知，这类凸轮加速度曲线都是不连续的，使得柱塞、滚轮等运动件的惯性力突然变化，造成凸轮机构的冲击和振动，尤其是高速时更为严重。

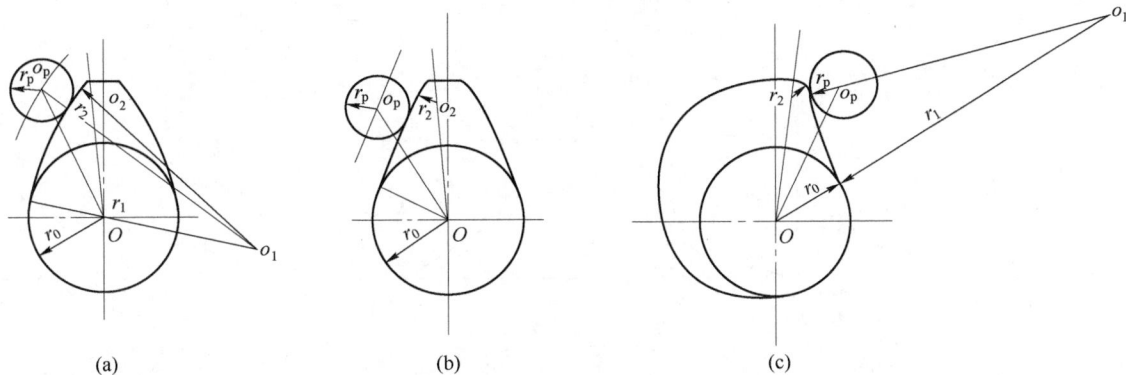

图 10-28 凸轮型线

（a）凸面圆弧凸轮；（b）切线凸轮；（c）凹面圆弧凸轮

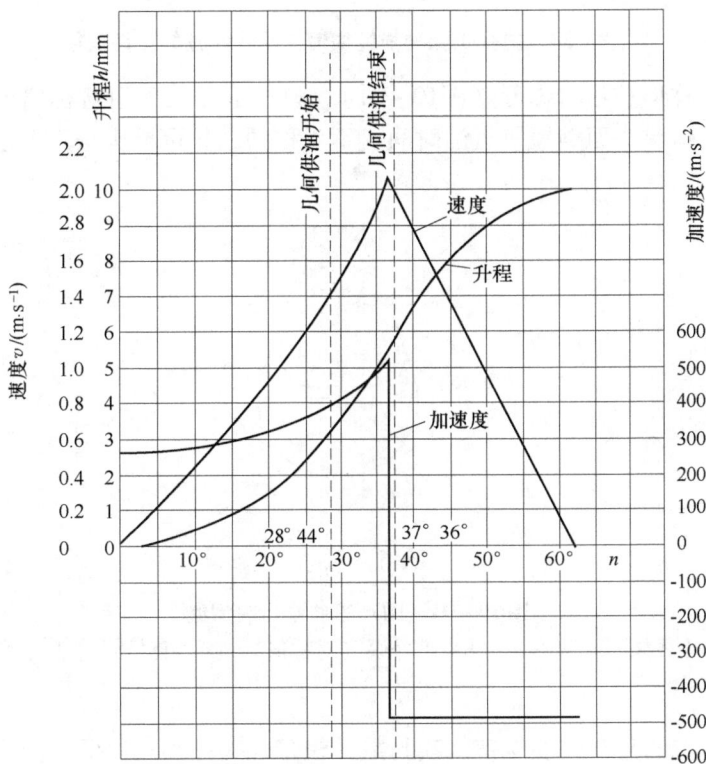

图 10-29 凸轮的运动特性

　　为避免常用凸轮的上述加速度不连续带来的问题，可改善凸轮型面的受力和工作噪声以及改善供油过程，采用多圆弧凸轮和函数凸轮。函数凸轮的升程与转角成一定的函数关系，这个函数是配合柱塞在不同工作段的要求而选定的，故凸轮型线比较复杂，但更能符合柴油机喷油规律的要求。这种凸轮目前常用于高增压柴油机上，其函数可以是等速、正弦、摆线、抛物线等。图 10-30 所示为复合正弦抛物线加速度凸轮挺柱的运动规律。

　　由上述这些凸轮组合成常用凸轮的速度规律可分为三角形、梯形、混合形和连续函数形 4 类。

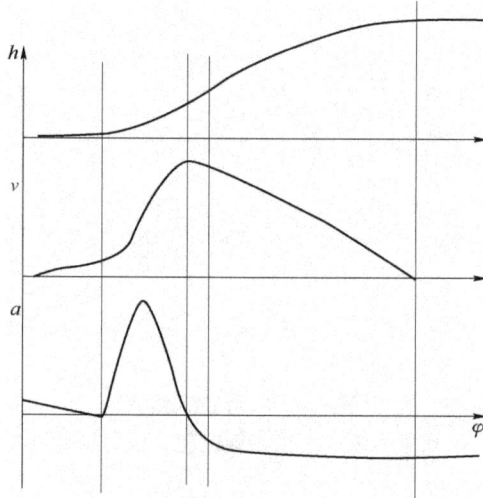

图 10 – 30　复合正弦抛物线加速度凸轮挺柱的运动规律

凸轮型线有对称形和不对称形（图10 – 31）。国产Ⅰ号泵采用对称扇形，允许逆转，还可改善凸轮轴受力情况，但缩短了进油时间。不对称的凸轮可减少噪声，但不能逆转。

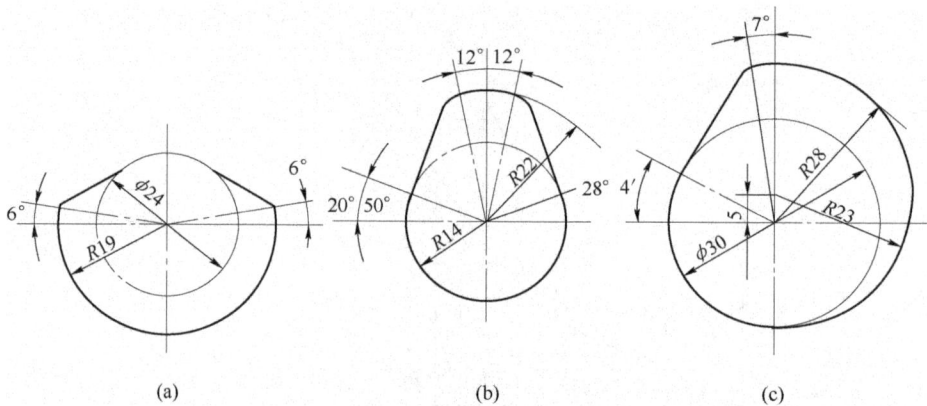

图 10 – 31　国产喷油泵凸轮型线

（a）Ⅰ号泵（对称形）；（b）Ⅱ号泵（对称形）；（c）Ⅲ号泵（非对称形）

2. 喷孔直径

以空间混合为主的直喷式燃烧室，喷孔数目较多、孔径小，以保证混合均匀、提高空气利用率；以油膜混合为主的燃烧室或组织了各种涡流运动的燃烧室，喷孔数目少、孔径大，以保证需要的贯穿度。喷孔直径为

$$d_c = \sqrt{\frac{4f}{\pi i}}(\text{mm}) \qquad (10 - 20)$$

式中　i——喷孔数目；

　　　f——喷孔总面积。

其中，喷孔总面积是假定由喷孔喷出的油量等于油泵在标定工况下的循环喷油量确定的。

$$f = \frac{Q'_p}{\mu w_R t \times 10^3} (\text{mm}^2) \qquad (10-21)$$

式中 μ——流量系数;

t——喷油延续时间(s), $t = \dfrac{\psi_B}{6n}$, ψ_B 为喷油延续角, n 为柴油机转速(r/min);

w_R——平均喷油速度(m/s), 燃油在喷孔中的流速一般取 $200 \sim 250$ m/s。

以上计算只是粗略的计算, 喷孔直径及喷孔数目的最后确定需要在单缸机上反复调试。在循环供油量相同的情况下, 增加喷孔直径, 喷油延续角缩短, 喷油速率增大, 而减小喷孔直径, 喷嘴端压力增加, 雾化质量改善。因此, 对喷孔直径存在着一个兼顾两者的最佳值。图10-32所示为喷孔直径对喷油速率的影响。

增压柴油机增加喷孔直径除提高喷油速率外, 还可保证在缸内气体密度增大的情况下有足够的油束贯穿距离, 以适应油束、气流及燃烧室尺寸配合的需要。

3. 凸轮轴转速

图 10-33 所示为凸轮轴转速变化时, 喷油速率的变化情况。当凸轮轴转速增加时, 油管长度不变, 压力波从喷油泵端传到喷油器端的时间不变, 但相同时间内凸轮轴转过的角度增加, 喷油始点滞后, 喷油延续角增加。相同循环供油量条件下, 最大喷油速率减小。提高喷油速率不仅对柴油机经济性、动力性有利, 而且可以减少废气污染。

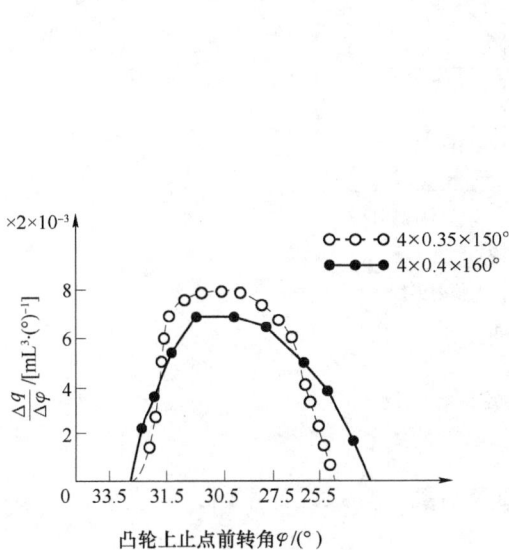

图 10-32 喷孔直径对喷油速率的影响

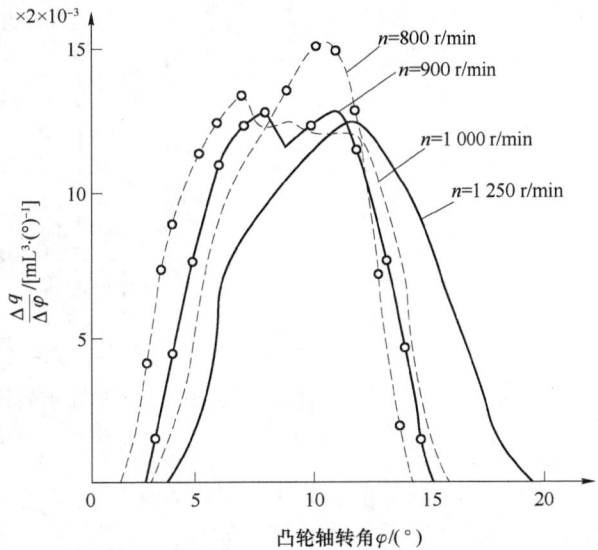

图 10-33 凸轮轴转速对喷油速率的影响

10.4.4 各缸供油量的均匀性

多缸柴油机供油量的均匀性用供油量的不均匀度表示, 由下式确定:

$$K = \frac{2(Q_{max} - Q_{min})}{Q_{max} + Q_{min}} \times 100\% \qquad (10-22)$$

式中 Q_{max}——各缸中最大的供油量;

Q_{min}——各缸中最小的供油量。

不均匀度不仅与供油系统零件结构尺寸的准确性有关（如柱塞、喷孔直径的公差，柱塞控油棱边公差，高压油管内径、长度公差及表面粗糙度等），还与调整因素有关，如出油阀弹簧开启压力、针阀开启压力差别等。喷油泵驱动的均匀性、出油阀座面密封等的差别都将造成各缸供油不均匀。不均匀度随负荷与转速的减小而增加，不均匀度直接影响柴油机运转的稳定性和功率的大小。为使车用柴油机正常工作，标定工况的供油不均匀度不大于3%。

10.4.5 喷射稳定性

1. 燃油喷射的稳定区域

燃油供给系统应保证在柴油机工作范围内正常喷射燃油，并力求使不稳定喷射区尽可能减小，以便扩大供油系统的适用范围。图 10 – 34 所示为燃油喷射稳定区域的示例。一般来说，不稳定喷射常在低转速和小油量的情况下发生。

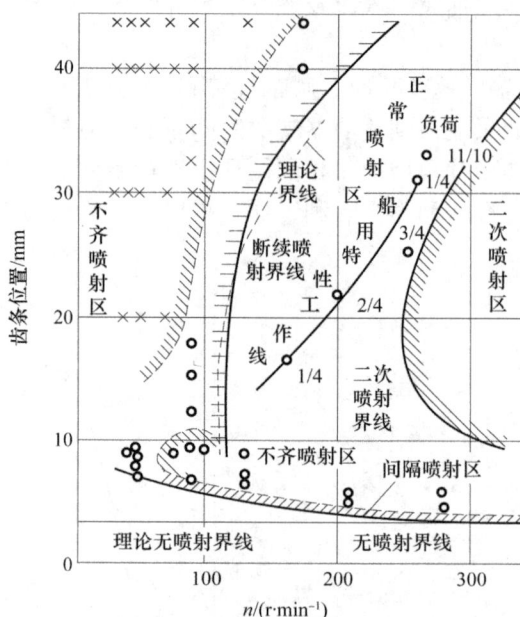

图 10 – 34　燃油喷射的稳定区域示例

2. 最小喷油量

燃油供给系统正常喷射的最小油量，与转速和负荷有关。如果设计不当，低速空载时会出现隔次喷射、不齐喷射等，使怠速不稳。

在转速很低的情况下，系统内燃油接近于静态压缩，实现稳定喷射的最小油量作为弹性体积存在于高压系统总容积中，其极值可用下式表示：

$$\Delta V_{min} = \frac{V(p_{j0} - p_s)}{E} = \frac{V}{E}\left(\frac{d_s}{d_n}\right)^2 p_{j0} \qquad (10 - 23)$$

式中　V——高压系统总容积（cm^3）；

E——燃油弹性模量（MPa）；

d_s——阀座直径（cm）；

d_n——针阀直径（cm）；

p_{j0}——针阀开启压力（MPa）；

p_s——针阀关闭压力（MPa）；

$\dfrac{d_s}{d_n}$——当 $p_{j0} > 30$ MPa 时，一般为 $\dfrac{1}{3} \sim \dfrac{1}{5}$；当 $p_{j0} < 15$ MPa 时，一般为 $\dfrac{1}{7}$。

一般将 ΔV_{min} 作为怠速时供油系统可控制的最小油量。考虑针阀惯性、摩擦等原因，为获得稳定的最低空转，最小油量应为

$$\Delta V_{min} \geq 0.006 V_h \tag{10-24}$$

式中　V_h——气缸工作容积。

10.4.6　喷油泵特性

1. 喷油泵速度特性

喷油泵油量控制机构（齿杆和拉杆）位置不变、每循环供油量随转速的变化关系称为喷油泵速度特性。

图 10-35 所示为柱塞式喷油泵的速度特性。图中曲线表明：尽管齿杆或拉杆位置不变、柱塞有效行程不变，但循环供油量随着转速的增加而增大，这是柱塞式喷油泵的一个重要特性。理论上讲，当柱塞上端关闭进油孔时开始泵油，柱塞室内压力升高，超过一定压力后，推开出油阀，向高压油管供油。实际上，当柱塞上端还没有完全关闭油孔时，由于进油孔对燃油流动产生节流作用，柱塞室内燃油来不及流出，压力便开始上升，出油阀比理论上提前打开而开始供油。同样，当供油终了，柱塞控油棱边打开回油孔时，因回油孔的节流作用，燃油不能立即流回低压油道，柱塞室中压力下降缓慢，使出油阀比理论上关闭延迟，供油延迟。由此可见，随着转速的增加，将造成供油提前与停油滞后，相当于增加了柱塞的有效行程，必然增加供油量，而且随着转速的增加，这种作用会愈加明显。其次，随转速升高柱塞速度加快后，燃油从柱塞偶件中泄漏的时间变短，漏油量相对减少，这也使转速增加、循环供油量增加。

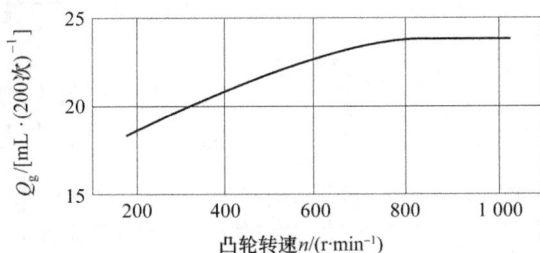

图 10-35　柱塞式喷油泵的速度特性

柴油机负荷变化是靠改变供油量实现的。柴油机的扭矩大致与每循环供油量成正比，所以，当齿杆固定在最大位置时，喷油泵速度特性便决定了柴油机的扭矩特性。车用柴油机要求扭矩随转速的降低而增加，提高克服外界阻力矩的能力，因此，喷油泵速度特性的这种变化关系不能满足转速变化范围宽广的车用柴油机。同时，柴油机的充量系数随转速的增加而下降，如果在低速时将循环供油量按供气量调整到最大，则高速时，空气量不足，燃烧不完全。反之，如果在高速时将循环供油量按供气量调整到最大，那么，低速时将有剩余空气。由此说明，喷油泵速度特性需要校正。校正的方法分为两大类：一类是在喷油泵或调速器上装弹簧校正器，另一类是出油阀校正。目前出油阀校正常用形式有以下几种。

（1）减压容积可变出油阀（图 10-36）。这种出油阀尾部有 4 个锥形凹槽，燃油流通截面上小下大，下部燃油流速低、压力高，而上部燃油流速高、压力小，因此形成了上下压

差。当转速升高时，压差增加，出油阀升程增加，高压油管中减压容积随转速增加而加大，下次供油时，必须有更多的燃油填补这一容积才能达到针阀开启压力，这使得供油量随转速的增加而减少，以达到油量校正的目的。

（2）减压作用可变出油阀。该阀除增加减压环带与阀座内孔的间隙外，与一般减压式出油阀相同。出油阀和阀座一般不用研配，用于小油泵时，径向间隙为 0.025～0.076 mm；用于大油泵时，径向间隙可达 0.180 mm。采取在减压凸缘上磨偏或钻出和上述流通截面相等孔的方法，也能取得同样的效果。这种出油阀的升程在所有转速范围内接近常数，减压容积基本不变。当回油孔打开后，泵端压力迅速下降，减压环带进入出油阀座孔后，由于减压，泵端瞬时抽成真空，嘴端燃油迅速填补。与此同时，由于减压环带与阀座之间存在间隙，低压油道内一些燃油也流回高压油管，使减压作用削弱。高速时，出油阀落座迅速，间隙节流作用加大，燃油流回高压油管的现象不明显，减压作用强；低速时，出油阀落座缓慢，节流作用相对减小，燃油流回高压油管的现象十分明显，减压效果削弱，因此增加了低速时每循环的供油量。

（3）节流式出油阀（图 10 - 37）。出油阀有中心通孔及横向小孔，所有进入高压油管的燃油必须通过横向小孔。转速升高时，由于横向小孔节流作用增强，对燃油进入高压油管起限制作用，使柱塞上腔内燃油压力升高。这样不仅减少了高速时的停油延迟，减小了"后流量"，同时增加了柱塞偶件的泄漏量。因此随转速的增加可使供油量下降，从而校正了喷油泵的速度特性。在增压柴油机上，低速时压气机供气量减少，低速冒烟，采用"正、负校正"机构。上面讲的都是"正校正"，即随着转速的下降使供油量增加一些。从标定转速到最大扭矩转速，增压柴油机也采用正校正；低于最大扭矩转速，采用"负校正"，即随着转速的下降，供油量减小一些。实现这种"负校正"的机构，称为限烟器，如图 10 - 38 所示。图 10 - 39 所示为速度外特性经正、负校正的曲线。

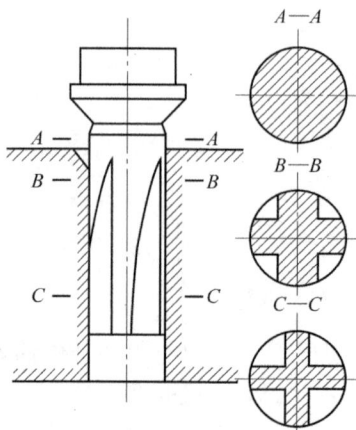

图 10 - 36　减压容积可变出油阀　　　　图 10 - 37　节流式出油阀

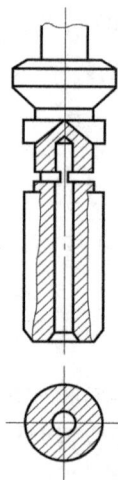

2. 喷油泵负荷特性

转速不变，喷油泵的循环供油量随油量调节机构位置（齿杆或拉杆）的变化关系称为喷油泵负荷特性（图 10 - 40）。喷油泵负荷特性是喷油泵油量与调速器配合的依据，并与调速器性能有密切关系。按调速性能要求，负荷特性光顺，没有明显的曲折，在工作区段内呈线性变化。在负荷特性上可以找到急速到全负荷的齿杆位移、供油始点前的空位移和停油位置，这些是喷油泵调整的依据。

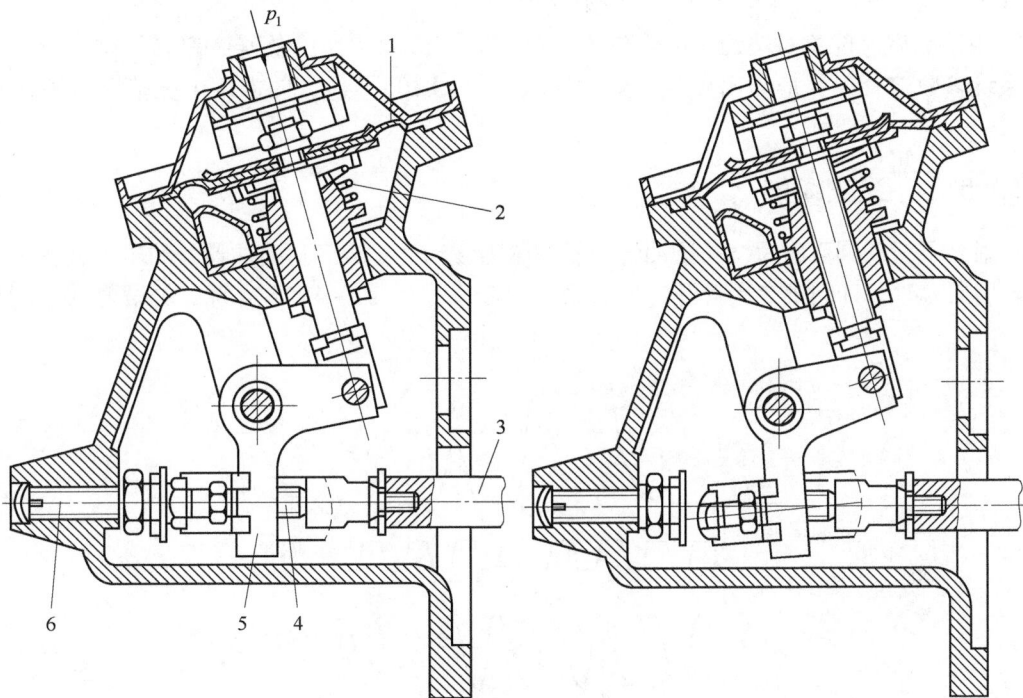

图 10 - 38　限烟器

1—膜片；2—弹簧；3—供油齿杆；4—螺钉；5—摇臂；6—油量限制螺钉

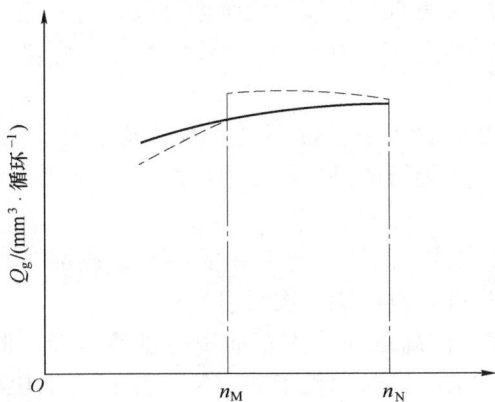

图 10 - 39　喷油泵速度外特性的正、负校正曲线

实线—未校正的速度曲线；虚线—正、负校正速度
特性；n_N—标定转速；n_M—最大扭矩转速

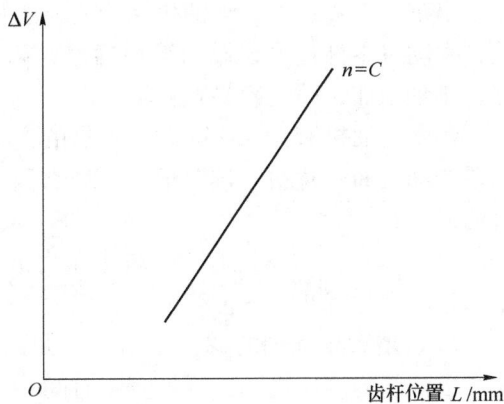

图 10 - 40　喷油泵负荷特性

10.5　异常喷射

柴油机采取增压措施，每循环供油量大幅度提高。为避免燃烧不及时，喷油延续角只能与非增压的相差不多，这就要求喷油泵的供油速率、高压油管内的最高压力大大增加。同时，随着柴油机工况的变化，每循环供油量变化也很大，在泵—管—嘴系统中，由于高压油

管的存在，高压系统容积大，压力波在高压油管中往复传播。这些都极易产生各种异常喷射现象（如二次喷射、穴蚀、后滴、不规则喷射）。

这些异常喷射现象对柴油机的经济性、排放、工作稳定性以及寿命都有严重影响。进行喷油系统参数选择时，应做出异常喷射的区域图（图 10－34），使常用工况范围内不出现异常喷射。

10.5.1 二次喷射

喷射终了，针阀落座后，高压油管内燃油压力波动大。当到达喷油器处的压力波幅值大于针阀开启压力时，针阀第二次打开，形成第二次喷射。图 10－41 所示为二次喷射的针阀升程曲线。

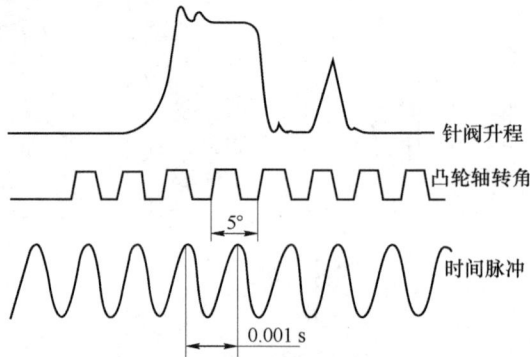

图 10－41 二次喷射的针阀升程曲线

出现二次喷射时，柴油机性能明显恶化，其危害表现为：喷油延续期延长，过后燃烧严重，发动机零件过热，燃油消耗猛增；第二次喷射时，燃油压力低，雾化不好，燃烧不完全，排烟增加，喷孔容易积炭堵塞。

判断柴油机有无二次喷射最可靠的方法是测量针阀升程。在不具备测试设备的情况下，如果柴油机油耗猛增、排温很高、喷嘴积炭堵塞，就很可能是二次喷射引起的。避免二次喷射的方法有：

（1）减小高压系统容积，减小压力波动的可能性。高压系统容积的主要组成部分是高压油管，因此减小高压油管内径、缩短高压油管长度可以消除二次喷射。

（2）增大出油阀的减压作用，增大回流速度，使高压油管内燃油压力迅速下降。但需注意出油阀的落座规律，延长落座时间，使泵端回流持续时间长于 2 L/年；否则，将增大减压速度，加大回流速度将有相反的效果。

（3）提高针阀开启压力，有削弱二次喷射的效果。但应注意，开启压力的增加会相应增加残余压力，因此，削弱二次喷射的效果取决于两因素的平衡。

10.5.2 穴蚀与空泡

穴蚀使燃油喷射系统零件表面金属质点爆裂和脱落，形成空洞。穴蚀使零件寿命大大缩短，防止二次喷射的某些措施往往会造成穴蚀现象。

穴蚀可分为"流动穴蚀"和"波动穴蚀"两类。"流动穴蚀"出现在液流被显著节流后压力升高以及压力降低到产生气泡压力以下的地方，主要发生在喷油泵和喷嘴等零件变截面的部位。"波动穴蚀"主要发生在高压系统中，其机理是喷射终了，高压系统减压时期，由于局部地区燃油压力下降到等于或低于燃油汽化压力以下，形成空泡。空泡外面的燃油有向空泡中心加速前进的趋势，并具有一定的能量。当受到往返传播的压力波作用时，空泡破裂。破裂时，被压缩的空泡凝结成少量的燃油，同时激发出很高的冲击力，产生噪声与振动。由于冲击力作用在很小的面积上，压强较高。这种瞬时爆破产生的高压波峰，在金属表面碾压金属，使金属产生塑性变形和疲劳破坏，金属质点爆裂而形成空洞，这就是穴蚀现象。

由此可见，穴蚀必定是由空泡引起的，但空泡并不一定产生严重的穴蚀，这取决于空泡破裂的强度及频繁性，还取决于金属表面粗糙度、材料特性、材料原有应力状态等一系列因素。柴油机运转工况变化很大，完全消除空泡较难，主要是避免产生穴蚀破坏。应该指出的是，空泡的出现大大降低了燃油的弹性模量和压力传播的速度（音速），有时会使相邻循环燃油喷射定时及压力波形不稳定，出现这种空泡也应尽力消除。

消除穴蚀、减少空泡的有效方法是减小出油阀的减压容积，控制高压系统在泄油期间的减压速度，使残余压力下降到不足以形成空泡，但这些措施又往往引起二次喷射。

空泡产生及破裂的判断方法是压力波曲线上出现下述现象之一。

（1）压力波曲线上出现零值，特别是零值保持了一段时间。

（2）当空泡发生破裂或形成新的空泡时，空泡对压力波的反射情况可能突然改变，压力波曲线呈现明显高低不平的波动。

（3）当空泡发生破裂时，存在着波前很陡的压力波从破裂处传播开来，装在空泡破裂处附近的传感器可感受到高频振动。

为消除二次喷射且不产生空泡，近代喷油泵出现了各种新结构的出油阀，如阻尼阀、等压阀等。

阻尼阀（图 10 - 42）装在出油阀和高压油管之间。供油时，出油阀打开，由于阻尼阀弹簧刚度及预紧力很小，故很快开启，不影响供油。喷油结束后，由于压差的作用，阻尼阀迅速关闭，高压油管内的燃油只通过阻尼阀上的回油孔向出油阀室回油。因此，回油孔的节流作用延迟了出油阀落座时间，削弱了压力波的反射强度，增加了油管的残余压力，这就使二次喷射与空泡得以减轻或消除。试验结果表明，存在着一个消除二次喷射的最佳回油孔径，当孔径大到与油管内径相同时，其二次喷射情况与不加阻尼阀时相同；当孔径小到零时，成为封闭端，压力波全反射，二次喷射也加强，所以必然存在着一个最佳孔径。同时，随着孔径的减小，残余压力上升，空泡出现的倾向减弱。图 10 - 43 所示为带与不带阻尼阀的针阀升程曲线与油管压力曲线。

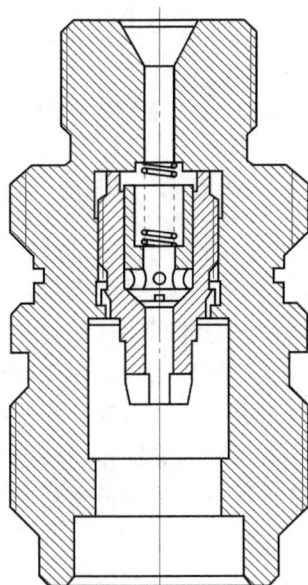

图 10 - 42　阻尼阀

等压阀（图 10 - 44）由两个阀构成，一个是无减压作用的出油阀，另一个是控制一定回油压力的单向阀。供油时，出油阀升起，与正常供油相同；回油时，出油阀因无减压环带而迅速落座。与此同时，回油阀在高压下打开回油，当出油阀完全落座后，回油阀继续回油，直至燃油压力所产生的作用力小于根据残余压力而给定的弹簧预紧力时，回油阀关闭。当出油阀室压力大于弹簧控制的回流压力时，燃油顶开钢球，经回流孔及出油阀中的孔流回柱塞腔。这样，在高压系统中残余压力只有微小的波动而趋于常数。无论发动机转速和负荷如何变化，这个残余压力值基本保持不变，因此，有效地消除了二次喷射与穴蚀。

从理论上讲，等压阀可以完全消除二次喷射与空泡，而阻尼阀只能在一定范围内消除，因此等压阀更有效，但等压阀结构复杂，且要求较大的安装空间。

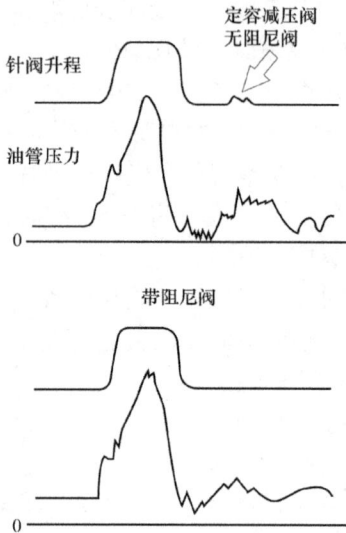

图 10 - 43　带与不带阻尼阀的针阀升程曲线和油管压力曲线

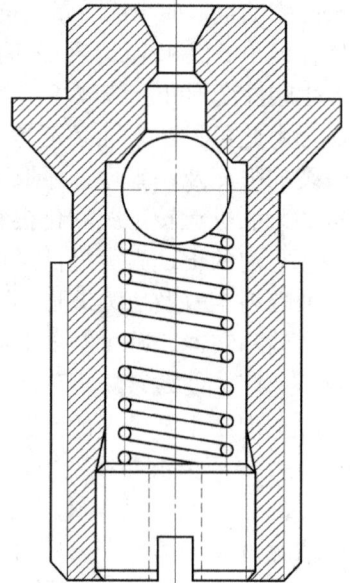

图 10 - 44　等压阀

10.5.3　后喷滴油现象

喷油后期，喷油压力低，燃油以较低的速度流出，形成后喷滴油现象。由于出油阀减压容积小或针阀系统惯性较大，喷油末期针阀落座缓慢，使喷油压力大为下降，将造成后喷滴油。这与针阀座面密封不良而造成的滴油现象不同，尽管其危害性类似。

后喷滴油现象由于喷油压力低，燃油雾化差，烟度大，油耗高，HC 排放量增加，喷孔易积炭堵塞。有时，由于喷油压力过低，还会出现燃气倒窜，烧坏针阀密封座面现象。消除后喷滴油的方法是增加针阀弹簧的预紧力及刚度，减小喷孔直径，提高油管压力，适当增加减压容积，采用低惯量喷油器等。

本章复习题

1. 综述喷油与发动机性能（输出功率、燃油消耗率、烟度、噪声、有害排放物）之间的关系。

2. 高速柴油机供油规律与喷油规律有什么不同？并分析产生不同的原因。

3. 已知一台十二缸四冲程直喷式柴油机，$P_e = 426$ kW，$n = 2\ 000$ r/min，$b_e = 238$ g/（kW·h），$\rho_f = 0.834$ g/cm³。试计算：

①供油系统参数：每循环供油量 Q_p，柱塞直径 d_p，柱塞有效行程 h_e，柱塞全行程 H。

②如果平均喷油速度 $w_R = 2.4$ m/s，喷油延续角为 18°CA，流量系数 $\mu = 0.6$，试求喷孔数目分别为 7、8、9 时的喷孔直径。

4. 柴油机增压后，供油系统参数应有哪些相应变化？

5. 喷油泵速度特性为什么要校正？出油阀校正有哪几种形式？

6. 供油提前角为什么有一个最佳值？如何确定这个最佳值？

7. 在柴油机上如何测得供油提前角？

8. 电子控制喷油系统为什么是柴油机的重要发展方向之一？

9. 日野公司生产的 K13C 四冲程涡轮增压柴油机的基本参数如下：

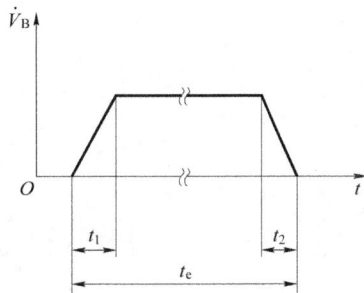

缸数	6
排量	12 882 mL
缸径 × 冲程	135 mm × 150 mm
压缩比	16.5
额定功率	294 kW/2 000 r/min^{-1}
有效燃油消耗率	200 g/（kW·h）
喷射系统：共轨，最高喷射压力	1 400 bar
喷孔	每个喷嘴 8 个喷孔，单个喷孔孔径 200 μm
额定功率压缩比	2.5
额定功率中冷器出口温度	120 ℃

在额定功率时，充量系数为 0.8，喷油脉宽为 40°CA。在以下分析中，假定喷油速率是常数并取平均值（实际针阀升程曲线是三角形）；喷油时缸内压力为 50 bar，温度为 800 K；柴油在 120 ℃（燃油运行温度）时密度为 0.78 g/cm^3，黏度为 5×10^{-4} N·s/m^2。计算额定功率工况下以下各参数。

（1）发动机的空气流量、平均燃油流速及空燃比。

（2）每缸每循环空气量及供油量。

（3）每个喷孔的平均流速。

（4）如果喷孔长度与直径的比值为 10，压力降低多少？压降的影响大吗？

（5）每个喷孔的平均流量系数是多少？

（6）如果临界 Weber 数是 30，那么柴油喷射油滴的平均直径是多少？（喷射时柴油表面张力为 0.025 N/m。）

（7）如果按（6）中计算的油滴直径来计算，喷射时共有多少油滴？这些油滴是不是不均匀地分布在气缸上止点处？油滴之间的平均距离是多少？如何利用这些参数来评价油气混合过程？

第 11 章

内燃机排气污染物的生成与控制

11.1 概述

中国汽车保有量从 2005 年至今每年以大于 10% 的速度增长，2014 年，中国民用汽车保有量已经超过 15 000 万辆，且主要集中在几个城市中，例如北京 2014 年汽车保有量已经超过 550 万辆。

由于城市交通设施及管理相对滞后，存在严重的交通堵塞情况，影响行车速度，从而导致 CO 和 HC 排放较高；维修和保养制度（Inspection & Maintenance，I/M）不健全，排放较高的汽车仍在使用；一些新生产的汽车排放污染水平仍较高。鉴于上述原因，并随着内燃机汽车保有量的增加及汽车普及率的提高，特别是在汽车集中程度较高的城市中，内燃机排气已成为造成空气污染的重要因素之一。汽油机的主要排放污染物是一氧化碳（CO）、碳氢化合物（HC）和氮氧化物（NO_x）；柴油机最重要的排放污染物是颗粒物（Particulate Matter，PM）和 NO_x。内燃机的另一种主要排放物是二氧化碳（CO_2），它是正常燃烧的主要产物，虽然二氧化碳是无毒的，但它是引起"温室效应"的主要成分。

CO 是无气味、窒息性的有毒气体，与血色素结合能力比 O_2 大 200～300 倍。CO 急性中毒症状是由于体内缺氧引起的窒息状态，吸入超过含 0.1%（体积）CO 的气体，就会导致头疼、心慌等中毒症状；吸入含 0.3%（体积）CO 的气体，30 min 内致命。CO 在大气底层停留时间较长，其累积浓度易超过允许值，当 CO 浓度达 10^{-4} 时就会使人头痛、恶心。

碳氢化合物（HC）包括碳氢燃料不完全燃烧的产物、润滑油及其裂解和部分氧化生成物，如烷烃、烯烃、环烷烃、芳香烃、醛、酮和有机酸等多种复杂成分。烯烃略带甜味，有麻醉作用，对黏膜有刺激作用，经代谢转化会变成对基因有毒的环氧衍生物；烯烃有很强的光化活性，与 NO_x 一起在日光中紫外线的作用下将形成毒性很强的"光化学烟雾"；芳香烃有芳香味，同时具有毒性，多环芳香烃及其衍生物有致癌作用；醛类有刺激性，其毒性随分子质量的减小而增大，且因出现双键而增强。

氮氧化物主要指 NO 和 NO_2。汽车 NO_x 的排放量主要取决于气缸内的燃烧温度、燃烧时间和空燃比等因素。燃烧过程中产生的 NO_x 主要是 NO，达到 90% 以上，NO_2 只占一小部分。NO 是无色无味的气体，只有轻度刺激性，毒性不大，高浓度时会造成中枢神经的轻度障碍，NO 可被氧化成 NO_2。NO_2 是一种红棕色的气体，对眼、鼻、呼吸道及肺部有强烈的刺激作用，对人体的危害很大。NO_2 与血液中血红蛋白的结合能力比 CO 还强，因此对血液输氧能力的阻碍作用远高于 CO，NO_2 进入人体后与血液中的血红蛋白结合，使血液的输氧能力下降，损害心脏、肝、肾等器官。

HC 与 NO_x 在紫外线照射下发生反应，生成光化学烟雾。光化学过氧化物的主要物质是臭氧 O_3，它是一种极强的氧化剂。光化学烟雾对眼睛有刺激作用，且使人呼吸困难、喉痛，NO_x 与 HC 的光化学反应是导致美国洛杉矶（Los Angeles）事件而促使控制汽车排放的根源。NO_x 和废气中的硫化物是形成酸雨的一项重要来源。

颗粒物的主要成分是炭烟、有机物质及少量的铅化合物、硫氧化物等，现在要求使用无铅燃油，铅及其化合物已经基本不存在。化学分析表明：颗粒物中含有苯芘，因此有致癌作用。颗粒物对人体健康的影响主要取决于颗粒物的浓度、人体在空气中暴露的时间及粒径的大小。炭烟是柴油发动机燃料燃烧不完全的产物，主要是指直径为 $0.1 \sim 1010.0~\mu m$ 的多孔性炭粒。各种不完全燃烧产物可以多种形式附着在炭粒表面，其中有些附着物是致癌物质，并因含有少量的带有特殊臭味的乙醛而引起恶心和头晕等症状；另外，炭烟会影响道路的能见度。柴油机排气中颗粒物的含量比汽油机高 $30 \sim 60$ 倍，因而一般说到颗粒物都是指柴油机颗粒物。颗粒物的限制对柴油机形成很大压力，影响了轿车柴油机的应用。随着高压燃油喷射、缸内直接喷射等技术的应用，这一限制得到一定的缓解。

汽车内燃机尾气中硫氧化物的主要成分为二氧化硫（SO_2），主要来源于石油中较重组分（柴油、重油等）的燃烧。SO_2 是一种无色、有臭味的气体，性质活泼，能引起氧化作用，也参与还原反应并可溶于水形成亚硫酸。SO_2 对人体健康有较大影响，它刺激人体的眼和鼻黏膜等呼吸器官，引起鼻咽炎、气管炎、支气管炎、肺炎及哮喘病、肺心病等。当使用催化净化装置时，少量的 SO_2 也会逐渐堆积在催化剂表面，造成催化剂中毒，不但会影响催化剂的使用寿命，还会危害人体健康。另外，SO_2 是形成酸雨的主要成分，也是影响城市能见度的主要因素之一。

CO_2 是排气中的无毒成分，本未加以限制，但地球温室效应是影响全世界的问题，于是如何减少含碳矿物燃料消耗，已提上研究日程。CO_2 是一种无色、略带刺激性气味的气体，本身并没有毒性，能溶于水，是完全燃烧的产物。大气中含有的 CO_2 在上空形成气层，吸收地球表面的红外辐射，又以长波辐射的形式将其能量返回地球表面，使地面实际损失的能量比其长波辐射返回的能量要少，对地面起到保温作用，故称为温室效应。本来这种温室效应对地球是有利的，但是，如果大气层中的 CO_2 等气体的含量过高，则会产生不利影响，导致全球气候变暖，从而造成海平面上升、气候失调及水灾和风灾等自然灾害，破坏自然界的生态平衡。

汽车保有量的不断增加及排放物对人类的严重危害，对汽车排放的控制提出了更高的要求。在近 20 年中，排放问题已成为汽车发动机发展中的重大课题，主导着汽车发动机的发展方向。内燃机使用的碳氢燃料如果能够完全燃烧，且不考虑燃油中的微量杂质，将只会产生二氧化碳和水蒸气，但是受现有技术条件及排放物生成机理相互影响的限制，燃料没有进行完全燃烧，而是产生多种污染物。目前，控制内燃机排气有害排放物的常用措施有：

（1）机内净化：通过优化发动机的结构设计及控制过程来控制燃烧过程，以减少废气中的有害排放物。此外，还有前处理，如改进燃料、加入添加剂，或增压中冷使进气降温及排气再循环（EGR）、曲轴箱通风等措施影响燃烧组织。

（2）机外净化：控制污染物向大气逸散及排气后处理。后者是排出气缸内的废气在进入大气之前，在排气管路内采用的净化措施。

11.2 内燃机主要污染物的生成机理

11.2.1 一氧化碳的生成机理

一氧化碳是烃类燃料燃烧的中间产物，汽车排放污染物中的 CO 产生的根本原因是燃油在气缸中的不完全燃烧。当氧气含量不足，烃类燃料的燃烧反应不完全时，可以经过以下过程：

$$2C_mH_n + mO_2 = 2mCO + nH_2 \qquad (11-1)$$

在理想状态下，即空气中氧足够时，有

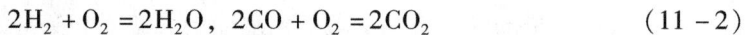

$$2H_2 + O_2 = 2H_2O，2CO + O_2 = 2CO_2 \qquad (11-2)$$

同时一氧化碳还与生成的水蒸气发生反应：

$$H_2O + CO = H_2 + CO_2 \qquad (11-3)$$

由式（11-1）、式（11-2）、式（11-3）可见，如果空气量充分，理论上燃料燃烧后不存在 CO；但当空气量不足，即混合气的空燃比小于理论空燃比时，就有部分燃料不能完全燃烧而生成 CO。实际上，烃燃料在空气中燃烧生成 CO 的详细机理目前尚不十分清楚。一般认为，烃燃料在燃烧过程中要生成一系列中间产物，这些中间生成物如果不能被进一步氧化，就可能以部分氧化的形式排出，CO 的形成过程如下：

$$RH \Rightarrow R \Rightarrow RO_2 \Rightarrow RCHO \Rightarrow RCO \Rightarrow CO \qquad (11-4)$$

其中　RH——烃燃料分子；

　　　R——烃基；

　　　RO_2——过氧烃基；

　　　RCHO——醛；

　　　RCO——酰基。

在实际燃烧反应中，生成的 CO 跟 OH^{-1} 发生氧化反应生成 CO_2，并且此反应的正向和逆向反应速率都很高，一般情况下可以达到化学平衡。由此可见，在氧气充足的条件下，高温下形成的 CO 可在温度下降过程中被氧化成 CO_2。CO 的排放浓度基本上取决于空燃比，如图 11-1 所示。根据图 11-1，在使用浓混合气时，空燃比每改变 1 个单位，排气中 CO 的浓度就能改变 3%。因此，混合气的空燃比对一氧化碳排放量的影响是很大的。

在柴油机中，实际进入气缸的空气总是过剩的，空燃比总是大于 1，在柴油机中产生的 CO 数量很少。

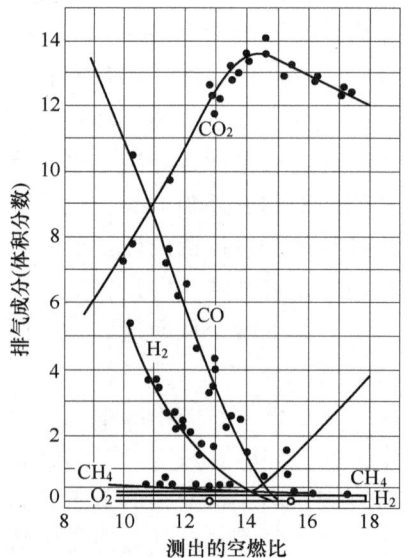

图 11-1　排气成分与空燃比的关系

11.2.2　碳氢化合物的产生机理

汽油机排气中碳氢化合物的来源主要有：缸壁激冷效应、燃烧室缝隙效应、燃料燃烧不完全以及扫气和漏气，分别简述如下。

1. 缸壁激冷效应

缸壁激冷效应是当火焰传到缸壁冷却区附近出现的一种燃烧现象，通常冷壁的作用是使反应减慢或者终止，在缸壁表面留下一层中间产物或未燃烃。

汽油机所用烃类燃料是多组分的碳氢化合物，在燃烧时要变成最终产物 CO_2 和 H_2O 需要经过一连串的中间变化，形成一连串的中间物质，其中有一些原子和分子（如 O、H）对促进反应非常有效，叫作链载体，借助于链载体而获得不断发展的连续反应过程，叫作链反应。汽油机燃烧室内的混合气在可燃极限之内的燃烧是靠火焰传播进行的。当火焰传播至缸壁激冷区附近时，如图 11 – 2（a）所示，由于壁面的冷却作用，使已经生成的链载体受到破坏，使链反应减慢以致完全终止，从而留下 0.05 ~ 0.38 mm 厚度的部分反应和未反应的碳氢化合物，其结果必然导致这些未燃烃由燃烧室直接排出。

使火焰不能传播的激冷现象，最早是弗里曼（Friedman）和约翰逊（Johnson）两人观察火焰在两块板之间或管道中的混合气中传播时发现的。1957 年，丹尼尔（Daniel）首先在一台发动机上用摄影方法测录了燃烧过程的单壁激冷现象，并根据观察到的激冷层厚度对未燃烃排放进行了理论计算，结果和实测数据相符。此后，缸壁激冷效应作为汽油机未燃烃排放的主要来源得到了学术界的认可。

激冷层厚度与壁面温度、燃烧室压力和空燃比等因素有关。实验研究指出：提高壁温和燃烧室压力，可使激冷层厚度减小，这对于降低未燃烃排放是有益的。

2. 燃烧室缝隙效应

美国通用汽车公司的布林特（Blint）和比克特尔（Bechtel）对上述缸壁激冷效应提出了不同的见解，他们在特制的燃烧器内，使用具有高度空间分辨率的 Raman 激光光谱和测速仪，对通常看作缸壁激冷区的火焰与壁面之间的燃料、温度及速度进行监测，结果发现在低于 1 000 K 的温度下，燃料仍以极高速率由壁面向燃烧室空间扩散，然后被氧化。火焰离子检测器测量结果表明，在预混层流火焰中无碳氢化合物排放。因此，他们认为只存在双壁激冷现象，而不存在单壁激冷现象。这种见解，虽然有待于进一步研究验证，但是双壁激冷现象是研究汽油机未燃烃排放应予注意的一个重要方面。

所谓双壁激冷，亦即通常所说的燃烧室缝隙效应。按这个观点，汽油机工作时总有一些液态油滴（包括燃油和润滑油滴）或燃油蒸气隐藏在燃烧室缝隙（主要在活塞顶岸侧隙）中，因火焰无法传入其中而不能燃烧（图 11 – 2（b）），于是成为汽油机未燃烃的一个重要来源。一般来讲，缝隙效应对 HC 排放影响不大，但在低负荷运转条件下，在活塞上行时，活塞环扫过缸壁，在冷壁区凝结的燃油更易堆积在活塞顶岸侧隙中，使 HC 排放升高。

3. 燃料燃烧不完全

发动机运转时，若混合气过浓或过稀，或者废气稀释严重，或者点火系统发生故障，则在某些情况下火花塞可能不跳火，或者虽然跳火但点火失败，或者火焰在传播过程中自行熄灭，致使混合气中的部分以至于全部燃料以未燃烃形式排出，加剧了 HC 排放，如

图 11 – 2 （c)所示。

汽油的燃烧过程是很复杂的，即使在理论混合比下也不可能一次就生成 CO_2 和 H_2O。若一个气态的汽油分子相当于 C_8H_{17}，则该分子完全氧化需要 12.5 个 O_2分子，反应过程中还夹着 47 个 N_2 分子的干扰，不可设想一个汽油分子同时碰到 12.5 个 O_2 分子而生成 CO_2 和 H_2O。一般气态反应，两个分子互相碰撞的机会较多，三个分子同时碰在一起的机会则很少，因此一个汽油分子的完全氧化过程需经一系列的反应而达到最终生成物（CO_2 和 H_2O）；在反应的不同阶段，存在着不同的中间生成物，这些中间生成物若不具备进一步氧化的条件，就有可能成为部分氧化产物而被排出，这就是排气中总含有少量烃类的原因。

4. 扫气和漏气

扫气是二冲程汽油机未燃烃排放的重要来源，在二冲程发动机用混合气对气缸进行扫气时，会使部分混合气没有经过燃烧就直接由排气口排出，因此一般缸外形成混合气的二冲程汽油机的 HC 排放量比四冲程汽油机高出好几倍。此外，扫气也可能是四冲程增压汽油机 HC 排放的一个来源。

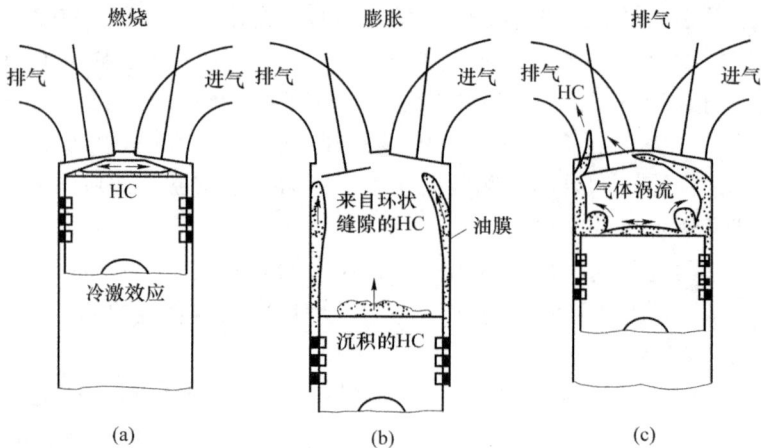

图 11 –2　气缸内 HC 形成的情况

11.2.3　氮氧化物的产生机理

氮氧化物包括 NO、NO_2、NO_3、N_2O、N_2O_3、N_2O_4 及 N_2O_5 等。在内燃机的燃烧产物排入大气前，排气中 NO_x 的主要成分是 NO 和少量的 NO_2，排入大气后，NO 会转化成 NO_2。内燃机产生的 NO_x 主要指 NO、NO_2。

NO 是在燃烧过程中，在高温条件下于燃烧室内形成的，它是在燃烧过程中氮和氧原子的许多基元反应的结果。关于 NO 的形成机理，近年来国外已进行了大量的研究，比较一致的意见是存在四种基本机理：热力学 NO、瞬发 NO、燃料 NO 以及 N_2O，这些研究结果对汽油机和柴油机都是有用的，以下主要论述热力学 NO。

氧气和氮气的简单反应，这种理论认为 N_2 和 O_2 形成一种简单的化学反应，即

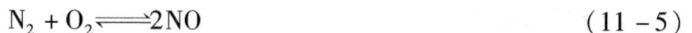

$$N_2 + O_2 \Longleftrightarrow 2NO \tag{11-5}$$

应用这个机理算出的 NO 浓度比从内燃机测得的值低得多，这是因为根据这个机理，NO 形成过程太慢，在气缸中的高温及高压下，由于反应时间太短，不能达到化学平衡的程度。

泽尔多维奇（Zeldovich）链反应机理：泽尔多维奇链反应机理认为 NO 的生成和分解主要受以下两个反应支配：

$$O + N_2 \rightleftharpoons NO + N \qquad (11-6)$$

$$N + O_2 \rightleftharpoons NO + O \qquad (11-7)$$

这些反应是连锁反应，反应是从式（11-5）开始的。当原子状态的氧和分子状态的氮相撞时，产生了 NO 及原子状态的氮（N），然后在式（11-7）中原子状态的氮与分子状态的氧相碰撞，又形成 NO 和原子状态的氧。在链反应过程中，式（11-6）左边的氧可以由式（11-7）右边的氧来供给，但是大部分原子状态的氧是在燃烧达到高温时由氧分子离解而产生的。式（11-6）与式（11-7）生成的 NO 是同一数量级的。

另外，兰沃埃（Lavoie）等人提出了经过 OH 自由基反应生成 NO 的机理。也有人提出在烃燃烧过程中产生碳氢化合物自由基时生成 N 的可能性。例如，提出了以下的反应式：

$$N + OH \rightleftharpoons NO + H \qquad (11-8)$$

通常把含有式（11-6）、式（11-7）的反应过程称为泽尔多维奇机理，如果把式（11-8）也包括在内，即称为扩展的泽尔多维奇机理。有关 NO 形成的详细机理，目前尚无定论，但研究者大多认为在内燃机的燃烧过程中，NO 的浓度受反应速率的控制，并按照反应速率理论来建立燃料在空气中燃烧时各成分的反应方程式，在进行 NO 生成量计算时，一般采用泽尔多维奇机理。

图 11-3 是用反应速率理论计算的 NO 生成量随时间变化的关系。可以看出，当时间 t 值小时，NO 的生成量比平衡时的浓度要低得多。若火焰温度长时间保持在 2 400 K，NO 平衡浓度可达数千 ppm（即 10^{-6}），而在 10 ms 时，NO 浓度只有 4×10^{-4}，约低一个数量级。这说明 NO 的生成量除了取决于温度和氧的浓度外，在高温下的滞留时间也是一个重要的影响因素。

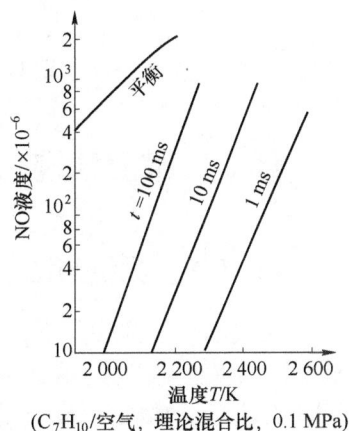

（C_7H_{10}/空气，理论混合比，0.1 MPa）

图 11-3　滞留时间与 NO 生成量的关系

11.2.4　颗粒物的产生机理

理论研究发现，汽油等轻质燃料的汽化纯粹是一个物理过程，而柴油等重质燃料的汽化则包含化学分裂（即裂解分馏）过程。这就是汽油机炭烟排放很少而柴油机炭烟排放较多的一个根本原因。虽然有关柴油机炭烟的生成机理还没有一个统一的理论解释，但一般的解释认为柴油机炭烟颗粒是不完全燃烧的产物，是燃料在高温缺氧条件下经过脱氢裂解产生的。

Brome 和 Khan 根据对火焰的研究资料，对炭烟颗粒的形成做出如图 11-4 所示的定性描述，认为炭烟颗粒的生成主要有两个途径。其一，在高温（2 000 ~ 3 500 K）缺氧区通过裂解和脱氢过程，快速产生小分子的物质，在后期出现聚合反应，最终产生炭烟颗粒。所谓脱氢和裂解过程，是指燃料分子发生高温反应，导致产生乙炔和氢，而乙炔的凝聚和燃料中的氢先行烧去又导致炭烟颗粒的产生。其二，在低于 1 500 K 的低温区则通过聚合和冷凝作用缓慢产生大分子质量的物质，最后也产生了炭烟颗粒。以上两个途径并非各自独立，而常常相互交叉进行。

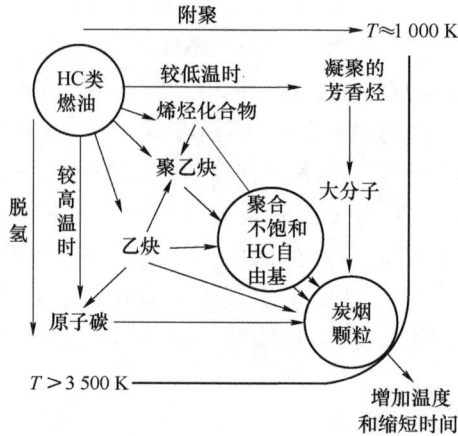

图 11-4 烃类燃料燃烧过程中生成炭烟颗粒的途径

11.3 排放法规与测试循环

11.3.1 测试方法

对汽车废气排放分析，我国和欧洲各国均采用定容取样法（Constant Volume Sampling, CVS）。各国测试法的主要区别在于行驶循环和有害物的限值。测试都根据相同的原理，轻型车在底盘测功机（转鼓试验台）上模拟被认为可代表该特殊地区车辆行驶情况的行驶循环，并测出废气中有毒物质的量。调节测功器制动功率相当于实际道路上遇到的行驶阻力，用惯性质量模拟车重。重型车由于质量及功率大，不便于在底盘测功机上测定，而要在发动机试验台架上按规定的工况进行排放测定。

图 11-5 所示为 CVS 测试系统。图 11-5（a）为美联邦测试系统，在测试循环中，车辆排出的废气用净化的环境空气稀释，并用鼓风机通过临界流喉管（Critical Flow Venturi）抽取；按冷过渡（ct）、稳定（s）及热过渡（ht）3 个阶段抽入 3 个取样袋中。图11-5（b）为欧洲（ECE/EEC）测试系统，日本、瑞典、瑞士、澳大利亚、墨西哥皆用此系统，其稀释的废气只收集在一个取样袋中，用罗茨泵（旋转活塞泵）抽取采样。

因汽车燃料系统泄漏或油箱通风系统容量不足，会有相当数量的 HC 逸散入大气中造成污染。用密封室法（Sealed Housing for Evaporative Determination, SHED）测定这部分蒸发损失，测定时将汽车经适当准备放入密封室，油箱内油量约为40%，油温为 10 ℃~16 ℃，经过 1 h，测定密封室内 HC 的浓度。

柴油机也是在规定的运行工况下测量排放物。与汽油车一样，轻型车（轿车）是在底盘测功机（图 11-6）上测试，载重汽车发动机在发动机试验台架上测定。

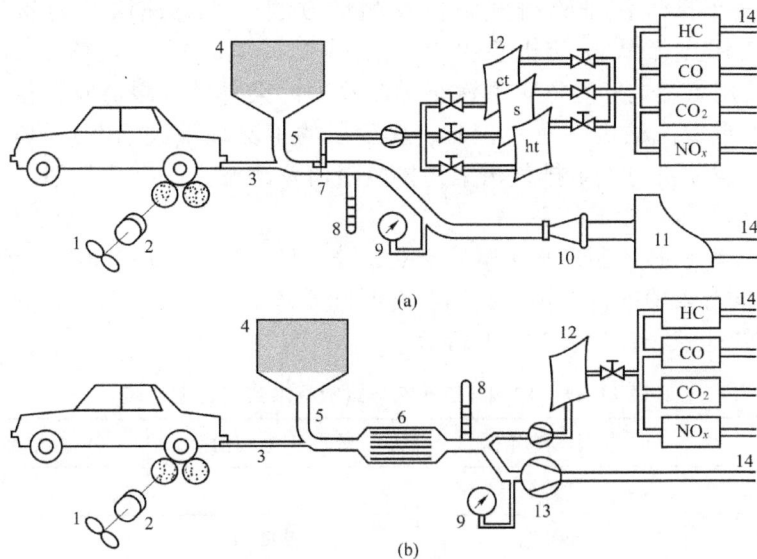

图 11-5　CVS 测试系统

（a）美联邦测试系统；（b）欧洲测试系统

1—制动器；2—惯性飞轮；3—排气管；4—空气滤清器；5—稀释空气；6—冷却器；7—取样管；
8—温度计；9—压力计；10—文氏管；11—风扇；12—取样袋；13—旋转活塞泵；14—排气出口

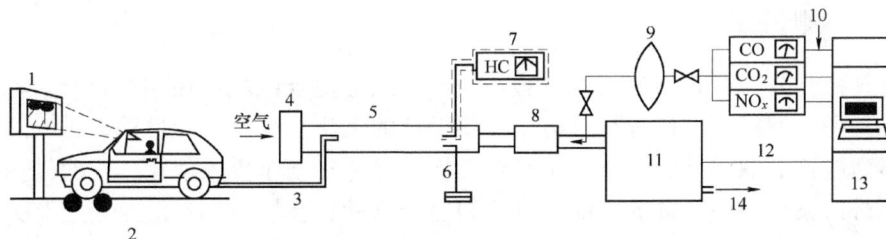

图 11-6　柴油机轿车 CVS 测试装置

1—行驶循环屏幕；2—转鼓测功器；3—排气管；4—滤清器；5—稀释管路；6—微粒取样过滤器；7—加热 FID；
8—热交换器；9—取样袋（3 个）；10—分析仪；11—等容气流；12—流量；13—计算机；14—放气口

11.3.2　排放法规

我国 1983 年参考国外法规并结合我国实际制定了汽车排放标准，后经多次修订，日渐严格。由于世界三大排放标准体系中，欧洲排放法规在标准的严格程度、道路交通情况等方面相对适合我国的实际情况，因此我国在充分吸收欧美经验后，全面等效采用欧盟（EU）指令、ECE 技术内容和部分欧共体（EEC）法规的基础上形成中国排放法规体系。

我国现行实施的是国Ⅳ阶段排放法规，使用的是 2005 年颁布的我国将在 2007 年和 2010年分别实施的中国Ⅲ、Ⅳ阶段机动车排放标准，即 GB 18352.3—2005《轻型汽车污染物排放限值及测量方法（中国Ⅲ、Ⅳ阶段）》、GB 17691—2005《车用压燃式、气体燃料点燃式发动机与汽车排气污染物排放限值及测量方法（中国Ⅲ、Ⅳ、Ⅴ阶段）》、GB 3847—2005《车用压燃式发动机和压燃式发动机汽车排气烟度排放限值及测量方法》、GB 18285—2005

《点燃式发动机汽车排气污染物排气限值及测量方法（双怠速法及简易工况法）》、GB 11340—2005《装用点燃式发动机重型汽车曲轴箱污染物排放限值及测量方法》、GB 14763—2005《装用点燃式发动机重型汽车燃油蒸发污染物排放限值及测量方法》。环境部于 2008 年制定了重型汽油机（车）国Ⅲ、Ⅳ阶段的工况法排放标准，即 GB 14762—2008《重型车用汽油机发动机与汽车排气污染物排放限值及测量方法（中国Ⅲ、Ⅳ、Ⅴ阶段）》，完善了我国机动车的排放标准体系。

由于我国的发动机整体制造水平落后于欧、美、日等国家，相应地在发动机排放方面也处于落后状态，同等限值的排放标准我国实施时间要落后欧、美、日等国家 10 年左右，不过时间差距正在快速减小，如表 11 - 1 所示。

表 11 - 1　中国与欧洲汽车排放标准实施日期比较

标准	中国实施年份	欧洲实施年份	相差时间/年
国Ⅰ前（欧 O）	1990	1973	17
国Ⅰ（欧Ⅰ）	2000	1992	8
国Ⅱ（欧Ⅱ）	2004	1996	8
国Ⅲ（欧Ⅲ）	2007	2000	7
国Ⅳ（欧Ⅳ）	2010	2005	5

11.3.3　测试循环

汽车排放检测分为型式核准检查试验、生产一致性检查试验、在用车符合性检查和在用汽车检测。其中，型式核准检查试验适用于新设计的车型；生产一致性检查试验适用于对成批生产的车辆进行的抽样试验；在用车符合性检查是指在新车投入使用一定时期内或行驶一定里程后，对污染物控制装置的功能所进行的检查试验；在用汽车检测是指按有关规定的要求对在用汽车的技术状况所进行的年检及抽样。不同的汽车排放检测试验应采用相应的检测标准。

1. 轻型汽车

由于我国轻型汽车排放标准和车用压燃式发动机排气污染物排放标准等效地采用了欧洲排放法规，因此，其试验规范也等同于欧洲汽车排放试验规范。GB 18352.3—2005 规定，我国轻型汽车试验用运转循环由 1 部（市区运转循环）和 2 部（市郊运转循环）组成，其运转方式如图 11 - 7 所示。连续进行 4 个 ECE15（市区运转循环，1 部），再加 1 个 EUDC（市郊运转循环，2 部）。完成一个试验运行的有效时间为 1 180 s（195 s×4 + 400 s），最高车速为 120 km/h，理论行驶里程为 11.007 km，平均车速为 33.58 km/h（其中 1 部的平均车速为 19 km/h，2 部的平均车速为 62.619 km/h）。

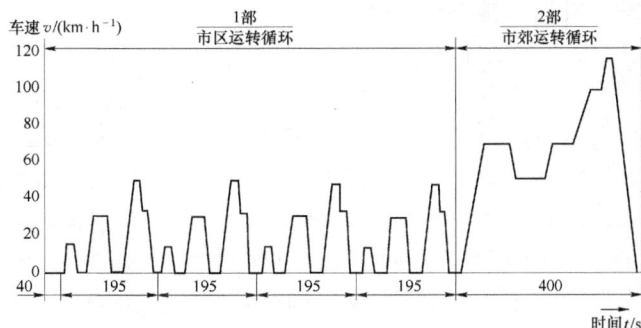

图 11 - 7　轻型汽车试验用运转循环

2. 重型柴油车

我国重型车用柴油机采用欧洲重型柴油车 13 工况试验规范，见表 11 - 2。

表 11 - 2　欧洲重型柴油车 13 工况试验规范

工况	发动机转速	负荷	加权系数	工况	发动机转速	负荷	加权系数
1	急速	0	0.25/3	8	标定转速	100	0.10
2	中速	10	0.08	9	标定转速	75	0.02
3	中速	25	0.08	10	标定转速	50	0.02
4	中速	50	0.08	11	标定转速	25	0.02
5	中速	75	0.08	12	标定转速	10	0.02
6	中速	100	0.25	13	急速	0	0.25/3
7	急速	0	0.25/3				

对于车用压燃式发动机和装用压燃式发动机的汽车，其排气烟度的测量可采用全负荷稳定转速试验和自由加速烟度试验。

3. 在用车

GB 18285—2005 和 GB 3847—2005 规定了在用汽油汽车和柴油汽车的排放污染物限值及测量所应满足的要求。标准规定：我国在用汽车采用急速法、双急速法、加速模拟工况法（稳态工况法）、瞬态工况法和简易工况法检测汽油发动机车辆的排放污染物，用全负荷稳定转速试验法和自由加速试验法检测柴油机的可见污染物。

11.4　污染物测试分析方法

目前，针对内燃机气体排放污染物中的不同成分有不同的分析测试方法，常用的测试方法有：用非扩散红外线分析仪（Non - Dispersive Infra - Red Analyzer，NDIR 分析仪）测量 CO 和 CO_2；用化学发光分析仪（Chemical Luminescence Detector，CLD）测量 NO_x；用火焰离子化分析仪（Flame Ionization Detector，FID）测量 CH，因为一般用的是氢气，所以叫氢火焰离子化分析仪（Hydrogen Flame Ionization Detector，HFID）；用静电低压撞击器（Electrical Low Pressure Impactor，ELPI）测量颗粒物粒数和质量浓度；用烟度计测量排气烟度；

在实际测量中还会对发动机瞬态排放进行测量。

11.4.1　非扩散红外线分析仪

非扩散红外线分析仪是根据不同气体对红外线的选择性吸收原理进行工作的。多数气体具有吸收特定波长的红外线的能力，红外线是波长为 $0.8 \sim 600.0 \ \mu m$ 的电磁波。除单原子气体（如 Ar、Ne）和同原子的双原子气体（如 H_2、O_2）之外，大多数非对称分子都具有吸收红外线的特性。汽车排气中的有害气体均为非对称分子，都能够吸收相应波长的红外线。"非扩散红外线"指对于被测气体，测量时所用的红外线的波长是一定的。

设 I_0 为对气体的红外线入射强度，I 为经气体吸收后透射出的红外线强度，两者遵循比尔（Bill）定律：

$$I = I_0 \exp \ (-K_\lambda cl) \tag{11-9}$$

式中　K_λ——气体对波长为 λ 的红外线的吸收系数，对于某一特定成分，K_λ 为常数；

c——气体浓度；

l——红外光透射过的气体厚度。

由比尔定律可知，当入射的红外线强度、待测成分及厚度一定时，透射的红外线强度是待测气体浓度的单值函数，这样就能够得到待测成分的浓度。

非扩散红外线分析仪是由两个相同的红外光源、分析室、基准室、检测室、信号放大器及记录显示器等组成的，如图 11-8 所示。在基准室内封存有不吸收红外线的气体（如氮气、氧气），在分析室内通入待测气体。检测室内装有可变电容器，铝膜片将检测室分隔成两部分。当红外光源照射时，由于接收的辐射能不同，使两边加热量不同，从而引起压力上升的差异，膜片移动使电极间电容发生变化。分析室内待测气体浓度变化时，到达检测室的红外光强度变化，随之电容量变化，产生的电输出信号相应改变，从而确定 CO、CO_2 的量。

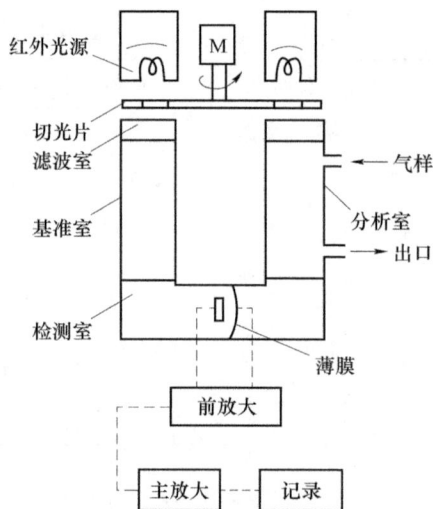

图 11-8　非扩散型红外分析仪简图

11.4.2　化学发光分析仪

化学发光分析仪具有灵敏度高（检测下限为体积分数 10^{-7} 数量级）、响应快（$2 \sim 4$ s）、输出线性好（在 $0 \sim 10^{-2}$ 量程内呈线性输出特性）和适用于低浓度连续分析等优点，是目前测定内燃机 NO_x 排放量最常用也是最好的方法。

化学发光法测量是基于 NO 与臭氧的反应：

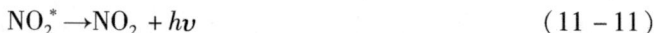

$$NO + O_3 \rightarrow NO_2^* + O_2 \tag{11-10}$$

$$NO_2^* \rightarrow NO_2 + h\upsilon \tag{11-11}$$

式中　NO_2^*——激发态 NO_2；

h——普朗克常数；

υ——光子的频率。

测量时，被测气体中的 NO 与 O_3 反应生成 NO_2 时，其中有 10% 的 NO_2 处于激发态，这种激发态 NO_2^* 在衰减回基态 NO_2 的过程中，会发出波长为 $0.6 \sim 3.0\mu m$ 的光量子 $h\upsilon$（近红外光谱线），称为化学发光。化学发光的强度与 NO 和 O_3 两反应物含量的乘积成正比，还与反应室的压力、NO 在反应室内的滞留时间及样气中其他分子的种类有关。在其他条件不变的情况下，O_3 的含量通常比 NO 高很多且几乎恒定，化学发光强度与 NO 含量成正比。因此，通过发光强度就可确定被测气体中 NO 的含量，化学发光反应产生的光子经光电倍增管转换后，由放大器送往记录器，这样就可以得到 NO 的含量。

由式（11 - 10）还可看出，化学发光法从原理上讲只能测量 NO 的含量，而无法测量 NO_2 的含量。实际应用中可以先通过适当的转换将 NO_2 还原成 NO，然后进行上述分析过程。

化学发光分析仪的工作原理如图 11 - 9 所示。O_2 进入臭氧发生器 2，产生的 O_3 进入反应室 1。被测气体有 A、B 两条途径进入反应室 1：A 直接通向反应室 1，只能测量 NO 浓度；B 通过催化转化器后才能通向反应室 1，在催化转化器 7 中 NO_2 可以根据式（11 - 12）转化成 NO，B 路可以测量 NO_2 的浓度。根据需要，通过转换开关 9 选择路径可以分别测得 NO 的浓度以及 NO、NO_2 总和的浓度，计算差值可以得到 NO_2 的浓度。

$$2NO_2 \rightarrow 2NO + O_2 \tag{11 - 12}$$

滤光片 4 可以分离给定的光谱区域，以避免其他气体成分对测量的干扰。光电倍增管检测器 5 的微弱信号经信号放大器 6 放大后输出。

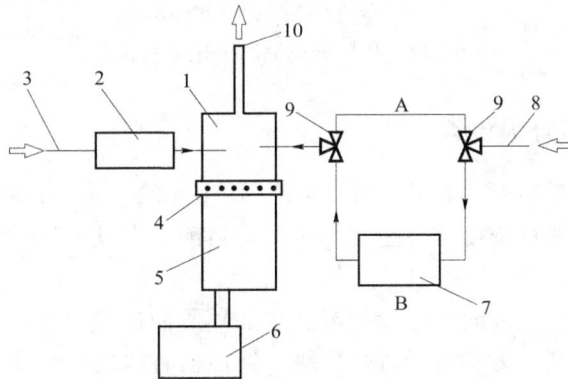

图 11 - 9　化学发光分析仪工作原理

1—反应室；2—臭氧发生器；3—氧入口；4—滤光片；5—充电倍增管检测器；
6—信号放大器；7—催化转化器；8—样气入口；9—转换开关；10—反应室出口

11.4.3　氢火焰离子化分析仪

氢火焰离子化分析仪（HFID）灵敏度高，可精确到极低含量；线性范围宽；受环境温度和压力影响小。它是目前测量汽车排放中 HC 含量的较常用的有效手段。

HFID 的工作原理是：氢燃烧产生的高温火焰可以使 HC 离子转化成自由离子，其离子数与 HC 的含量基本上成正比，通过测量离子数可以得到 HC 的浓度。

HFID 不受样气中水蒸气的影响，但是会受到氧的干扰，这种干扰可用两种措施来减小：一是用体积分数为 40% H_2 +60% He 的混合气代替纯 H_2；二是用含氧量接近待测气体的零点气和量距气进行标定。

如图 11 - 10 所示，氢火焰离子分析仪由燃烧器、点火器、离子收集器和电路组成。将

H₂ 或（H₂ + N₂）混合气引入一支毛细管，试样气体引入另一支管，然后混合气顺燃烧器管流向混合室，用热线点燃后，产生扩散型火焰，其周围用极化电池产生净电场，使电子流向燃烧器喷口，离子流向离子收集器，产生的直流电信号与离子数成比例。仪器记录下直流电流输出值，并直接标出 HC 含量。

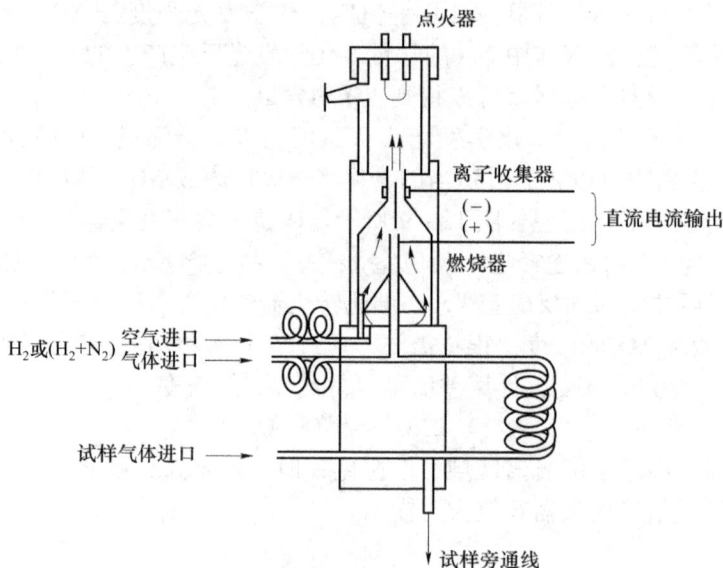

图 11-10　氢火焰离子化分析仪

11.4.4　颗粒物分级计数

静电低压撞击器测量精度非常高，在 7 nm ~ 10 μm 的范围内把颗粒物分为 13 级，能够对每级颗粒物的粒数和质量浓度进行瞬态测量，是目前对发动机排气颗粒物进行测量的常用方法。

样气经过单正极性荷电器时，电晕放电产生的离子使样气中的颗粒带电。之后，低压撞击器将带电颗粒根据空气动力学直径进行分级。撞击器各级之间绝缘，每一级单独连接一个静电电流放大器。收集在各级撞击器中的带电颗粒会产生一个电流，电流值可由相应通道的静电计测量并记录，可根据式（11-13）得到对应通道，也就是一定粒径范围内颗粒物的实时数目浓度。

$$N = \frac{I}{PneQ} \tag{11-13}$$

式中　N——颗粒数目浓度；

I——校正电流；

P——一定粒径范围内颗粒在荷电区的带电效率；

n——一定粒径范围内颗粒所带的基本电荷数目；

e——基本电荷电量；

Q——气溶胶流量（ELPI 要求气溶胶的流量为 10 L/min）。

较高的电荷对应较多的颗粒总量。每个通道的电流值与所收集的颗粒数成正比，因此也与一定尺寸颗粒范围内的颗粒物浓度成正比。ELPI 将冲击仪粒子分级的精确性和电子测量的快速反应性有效地结合在同一套装置上。

实际中的颗粒物并不是规则的球体，而 ELPI 给出的颗粒物直径是按照空气动力学计算，等价成规则球体，并且密度视为均匀。ELPI 的优点在于适合瞬态测量，并且能够分级采集不同粒径的颗粒物，便于进行后续的化学分析；其缺点是对粒径的分级不够细致。在测试时需要通过有洁净度要求的空压机提供稀释空气。

图 11 - 11 所示为 ELPI 测试装置布置图，排气进入 ELPI 之前首先需要两级稀释。对于第 1 级稀释，空气在进入稀释通道之前要加热（温度设置为 200 ℃），由于水分和排气温度相当，故要保证在稀释过程中尾气样气和稀释空气不因温差较大而使颗粒物成分发生改变；第 2 级稀释空气不再需要加热，同时，可以通过计算机控制设备的压力和放电电压。

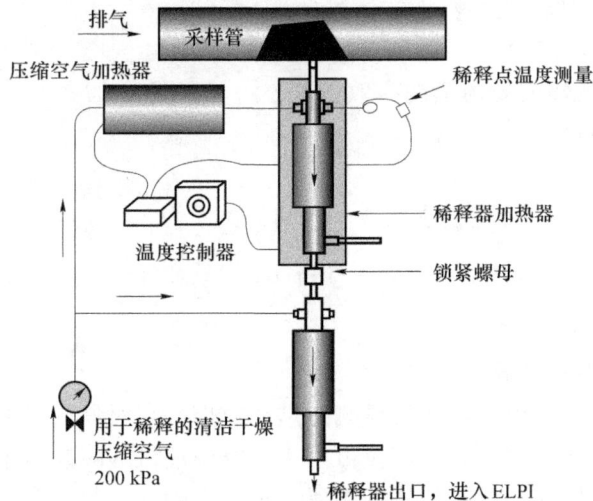

图 11 - 11　ELPI 测试装置布置图

11.4.5　烟度计

烟度的测量方法主要有两类：滤纸法，先用滤纸收集一定的烟气，再通过比较滤纸表面对光反射率的变化来测量烟度，所用的测量仪器为滤纸式烟度计；另一类是不透光烟度法，它利用烟气对光的吸收作用，即根据光从烟气中的透过度测量烟度，所用的测量仪器为不透光烟度计。

1. 滤纸式烟度计

滤纸式烟度计主要由定容取样泵和检测仪两部分组成。定容取样泵从排气中抽取一定容积的样气，使样气通过滤纸，将样气中的炭烟沉积在滤纸上。由于抽取的样气数量恒定，故滤纸被染黑的程度能反映样气中炭烟的含量。可利用检测仪测量滤纸黑度，由光源射向已取样滤纸的光线一部分被滤纸上的炭烟所吸收，另一部分被反射到环形的光电管上而产生光电流，并由指示器指示输出。光电流越小，即滤纸的染黑程度越高，表明被测炭烟的含量越高。

为保证滤纸式烟度计读数稳定，一要保证光源稳定，二要保证滤纸规格统一。

滤纸式烟度计结构简单，使用方便，能用于炭烟的质量测量，但不能用于变工况下的瞬态测量，也不能测量由油雾造成的蓝烟和白烟。由于柴油机颗粒物中各种成分对光线的吸收能力不同，故不同柴油机在不同工况下测得的滤纸烟度值与颗粒物质量之间没有一一对应的关系。

如图 11 - 12 所示，德国博士（Bosch）烟度计为典型的滤纸式烟度计。其检测结果以博士烟度单位（BSU）表示，0 为无污染滤纸的黑度，10 为全黑滤纸的黑度，在 0 到 10 之间均匀分布。

2. 不透光烟度计

不透光烟度计是利用透光衰减率来测试排气中的烟度的。让部分或全部排气流过由光源和接收器构成的光通道，接收器所接收的光强度的减弱程度就代表排气的烟度。这种烟度计除烟度显示部分外，其检测部分主要由校正装置、光源与光电检测单元（光电池等）组成。

不透光烟度计的显示仪表应有两种计量单位，一种为绝对光吸收系数单位，$0 \sim \infty \, \text{m}^{-1}$；另一种为不透光度的线性分度单位，$0 \sim 100\%$。两种计量单位的量程均应以光全通过时为 0，全遮挡时为满量程。光吸收系数 k 按下式计算：

$$\varphi = \varphi_0 \times e^{-kL} \tag{11-14}$$

式中　L——通过被测气体的光通道的有效长度；

　　　φ_0——入射光通量；

　　　φ——出射光通量。

不透光度（$0 \sim 100\%$）与光吸收系数 k 之间的关系为

$$k = -\frac{1}{L}\ln\left(1 - \frac{N}{100}\right) \tag{11-15}$$

式中　N——不透光度读数（%）；

　　　k——相应的光吸收系数。

不透光烟度计不仅可测黑烟，而且可测蓝烟和白烟。它对低浓度的可见污染物有较高的分辨率，并且可以进行线性测量。它不仅可用来研究柴油机的瞬态炭烟和其他可见污染物的排放性能，而且可以方便地测量排放法规中所要求的自由加速烟度和有负荷加速烟度。

图 11 - 13 所示为哈特里奇烟度计基本结构，这种烟度计烟度检测部分主要由校正装置、光源、光电检测单元等组成。检测前要将手柄 5 转向校正位置，引入干净的空气，对烟度计进行零点校正，然后再对被测气体进行检测。

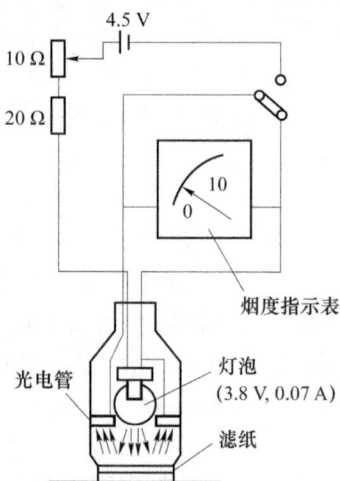

图 11 - 12　博士烟度计示意图

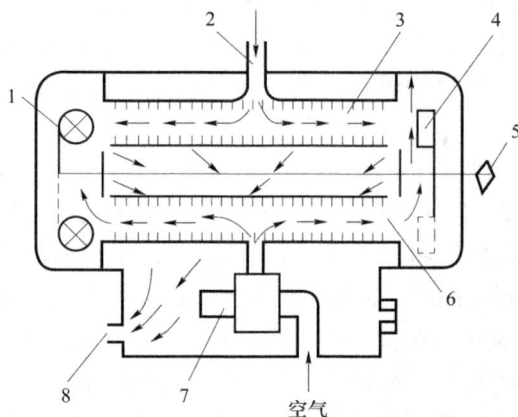

图 11 - 13　哈特里奇烟度计基本结构
1—光源；2—废气入口；3—废气测量室；4—电池；
5—手柄；6—空气测量室；7—风机；8—废气出口

11.5　主要技术对策

内燃机排气净化的技术措施可以分为机内净化和机外净化两个主要方面，从结构和成本方面考虑，希望优先采用机内净化来解决排放问题。但排放法规限值越来越低，机内净化技术措施有时不能达到要求，必须考虑使用机外净化的技术手段。

11.5.1　机内技术对策

（1）减少 CO 排放的技术策略。

控制空燃比是降低汽油机 CO、HC 排放的主要技术手段。现代汽油机大多采用多点顺序喷射的 PFI（Port Fuel Injection）供油方式，使用排气氧传感器反馈控制空燃比可以达到较高的控制精度，为使用三元催化转化器奠定了基础。常用减少 CO 排放的技术策略见表 11–3。

表 11–3　减少 CO 排放的技术策略

优化项目	策略/原理
降低各缸的不均匀性	在进气道喷射方式中，燃油的计量比较准确，但因为进气歧管设计不当导致各缸实际进入的空气质量不同，使得空燃比产生差异，会加大不均匀性，应仔细进行进气歧管设计，除保证均匀性外，还可以提高各工况下的充气效率
控制燃烧	点火提前角的控制、使用紧凑型燃烧室、加氢燃烧等
进气恒温	利用各种结构来使进气温度尽量保持恒定，因为温度变化会影响空燃比的精确控制
稀薄燃烧	稀薄燃烧不但可以提高内燃机的经济性，还能够有效抑制 NO_x 和 CO 的浓度。当前已有部分稀薄燃烧的机型面世，使用的空燃比可以达到 25~40

（2）减少 HC 排放的技术策略，见表 11–4。

表 11–4　减少 HC 排放的技术策略

优化项目	策略/原理
点火提前角	延迟点火可有效减少 HC 排放，原因是 HC 在高温下氧化的时间加长，但会使功率下降、燃油消耗率增加
燃烧室设计	随燃烧室面容比增加，HC 排放增加，使用紧凑型燃烧室，缩短火焰传播时间，或使用双火花塞方案
配气相位	优化内燃机的配气相位，减少进气门关闭前的进气回流，可以减少气门重叠角期间的新鲜混合气的排出量，需要与进排气系统设计同步进行
压缩比	压缩比提高会使燃烧室更扁平，面容比增大，未燃 HC 增加；同时由于压缩比增加，HC 的后氧化过程减弱，也会使 HC 增加；此外，压缩比提高会使 NO_x 增加，高温裂解也会产生部分 CO。从排放控制的角度来说，不宜使用更高的压缩比
供油系统	提高喷射压力，促进混合气的形成，使用无压力室的 VCO 喷嘴，降低柴油机的 HC 排放

续表

优化项目	策略/原理
活塞组设计	缝隙是产生 HC 的重要因素之一，降低火力岸与缸套的间隙、提高一环位置等
冷却系统	采用可调节强度的冷却系统，适当提高部分负荷、怠速时的燃烧室壁温，能使 HC 排放降低
曲轴箱强制通风系统（PCV）	采用封闭式曲轴箱强制通风（PCV）系统（图 11 – 14），以防止曲轴箱有害污染物逸散入大气中

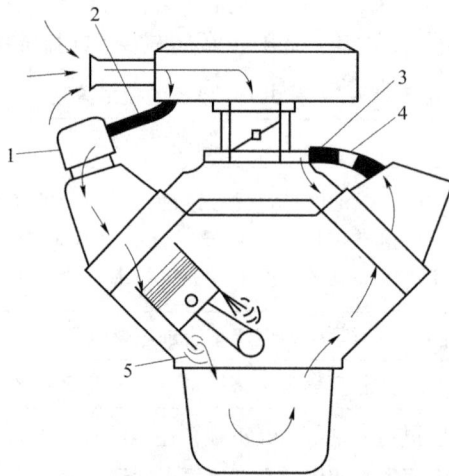

图 11 –14　曲轴箱强制通风系统

1—密封式加油口盖；2—空气滤清器连接管；3—进气歧管连接管；4—PCV 阀；5—窜缸气体

从发动机气缸窜入曲轴箱的气体，其中含有高浓度的未燃燃料、润滑油蒸气及未完全反应的烃。据估计，曲轴箱窜气占发动机 HC 排放量的 20% ~25% 。

（3）减少 NO_x 排放的技术策略，见表 11 –5。

目前，汽油机降低 CO、HC 和 NO_x 的主要技术手段是使用三元催化转化器，但在柴油机中控制 NO_x 很困难，原因是：柴油机使用过量空气，不能用理论空燃比下的三元催化转化技术；NO_x 和 PM 的控制存在矛盾，只能在 NO_x 和 PM 之间折中控制；柴油机的压缩比较高，峰值温度很高，NO_x 的生成量较汽油机大。

表 11 –5　减少 NO_x 排放的技术策略

优化项目	策略/原理
增压中冷	采用增压中冷技术，提高进气密度，配合供油系统改进，不但可以提高发动机平均有效压力，改善动力性能，还可以达到降低柴油机燃油消耗率和 NO_x、PM 排放的目的。增压中冷是柴油机满足各阶段排放法规的常用策略
推迟喷油/点火	降低燃烧的最高温度

续表

优化项目	策略/原理
优化喷油规律	减少滞燃期内喷入气缸的燃油量，抑制预混燃烧导致的高 NO_x，通过改变喷油规律控制压力升高率和最高燃烧温度，可以有效降低 NO_x 的排放
提高喷油压力	促进混合气形成，并可以适当滞后喷油，降低 NO_x
废气再循环	见下述说明

废气再循环（Exhaust Gas Recirculation，EGR）（图 11 – 15）可以较大幅度地降低 NO_x 排放，主要原因是废气具有较大的比热，降低了内燃机工作循环的最高温度，破坏了原有的混合气形成条件，引入的废气阻滞了燃烧过程。随着引入废气量的增加，NO_x 降低较多，但有效燃油消耗率增加，排气温度提高，发动机性能恶化，在实际工作中，必须对 EGR 进行精确控制。EGR 技术在汽油机上已普遍应用，在增压柴油机上，由于排气压力大于进气压力的范围较小，可能需要采用可变几何增压器等特殊措施，才可用于执行欧Ⅲ排放标准以后的直喷式柴油机中，其中冷却 EGR 是降低 NO_x 排放而无燃油消耗率损失的最简便方法。

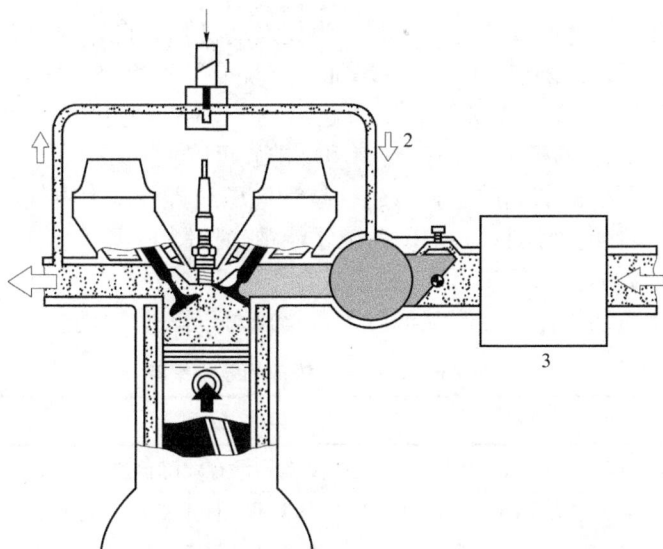

图 11 – 15　废气再循环

1—EGR 阀；2—排气再循环；3—混合气形成系统

废气再循环量常以 EGR 率表示，即

$$EGR\ 率 = \frac{G_e}{G_e + G_a} \times 100\% \qquad (11 – 16)$$

式中　G_e——再循环的废气量；

　　　G_a——吸入气缸的空气量。

废气再循环对废气成分和燃油经济性的影响如图 11 – 16 所示。

废气再循环量要依发动机工况变化进行控制。在怠速及低负荷时，为保证燃烧正常，

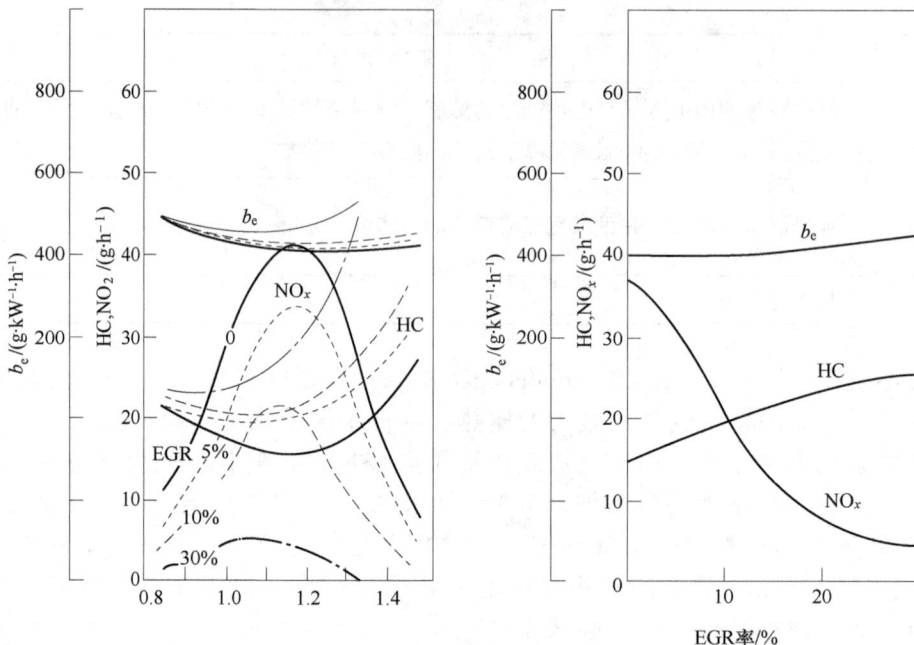

图 11 - 16　废气再循环对废气成分及燃油经济性的影响

EGR 率为 0；在全负荷、高速或油门全开时，为使发动机具有良好的动力性，也要降低 EGR 率，甚至停止废气再循环。随着 EGR 率的增加，燃烧变得不稳定，缺火严重，HC 排放量增加。一般当 EGR 率超过 15% ~ 20% 时，动力性和经济性明显恶化，因此，EGR 率应控制在允许限度内。试验表明，EGR 率在 15% 时，NO_x 排放可降低 60% 。

现有的方法中，可根据节气门位置、进气歧管气压或排气压力由气动系统或机械系统来控制 EGR 率，但是只有电子控制的 EGR 系统才能精确控制 EGR 率。

（4）减少 PM 排放的技术策略。

增压中冷、优化喷油规律、提高喷油压力等措施可以减少 PM 排放，见表 11 - 6。

表 11 - 6　减少 PM 排放的技术策略

优化项目	策略/原理
喷嘴	使用多孔、小孔径喷嘴使雾化质量提高，有效降低炭烟排放
多次喷射	常用的方法是用三次喷油达到 NO_x/炭烟/油耗三者的最优平衡。先导喷射可以产生部分焰前反应，缩短滞燃期；推迟主喷射提前角，维持 NO_x 不变，获得油耗下降，同时降低燃烧噪声；后喷射提高膨胀早期的燃烧温度，促使炭烟排放减少
进气涡流	适当的进气涡流可以缩短燃烧持续期，促进雾化混合，降低 CO、HC 和 PM 排放，但会导致 NO_x 排放增加
燃烧室设计	与压缩比优化配合，使用有收口的哑铃型燃烧室

11.5.2　机外技术对策

在机内措施不能使排放符合要求时，可用后处理办法，以进一步减少排气中的有害污染物。各类后处理技术及装置如图 11 – 17 所示。

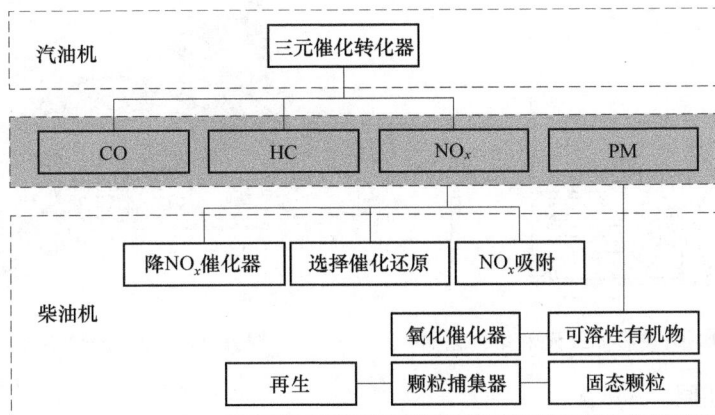

图 11 – 17　后处理技术及装置分类

1. 三元催化转化器

三元催化转化器一般安装在排气系统中排气管的初始段，如图 11 – 18 所示位置，此处的排气温度较高，有利于催化反应的进行。三元催化转化器要求空燃比精确控制在理论空燃比，但实际发动机控制中存在滞后，一般有 1% 的波动，这种波动有时会偏离三元催化转化器的高效窗口。陶瓷载体三元催化转化器如图 11 – 19 所示。

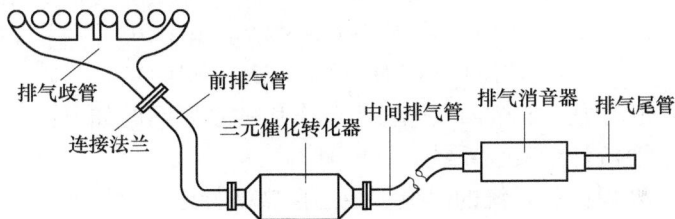

图 11 – 18　带三元催化转化器的排气系统

评价三元催化转化器性能的指标有：转化率、起燃温度特性、空燃比特性、空速特性、流动特性、寿命等。

2. 颗粒捕集器

颗粒捕集器（图 11 – 20）一般采用整体陶瓷蜂窝结构，具有较高的过滤效率，可以降低 85% 的颗粒，包括固体及可挥发物，目前已有部分商业应用，如城市大客车。但大量商业应用还存在一些问题，主要是：

（1）再生温度要求超过 600 ℃ ~ 800 ℃，可以采用电加热（Donaldson 公司）、燃油加热（Deutz 公司）再生，带来运行成本的增加与燃油消耗量的增加。

（2）拆卸再生过程中车辆不能运行。

（3）尺寸大、成本高。

（4）结构复杂，可靠性与排放耐久性需要经过实践检验。

（5）维护费用高，多次拆卸安装增加了滤芯损坏的机会。

近年来，在再生技术方面取得了一定的进展，如采用催化剂降低起燃温度，可降至 400 ℃；利用高压共轨电控喷油技术实现后喷，实现连续再生，与其他后处理器集成，可进一步降低成本。

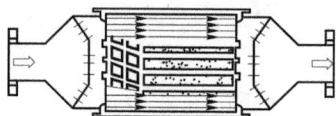

图 11-19 陶瓷载体三元催化转化器

图 11-20 颗粒捕集器

3. 选择催化还原

鉴于柴油机缸内燃烧同时降低颗粒和 NO_x 的矛盾，以及颗粒捕集器技术的成熟程度，比较现实的选择是通过缸内燃烧解决颗粒排放，降低发动机的燃油消耗率，再额外附加一种性能较好的还原剂，用后处理技术解决 NO_x 排放。还原剂可选择尿素，蒸发后变成氨。选择催化还原工作原理如图 11-21 所示，主要的化学反应如下：

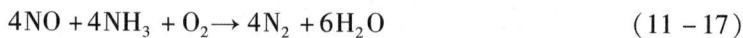

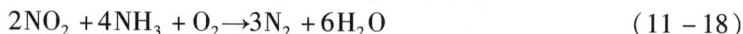

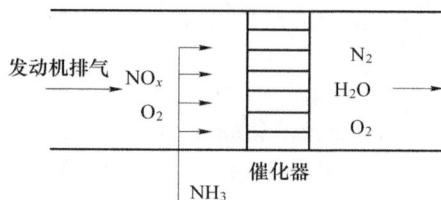

图 11-21 选择催化还原工作原理图

$$4NO + 4NH_3 + O_2 \rightarrow 4N_2 + 6H_2O \tag{11-17}$$
$$2NO_2 + 4NH_3 + O_2 \rightarrow 3N_2 + 6H_2O \tag{11-18}$$

该技术可用于固定动力，如柴油发电机组。车用的主要问题如下：

（1）加装尿素水溶液计量喷射系统。

（2）发动机及后处理控制系统的集成、控制逻辑及标定。

（3）氨在排气中的分布。

（4）在低温下尿素水溶液结晶堵塞喷嘴。

（5）尾气残氨含量的测量。

4. NO_x 吸附器

NO_x 吸附器是 TOYOTA 公司针对稀燃汽油机开发的专用后处理器，使用贵金属铂（Pt）作催化剂，后用于柴油机 NO_x 后处理。NO_x 吸附器的工作原理如图 11-22 所示，当柴油机正常运行时，混合气稀薄，排气中的 NO 被 Pt 催化生成 NO_2，被碱金属吸收生成硝酸根；当混合气较浓，变成富燃油运行时，排气中的 HC、CO、H_2 把从碱金属中析出的硝酸根变成 N_2。NO_x 吸附器要求使用无硫或低硫燃油，硫含量增加时，会使 Pt 失活，碱金属表面硫化后转化效率降低。

5. 氧化催化器

氧化催化器可以氧化 80% 颗粒中的可挥发物，可以降低 40% 的 HC 和 CO 排放，对 NO_2 排放影响不大，对固体颗粒无效。大部分欧洲柴油轿车上装有氧化催化器。降低颗粒的总效率取决于可挥发物在颗粒中的密度及燃油含硫量。高硫含量还会增加颗粒物排放。氧化催化器可以和排气消音器集成为一体，工作温度一般在 200 ℃ ~300 ℃，排气温度太低，催化剂不起作用；排气温度太高，诱发硫酸盐的生成。

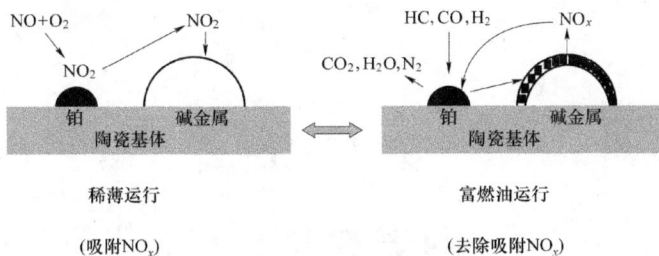

图 11 – 22　NO$_x$ 吸附器的工作原理

本章复习题

1. 影响汽油机有害排放物的因素是什么？如何控制？
2. 影响柴油机有害排放物的因素是什么？如何控制？
3. 描述针对不同的污染物所采用的检测方法。
4. 比较分析不同测试循环的工况特点。

第 12 章
内燃机增压

12.1 概述

12.1.1 增压的意义

增压是提高发动机升功率的一种有效措施，废气涡轮增压还能改善经济性，现在大中型载重汽车柴油机大多采用涡轮增压。特别是采用中冷后，对减少 NO_x 和微粒排放非常有效。对于高强化的坦克发动机，除少数用燃气轮机外，大部分采用增压柴油机。目前，国外重型柴油机几乎全部采用涡轮增压技术，小型柴油机 60% 以上采用涡轮增压技术，汽油机也逐渐有 30% ~40% 的机型采用了涡轮增压技术。

内燃机增压后，发动机功率的提高程度以增压度 λ_z 表示，即

$$\lambda_z = \frac{P_{ez}}{P_e} = \frac{p_{mez}}{p_{me}} \approx \frac{\rho_{ez}}{\rho_e} \tag{12 - 1}$$

式中　　P_{ez}，p_{mez}，ρ_{ez}——增压后的发动机功率、平均有效压力及进气密度；

　　　　P_e，p_{me}，ρ_e——未增压时的发动机功率、平均有效压力及进气密度。

增压后，进入气缸的气体压力与大气压力之比称为增压压比 π_k。通常以增压压比 π_k 大致划分增压程度的范围：

（1）低增压。$\pi_k = 1.3 ~ 1.6$，相当于四冲程柴油机 $p_{me} = 0.7 ~ 1.0$ MPa。

（2）中增压。$\pi_k = 1.6 ~ 2.5$，相当于四冲程柴油机 $p_{me} = 1.0 ~ 1.5$ MPa。

（3）高增压。$\pi_k > 2.5$，相当于四冲程柴油机 $p_{me} > 1.5$ MPa。

（4）超高增压。$\pi_k > 3.5$，p_{me} 可达 3.0 MPa。

12.1.2 增压的限制因素

增压发动机工作循环始点的工质参数高于非增压的数值，因而循环各点的压力、温度都有提高，所以用增压的办法来提高发动机的功率指标受到一定限制。增压度受以下因素约束：

（1）机械负荷。随着增压压力的增长，平均有效压力 p_{me} 增大，最高燃烧压力 p_{max} 相应提高，发动机主要零件，特别是缸盖、曲柄连杆机构和轴承受力增加。

（2）热负荷。增压后，整个工作循环的温度升高，使活塞组、缸盖、气门、喷油器及缸套等零件的热负荷增大。热负荷高还会使润滑油炭化结焦、破坏零件间的正常润滑。金属材料在高温下，机械性能变坏。高增压发动机热负荷问题比机械负荷更严重。

（3）涡轮增压器的工作性能。目前制造涡轮的耐热材料的长期工作温度一般为 650 ℃，个别允许达到 720 ℃。压气机叶轮材料为铝合金，圆周速度 u_2 一般在 300 ~ 400 m/s，这相当于增压压比为 3 ~ 4。

（4）中冷器性能。增压压力提高后，进气温度随之升高，例如，当 $p_C = 0.3$ MPa 时，温度 t_C 约为 230 ℃。如果保持发动机进气温度为 50 ℃ ~ 80 ℃，就要降温 180 ℃ 左右，因此需要设计出体积小、性能高的中冷器，否则会给布置带来困难。

发动机沿外特性工作时，功率的限制因素除冒烟外，还有排气温度、涡轮转速及气缸内最高燃烧压力等。冒烟限制出现在低转速范围，其他因素都在高速范围，如图 12 - 1 所示。

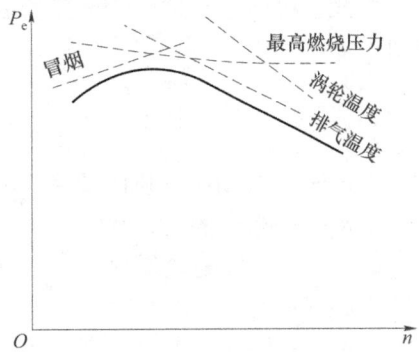

图 12 - 1   涡轮增压柴油机功率限制范围

12.1.3 增压的分类

为提高平均有效压力而增加气缸内封存气体密度 ρ_s 的方法称为增压。现有 3 种基本方法：机械增压；废气涡轮增压（简称涡轮增压）；利用气体动力学方法提高密度 ρ_s，其中一种是利用进气管谐振增压，另一种称为气波增压（Comprex）。在某些发动机上，可将以上方法联合使用。各种增压方式的结构原理如图 12 - 2 所示。

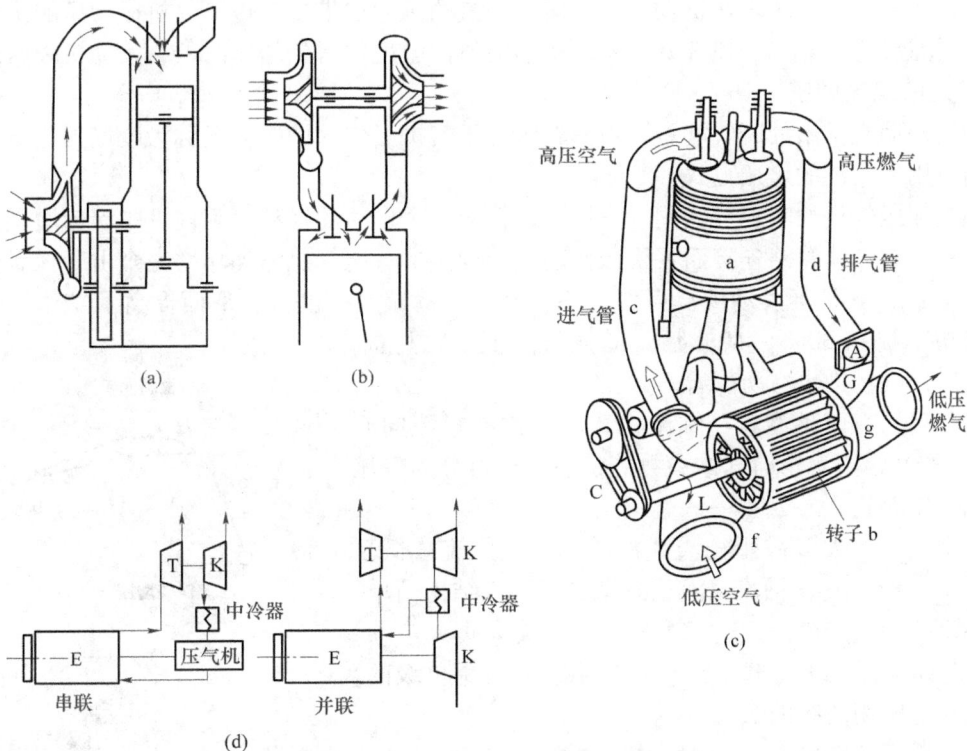

图 12 - 2   各种增压方式的结构原理
（a）机械增压；（b）涡轮增压；（c）气波增压；（d）复合增压

1. 机械增压

由发动机曲轴经过齿轮增速箱驱动压气机，压气机一般采用离心式或转子式的。驱动压气机的功率为

$$P_C = \frac{k_C}{k_C-1}\frac{R_a T_0}{\eta_k}\left[\left(\frac{p_C}{p_0}\right)^{\frac{k_C}{k_C-1}}\right]G_k \qquad (12-2)$$

式中　P_C——驱动压气机的功率；

　　　R_a——空气的气体常数；

　　　k_C——压缩绝热指数；

　　　p_0——大气压力；

　　　p_C——增压压力；

　　　T_0——大气温度；

　　　η_k——压气机有效效率，它和绝热效率 η_{adk} 及机械效率 η_{mk} 有关，即 $\eta_k = \eta_{adk}\eta_{mk}$；

　　　G_k——空气流量。

增压压力 p_C 越高，压气机消耗功率越多。驱动压气机的功率要从发动机指示功率中扣除，如果增压压力 p_C 过高，机械增压将得不到增压的效益，合理的 p_C 值范围与压气机效率、类型及发动机工作过程的品质有关。对于转子式压气机，$p_C \leqslant 0.155 \sim 0.160$ MPa；对于离心式压气机，$p_C \leqslant 0.250$ MPa。增压压力再高时，发动机的有效功率将下降。

机械增压的缺点是燃油消耗率上升，一般会增加 3% ~ 5% 的燃油消耗。此外，为驱动压气机还要有一套齿轮增速机构，对于轿车用汽油机用皮带传动也可；机械增压的优点是发动机的瞬态反应较好，加速性好，发动机动力舱内温度比涡轮增压时低，发动机较紧凑。

2. 废气涡轮增压

利用发动机排出的废气能量，由涡轮驱动压气机工作的增压方式称为废气涡轮增压，这是当前应用最广泛的增压方式。

涡轮和压气机的叶轮装在同一根轴上，构成一个单独的发动机附件——涡轮增压器。它与发动机只有气体管路连接而无机械传动，结构简单。压气机消耗功率完全由废气涡轮供给（$P_C = P_T$），不再消耗发动机自身的功率。增压后机械效率上升，从而提高了发动机的经济性。当功率提高 30% ~ 40% 后，油耗可降低 5% 左右。此外，对排气污染也有所改善。

废气涡轮有两种型式：轴流式和径流式（径流向心式）。此外，根据涡轮前气体参数的状态，还可分为等压涡轮和变压涡轮。

车用发动机大多采用径流式涡轮，在气体流量低于 120 m³/min 时，它比轴流式涡轮效率更高，且结构简单、尺寸小，叶轮生产简便，适于大量生产，成本低。

压气机均采用离心式，当 $p_C < 0.4$ MPa 时用单级的，超过这个范围用两级的。

涡轮增压的缺点是低速时，扭矩特性线不理想（图 12-3），对负荷变化所需的反应时间长。

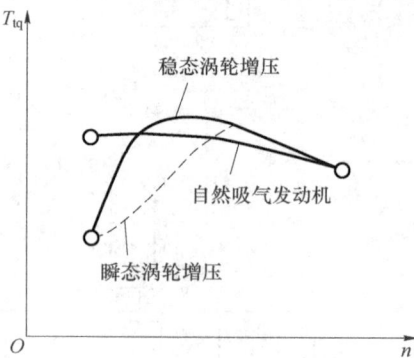

图 12-3　涡轮增压和非增压发动机扭矩曲线比较

3. 气波增压

气波增压器是利用空气动力学原理，使封存于转子叶片槽道内的废气与空气之间由压力波直接交换能量（图 12-4），转子由皮带驱动，在转子上装有许多直叶片，叶片和壳体之间构成许多直的槽道。

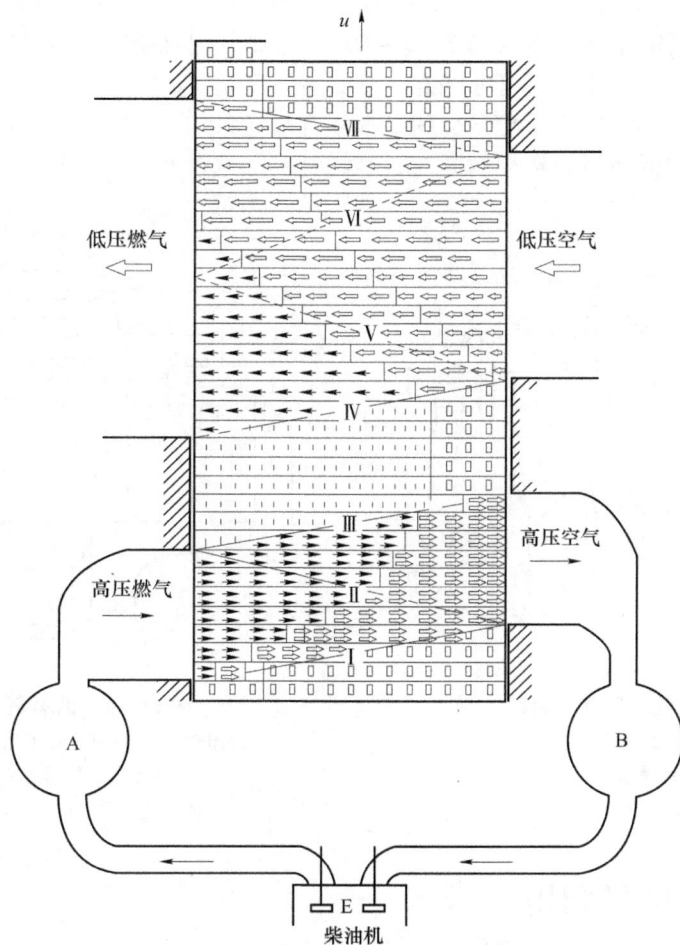

图 12-4 气波增压器转子展开图

在叶片槽道中能量传递以声速进行，该声速是废气温度的函数，主要受发动机扭矩影响，而与转速无关。叶片为不等间距，以减小噪声。叶轮在圆柱形外壳中旋转，外壳两端有空气和废气的通道，一端是低压空气入口和高压空气出口，另一端是高压废气入口和低压废气出口。

目前，气波增压器已有系列产品，与涡轮增压相比，其优点是结构简单，制造简便，发动机低速性能好，对变工况反应快，废气中有害成分含量低；其缺点是工作噪声大，尺寸、质量大，由于必须由曲轴驱动，其安装位置受到限制。

4. 复合增压

复合增压系统中包括机械增压及废气涡轮增压。根据增压器组织方式的不同，又分为串联及并联两种方式。串联复合增压有较高的压比；并联的空气流量较大，压气机尺寸可以减小。

此外，还有一种称为机械传动的涡轮增压复合系统（图 12 - 5）。发动机曲轴与废气涡轮有机械联系，当涡轮功率 P_T 小于压气机功率 P_C 时，柴油机经过齿轮驱动给涡轮补充能量，如果两者平衡，机械传动脱开，使发动机的 η_m 提高。这种方案在一些二冲程发动机上常有应用，因为在部分负荷时可能出现 $P_T < P_C$。

与四冲程发动机相比，二冲程涡轮增压柴油机由于没有泵气冲程，故起动和低速工作时较困难，实现换气所需空气量多（多 30% ~ 40%），排气温度低（低 20% ~ 30%）。涡轮增压复合系统是克服这一困难的可行办法之一。

将进气谐振增压和涡轮增压相结合的谐振复合增压系统（图 12 - 6）对车用柴油机也有很好的效果，在改善低速扭矩特性的同时，经济性、加速性和排放指标可得到相应改善。

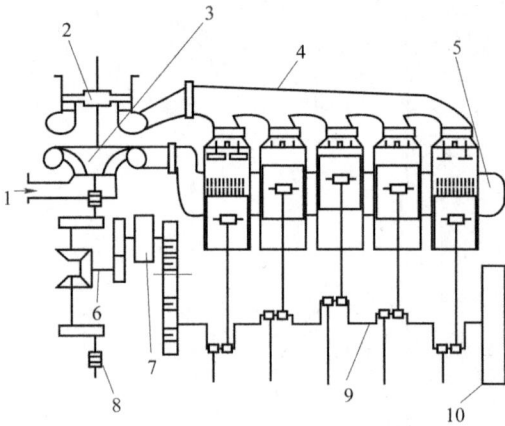

图 12 - 5　涡轮增压复合系统

1—进气口；2—涡轮排气口；3—压气机；
4—排气管；5—扫气室；6—扭力轴；
7—超扭矩离合器；8—联轴节；9—曲轴；10—飞轮

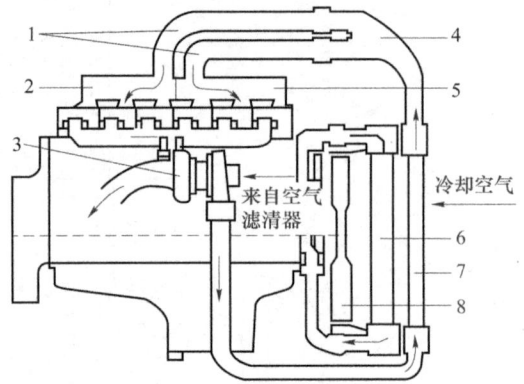

图 12 - 6　谐振复合增压系统

1—谐振管；2—4，5，6 缸共振腔；3—涡轮；
4—补偿器；5—1，2，3 缸共振腔；
6—散热器；7—中冷器；8—风扇

12.2　废气能量利用

涡轮增压器是利用内燃机排出气缸的废气能量进行工作的，因此，提高废气能量的利用率对改善涡轮增压发动机性能有重要意义。

12.2.1　最大可用废气能量

四冲程柴油机在排气门打开后，气缸内工质继续绝热膨胀到大气压力时所获得的功由 $p - V$ 示功图上的面积 bfd（图 12 - 7）表示。可以设想利用一个理想的涡轮做功，并且在此过程中没有散热、摩擦等损失，同时假定在此过程中活塞是静止的，从而可算出 1 kg 废气膨胀到大气压力时获得的功：

$$E_E = U_b - U_f - p_0 \ (V_f - V_d) \ = c_V \ (T_b - T_f) \ - p_0 \ (V_f - V_d) \ = c_V \left[T_b - T_b \left(\frac{p_f}{p_b} \right)^{\frac{k}{k-1}} \right] - p_0 R \ \cdot$$

$$\left(\frac{T_f}{p_f} - \frac{T_b}{p_b} \right) = RT_b \left[\frac{1}{k-1} - \frac{k}{k-1} \left(\frac{p_0}{p_b} \right)^{\frac{k}{k-1}} + \frac{p_0}{p_b} \right] \tag{12 - 3}$$

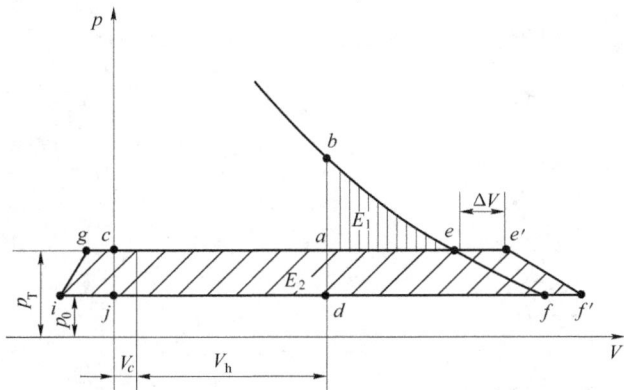

图 12 – 7　四冲程柴油机的部分示功图

由式（12 – 3）可以看出，提高 T_b 及 p_b 可增大 E_E，即增压压力越高，柴油机负荷越大时，E_E 越大。实际上，柴油机从排气门流出废气的最大可用能还应包括活塞的推出功 E_p（即图 12 – 7 中的面积 *acjd*）以及扫气气体膨胀功 E_s（即图 12 – 7 中面积 *gijc*）。总的最大可用废气能量 E_g 为以上三部分之和，即

$$E_g = E_E + E_p + E_s \tag{12-4}$$

12.2.2　利用废气能量的基本方式

废气涡轮增压时，基本上有两种利用废气能量的方式：等压增压系统、变压涡轮系统（或称脉冲增压系统）。

采用等压增压系统时，各缸排出的废气首先流入一个容积较大的排气总管，然后再流入涡轮。排气总管起稳压箱作用，因此涡轮前的气体压力 p_T 脉动较小。此时涡轮进口的燃气状态在图 12 – 7 中以 *e* 点表示。等压涡轮的膨胀功以面积 *efjc* 表示，面积 *cgij* 为扫气空气在涡轮中做的功，因此等压涡轮的总功 E_z 以面积 *efig* 表示。显然，以面积 *bea* 为代表的能量 E_1 未利用。实际上，这部分能量消耗于废气通过排气门时产生的节流以及在排气管道内产生的摩擦、涡流等不可逆损失，而这些损失产生热量，使气体加热，因而涡轮前的燃气温度高于等熵膨胀后的燃气温度，使涡轮进口的状态点为 *e'* 点，从而使涡轮功的面积增加 *e'f'fe*，这部分能量仅是以面积 *bea* 为代表的少部分能量。当涡轮进口废气的温度为 T_T、压力为 p_T 时，等压涡轮的膨胀功 E_2 为

$$E_2 = \frac{k_C}{k_C - 1} R_a T_T \left[1 - \left(\frac{p_0}{p_T} \right)^{\frac{k_C}{k_C - 1}} \right] \tag{12-5}$$

等压增压时，涡轮进口气体参数较稳定，涡轮有较高的效率。

采用变压涡轮系统时，排气管做成分支形式。组织分支的原则是将发火相隔较远的各缸废气流入一个较细、较短的总管，其端部与涡轮进口相接。四冲程发动机，应将发火间隔为 240°曲轴转角（二冲程发动机应为 120°曲轴转角）的各缸排气管接入一个总管。如直列式六缸四冲程发动机的发火次序为 1 – 5 – 3 – 6 – 2 – 4 时，则将 1、3、2 缸排气管组成一个总管，另将 4、5、6 缸组成一个总管。脉冲增压四冲程柴油机排气管布置如图 12 – 8 所示。

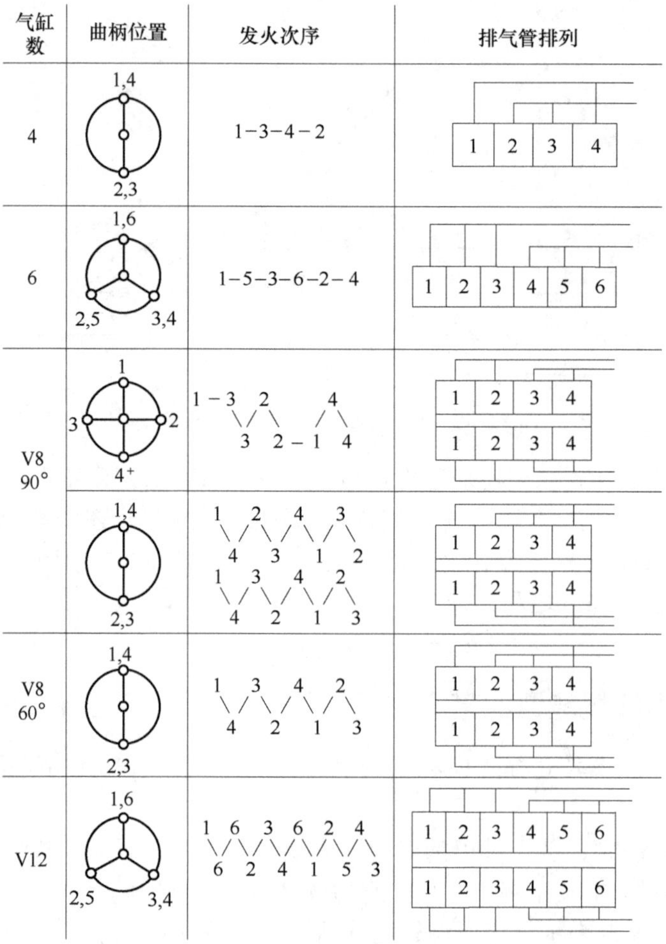

气缸数	曲柄位置	发火次序	排气管排列
4	1,4 / 2,3	1-3-4-2	1 2 3 4
6	1,6 / 2,5 3,4	1-5-3-6-2-4	1 2 3 4 5 6
V8 90°	1 / 3 2 / 4+	1-3 2 4 3 2-1 4	1 2 3 4 / 1 2 3 4
V8 90°	1,4 / 2,3	1 2 4 3 4 3 1 2 / 1 3 4 2 4 2 1 3	1 2 3 4 / 1 2 3 4
V8 60°	1,4 / 2,3	1 3 4 2 4 2 1 3	1 2 3 4 / 1 2 3 4
V12	1,6 / 2,5 3,4	1 6 3 2 4 5 6 2 4 1 5 3	1 2 3 4 5 6 / 1 2 3 4 5 6

图 12-8 脉冲增压四冲程柴油机排气管布置

脉冲增压时，废气在流动过程中，节流及扩压等损失低于等压增压的情况，因此能量 E_1 部分可更多地得到利用。常以脉冲能量利用系数 K_E 表示能量的利用情况。

$$K_E = \frac{E_2 + K_1 E_1}{E_2} = 1 + \frac{K_1 E_1}{E_2} \tag{12-6}$$

式中 K_1——能量 E_1 的利用率。

增压比 p_C/p_0 变化时，K_E 值也变化，由图 12-9 得到以下结论：

（1）随增压比 p_C/p_0 的提高，K_E 值逐渐趋近于 1；当 p_C/p_0 达到 3 时，K_E 随 p_C/p_0 的变化很小。这说明 $p_C/p_0 > 2.5 \sim 3.0$ 时，在废气能量利用方面，脉冲增压与等压增压相同。在 $K_1 < 0.5$，p_C/p_0 不超过 $1.6 \sim 1.8$ 时，能量 E_1 可得到最有效的利用。所以在低增压时，用脉冲增压系统较好；高增压时，用等压增压系统较好，因为此时脉冲增压得到的能量增益不多，而排气系统布置复杂，涡轮效率低。

（2）提高系数 K_1 可以更好地利用脉冲能量 E_1。柴油机增压度是选择脉冲增压或等压增压的依据之一，但还要考虑其他方面的因素。

脉冲增压系统的低负荷工作性能和加速性能均优于等压增压系统。因而在车辆发动机上，即使 $p_C/p_0 > 2.5$ 时仍然采用脉冲增压方式。

脉冲增压还能改善气缸扫气、提高充气系数和降低缸盖、活塞顶及排气门等受热零件的热负荷。图 12 – 10 表示四冲程六缸柴油机排气管内废气压力（排气脉冲波）随曲轴转角的变化关系。四冲程发动机每缸的排气过程约为 240° 曲轴转角。由于排气管采取分支形式，将排气相隔 240° 曲轴转角的各缸排气管组织在一起，因此在扫气阶段，进、排气压力和增压压力有较大压差 Δp，使扫气充分（图 12 – 10（a））。

等压增压时各缸排气进入一个容积较大的总管，脉冲波互相重叠（图 12 – 10（b）），在扫气阶段，往往发生 $p_T > p_C$ 而使扫气恶化，并降低了充量系数。因此，等压增压发动机的气门重叠角一般较小。

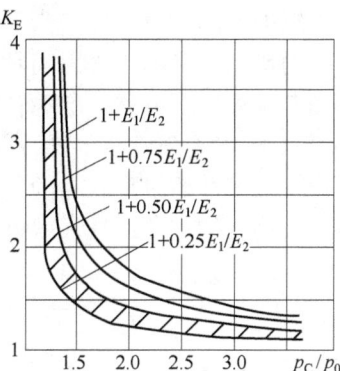

图 12 – 9　脉冲能量利用系数随增压比 p_C/p_0 的变化关系

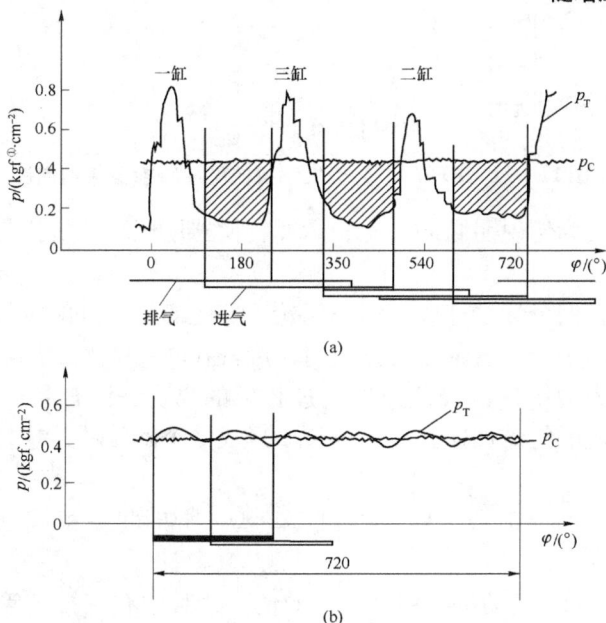

图 12 – 10　排气压力随曲轴转角的变化关系

随着涡轮增压技术的发展，还出现了脉冲转换器、多脉冲系统及 MPC 系统。

发动机气缸数目为 3 的倍数时，四冲程发动机把发火间隔为 240° 曲轴转角的三个气缸排气歧管组成一组（二冲程间隔为 120°），可构成一个理想的全脉冲系统，涡轮效率虽然降低，但数值有限（约 3%）。但对于 4，5，8，10 等气缸数目的发动机，为使气缸之间扫气、排气不发生干扰，只能把发火间隔为 360° 或 180° 的气缸连在一个排气歧管上，由于在同一歧管中，排气间隔大于排气持续时间，故在发动机的每一循环中都会造成对涡轮的不连续供气，或称间歇供气。

间歇供气使排气管内反复产生抽空和充填，废气流动损失增加，可用能量减少。在工作轮中造成局部真空会引起空转损失，同时由于喷嘴和工作叶栅之间发生不规则流动还引起叶

---

① kgf 为非法定计量单位，1 kgf = 9.806 65 N。

栅损失，涡轮效率进一步下降。为使4，5，8，10，16等气缸数目的发动机既能利用脉冲增压的优点，又能改进因间歇供气涡轮效率下降的缺点，通常用脉冲转换器（Pulse Conveter）和多脉冲增压方式。脉冲转换器用于4缸、8缸及V16缸等涡轮增压机型上。图12-11为BF8L413F型发动机的脉冲转换器结构简图。脉冲转换器的进口与排气歧管连接。转换器的管路截面开始时是收缩的，呈喷嘴状，使气体加速。从两个歧管供给的气体在混合室混合后进入涡轮的进口，这样就可以保证涡轮不间断地供气。

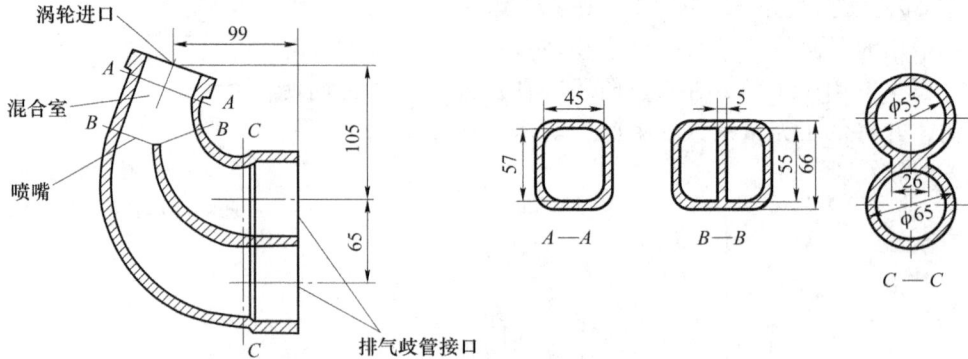

图12-11 BF8L413F型发动机的脉冲转换器结构简图

现以四冲程四缸机为例说明脉冲增压和脉冲转换器增压发动机排气管分支结构形式的区别（图12-12）。

装脉冲转换器后，四个气缸连成一组，涡轮可接受四个气缸的废气，而且各缸不会有很大的排气干扰。因为当一个歧管的气缸排气时，废气在收缩喷嘴中加速，压力能转变成速度能，此时另一歧管早先的排气以较低速度流过相邻的喷嘴，混合管使两股气流速度出现平衡，较快的气流使较慢的气流加速，在混合管中形成一个膨胀波，这样就可减少对相邻气缸排气和扫气的干扰。

多脉冲增压方式适用于5，7，14，20缸等机型，此时将三根或三根以上排气歧管连接至一个脉冲转换器。

图12-13所示为V10发动机采用多脉冲的情况，其中有三根歧管连接至有三个进气口的脉冲转换器上。

近年来，MPC（Modular Pulse Converter）系统（或称组合脉冲转换系统）（其排气管见图12-14）在车用发动机上也有使用。它是多脉冲系统的进一步发展，其目的是保持脉冲系统和定压系统的优点，克服其缺点。MPC系统外形如等压增压系统，但排气总管直径小，使燃气动能损失小。在气缸出口处有一喷嘴，排气经喷嘴后速度提高，使排气总管内气体加速，而在出口的扩压器里，部分动能转换成压力能。这样排气管内压力低，使气缸排气时压差大，并且涡轮前压力较稳定，效率较高。MPC适合于任意气缸数的发动机，排气管采用模件式，制造安装简单。该系统在柴油机宽广的转速和负荷范围内具有良好的性能，工作可靠。

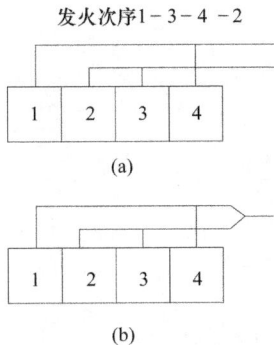

图 12 – 12　排气管分支

（a）脉冲增压；（b）脉冲转换器增压

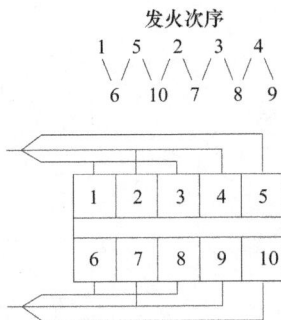

图 12 – 13　V10 发动机多脉冲排气管布置方式

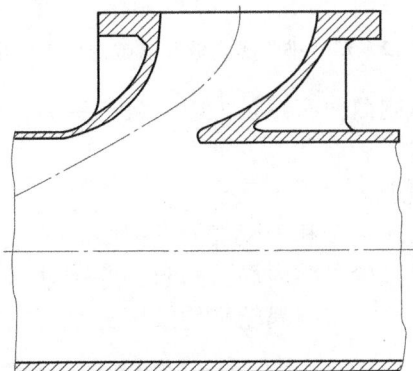

图 12 – 14　MPC 系统排气管

12.2.3　影响废气能量利用的因素

排气管道结构设计对废气能量利用有重要影响，从而影响涡轮增压发动机的动力性和经济性。常用排气能量传递效率 η_E 表示废气流经排气管路的能量损失程度，它是涡轮进口处废气可用能量 E_T 与排气开始时气缸内工质所具有的能量 E_g 的比值，即

$$\eta_E = \frac{E_T}{E_g} \tag{12 – 7}$$

在废气能量传递过程中存在一系列的损失，因此，E_T 低于 E_g。这些损失主要包括以下几方面：

（1）节流损失。由排气管内压力波和气缸内排气时的压力变化（图 12 – 15）可以看出，在排气初期，气缸内压力大大高于排气管中的压力，形成超临界流动，因而排气门处节流损失增加。为减少这部分损失，应加大气门流通截面，加快气门开启速度。此外，排气管容积应尽可能小，要细而短，使排气管内压力尽快升高，减小排气门前后压力差。一般脉冲增压时，排气歧管截面 F_p 与气门最大开启截面 F_v 之比 $F_p/F_v = 0.95 \sim 1.00$，排气管容积 V_p 小于 $1.5V_k$。

除气门处节流损失外，排气管内各种缩口也产生节流损失。排气门处节流损失占总能量损失的 60% ~ 70%。

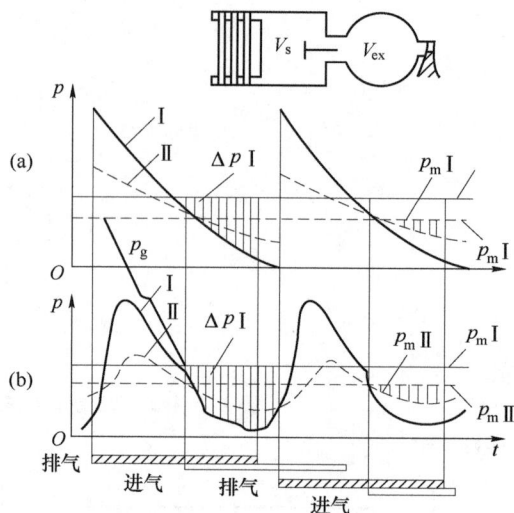

图 12 – 15 排气压力波和气缸内压力变化

（2）实际扩压损失。管道内截面实然扩大时，会产生扩压及涡流损失。

（3）气流掺混和撞击损失。

（4）气流与管壁的摩擦损失。

（5）散热损失。排气管道隔热有利于废气能量利用。

（6）局部阻力损失。尽量减少管路内局部凸起、急转弯。

废气在涡轮中膨胀获得有效功 L_T 与涡轮平均效率 η_{Tm} 有关，即

$$L_T = E_T \eta_{Tm} = E_g \eta_E \eta_{Tm} \qquad (12-8)$$

取

$$\eta_{ET} = \eta_E \eta_{Tm}$$

则

$$L_T = E_g \eta_{ET}$$

式中　η_{ET}——排气能量转变为涡轮机械功的有效效率，它表示废气能量的有效利用程度，是从废气能量利用的角度选择增压系统形式的重要参数。

从提高 η_E 的角度看，要充分利用排气管内压力波动效应，排气管不要太粗，排气管容积要小；但若提高 η_{Tm}，则希望在涡轮进口处参数稳定，这两方面是有矛盾的。因此选择增压形式时，要综合考虑，并要顾及非标定工况及变工况下的性能保证问题。

12.3　车用涡轮增压器

车辆发动机废气涡轮增压器的发展方向是小型、轻量、高速和结构简单化。图 12 – 16 所示为典型的小型涡轮增压器结构。

离心式压气机和径流向心式涡轮的工作轮装在同一根轴上，构成涡轮增压器的转子。转子支承在中间壳体的轴承中，中间壳体内有密封装置、冷却系统及润滑系统。中间壳体两端连接压气机和涡轮的壳体。3 个壳体的连接采用卡箍或卡环结构，拆装方便，减少了连接件，并可使相互间的位置随意转动。

离心式压气机采用精密铸造的铝叶轮。现在普遍采用半开式叶轮，其强度较好，为减轻质量也有用星形轮盘结构的。叶片形式是径向的，叶型大多为抛物线。对于小直径叶轮采用

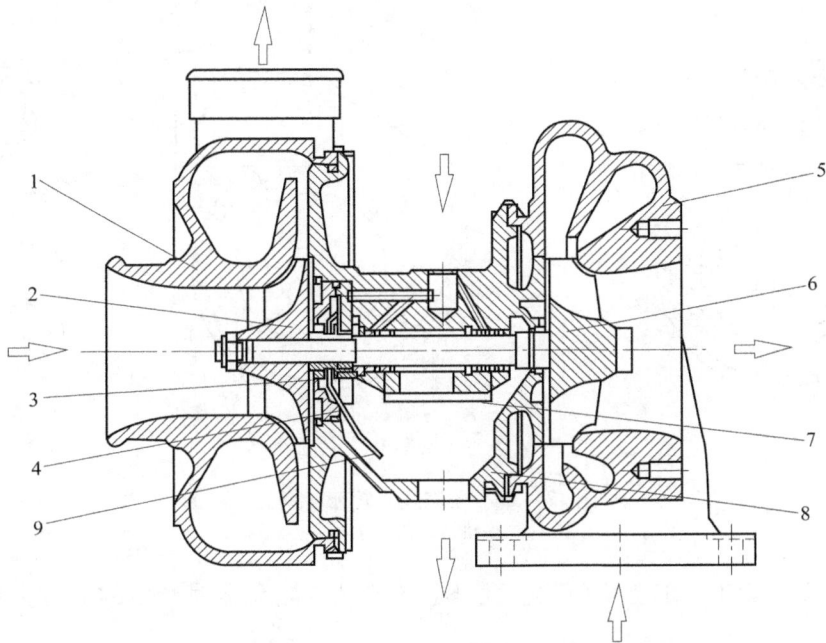

图 12－16　小型涡轮增压器结构

1—压气机蜗壳；2—压气机叶轮；3—推力轴承；4—压气机端密封座；
5—涡轮蜗壳；6—涡轮叶轮；7—浮动轴承；8—中间壳体；9—挡油板

长短叶片（图 12－17）可减小进口处气流堵塞，扩大流量范围。压气机扩压器分为无叶式及有叶式两种。车用发动机增压器大多用无叶式（或称缝隙式），其效率虽低于有叶式的，但特性平坦、流量范围宽，有利于变工况工作。压气机蜗壳有蜗牛壳型及等截面型两种（图 12－18），前者效率较高。

图 12－17　长短叶片压气机叶轮

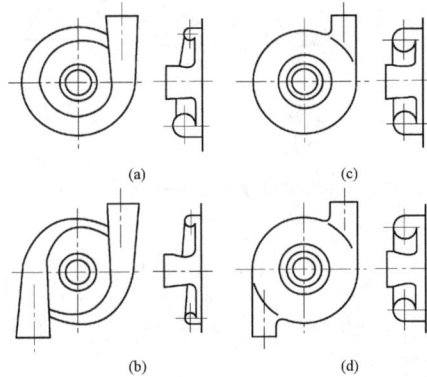

图 12－18　压气机蜗壳

（a），（b）蜗牛壳型；（c），（d）等截面型

　　发动机排气经过涡轮蜗壳进口进入涡轮膨胀做功。车用发动机均采用径流向心式涡轮，并多用无叶蜗壳，如图 12－19 所示。等压涡轮用单进口蜗壳，脉冲涡轮用双进口蜗壳。涡轮叶轮和轴一般采用焊接形式，可用电弧焊、摩擦焊或电子束焊等方法连接。
　　车用增压器的涡轮工作轮趋向星形轮盘，甚至接近全开式叶轮（图 12－20），这种叶轮

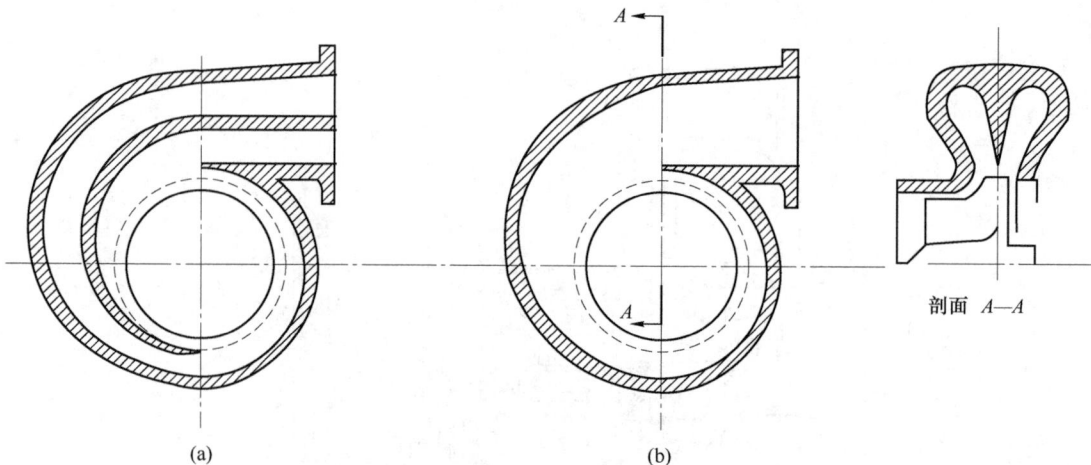

图 12 - 19　径流式涡轮无叶蜗壳

（a）双进口；（b）双梨形

的质量轻、转动惯量小、加速反应快。此外，还能减小轮盘金属产生的离心力和轮盘蠕变量，提高强度。

为提高叶片刚度，直叶片有改为后弯叶片的趋势（图 12 - 21），后弯角 α_w 可达 37° ~ 40°，叶轮厚度 B_T 与直径 D_T 之比为 0.31 ~ 0.36，有的达到 0.43。

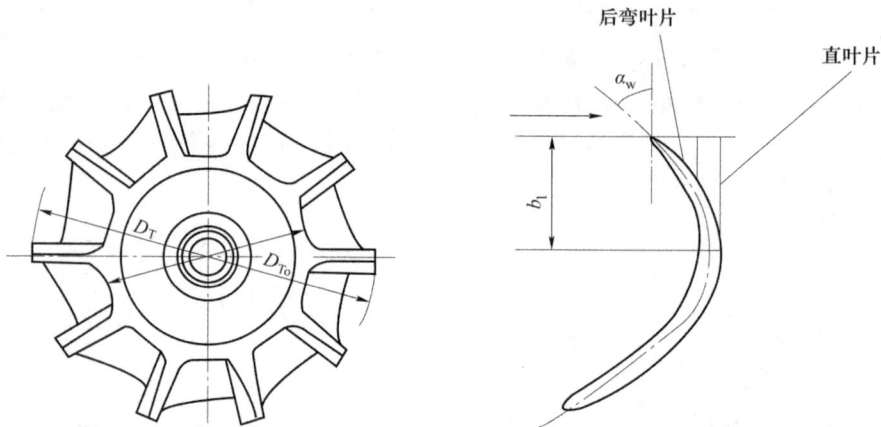

图 12 - 20　星形轮盘

图 12 - 21　后弯叶片

增压器转子支承在轴承中，轴承在涡轮和压气机叶轮的中间。这种布置结构简单，容易拆卸清洗。

除少数增压器用滚动轴承外，多数用浮动轴承形式。浮动套的内外都有油膜，起弹性支承作用，并能自动定位，相应地降低了转子动平衡精度要求；轴承内外都有间隙，总间隙大于普通滑动轴承，机油流量较大，降低了轴承温度，适于高速工作。

小型涡轮增压器的转子转速可达 70 000 ~ 80 000 r/min，甚至 100 000 r/min 以上，这样的高转速要求精细地设计轴承系统并使转子有良好的动平衡。

12.3.1　离心式压气机

工作轮旋转时，叶片间的空气在离心力作用下由中心甩向外缘，叶轮进口处造成真空；在压力差作用下，空气从进气口吸入工作轮。空气在叶轮中接受能量受到压缩，使压力和速度提高（叶轮出口速度可达 400 m/s 或以上）。扩压器通道截面是逐渐增大的，使空气流速降低，压力升高。高压空气从扩压器流入蜗壳（集气器），速度继续下降，压力升高。

气体参数沿压气机通道的变化如图 12-22 所示。压气机的主要参数包括：

（1）压比 π_k——压气机出口及进口处空气的压力比。

$$\pi_k = \frac{p_C}{p_0} \tag{12-9}$$

（2）空气流量 G_k——压气机每秒供给的质量流量（kg/s），也可用体积流量 V_k（m³/s）表示。

（3）绝热效率 η_{adk}——在相同压比时，绝热压缩功与实际压缩功之比称为绝热效率。η_{adk} 低意味着压气机消耗功增大，压气机出口空气温度升高，密度减小。

（4）压气机消耗功。空气在压气机中的压缩过程如图 12-23 所示。

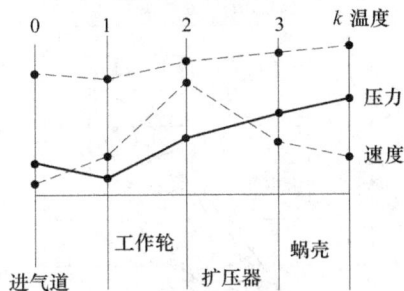

图 12-22　气体参数沿压气机通道的变化　　　图 12-23　空气在压气机中的压缩过程

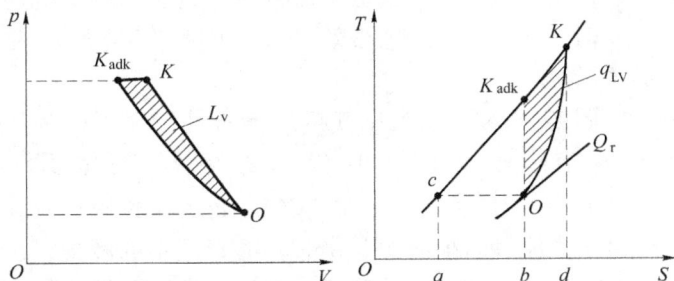

由工程热力学知，压气机绝热压缩功为

$$L_{adk} = C_p(T_{adk} - T_a)$$
$$= \frac{k_C - 1}{k_C} RT_a \left[\left(\frac{p_C}{p_a} \right)^{\frac{k_C-1}{k_C}} - 1 \right] \tag{12-10}$$

压气机实际压缩功为

$$L_k = C_p(T_k - T_a)$$
$$= \frac{n}{n-1} RT_a \left[\left(\frac{p_C}{p_a} \right)^{\frac{n-1}{n}} - 1 \right] \tag{12-11}$$

压气机绝热效率为

$$\eta_{adk} = \frac{L_{adk}}{L_k} = \frac{T_{adk} - T_a}{T_k - T_a} = \frac{\frac{T_{adk}}{T_a} - 1}{\frac{T_k}{T_a} - 1} \approx \frac{(\pi_k)^{\frac{k_C-1}{k_C}} - 1}{\frac{T_k}{T_a} - 1} \tag{12-12}$$

有叶扩压器 $\eta_{adk} = 0.74 \sim 0.78$，无叶扩压器 $\eta_{adk} = 0.70 \sim 0.74$。当测得压气机出口压力 p_C 及温度 T_k 后，利用式（12-12）便可算出绝热效率 η_{adk}。

压气机工作时，轴承产生摩擦损失，所以驱动压气机的总有效功 L_{ek} 总是大于压缩功 L_k。用机械效率 η_{mk} 来评价机械损失：

$$\eta_{mk} = \frac{L_k}{L_{ek}} \qquad (12-13)$$

η_{mk} 值取决于轴承形式，滑动轴承 $\eta_{mk} = 0.90 \sim 0.95$，滚动轴承 $\eta_{mk} = 0.96 \sim 0.98$。压气机的总效率 η_k 为

$$\eta_k = \frac{L_{adk}}{L_{ek}} = \frac{L_{adk}}{L_k}\frac{L_k}{L_{ek}} = \eta_{adk}\eta_{mk} \qquad (12-14)$$

压气机消耗的功率为

$$P_k = G_k L_{ek} = \frac{G_k L_{adk}}{\eta_k} = \frac{G_k L_{adk}}{\eta_{adk}\eta_{mk}} \qquad (12-15)$$

压气机工作时，各主要参数间的变化关系称为压气机特性，由实验方法获得，利用它可评价压气机的工作范围及性能指标，它也是内燃机选配增压器时必不可少的技术资料。

常用的压气机特性是流量特性，它表示压气机转速不变时，压比 π_k、绝热效率 η_{adk} 随空气流量的变化关系。

图 12-24 所示为压气机流量特性，纵坐标为压比 π_k 及绝热效率 η_{adk}，横坐标是流量，用体积流量 V_a（m^3/s）或质量流量 G_a（kg/s）表示。转速一定，空气量由大流量向小流量变化时，随着流量的减少，压比升高，在某一流量达最高值，随后下降。空气流量小到一定值后，压气机工作开始不稳定，压气机内气流开始强烈脉动，发出轰隆声，压气机产生振动，长期工作将导致机件损坏，这种现象称为压气机喘振。将各种转速下的喘振点连接起来就可以确定不稳定工作的边界线，此线称为喘振线。压气机只能在喘振线右边范围工作，喘振线左边称为非工作区。

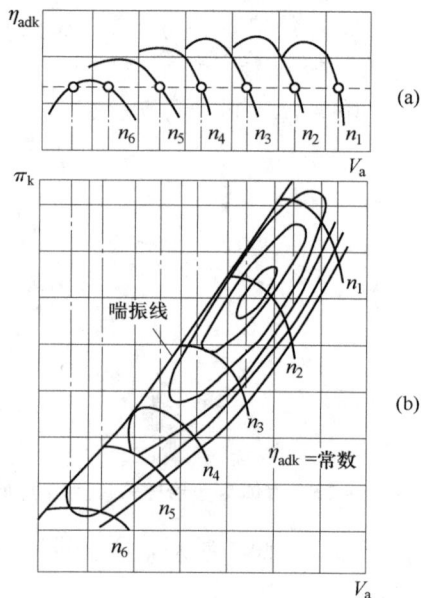

图 12-24 压气机流量特性

离心式压气机在一定转速下，当流量增加到一定值后，通流部分某一截面上达到声速，此时流量达到最大值，不再增加，即达阻塞。压气机的工作范围只能是喘振线和阻塞线之间的区域。

压气机特性的效率曲线一般不单独画出，而是以等效率线形式表达。作等效率线时，首先作某一效率的水平线（图 12-24（a）），将水平线与效率曲线的交点投影到各种转速下的压比曲线上，再将各等效率点连接起来就得到等效率线（图 12-24（b））。

用实际测得的参数为坐标，所绘制的特性曲线称为标准特性。它只在压气机进口条件适合于试验条件（大气状况）时是正确的，为了全面地评价压气机的使用性能，必须在各种不同的工作条件下作出许多曲线。这是标准特性的缺点，使用时带有局限性。

采用通用特性曲线可以消除标准特性的缺点。通用特性在压气机的任何进口条件下（任何大气状况）都能用来评定使用性能。12GJ 压气机通用特性如图 12-25 所示。

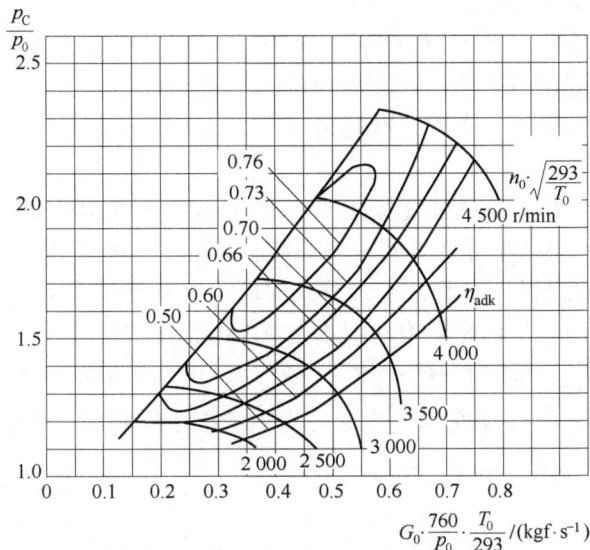

图 12 - 25　12GJ 压气机通用特性

通用特性曲线是应用流动相似定律为理论基础而得出的，它以相似参数代替标准特性用的绝对参数。

如果在大气温度 T_0 及压力 p_0 下做压气机试验，转速 n_0 及空气流量 G_0 为实际测得的数据，根据相似原理，压气机在该工作状态的相似参数为 $n_0/\sqrt{T_0}$ 和 $G_0\sqrt{T_0}/p_0$。如果将其折合成标准大气状况，即 $p_s = 760$ mmHg 和 $T_s = 273 + 20 = 293$（K）时的压气机工作状况（即与试验时得到的状态相似），则转速和流量都应转换为折合参数，即

$$\frac{n_s}{\sqrt{T_s}} = \frac{n_s}{\sqrt{293}} = \frac{n_0}{\sqrt{T_0}} \qquad (12-16)$$

$$\frac{G_s\sqrt{T_s}}{p_s} = \frac{G_s\sqrt{293}}{760} = \frac{G_0\sqrt{T_0}}{p_0} \qquad (12-17)$$

由此

$$n_s = n_0\sqrt{\frac{293}{T_0}} \qquad (12-18)$$

$$G_s = G_0\frac{760}{p_0}\sqrt{\frac{T_0}{293}} \qquad (12-19)$$

12.3.2　涡轮

车辆用废气涡轮增压器用径流向心式涡轮，其主要工作元件是固定不动的喷嘴环和转动的叶轮，二者组合在一起称为涡轮机的一个级。废气涡轮增压器采用单级涡轮。发动机排出的废气从排气管进入蜗壳，在喷嘴环中膨胀，使废气的压力能部分转变为动能，自喷嘴环流出的高速气体沿喷嘴出口方向进入工作叶轮，推动涡轮高速旋转。气体在叶轮中膨胀并对外

输出功率。因此，涡轮出口的废气参数下降。

径流式涡轮转子用耐热钢整体精密铸造，生产方便，叶片强度高，惯性小，当发动机工况改变时，涡轮转子反应迅速。径流式叶轮的外径一般小于 150 mm。

轴流式涡轮用于大流量增压器上，叶轮外径一般大于 300 mm。叶轮外径为 150 ~ 300 mm 时，两种涡轮均有应用。

燃气流经涡轮时，气体参数的变化如图 12 – 26 所示。气体在涡轮内的膨胀过程利用焓 – 熵 $I – S$ 图（图 12 – 27）可以很好地说明。I_T 相当于涡轮进口的气体状态参数。线段 $I_T – I_{1ad}$ 和 $I_{1ad} – I_{2ad}$ 分别表示绝热的理想情况下，无摩擦损失时，气体在喷嘴环和工作轮中的膨胀过程。实际上膨胀过程有各种损失，它是沿绝热线右边的多变过程进行的。喷嘴中的焓降为 $I_T – I_1$，工作轮中的焓降为 $I_1 – I_2$。涡轮进口的气体总焓为 I_T^*，该点位于 $I_{2ad} – I_T$ 线段的延长线上，比 I_T 点高 $C_T^2/2$。工作轮出口的气体动能为 $C_2^2/2$，它在涡轮中不能利用，称作余速损失。

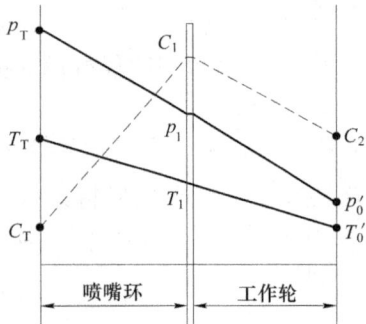

图 12 – 26　涡轮中气体参数的变化　　　图 12 – 27　气体在涡轮中膨胀过程的 $I – S$ 图

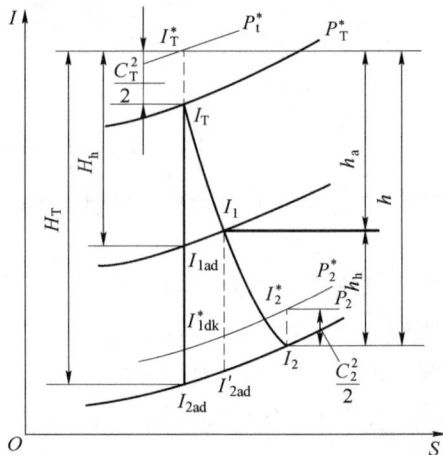

等熵膨胀过程的焓降 $H_T = I_T^* – I_{2ad}$ 称为可用焓降或绝热膨胀功，它表示在没有损失且涡轮后的气体速度为零时，1 kg 气体理论上能够做功的能量。

实际的有效焓降 h 小于可用焓降 H_T，涡轮机内实际焓降 $h = I_T^* – I_2$ 与可用焓降 $H_T = I_T^* – I_{2ad}$ 之比定义为涡轮机的绝热效率 η_{adT}：

$$\eta_{adT} = \frac{h}{H_T} = \frac{I_T^* – I_2}{I_T^* – I_{2ad}} \tag{12 – 20}$$

考虑到余速损失，线段 $I_T^* – I_2^*$ 称为有效焓降，它小于实际焓降 h。有效焓降与可用焓降之比称为涡轮的有效效率 η_T。

$$\eta_T = \frac{I_T^* – I_2^*}{I_T^* – I_{2ad}} \tag{12 – 21}$$

废气涡轮增压器的涡轮效率为：$\eta_{adT} = 0.70 ~ 0.90$（一般水平为 $0.75 ~ 0.85$），$\eta_T = 0.65 ~ 0.85$（一般水平为 $0.70 ~ 0.80$）。

经常利用的涡轮特性是流量特性和效率特性，这些特性的坐标多以相似参数表示。图 12 – 28 所示为 3HD 型涡轮增压器的涡轮流量特性。利用该特性曲线可选择喷嘴环截面。由图 12 – 28 可见，当膨胀比 π_T 增加到一定数值后，涡轮流量不再增加，即所谓的涡轮阻塞现象。涡轮阻塞时，喷嘴出口截面的气体流速达到当地声速，流量最大。图 12 – 29 表示涡轮的效率特性，在图中横坐标以熔降系数 $\overline{H}_T$ 或 u/C_1 表示。熔降系数 $\overline{H}_T$ 的定义为

$$\overline{H}_T = \frac{2H_T}{u_1^2} \tag{12 – 22}$$

式中　H_T——涡轮级的熔降；

　　　u_1——涡轮进口圆周速度。

熔降 H_T 也可化成另一种形式，即

$$H_T = \frac{C_0^2}{2} \tag{12 – 23}$$

式中　C_0——按级熔降 H_T 计算的假想理论速度。

所以熔降系数又可写成

$$\overline{H}_T = \frac{C_0^2/2}{u_1^2/2} = \left(\frac{C_0}{u_1}\right)^2 \tag{12 – 24}$$

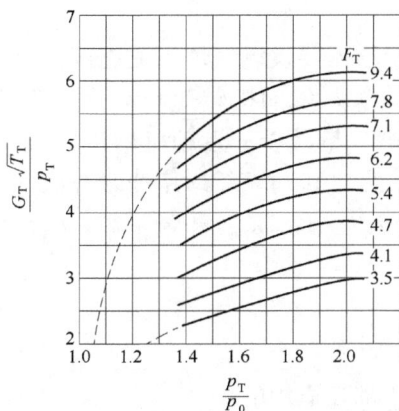

图 12 – 28　3HD 型涡轮增压器的涡轮流量特性

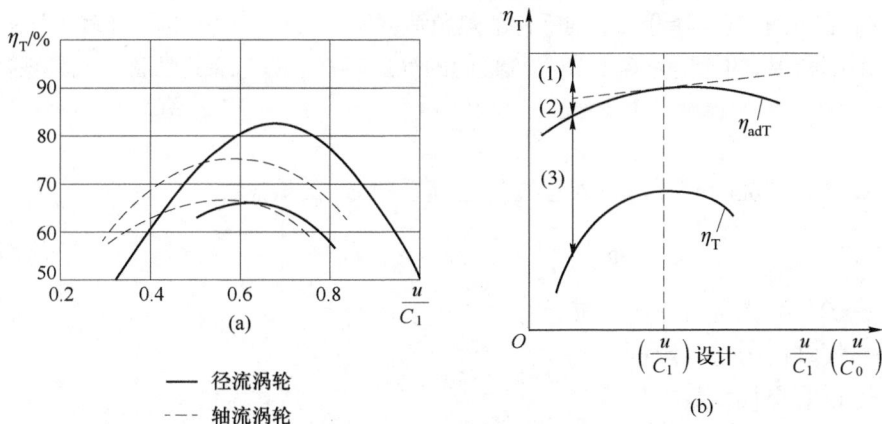

图 12 – 29　涡轮效率特性

涡轮机工作时，有以下几种能量损失（图 12 – 29（b））。

（1）流动损失：气体流量增大，流动损失增加。涡轮转速不变时，u/C_0 大表示通过涡

轮的流量小，则流动损失减小。

（2）撞击损失：设计工况时，气体进入工作轮的撞击损失最小，偏离设计点损失增大。

（3）余速损失：设计工况的余速损失最小，偏离设计工况后，余速损失增大。

轴流式和径流式涡轮相比，轴流式涡轮高效率区域宽，而径流式的较狭窄。径流式涡轮工作时，受离心力场的影响，气体流动方向与离心力方向相反，小流量时效率急剧下降，当 $u/C_0 > 0.73$ 后，η_T 下降很快，$u/C_0 \approx 1$ 时，$\eta_T = 0$，这相当于压气机的情况。

此外，涡轮部分供气时效率低，特别是径流涡轮在部分进气时产生气体倒流，能量损失更大，与全供气相比效率下降 12% ~ 20%。

与等压增压相比，脉冲（变压）增压时，涡轮有许多不利的工作条件，效率下降，有的可降低 8% 以上。采用脉冲转换器能使涡轮进口处气体参数趋于稳定，从而使涡轮效率提高。

12.4　涡轮增压器与发动机匹配

涡轮增压发动机和废气涡轮增压器仅以气体管道连接，增压器转速及由此确定的增压压力 p_C 主要与发动机转速及负荷有关。发动机转速和负荷降低引起增压器转速下降，致使压力 p_C 显著降低，发动机每循环进气量减少。发动机增压能否达到预期效果，在很大程度上与增压器和发动机的匹配有关。发动机与涡轮增压器联合运行时满足下列条件：

能量平衡：$P_C = P_T$；转速平衡：$n_C = n_T$；流量平衡：$G_T = G_C + G_f$。

式中　G_T——涡轮流量；

　　　G_C——压气机流量；

　　　G_f——发动机燃油消耗量。

以上条件对等压或脉冲增压都是适用的。

12.4.1　增压压力及空气流量的估算

增压发动机利用扫气来降低气缸内零件的热负荷，所以供给发动机的气量多于气缸内保留的气量。如果供给发动机的气量为 G_k，留在气缸内的气量为 G_a，则二者之比称为扫气系数 η_s，即

$$\eta_s = \frac{G_k}{G_a} \tag{12-25}$$

考虑到扫气和燃烧的需要，引入总过量空气系数 ϕ_Σ 的概念。

$$\phi_\Sigma = \frac{G_k}{G_g} = \frac{G_k G_a}{G_a G_g} = \eta_s \cdot \phi_a \tag{12-26}$$

式中　G_g——燃料燃烧所需理论空气量；

　　　G_a——气缸内的空气量；

　　　ϕ_a——过量空气系数。

一般高速四冲程增压柴油机 $\phi_\Sigma = 1.8 \sim 2.3$；中速四冲程增压柴油机 $\phi_\Sigma = 2.3 \sim 2.5$；中速二冲程增压柴油机 $\phi_\Sigma = 2.8 \sim 3.3$。增大总过量空气系数 $\phi_\Sigma = \eta_s \phi_a$ 可使排气温度下降，但耗气量相应增加。增压发动机每 kW·h 消耗的空气量称为比耗气量 g_a。

$$g_a = \phi_\Sigma b_e L_0' \times 10^{-3} \ [\text{kg/ (kW·h)}] \tag{12-27}$$

式中　L_0'——燃烧 1 kg 柴油所需理论空气量，不同燃料 L_0' = 14.05 ~ 14.75 kg/kg。

四冲程高速柴油机 g_a = 5.8 ~ 7.5 kg/（kW·h）；中速柴油机 g_a = 7.0 ~ 8.5 kg/（kW·h）；二冲程柴油机 g_a = 10.2 ~ 11.6 kg/（kW·h）。

发动机的空气流量 G_k（kg/s）还可表示为

$$G_k = V_C \rho_C = \frac{i V_h \phi_c n \eta_s}{2 \times 60 \times 10^3} \rho_C = \frac{i V_h n \phi_c \eta_s}{120 \times 10^3} \rho_C \qquad (12-28)$$

式中　$i V_h$——发动机排量；

$\phi_k = \phi_c \eta_s$——过量扫气系数或给气比，它标志发动机的流通能力。

由经验数据，四冲程柴油机的 ϕ_k 值：气门重叠角为 0° ~ 30° 曲轴转角时，ϕ_k = 0.9；气门重叠角为 50° ~ 70° 曲轴转角时，ϕ_k = 1.0；气门重叠角为 100° ~ 140° 曲轴转角时，ϕ_k = 1.1。

四冲程柴油机平均有效压力 p_{me} 为

$$p_{me} = \frac{120 P_e}{i V_h n} \qquad (12-29)$$

将式（12-28）代入式（12-29）后，经整理可得

$$p_{me} = 3.6 \frac{\phi_k \rho_C}{g_a} \qquad (12-30)$$

又

$$\frac{\rho_C}{\rho_0} = \frac{p_C}{p_0} \cdot \frac{T_0}{T_C}, \quad \eta_{adk} = \frac{\left(\frac{p_C}{p_0}\right)^{\frac{k_C-1}{k_C}} - 1}{\frac{T_C}{T_0} - 1} \qquad (12-31)$$

$$\frac{T_C}{T_0} = \frac{\left(\frac{p_C}{p_0}\right)^{\frac{k_C-1}{k_C}} - 1}{\eta_{adk}} + 1 \qquad (12-32)$$

所以

$$p_{me} = \frac{3.6 \rho_0 \phi_k}{g_a} \frac{p_C}{p_0} \left[\frac{\left(\frac{p_C}{p_0}\right)^{\frac{k_C-1}{k_C}} - 1}{\eta_{adk}} + 1 \right]^{-1} \qquad (12-33)$$

根据平均有效压力 p_{me} 可近似地求出需要的增压压力 p_C，准确的程度视 g_a、ϕ_k 等参数的选择而定。利用式（12-33）绘出图 12-30。采用中冷时，要首先求出发动机需要的 p_C，再利用图 12-31 近似地确定 p_C 值。

12.4.2　对涡轮增压器总效率的要求

对于等压涡轮，涡轮能够产生的功率为

$$P_T = G_T \eta_T \eta_m \frac{k_T}{k_T - 1} R_T T_T \left[1 - \left(\frac{p_0}{p_T}\right)^{\frac{k_T}{k_T-1}} \right] \qquad (12-34)$$

压气机消耗的功率为

$$P_C = \frac{G_a}{\eta_{adk}} \frac{k_C}{k_C - 1} R_a T_0 \left[\left(\frac{p_C}{p_0}\right)^{\frac{k_C}{k_C-1}} - 1 \right] \qquad (12-35)$$

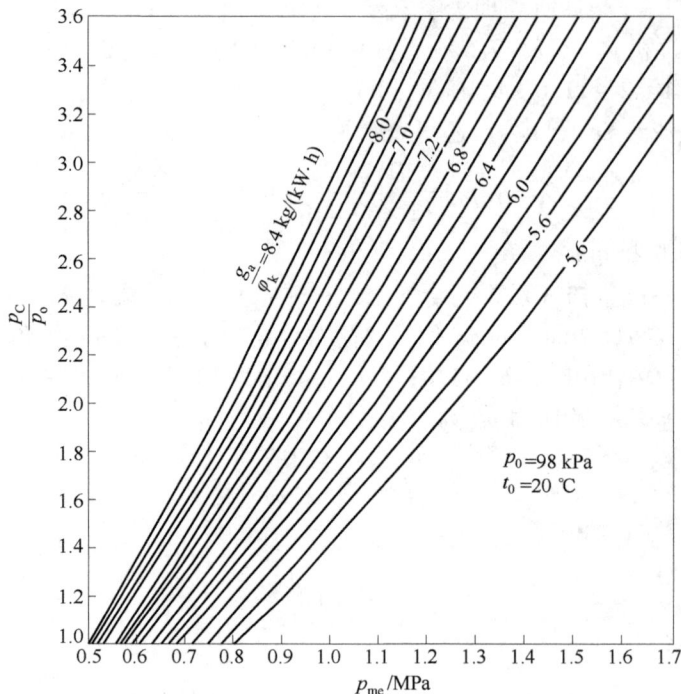

图 12 - 30 p_{me} 与压比 p_C/p_0 的关系曲线

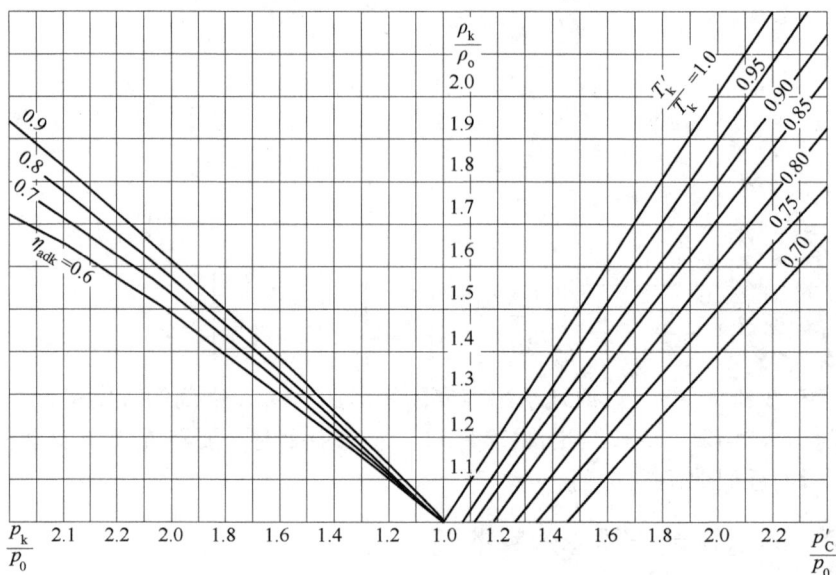

图 12 - 31 有中冷时 ρ_k/ρ_0 与压比关系曲线

由于 $P_T = P_C$，可求出涡轮前的气体压力 p_T；

$$\left(\frac{p_C}{p_0}\right)^{\frac{k_C}{k_C-1}} - 1 = \frac{k_T}{k_T-1}\frac{k_C-1}{k_C}\frac{R_T}{R_a}\frac{T_T}{T_0}\frac{G_T}{G_a}\eta_T\eta_{adk}\eta_m\left[1-\left(\frac{p_0}{p_T}\right)^{\frac{k_T}{k_T-1}}\right] \quad (12-36)$$

如果令

$$\beta = \frac{k_T}{k_T - 1} \frac{k_C - 1}{k_C} \frac{R_T}{R} \qquad (12 - 37)$$

$$\tau = \frac{G_T}{G_a} \eta_T \eta_{adk} \eta_m \qquad (12 - 38)$$

则

$$\left(\frac{p_C}{p_0}\right)^{\frac{k_C}{k_C-1}} - 1 = \beta\tau\left[1 - \left(\frac{p_0}{p_T}\right)^{\frac{k_T}{k_T-1}}\right] \qquad (12 - 39)$$

利用式（12 - 39）可绘出图 12 - 32 所示的曲线。可以看出，当 $\eta_{Tk} = \eta_T \eta_{adk} \eta_m$，$T_0$ 及 T_T 一定时，为获得一定的 p_C 值必须有相应的 p_T 值。如果涡轮增压器的总效率 η_{Tk} 较低（τ 值减小），则会给发动机扫气带来不利影响，因 $p_T > p_k$。

径流式涡轮增压器（$D \leqslant 150\ mm$）$\eta_{Tk} = 0.50 \sim 0.60$。轴流式涡轮增压器（$D > 200\ mm$）$\eta_{Tk} = 0.60 \sim 0.65$。四冲程发动机，当 $t_T = 500\ ℃ \sim 600\ ℃$ 时，为保证良好地扫气，η_{Tk} 值的范围如表 12 - 1 所示。

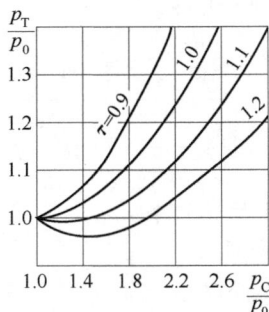

图 12 - 32 p_T/p_0 和压比 p_C/p_0 的关系曲线

表 12 - 1 四冲程发动机 η_{Tk} 值的范围

p_C/MPa	0.15	0.20	0.25	0.30
η_{Tk}	0.42 ~ 0.46	0.46 ~ 0.50	0.50 ~ 0.52	0.52 ~ 0.54

12.4.3 涡轮增压发动机的功率和经济性指标

增压与非增压发动机的功率比为

$$\frac{P_{eC}}{P_{e0}} = \frac{p_{meC} n_C}{p_{me0} n_0} \qquad (12 - 40)$$

式中，脚注"0"表示非增压的参数，脚注"C"表示增压后的参数。如转速保持不变，则

$$\frac{P_{eC}}{P_{e0}} = \frac{p_{miC} \eta_{mC}}{p_{mi0} \eta_{m0}} \qquad (12 - 41)$$

为简化分析，认为增压后 η_i，ϕ_a，ϕ_c 等参数变化不大，则 $p_{mi} \propto \rho$，于是

$$\frac{P_{eC}}{P_{e0}} \propto \frac{\rho_C \eta_{mC}}{\rho_0 \eta_{m0}} \qquad (12 - 42)$$

这说明增压后功率的变化主要受密度 ρ_C 及机械效率 η_{mC} 的影响。增压与非增压发动机的

燃油消耗率之比为

$$\frac{b_{eC}}{b_{e0}} = \frac{\eta_{eC}}{\eta_{e0}} = \frac{\eta_{iC}\eta_{mC}}{\eta_{e0}\eta_{m0}} \tag{12-43}$$

增压后，换气过程的泵气损失减少，在转速一定时，其他各项机械损失基本不变，因而机械效率升高。增压后，每循环供油量增加，为限制燃烧压力，压缩比 ε 下降，并将喷油时刻推迟，后燃量增加，这些因素的综合结果，使增压后的指示热效率 η_i 比非增压时稍有下降。所以，涡轮增压后，燃油消耗率下降主要是机械效率 η_{mC} 提高的结果。

由气体状态方程可写出

$$\frac{\rho_C}{\rho_0} = \frac{p_C}{p_0}\frac{T_0}{T_C} \tag{12-44}$$

又由压气机绝热效率公式可以写出

$$\frac{T_0}{T_C} = \frac{1}{1 + \frac{1}{\eta_{adk}}\left[\left(\frac{p_C}{p_0}\right)^{\frac{k_C}{k_C-1}} - 1\right]} \tag{12-45}$$

将式（12-45）代入式（12-44），则有

$$\frac{\rho_C}{\rho_0} = \frac{\dfrac{p_C}{p_0}}{1 + \dfrac{1}{\eta_{adk}}\left[\left(\dfrac{p_C}{p_0}\right)^{\frac{k_C}{k_C-1}} - 1\right]} \tag{12-46}$$

可见，增压时，进气密度的变化与压比 p_C/p_0 及压气机效率 η_{adk} 有关。压比及压气机效率越高，ρ_C/ρ_0 值越大，则发动机功率越大。

在中小功率增压柴油机上采用中冷的日渐增多，水冷发动机 $p_{me} > 1.0$ MPa，风冷发动机 $p_{me} > 0.8$ MPa，便可采用中冷器。根据试验数据，增压空气每降低 10 ℃，发动机功率约提高 2.5%，燃油消耗率减小 1.5%，排气温度约降低 30 ℃。

中冷器的冷却介质可用水或空气。在固定式及船用发动机上，易于得到温度较低的冷却水，中冷后的增压空气温度可降为 40 ℃ ~ 55 ℃。在汽车及坦克等车辆上，如用水冷，则只能用发动机循环水冷却，中冷效果要差些。如果用空气冷却，则效果较好。美国麦克（Mack）公司在水冷的汽车发动机上采用轮缘空气涡轮风扇（Tip Turbine Fan，TTF）来冷却中冷器是值得重视的一种方法，图 12-33 所示为其工作简图。从压气机出口引出部分高压空气，供给空气涡轮，涡轮驱动风扇，给中冷器供给冷空气。

中冷器的性能指标有两个：效率 η_C 及压力损失 Δp_C。中冷器效率为

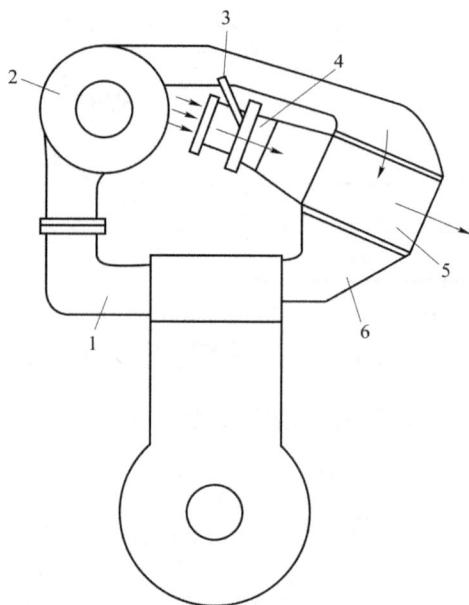

图 12-33 轮缘空气涡轮风扇冷却中冷器
1—排气管；2—涡轮增压器；3—旁通管；
4—冷却风扇；5—中冷器；6—进气管

$$\eta_C = \frac{T_k - T_k^{'}}{T_k - T_C} = \frac{\Delta T_k}{T_k - T_C} \qquad (12-47)$$

式中　T_k，$T_k^{'}$——中冷器前、后的增压空气温度（K）；

　　　　T_C——冷却介质进口温度（K）。

经过单级中冷后，温降 $\Delta T = 20 \sim 60$ K。一般要求 $\eta_C > 0.7$，压力损失 $\Delta p_C = 0.001\,5 \sim 0.005\,0$ MPa。

12.4.4　对涡轮增压器的选配

一般在选择增压器时主要看压气机特性和柴油机流通特性的配合。发动机的流通特性（耗气特性）是指曲轴转速不变时，发动机的进气流量和进气压力（或压比）的变化关系（图 12-34）。车用发动机的运行区域是由最低转速 n_1 的负荷特性、外特性线及最高转速 n_4 的负荷特性线所包围的面积。按固定转速工作的发动机，其运行区在流通特性上只是一条线。把柴油机的流通特性与压气机的流量特性曲线叠合起来，可看出柴油机与压气机的配合情况。图 12-35 所示为 6150 柴油机与 140 增压器的匹配情况。

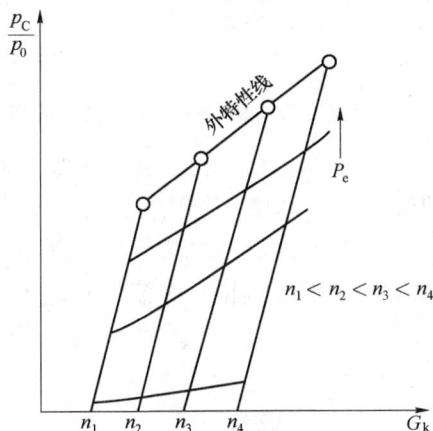

图 12-34　车用发动机的流通特性　　　图 12-35　6150 柴油机与 140 增压器的匹配情况

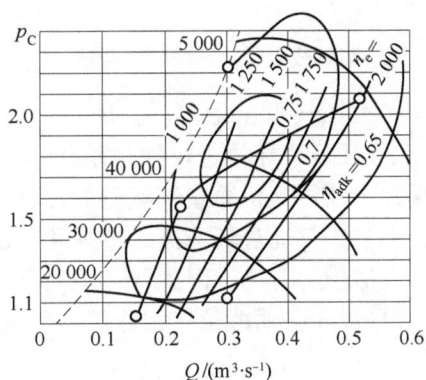

为使柴油机在各种不同运转条件下，压气机都处于高效率区，且在整个运行范围内不发生喘振（即使发动机运转条件突然变化，如突然加速、卸载、停缸、中冷效果减弱或压气机沾污时，也不发生喘振），对配合特性提出以下要求：

（1）发动机的流通特性线应穿过压气机的高效率区，最好使发动机的运行线与压气机高效率的等效率线平行。

（2）车用发动机的最大扭矩工况最好位于高效率区，以便获得高扭矩。

（3）发动机的运行区域应当离开喘振线一定距离，以免小流量时进入喘振区。一般要求低转速的流通特性线离开喘振点流量10%。

（4）发动机的高速运行区域不能发生增压器阻塞。

在匹配调试中，适当改变涡轮喷嘴环出口截面 f_C 或压气机扩压器进口角度，也可以适当调整增压器和柴油机的配合情况。

减小喷嘴出口面积 f_C，使涡轮前的废气压力 p_T 提高，涡轮的可用焓降增加，转子转速上升，增压压力 p_C 升高，发动机的流通能力下降，流通特性线往左移，接近压气机高效率区

（图 12 – 36）。如 f_C 过分减小，会使柴油机排温升高，泵气功损耗增加，油耗上升，涡轮效率下降，给发动机带来不良影响。改变 f_C 的极限约为 20%，此时涡轮效率变化不大。

减小叶片式扩压器的进口角度时，压气机特性线将绕原点向小流量区旋转某一范围（图 12 – 37），可使柴油机流通特性调整到合适位置。

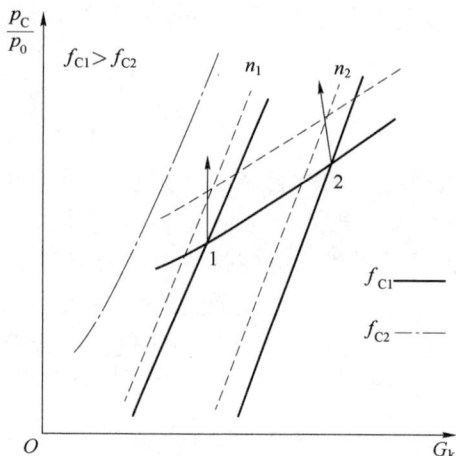

图 12 – 36　喷嘴截面对特性配合的影响　　　图 12 – 37　扩压器进口角度对压气机特性的影响

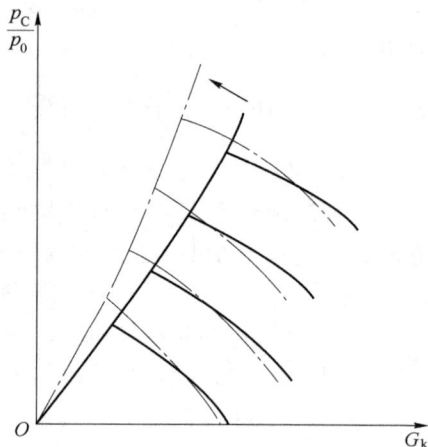

为了扩大压气机流量范围，Holset 公司开发了 MWE（Map Width Enhancer）装置（图 12 – 38），在压气机壳体进口加一条环形狭缝，起到自动调节门的作用。根据发动机运行工况，该缝隙可使压气机总空气流量的部分空气流入或流出。大流量时，压气机导风轮开始出现阻塞，部分空气通过环隙流入导风轮下游，压气机可供给更多的空气量；小流量时，压气机叶轮的气流压力升高，因此，环隙内部压力高于进气管压力，有部分空气经环隙回到进气口。MWE 导风轮旁通缝隙结构能使压气机稳定流量范围拓宽 20%。

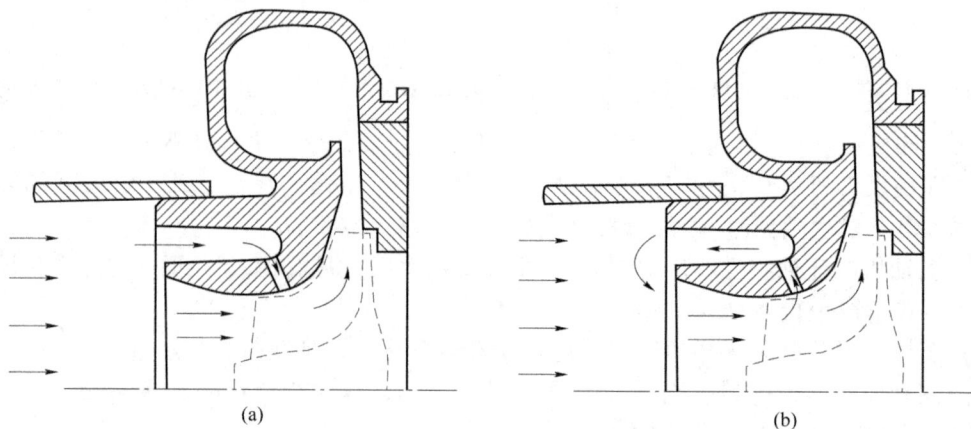

图 12 – 38　MWE 导风轮旁通缝隙作用原理
（a）在阻塞时的作用；（b）在喘振时的作用

12.4.5　增压匹配实例

为了更加直观地理解前面所讲述的理论，本书选用一款 2.0 L 自然吸气汽油机，把它改成一级增压汽油机，用这个计算过程来加深对发动机与涡轮增压系统的匹配及设计过程的理解。

原汽油机的标定功率点为 102 kW/（6 000 r/min），有效燃油消耗率为 375.5 g/（kW·h），选取一级增压汽油机的设计转速点为 6 000 r/min。设计涡轮增压匹配后的额定功率增加 30%（为 130 kW），有效燃油消耗率下降 5%（为 356.7 g/（kW·h））。

1. 压气机的匹配

具体参数的估算过程如下：

（1）增压后所需的空气质量流量 G_k。

$$G_k = \frac{b_e P_e \phi_a L_0'}{3\,600} = \frac{0.356\,7 \times 130 \times 1.0 \times 14.8}{3\,600} = 0.191(\text{kg/s}) \tag{12-48}$$

式中　b_e——燃油消耗率，取 356.7 g/（kW·h）；

　　　P_e——有效功率，设计为 130 kW；

　　　ϕ_a——保证燃油完全燃烧所需要的过量空气系数，为 1.0；

　　　L_0'——内燃机燃烧所需要的理论空气量，为 14.8 kg/kg。

最后计算得：$G_k = 0.191$ kg/s（注：该结果忽略了扫气的影响，实际需要的空气流量应稍大于该值）。

（2）压气机的增压压比 π_k。

求得增压后发动机所需的空气量后，可计算出需要多大的增压压力才能保证该流量的空气进入气缸，确保发动机的功率需求，为计算压比，首先求出增压后的空气密度 ρ_C。

$$\rho_C = \frac{M_C}{\phi_c \dfrac{2V_h}{\tau} \dfrac{n}{60}} \tag{12-49}$$

式中　τ——冲程数，对于四冲程发动机，$\tau = 4$；

　　　ϕ_c——充量系数；

　　　V_h——发动机总的气缸工作容积。

$$V_h = \frac{\pi}{4}D^2 S \times 4 = \frac{\pi}{4} \times 0.086^2 \times 0.086 \times 4 = 0.001\,998(\text{m}^3) \tag{12-50}$$

所以，压气机出口处密度为

$$\rho_C = \frac{0.191}{0.95 \times \dfrac{0.001\,998}{2} \times \dfrac{6\,000}{60}} = 2.013(\text{kg/m}^3) \tag{12-51}$$

$$\pi_k = \left(\frac{\rho_c}{\rho_a}\right)^n \tag{12-52}$$

$$\rho_a = \frac{p_a}{RT_a} \tag{12-53}$$

式中　n——压气机的平均多变指数，一般情况下可取 1.6；

　　　ρ_a——经滤清器后，压气机进口处的空气密度，该处的空气压力用 p_a 表示，它与环境压力 p_0 的差值为 Δp。

$$p_a = p_0 - \Delta p \tag{12-54}$$

取

$$\Delta p = 5\ 000\ \text{Pa}，可得\ p_\text{a} = 101\ 325 - 5\ 000 = 96\ 325\ （\text{Pa}）。$$

故

$$\rho_\text{a} = \frac{p_\text{a}}{RT_\text{a}} = \frac{0.963 \times 10^5}{287 \times 300} = 1.118（\text{kg/m}^3） \qquad （12-55）$$

所以

$$\pi_\text{k} = \left(\frac{\rho_\text{C}}{\rho_\text{a}}\right)^{1.6} = \left(\frac{2.013}{1.118}\right)^{1.6} = 2.56 \qquad （12-56）$$

通过上述估算，可初步确定压气机的基本参数，设计流量约为 0.191 kg/s，设计压比为 2.56，为涡轮增压器选型提供数据参考。

2. 涡轮的匹配

根据本书前面所述，涡轮特性是指在变工况条件下，涡轮的流通能力和涡轮效率的变化情况，前者称为涡轮的流量特性，后者称为涡轮的效率特性。本书不涉及涡轮的设计过程，但要求按照压气机和发动机的需求获得相应的涡轮主要设计参数及特性曲线，如涡轮的流通特性、效率特性等，以便于进行后续的涡轮选型工作。

对于等压增压系统涡轮的设计参数，主要是确定涡轮进口处的废气平均温度 T_T 和压力 p_T。

首先需确定涡轮前的排气平均温度 T_T。涡轮前的排气平均温度即发动机的排气温度，可以根据能量守恒原理进行估算，具体过程如下：

将增压汽油机视为一个封闭系统，则加入发动机的能量有：

（1）汽油燃烧产生的热量，设计浓度为 1.0 时，汽油全部燃烧，没有多余汽油排出。因此热量为 $M_\text{F} \cdot H_\text{u}$（kJ/h），其中 M_F 为每小时的汽油质量，H_u 为汽油的低热值。

（2）进入发动机的增压空气，带来的热量为 $M_\text{C} \cdot c_p \cdot T_\text{C}$，$M_\text{C}$ 为每小时进入发动机的空气质量，c_p 为空气的定压比热容。

发动机输出的能量有：

（1）发动机的指示功 $\eta_\text{i} \cdot M_\text{F} \cdot H_\text{u}$，其中 η_i 为指示热效率。

（2）传给冷却水的传热热量 $\eta_\text{w} \cdot M_\text{F} \cdot H_\text{u}$，其中 η_w 为冷却水带走的热量与完全燃烧的汽油具有的热值之比。

（3）废气带走的热量 $M_\text{T} \cdot c_p \cdot T_\text{T}$，其中 M_T 为进入涡轮叶轮的废气流量，T_T 即排气温度。注意在此估算过程中，假设涡轮是封闭的，即涡轮的调节装置——废气旁通门没有打开，因此排气全部流经涡轮叶轮，则有 $M_\text{T} = M_\text{C} + M_\text{F}$。

根据能量守恒，可得以下能量平衡式：

$$M_\text{T} \cdot c_p \cdot T_\text{T} = M_\text{F} \cdot H_\text{u} + M_\text{C} \cdot c_p \cdot T_\text{C} - \eta_\text{i} \cdot M_\text{F} \cdot H_\text{u} - \eta_\text{w} \cdot M_\text{F} \cdot H_\text{u} \qquad （12-57）$$

定义增压发动机的总空气过量系数为

$$\phi_\Sigma = \frac{M_\text{C}}{M_\text{F} \cdot L_0'} \qquad （12-58）$$

式中　L_0'——燃烧 1 kg 汽油理论所需空气量，为 14.8 kg/kg，则

$$\frac{M_\text{C}}{M_\text{F}} = \phi_\Sigma L_0'，\ \frac{M_\text{T}}{M_\text{F}} = 1 + \phi_\Sigma L_0' \qquad （12-59）$$

代入能量平衡式（12-57）中，可得

$$T_T = \frac{(1 - \eta_w)H_u + \phi_\Sigma L_0' c_p T_C - \eta_i H_u}{(1 + \phi_\Sigma L_0')c_p} \tag{12-60}$$

由于设计点为高速匹配，排气温度相对较高，取空气定压比热容为 1.1 kJ/（kg·K），取 $\eta_i = 0.4$，$\eta_w = 0.3$，因此可得到排气温度 T_T 与总过量空气系数之间的关系。又由汽油的浓度定义可知，汽油浓度为

$$\phi_a = \frac{M_F}{M_C L_0'} = \frac{1}{\phi_\Sigma} \tag{12-61}$$

从图 12-39 可以获得设计点的排气温度，设计浓度为 1，可知其排气温度约为 1 200 K。

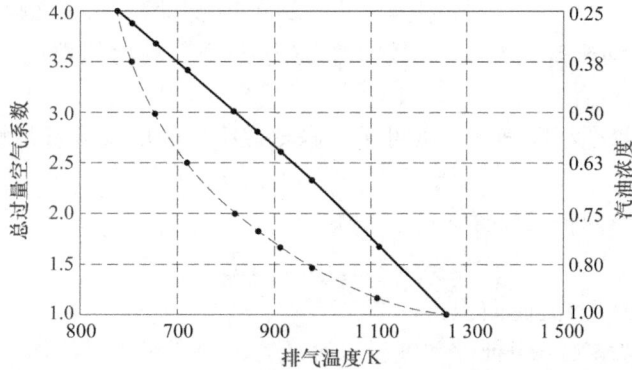

图 12-39　排气温度与汽油浓度、总过量空气系数的关系

得到排气平均温度之后，根据涡轮与压气机功率平衡可以求得涡轮前气体的压力，具体步骤可以由下面的公式得到

$$\left(\frac{p_C}{p_0}\right)^{\frac{k_C-1}{k_C}} - 1 = \eta_{TC} \cdot \frac{T_T}{T_0} \cdot \left[1 - \left(\frac{p_0}{p_T}\right)^{\frac{k_T-1}{k_T}}\right] \tag{12-62}$$

式中　k_C，k_T——绝热指数，与温度紧密相关的参数，查询热力表，取压气机绝热指数为 1.40，涡轮绝热指数为 1.33。

从式（12-62）可知，在确定增压压力后，知道 T_T 和 η_{TC} 就能确定涡轮前的压力值，从而可以得到涡轮的膨胀比和压气机增压压比之间的关系，如图 12-40 所示。

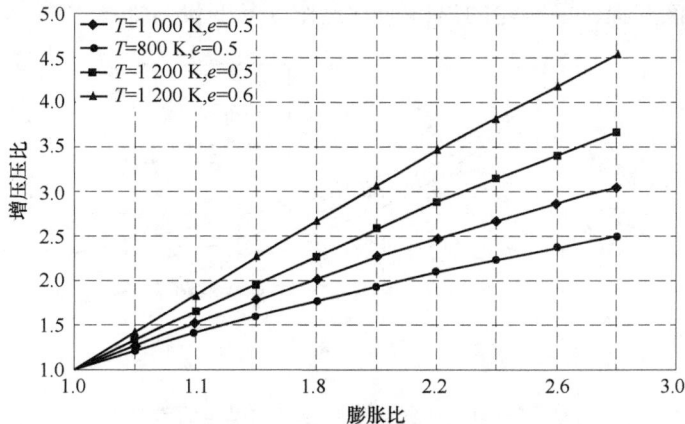

图 12-40　增压器效率为 0.5 和 0.6 时涡轮膨胀比与增压压比之间的关系

在压气机匹配计算中已经得到压气机的设计点压比为 $\pi_k = 2.6$，又得知在设计点的排气温度为 1 200 K，若涡轮增压器总效率为 0.5，则根据图 12 - 40 可知涡轮的膨胀比约为 2。涡轮效率越高，相同的压气机压比对应的涡轮膨胀比越小，如当增压器的效率为 0.6 时，设计点的膨胀比降为 1.8 左右，这意味着涡轮较充分地利用了排气的能量。

图 12 - 40 的另一个重要作用是分析增压后发动机的扫气性能。发动机要实现扫气功能，增压压力必须大于排气压力，增压比应该大于膨胀比。从图 12 - 40 中可以看出，影响扫气的两个因素是增压器的效率和排气温度，如果增压器总效率不高，又把涡轮前的温度限制过低，要实现发动机的扫气是很难的。例如当增压器的总效率为 0.6 时，排气温度为 1 000 K 就可以实现扫气；如果增压器总效率为 0.5，要实现发动机扫气，则排气温度需要达到 1 200 K。因此，当发动机排气温度有限制时，应想办法提高增压器的总效率，以改善发动机的换气过程。

若涡轮增压器的效率难以确定，则可通过涡轮增压器的质量流量与膨胀比的关系得到膨胀比。

流过涡轮当量喷嘴面积的流量为

$$M_T = \alpha \psi_T A_{Teq} \rho_T \sqrt{2RT_T} \tag{12-63}$$

式中　A_{Teq}——涡轮的等效流通面积；

　　　α——脉冲流量系数，表征脉动气流对流量的影响，对于等压增压系统，$\alpha = 1$；

　　　ψ_T——以等效流通面积 A_{Teq} 取代实际涡轮时的流量参数，其表达式为

$$\psi_T = \sqrt{\frac{K_T}{K_T - 1} \left[\left(\frac{p_4}{p_3} \right)^{\frac{2}{K_T}} - \left(\frac{p_4}{p_3} \right)^{\frac{k_T + 1}{k_T}} \right]} \tag{12-64}$$

由此可得

$$\frac{p_3}{p_4} = \frac{M_T \sqrt{T_3}}{\alpha A_{Teq} \sqrt{2/R} \cdot \psi_T \cdot p_4} \tag{12-65}$$

即

$$\psi_T p_3 = \frac{M_T \sqrt{T_3}}{\alpha A_{Teq} \sqrt{2/R}} \tag{12-66}$$

用曲线来描述该方程，以涡轮的出口压力 p_4 作为参变量，如图 12 - 41 所示。

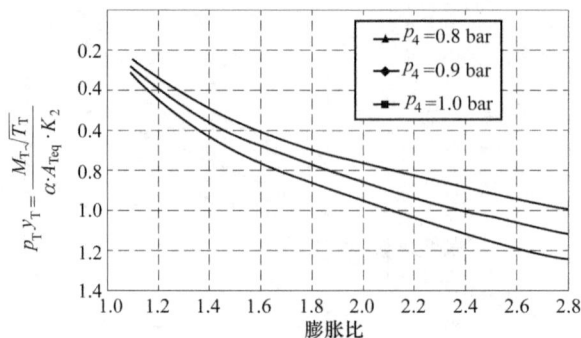

图 12 - 41　涡轮膨胀比与质量流量的关系

在能估算出空气流量和涡轮进气温度的情况下，可用图 12 - 41 找到涡轮的膨胀比，由

图 12 - 40 根据膨胀比找到压比，由压比又能算出压气机的空气流量。若得到的值与开始所得的值一致，说明此涡轮增压器可以与此发动机在所给定的工作参数下匹配工作，否则不能匹配。

12.5 柴油机增压改造及性能改进

12.5.1 柴油机增压改造

通过前面的学习，我们已经大致了解了发动机增压的基本原理以及进行增压改造时的选配原则及理论。下面讨论一个非增压的发动机如何改造成为一个增压的发动机。以柴油机为例，把一个非增压的柴油机改造成为增压的柴油机，需要改造的系统主要包括以下几部分。

1. 进排气系统的改造

非增压柴油机改造成为增压柴油机之后，其进气流量加大，进气流速加快，因此需要增压柴油机进气总管有足够的容积，否则进气管道中的气体压力会有较大的脉动，使各缸进气不均匀，并可能使发动机速度特性变坏，压气机工作不稳定，且容易引起喘振。图 12 - 42 所示为发动机进气管容积对管道中空气压力脉动的影响。当进气管的相对容积 $V_m = V_L/V_h$（V_L 为管道容积，V_h 为气缸工作容积）由 1.5 增至 10 时，空气压力振幅降低近 7 倍，从而使充气均匀性得到改善，平均充量系数 ϕ_c 增加 3% ~ 4%。柴油机进气管内压力脉动振幅越大，频率越低，压气机喘振线越向大流量一侧移动。在结构允许的条件下，进气总管容积 V_L 与气缸工作容积 iV_h 之比大一些为好。V 型发动机（特别是 V 型 8 缸机）将两排气缸的进气管连成一体是有好处的。

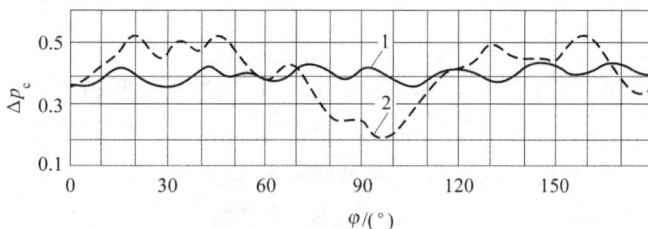

图 12 - 42 进气管容积对管道中空气压力脉动的影响
$1—\bar{V}_m = 10$；$2—\bar{V}_m = 1.5$

同时，对于改造之后的增压柴油机来说，由于发动机增加了涡轮增压系统，使得原来按照非增压柴油机的最佳进气谐振原则设计的进排气管道，并不适应改造之后的增压柴油机。同时考虑到增压之后柴油机的热负荷增加，为了降低增压柴油机的热负荷，要适当加大过量空气系数，使得进气流量更大。因此，进排气系统也需要根据新的增压柴油机匹配点来设计最优的进排气管道。

2. 适当降低压缩比

非增压柴油机的压缩比一般为 12 ~ 21，在改造成为增压柴油机后，其压缩比要适当降低，主要是受到燃烧压力的限制。改造成为增压柴油机后，由压气机供给柴油机的进气密度增大，其增加量视所选增压系统的压比而定，这就使得进入柴油机气缸中的气体压力要远高于非增压柴油机，如果不降低压缩比，将使得在气缸内压缩终了的压力和温度更高。这样燃烧过程中的最高燃烧压力将大大增加，进而使得增压柴油机的燃烧压力超限，出现性能下降，甚至拉缸的不良后果。增压后气缸内温度升高，燃油着火延迟期缩短，燃烧过程的压力升高速度 $\Delta p/\Delta\varphi$ 下降，使工作柔和。由于燃烧过程的 $\Delta p/\Delta\varphi$ 不大，故适当地增大燃烧压力对发动机机械负荷影响不大。为了限制 p_{max} 值，增压发动机的压缩比 ε 一般较原非增压机有所降低。随着增压压力的提高，ε 下降更多，一般 $\varepsilon = 12\sim14$，但低于 11 时发动机冷起动有困难。图 12 – 43 所示为 p_{max}，p_{me}，ε 间的相互关系。美国 AVCR – 1360 高增压坦克发动机采用了能根据负荷情况自动改变压缩比的活塞，以便限制最高燃烧压力 p_{max}。

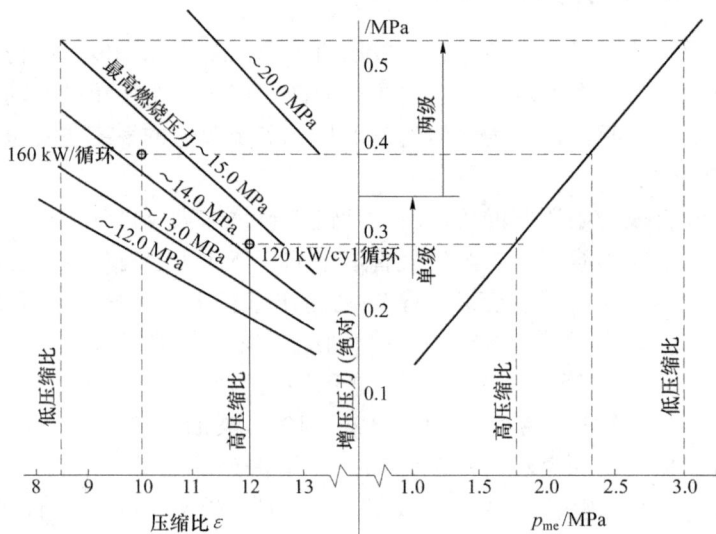

图 12 – 43　p_{max}，p_{me}，ε 间的关系（MTU 提供）

3. 改造供油系统

增压改造之后，柴油机的进气流量增大，为了实现功率密度的增加，应相应地增加每循环的供油量。这就对改造之后的增压柴油机的供油系统提出了新的要求，为了不延长喷油延续期，需要增大喷油泵柱塞直径或改变凸轮型线。柱塞直径增大后，油泵凸轮和挺柱、滚轮等零件的磨损相应增加。喷油泵的喷油压力及喷油嘴喷孔直径应适当加大，使喷射的油束在密度增大的工质内具有足够的贯穿度。供油提前角适当后移，也能降低 p_{max}，这使燃烧过程推迟，b_e 及排温升高。由 150 单缸模拟增压试验结果可知，供油提前角每提前一度，p_{max} 值增长 $0.3\sim0.5$ MPa，排气温度下降 10 ℃ ~ 15 ℃，b_e 降低 0.7 ~ 1.1 g/（kW·h）。一般增压后比非增压时推迟 3°~5°。增压后，要适当增加过量空气系数值，以便降低热负荷，一般比非增压机增大 10% ~ 30%。

4. 配气相位的匹配

合理的配气相位对提高发动机的充气效率有重要意义，它可以有效延长进、排气延续时间，利用气流惯性进行充气和扫气，使更多的气体进入气缸。内燃机涡轮增压后，由于进气冲程变为主动进气，因此配气机构要进行相应调整，以优化进气过程。

增压之后的进气压力可以大于排气背压，进气时能形成扫气效应，所以进气门的开启角度可适当提前。而对非增压发动机，进气门开启过早容易造成气体回流，从而限制了开启时刻。增压前后配气相位关系变化如图 12 – 44 所示。

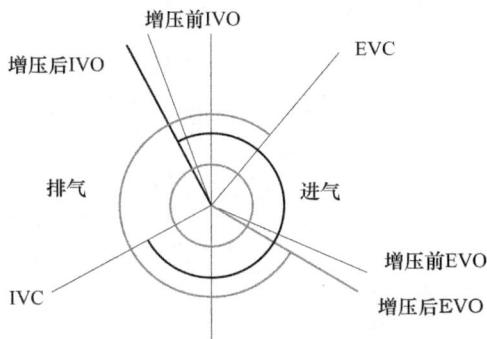

图 12 - 44　增压前后配气相位关系变化

5. 增压中冷系统

对于非增压柴油机来说，其进入气缸的空气是由大气通过空气滤清器之后直接供给的。而对于改造之后的增压柴油机来说，由于增压系统的加入，使得空气在进入气缸前被压气机压缩，温度和压力都得以提高。但是对于发动机来说，需要的是进气压力的提高，而对进气温度应加以控制，否则进气温度过高使密度下降，一方面加大了压缩终了的压力，另一方面使得缸内的热负荷增加，对发动机性能不利。因此，在压气机出口到发动机的进口之间，要加入增压中冷系统，以控制进入发动机的增压空气温度，实现发动机性能的提高。对于增压柴油机来说，其增压中冷系统一般采用水 - 空中冷，如果柴油机的功率过大，可以采用空 - 空中冷的形式来降低压气机出口的空气温度。

12.5.2　改善涡轮增压柴油机性能的途径

由于发动机和涡轮增压器之间能量传递的特点，废气涡轮增压发动机对变工况的瞬态响应和低速扭矩特性往往出现问题，在涡轮增压技术发展初期，这两个问题是车辆发动机采用废气涡轮增压的障碍。由于涡轮增压器向小型轻量化发展，且与发动机合理地匹配，目前在增压度不高时（$p_{me} \leqslant 1.4$ MPa），可以得到令人满意的结果。随着增压度的提高，加速性和扭矩特性均不理想，必须采取措施予以解决。涡轮增压发动机对于突然加速、加载的瞬态响应落后，主要是由于供气量滞后于供油量。发动机加速时，压比和流量的变化关系如图12 - 45所示。$A \rightarrow B$ 相当于低速下，由怠速加载至全负荷；$C \rightarrow D$ 相当于高速下，由怠速加载到全负荷；$B \rightarrow D$ 表示全负荷时的加速运行线；$A \rightarrow D$ 是由很低的怠速加速到标定工况的运行线。

发动机突然加速，必须首先增加排气能量，增压器转子有一定的惯量，加速时需一定时间，这样，空气的供应就要滞后，所以涡轮增压发动机加速时常有短时间冒黑烟现象。负荷越大，冒烟时间越长，减少冒烟常采用限烟器，即根据增压压力 p_C 限制喷油量，但对瞬态响应有负面影响。

对涡轮增压柴油机瞬态特性的要求随用途而异，如战斗车辆要求较高，应急用发电机组要求也较高。

改善加速性和扭矩特性的主要措施如下：

（1）采用脉冲增压。脉冲增压发动机的排气管断面小，长度短，发动机喷油量增加后会迅速增大排气压力的脉冲，使增压器转速迅速提高，供气量增加，发动机的加速反应时间

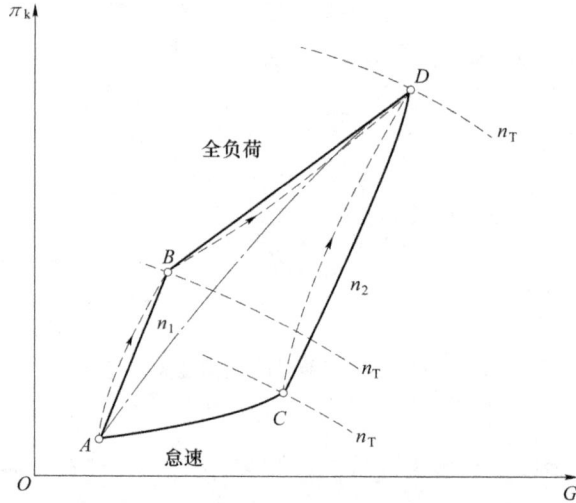

图 12 – 45　加速时压气机压比和流量的变化

缩短；而等压增压时，排气总管容积大，压力上升缓慢，加速时间较长。

（2）选择合理的增压器设计点。车用发动机涡轮增压器设计点的选择以最大扭矩 T_{tqmax} 为宜，亦即标定转速的 50% ~ 60%。发动机在标定工况时，废气涡轮增压器在低效率区运行，这样做虽可得到大扭矩，但高速时，增压器可能超速，可以采用放气的方案。因此，一般推荐设计点为 0.6 ~ 0.8 倍标定转速。

（3）发动机高速时涡轮放气。车用发动机的转速变化范围大，为避免发动机高速、高负荷时增压压力过高，增压器转子超速及气缸内最高燃烧压力不致过高，以及增大扭矩系数，多采用涡轮旁通放气措施。图 12 – 46 表示用增压压力控制放气阀的调节特性示意图。当增压压力超过给定值时，放气门打开，部分高压废气不经涡轮旁通而放掉。带旁通放气阀的发动机运行特性如图 12 – 47 所示。

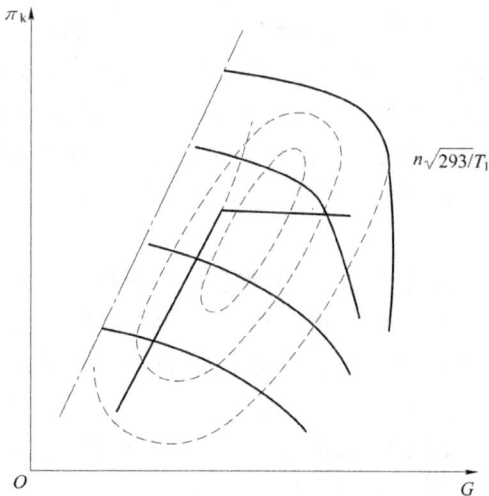

图 12 – 46　用增压压力控制放气阀的调节特性

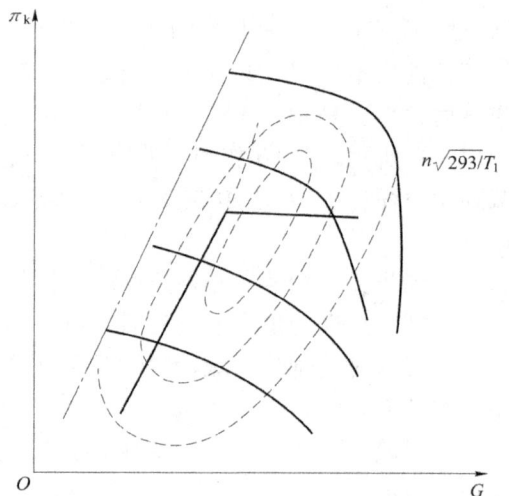

图 12 – 47　带旁通放气阀的发动机运行特性

现在许多增压器生产厂都有带放气阀（WGT）的系列产品供用户选用。美国 Cummins

新的 C 系列柴油机采用新的带放气阀增压器后，高速时进气管压力趋于平坦，低速时多提供 9% 的空气量，减少了颗粒排放和冒烟，改善了瞬态性能。

（4）采用复合增压。涡轮增压器和容积式压气机串联的复合增压方式能改善高增压发动机的扭矩特性和加速性。用机械方式连接的容积式压气机，保证发动机低速和加速时供应必要的空气量。高功率时，排气量和排气温度增大，涡轮增压器的供气量和压比增加，以涡轮增压器为主。美国 AVCR - 1100 坦克发动机采取这种措施后，低转速的扭矩增加。当发动机从标定转速下降到 70% 时，扭矩几乎不降低；50% 标定转速比单独用涡轮增压时扭矩增大 32%。在标定工况时，发动机的总压比为 4.5，涡轮增压器提供的压比为 3.9。

采用有谐振系统的复合增压系统也能改善加速性能，缩短响应时间，并可提高低速扭矩。

（5）采用可变截面涡轮增压器。车用发动机采用可变几何参数涡轮增压器（Variable Geometry Turbocharger，VGT）能改善变工况的瞬态响应性能、低速扭矩特性，提高经济性及改善排放情况。在一些高性能的车用柴油机上已有应用，并且由微机控制优化改变几何参数。

改变涡轮增压器几何参数可用可调压气机扩压器及可调喷嘴或涡轮进口截面。一般多用可调涡轮进口截面，在发动机低速时减少流通截面以提高涡轮进口的可用能，保持增压器转速基本不变，使增压压力不因发动机转速下降而降低。

（6）减小涡轮增压器转子惯量。采用低惯量涡轮增压器转子是改善发动机瞬态响应能力的有效措施。减小惯量的途径是缩小叶轮直径，或采用轻质材料。日本 NTK 公司制成了车用陶瓷涡轮增压器，涡轮叶轮为陶瓷材料，转子质量比原金属时轻 40%，转动惯量减小 35%，加速时间缩短 36%。

12.5.3　超高增压系统

除了上面介绍的几种传统方式外，还有一种超高增压系统越来越受重视。Hyperbar 超高增压柴油机是一种高增压、低压缩比，加上旁通补燃系统的柴油机。增压压比高至 4 ~ 9，故称为超高增压，气缸压缩比低至 6 ~ 10。这种增压系统也称为 Hyperbar 增压系统。

该系统柴油机的主要特点是：在不增加热负荷和机械负荷的条件下，使发动机的功率比原机增大 2 ~ 5 倍，平均有效压力可达到 3.0 MPa，加速性比一般涡轮增压柴油机好，低速扭矩也大为提高。这是大幅度地提高柴油机功率的一种新型增压方法。图 12 - 48 所示为 Hyperbar 超高增压系统的原理。

超高增压系统的柴油机与压气机和涡轮是并联布置的。压气机的空气不是全部进入柴油机，有一部分经过旁通和补燃系统进入涡轮机。旁通和补燃系统与柴油机是并联的，这样就使涡轮增压器不受柴油机的影响，能在高效率区工作。压气机供应的剩余空气经旁通系统进入补燃室并在涡轮中做功。因此，供给涡轮的气体包括发动机排气以及在补燃室内旁通空气与燃油燃烧产生的废气两部分。

在低负荷（20% 额定功率以下）、高扭矩低速区，涡轮增压器不能供给发动机以足够的增压压力。此时为弥补涡轮热焓的不足，涡轮前的补燃室开始工作。

发动机冷起动时，首先点燃补燃室，使涡轮增压器自循环，同时引出部分燃气用来预热进气管道及气缸等部件。

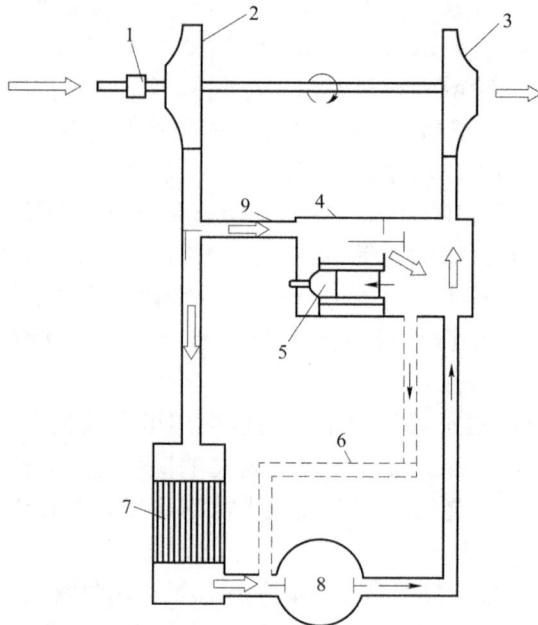

图 12 –48　Hyperbar 超高增压系统原理

1—起动装置；2—压气机；3—涡轮；4—旁通箱；5—补燃室；
6—起动预热管；7—中冷器；8—气缸；9—旁通管

　　根据实际试验结果，超高增压柴油机的燃油消耗率在标定工况与传统的柴油机不相上下，在部分负荷油耗率大大增加。

　　由于超高增压柴油机在加速性及低速扭矩方面具有明显的优点，所以对军用战斗车辆、机车、舰船及工程机械等是有吸引力的。法国 AMX 勒克莱尔（Leclerc）主战坦克装备有 UDV8 × 1 500Hyperbar 增压系统柴油机，功率为 1 104 kW/（2 500 r · min^{-1}），比质量为 1.54 kg/kW，体积功率为 689 kW/m^3，处于当今世界坦克发动机的先进水平。

12.6　汽油机增压特点

　　汽油机在乘用车领域中有着极其重要的地位，但其燃油消耗率高，排放中的 HC、CO、NO$_x$ 等有害物对大气污染严重。

　　我国地形复杂，海拔在 1km 以上的高原占全国总面积的 60% 以上，研究表明：海拔每上升 1km，大气压下降 10% 左右，发动机的进气量减少 10% ~ 11%，功率下降 12% ~ 13%，燃油消耗率提高 9% ~ 11%，可见高原恢复功率十分必要。通过增压技术，可以提高汽油机的功率、节约能耗、净化排气、增强高原恢复功率的能力，其经济意义和社会意义重大。

　　柴油机增压技术已比较成熟，而汽油机增压技术却发展缓慢，主要原因如下：

　　（1）汽油机速度范围宽广，扭矩储备系数大，工况变化频繁，导致增压器与汽油机的匹配困难。

　　（2）汽油机的空燃比小，工作温度高，增压后热负荷突出。

　　（3）匹配增压汽油机的压气机工作转速偏大，对转子的力学、润滑等提出了更多的要求。

（4）增压后，进气温度一般要比非增压时高 30 ℃ ~ 60 ℃，加速了混合气焰前反应，汽油机爆震倾向加剧。

不过，汽油机增压（特别是废气涡轮增压）已引起人们的重视，原因如下：

（1）增压可大幅提升汽油机的动力性。增压后，汽油机的功率和扭矩可提升 30% ~ 50%。

（2）增压可改善经济性。增压可改善燃烧，提高机械效率，使汽油机的经济性得到改善。

（3）增压可改善排放指标。多数试验证明：汽油机增压后，一氧化碳和碳氢化合物的排放水平下降。

现代汽油机中，越来越多地趋于采用增压器来提高发动机的功率密度。但是，随着压气机的效率，尤其是小排量压气机效率的大幅度提高，现在汽油机上的主要增压形式趋于机械增压。这种增压方式的优点是机械响应加快，低速响应特性和加速特性较好，尤其适用于市内交通车辆使用。废气涡轮增压的增压形式更多地被用于柴油机和排量较大的 SUV 等车型，或者和机械增压一起使用，发挥两种增压方式的优势。

本章复习题

1. 采用废气涡轮增压和中冷为什么能提高发动机的功率？涡轮增压能提高经济性的理由何在？

2. 提高涡轮增压发动机适应性系数和加速性的措施是什么？

3. 用废气涡轮增压提高发动机功率有何限制？

4. 脉冲涡轮增压发动机的排气管为什么要分支？分支原则是什么？

5. 等压增压和脉冲增压的配气相位重叠角是否相同？为什么？

6. 依靠什么原则选择增压压力？

7. 发动机和涡轮增压器匹配的原则是什么？

8. 涡轮增压发动机的结构特点是什么？

9. 提高发动机废气能量利用的措施是什么？

10. 增压发动机和非增压发动机工作过程的参数有何不同？

11. 超高增压柴油机的特点是什么？

12. 脉冲增压和等压增压各有何优缺点？使用范围如何？

13. 采用可变截面涡轮有何效果？原因何在？

14. 使用脉冲转换器有什么优点？在什么情况下使用？

15. 改善高增压低压缩比柴油机起动性和低负荷性能有什么办法？原理是什么？

16. 涡轮增压柴油机，增压度越高，低工况性能问题越多，特别对车用发动机更要引起重视，其原因何在？

17. 改进加速瞬态特性的措施是什么？

18. 一种新的废气涡轮增压柴油机采用附加的动力涡轮将废气中的机械能传递给驱动轴，这种设计的创新之处在于大部分的曲轴功率来源于动力涡轮而不是发动机。列举出这种设计的优缺点。

19. 对于给定最大功率输出的发动机，为什么涡轮增压可以提高燃油经济性？

第13章

内燃机特性

13.1 概述

车辆在使用过程中，其负荷、转速及道路情况经常变化。因此，发动机必须适应车辆的需要，在负荷和转速经常变化下工作。

内燃机工作状况变化时，其各项工作指标应随之变化。内燃机的主要性能指标与转速、负荷等表示工况的参数间的关系称为内燃机特性。内燃机特性以图线表示，它是由试验测得的数据经过整理绘制出来的。

内燃机在某一转速下稳定工作的条件是：内燃机输出的功率（或扭矩）与在此转速下从动机（如车辆、发电机、螺旋桨或其他机器）消耗的功率（或扭矩）平衡。如果内燃机功率超过从动机吸收的功率，多余的能量使转速上升，直至两者功率再次平衡，在另一转速下稳定工作。如图 13 - 1 所示，曲线 1 表示内燃机的功率曲线，曲线 I 表示从动机吸收功率曲线，在 a 点两者功率平衡，于是在 n_a 转速下稳定工作。如果从动机由于某种原因按曲线 II 变化，则在 n_a 转速下多余功率 ΔP_e 使转速升高，在 b 点达到新的平衡工况。如仍然要求在 n_a 转速工作，则应减小发动机油门，使其功率按曲线 2 变化，在 c 点两者功率平衡。

内燃机稳定工况的范围取决于从动机的工作特点。根据从动机的工作特点，可将稳定工况分为以下 3 类。

（1）点工况：点工况时从动机只有一个工作点，即只有一个转速发出稳定功率，如电动汽车增程器用发动机。

（2）线工况：当内燃机驱动按固定转速工作的从动机（发电机、压气泵、水泵等）工作时，则不论负荷如何改变，转速总是固定不变。这时内燃机的稳定工况是稳定在一定的转速上（图 13 - 2 垂线 1）。如果内燃机驱动螺旋桨工作（船舶、飞机），螺旋桨的扭矩与转速平方成正比，功率与转速立方成正比，这时内燃机的稳定工作范围只能是 $P_e = an^3$ 一条曲线（图 13 - 2 曲线 2）。

（3）面工况：车用内燃机在各种转速下都可能要求发出不同的功率，以满足车辆的运行需要。因此，车用内燃机的稳定工作范围是内燃机许用工况范围的一个面；功率的上限是发动机外特性曲线 3，左右两边相应于最低稳定转速 n_{min} 和最高许用转速 n_{max}。

利用特性图，我们可以了解到内燃机在整个工作区域内的性能，并根据需求改变相关参数使内燃机与工作机械匹配。

为了选用和评价发动机，需要各种特性。本章将分别讲述内燃机常用的特性。

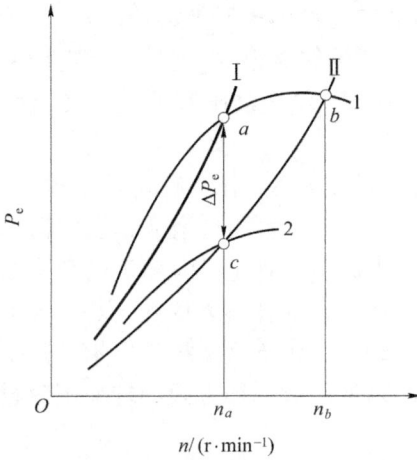

图 13－1 内燃机和从动机的特性　　图 13－2 内燃机工况范围

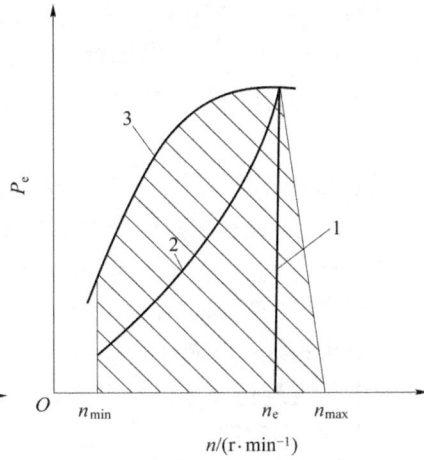

13.2 速度特性

内燃机的各项指标随转速而变化的关系称为内燃机速度特性。测定速度特性时，功率调节机构（油门）的位置保持不变。

速度特性可分为部分速度特性和外特性。将功率调节机构固定在发动机标定功率位置时，测得的速度特性称为外特性。外特性表示该型号发动机能够工作的最高功率界限。功率调节机构固定在标定功率以下的任何其他位置时，各项指标随转速的变化关系称为部分速度特性或部分特性。

每种型号的发动机的外特性曲线只有一条，而部分特性曲线随油门的变化可有无数条。图 13－3 表示内燃机沿外特性工作，功率、扭矩和燃油消耗率的变化情况。

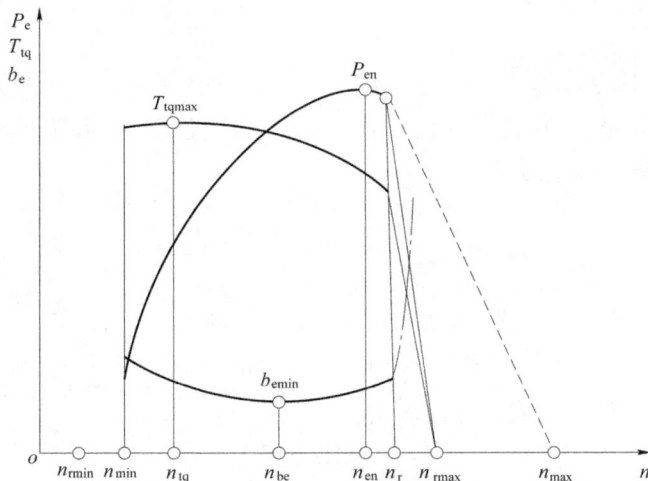

图 13－3 内燃机外特性

在怠速下，发动机能稳定工作不少于 10 min 的最低转速称为最低空转转速 n_{rmin}。在全负荷时，发动机能稳定工作不少于 10 min 的最低转速称为最低稳定转速 n_{min}。出现最大扭矩时的转速称为最大扭矩转速 n_{tq}。燃油消耗率最低时的转速以 n_{be} 表示。标定功率时的转速称为标定转速 n_{en}。调速器开始起作用的转速以 n_r 表示，调速器限制的最高转速称为最高空转转速 n_{rmax}。

功率 P_e 随转速的增加而上升，一般柴油机以最大功率点作为标定功率 P_{en}，但汽油机的最大功率 P_{emax} 可以高于标定功率 P_{en}。发动机保持油门最大并且全部卸去负荷，任其达到的最大转速称为飞车转速 n_{max}，此时发动机的指示功率全部消耗于内部机械摩擦损失，在实际使用中不允许达到这样的高速。在过高转速下工作时，油耗显著增加，功率大为下降；磨损加快，工作寿命缩短；往复零件惯性力过大，振动、噪声增大；排气冒烟、热负荷增加。故在实际应用过程中，为避免飞车的情况发生，必须使用调速器以限制转速不致过高。上述各种转速的一般范围见表 13 – 1。

表 13 – 1　转速的一般范围　　　　　　　　　　r/min

机型	n_{min}	n_{en}	n_{tq}	n_{rmax}	n_{max}
汽油机	300 ~ 600	4 000 ~ 7 000 * 2 500 ~ 5 000 * *	$(0.4 \sim 0.6)\ n_{en}$	$(1.05 \sim 1.10)\ n_{en}$	$(1.7 \sim 2.0)\ n_{en}$
柴油机	350 ~ 700	2 000 ~ 4 000	$(0.5 \sim 0.7)\ n_{en}$	$(1.05 \sim 1.07)\ n_{en}$	$(1.4 \sim 1.6)\ n_{en}$
* —小轿车；　* * —载重车辆。					

发动机在低速时出现最大扭矩，但达到最大扭矩 T_{tqmax} 后，如转速继续降低，扭矩将急剧下降，如不减小负荷卸载，发动机转速会很快下降直至熄火。因此，车用发动机的稳定工作范围是在最大扭矩转速和标定转速之间。一般在中等转速燃油消耗率 b_e 最低，在低速及高速范围 b_e 都较高。

汽油机和柴油机工作过程参数随转速变化的规律不同，因此分别讨论汽油机和柴油机的外特性。

13.2.1　汽油机外特性

测量汽油机外特性时，保持节气门全开，检测汽油机其他参数随转速的变化。

由功率 P_e 的关系式可以写出

$$P_e = \frac{iV_h}{30\ \tau} p_{me} n \qquad\qquad (13 - 1)$$

令 $K = \dfrac{iV_h}{30\ \tau}$（常数），则

$$P_e = K p_{me} n \qquad\qquad (13 - 2)$$

由功率 P_e 和扭矩 T_{tq} 关系式，可以得出

$$T_{tq} = \frac{318.3 iV_h}{\tau} p_{me} \qquad\qquad (13 - 3)$$

令 $K' = \dfrac{318.3 iV_h}{\tau}$（常数），则

$$T_{tq} = K'p_{me} \qquad (13-4)$$

由平均有效压力 p_{me} 的关系式，可以写出

$$p_{me} = C\phi_c \frac{\eta_i}{\phi_a}\eta_m \qquad (13-5)$$

其中，$C = 0.121 \dfrac{H_u}{l_0}\dfrac{p_k}{T_k}$（常数）。

令 $B = \phi_c \dfrac{\eta_i}{\phi_a}\eta_m$，则

$$p_{me} = CB \qquad (13-6)$$

如果式（13-6）中的 B 也是常数，则平均有效压力 p_{me} 或扭矩 T_{tq} 随转速变化的曲线将是一条平行于横坐标的水平线 CE（图 13-4（a））。功率 P_e 随转速的变化规律将是一条倾斜直线 OD。实际上，B 不是常数，因为参数 ϕ_c，η_i，η_m 及 ϕ_a 随转速而变化。

节气门全开时，ϕ_c，η_i/ϕ_a，η_m 随转速的变化趋势如图 13-4（b）所示。由于这些参数的综合影响，在转速为 n_{tq} 时，出现 p_{memax} 及 T_{tqmax} 值，与此相对应，在功率曲线上存在一点 M，它是由原点引出的功率曲线的切点，因为 $T_{tqmax} = 9\,550 \times (P_e n^{-1})_{max} = 9\,550\tan\beta$。转速继续升高后，$p_{me}$ 和 T_{tq} 下降。但转速的增加速度快于 p_{me} 的下降速度，所以 P_e 上升，不过已偏离 OD 线。当达到 P_{emax} 后，再继续减小外界负载，使转速升高时，由于 p_{me} 下降速度很快，大大超过转速 n 上升的影响，所以 P_e 下降，直至 n_{max} 时，$P_e = 0$。

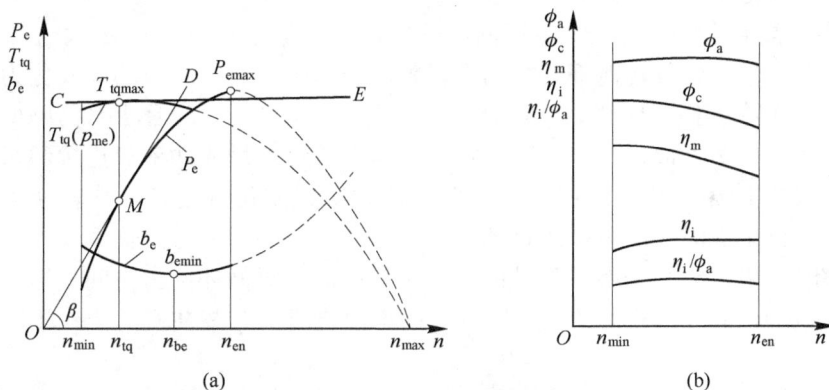

图 13-4　汽油机外特性

燃油消耗率 b_e 与有效效率 η_e 成反比，η_e 受 $\eta_i\eta_m$ 的影响。内燃机沿外特性工作时，有效效率最高点总是出现在 $n_{tq} \sim n_{en}$ 之间。

汽油机采用电控燃油系统后，可对汽油机的外特性进行人为的优化，如使其在较大的转速范围内转矩保持不变，如图 13-5 所示。

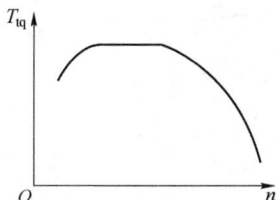

图 13-5　某 1.6 L 汽油机外特性曲线

13.2.2 柴油机外特性

测量柴油机外特性时，将供油齿杆位置固定在标定功率位置，检测柴油机参数随转速的变化。

为方便分析，对于柴油机，将过量空气系数 ϕ_a 写成如下形式：

$$\phi_a = \frac{\phi_c V_h \rho_0}{\Delta g L_0'} \qquad (13-7)$$

式中 ρ_0——大气条件下的空气密度；

$\quad L_0'$——燃烧 1 kg 燃料的理论空气量（kg/kg）；

$\quad \Delta g$——每循环供油量（kg）。

将式（13-7）代入式（13-5），则

$$p_{me} = C' \Delta g \eta_i \eta_m \left(C' = C \frac{L_0'}{V_h \rho_0} (常数) \right) \qquad (13-8)$$

柴油机工作过程参数随转速的变化趋势（柴油机外特性）如图 13-6 所示。供油齿杆位置固定时，每循环供油量 Δg 随转速上升稍有增加。η_i 随转速上升的变化趋势是开始增加，随后下降，总的变化范围不大。影响 η_i 的因素主要是：混合气形成质量、燃烧质量及传热情况。机械效率 η_m 随转速的增加而下降。

综合 Δg，η_i，η_m 的影响，平均有效压力 p_{me}（或 T_{tq}）随转速的变化趋势比汽油机平缓，其最大值也在低速范围，高转速时，p_{me} 值（或 T_{tq}）下降。

发动机转速固定时，向气缸内多喷油功率增加，当油量增加到一定量后，由于氧气不足，排气开始冒黑烟。将各转速下开始出现冒黑烟的功率点连接起来的曲线称为柴油机炭烟极限的下限（图 13-7 I—I'线）。如继续增加油量，冒烟加浓，但功率仍可少许增加，达到最大功率之后，再多喷油，功率下降，将各转速下的冒烟最大功率点连接起来的曲线称为柴油机炭烟极限的上限（图 13-7 II—II'线）。由炭烟极限可确定各工作转速下允许的最大供油量及带校正器工作时供油齿杆的移动量。

转速过高时，由于充气效率下降、循环供油量增加、每循环所占时间过短、混合气形成不及时等原因也会引起冒黑烟，如图 13-7 I—III 曲线所示。柴油机的工作不能超出 I—III 曲线范围。

实际使用的柴油机外特性是沿曲线图 13-7 I—IV 变化的。为增加低速扭矩，带校正器工作时，随转速下降而增加循环供油量，此时的外特性曲线如图 13-7 I—V 曲线所示。

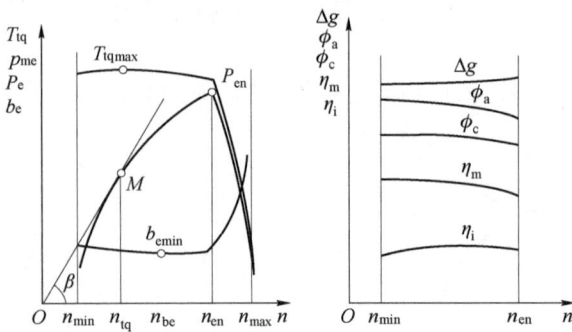

图 13-6 柴油机外特性

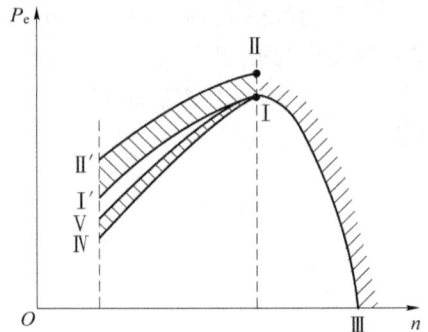

图 13-7 柴油机的炭烟极限

13.2.3　汽油机部分速度特性

随着节气门开度的减小，进气系统阻力增加。因此，在每一节气门开度都有一条 $\phi_c = f(n)$ 的关系曲线。

由图 13-8 可以看出，节气门开度减小时，随着转速的上升，充量系数急剧下降，在节气门开度非常小时，充量系数接近于零。在低转速时，节气门开度对充量系数 ϕ_c 的影响较小；当转速接近于零时，节气门开度的影响可以不计，因为空气的流速都接近于零。因此，不管节气门开度如何，在纵坐标上充量系数都汇于一点。

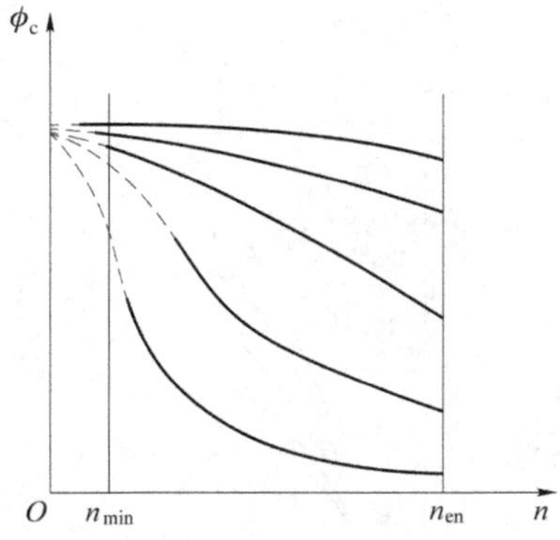

节气门开度小时，转速升高后，ϕ_c 急剧下降，平均指示压力 p_{mi} 和机械效率 η_m 也随着转速增加而迅速下降。因为 $p_{mi} = C\phi_c \dfrac{\eta_i}{\phi_a}$，所以 $\eta_m = 1 - p_{mm}/p_{mi} = 1 - p_{mm} \Big/ \Big(C\phi_c \dfrac{\eta_i}{\phi_a} \Big)$。

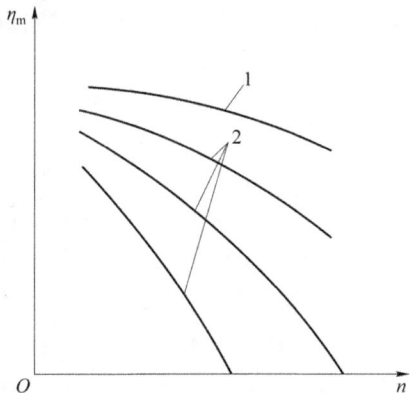

图 13-8　节气门开度不同时充量系数 ϕ_c 随转速 n 的变化关系

当节气门关闭到一定程度后，平均指示压力 p_{mi} 随转速增加而急剧降低，同时平均摩擦损失压力 p_{mm} 却随转速增加而升高，这就会在 $n < n_{en}$ 时出现 $p_{mi} = p_{mm}$，$\eta_m = 0$。因此，节气门开度越小，η_m 和 p_{me}（或 T_{tq}）随转速增加而迅速降低，则出现 $\eta_m = 0$ 的转速越低，如图13-9和图 13-10 所示。

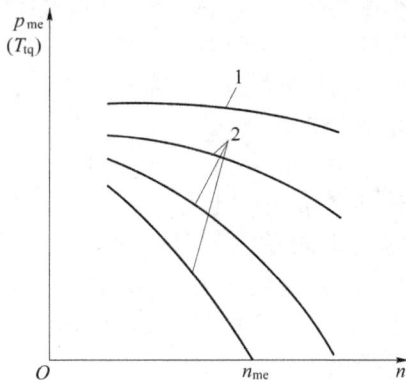

图 13-9　节气门开度不同时机械效率随转速的变化关系
1—节气门全开；2—节气门部分关闭

图 13-10　汽油机平均有效压力和扭矩的速度特性
1—外特性；2—部分特性

图 13-11 表示在外特性和部分特性时功率 P_e 随转速的变化趋势。由于 $p_{me} = f(n)$ 特性的影响，节气门开度越小，最高功率点越向低速方向移动。节气门关小时，p_{me}、T_{tq} 和转速的关系曲线变陡。节气门关小后，指示效率变化不大，但由于机械效率降低了，因此 b_e 增加。这说明负荷变小时，经济性变坏，如图 13-12 所示。

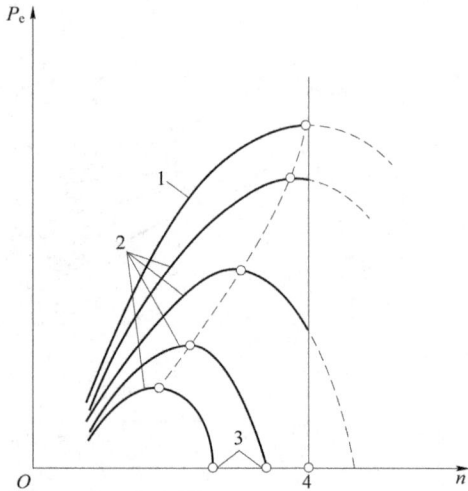

图 13 –11　汽油机功率的速度特性曲线
1—外特性；2—部分特性；3—怠速工况；4—标定转速

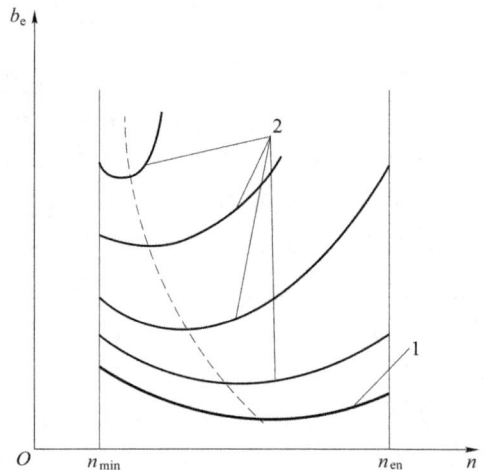

图 13 –12　节气门开度不同时，燃油
消耗率随转速的变化关系
1—外特性；2—部分特性

13.2.4　柴油机部分速度特性

大多数车用柴油机的燃料系统，当油泵供油齿杆位置向减油方向移动时，每循环供油量随转速的变化趋势与全供油时基本一致，因此，在部分特性时，平均指示压力 $p_{mi} = C' \Delta g \eta_i$ 的变化范围很小。p_{mi} 可以随转速增加而一直上升，也可能在某一转速时达最大值然后下降。

机械效率的公式为

$$\eta_m = 1 - p_{mm} / (C' \Delta g \eta_i) \tag{13 - 9}$$

随着转速的增加，p_{mm} 上升，而 Δg，η_i 变化不大。$\eta_m = f(n)$ 曲线形状如图 13 – 13 所示，在部分特性时，此曲线平行下移。扭矩（或平均有效压力）曲线与外特性时相似（图 13 – 14 （a）），平行下移，且变化平坦。因此，在部分负荷时，功率总是随转速增加而上升（图 13 – 14 （a））。在部分负荷时，燃油消耗率 b_e 曲线升高，且几乎是从外特性曲线平行上移（图 13 – 14 （b））。

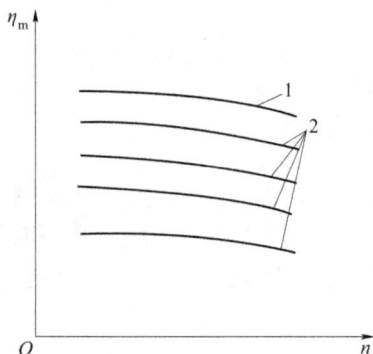

(a)　　　　　　　　　(b)

图 13 –13　柴油机机械效率随转速的变化
1—外特性；2—部分特性

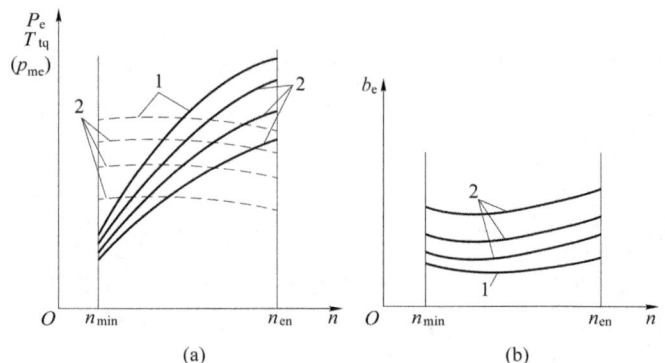

图 13 –14　柴油机功率、扭矩、燃油消耗率随转速的变化
1—外特性；2—部分特性

13.3 内燃机工作稳定性

车辆在路面阻力变化的道路上行驶时，发动机的负载随之变化，其转速也要变化。外界负荷改变时，发动机转速变化越小，车辆行驶越平稳。为了减轻乘员因车辆频繁变速而引起的疲劳，要求车辆行驶平稳。因此，车辆发动机的扭矩特性，应当是在油门位置不变时随转速降低而急速增加扭矩。

内燃机工作的稳定性由适应性系数 ϕ_{ntq} 或扭矩储备系数 ϕ_{tq} 来评定：

$$\phi_{ntq} = \frac{T_{tqmax}}{T_{tqn}} \tag{13-10}$$

$$\phi_{tq} = \frac{T_{tqmax} - T_{tqn}}{T_{tqn}} \times 100\% \tag{13-11}$$

式中 T_{tqmax} ——最大扭矩；

T_{tqn} ——标定功率时的扭矩。

适应性系数 ϕ_{ntq} 值越大，外界负荷变化时，发动机转速的变化越小，车辆行驶越平稳。如图 13-15 所示，在 a 点发动机扭矩 T_{tq} 与外界阻力矩 T_{tqc} 平衡，发动机将在该转速（n_a）下稳定工作。外界阻力矩增加时，$T_{tqc} = f(n)$ 曲线上移（虚线 T'_{tqc}）则发动机转速下降。按 $a—I$ 特性工作的发动机，在 n_1 时，$T_{tq1} = T_{tqc1}$，工作稳定，转速变化为 Δn_1。按 $a—II$ 特性工作的发动机，在 n_2 时，$T_{tq2} = T_{tqc2}$，转速变化为 Δn_2。这说明扭矩曲线陡的发动机，转速变化小（即 $\Delta n_1 < \Delta n_2$），工作稳定性好。

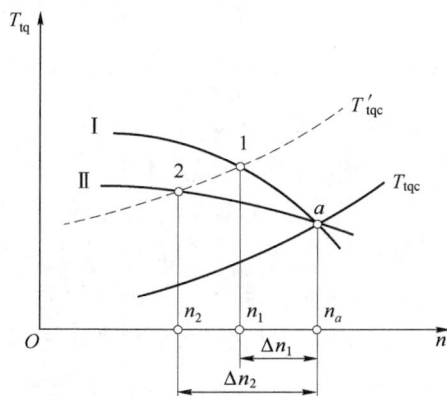

图 13-15 发动机工作的稳定性

从工作稳定性的角度看，汽油机优于柴油机，因为扭矩曲线陡，尤其在部分特性工作时更明显。为了改善柴油机沿外特性工作时的低速扭矩，在喷油泵上安装油量校正器，以提高适应性系数 ϕ_{ntq} 值。柴油机使用全程式调速器后，可显著地改善部分负荷时的工作稳定性。一般汽油机 $\phi_{ntq} = 1.25 \sim 1.45$；柴油机无校正器时 $\phi_{ntq} = 1.05 \sim 1.15$。废气涡轮增压柴油机采用特殊措施后，$\phi_{ntq}$ 值有较大提高。近年来出现的高扭矩柴油机的适应性系数可达 $1.35 \sim 1.56$。

提高发动机适应性系数，可简化车辆的变速箱结构，减轻驾驶员疲劳，提高车辆的爬坡能力。

车用内燃机稳定工作的转速范围是在最大扭矩转速 n_{tq} 和标定功率转速 n_{en} 之间，两者转速之比称为发动机的转速变化系数 ϕ_n。

$$\phi_n = \frac{n_{tq}}{n_{en}} \tag{13 - 12}$$

式中，$\phi_n = 0.4 \sim 0.7$，汽油机 $\phi_n = 0.4 \sim 0.6$；柴油机 $\phi_n = 0.5 \sim 0.7$。

13.4 负荷特性

负荷特性表示发动机在某一固定转速下，经济性指标和其他参数随负荷的变化关系。试验时，保持发动机转速不变，测出负荷变化后燃油消耗率 b_e 的变化。此外根据需要，负荷特性还可包括过量空气系数、充量系数、废气温度、机械效率及排气烟度等参数。

对于经常在标定转速工作的固定式发动机，根据标定转速的负荷特性可判断各种负荷时的经济性。对于车用发动机，为了能全面地评价经济性，只有一个转速的负荷特性是不够的，应测出在几个常用转速下的负荷特性。利用负荷特性可查明下列指标：

（1）在指定转速下，最大许用负荷及循环供油量。

（2）发动机在最大许用负荷下，每小时燃油消耗量及燃油消耗率。

（3）最低燃油消耗率及其负荷。

（4）能经济工作的负荷范围。

在负荷特性曲线上，燃油消耗率 b_e 越小，内燃机的经济性越好；燃油消耗率 b_e 曲线越平坦，则在较大负荷范围内，内燃机能保持较好的经济性。

负荷特性曲线的变化趋势，取决于指示效率 η_i 及机械效率 η_m 的变化规律，因为

$$b_e = \frac{3.6 \times 10^6}{\eta_e H_u} = \frac{3.6 \times 10^6}{\eta_i \eta_m H_u} [\,g/(kW \cdot h)\,] \tag{13 - 13}$$

图 13 - 16 所示为柴油机的负荷特性。怠速工作时，$P_e = 0$，$p_{me} = 0$，$\eta_m = 0$，因此 $b_e = \infty$。逐渐增加负荷，过量空气系数减小，排气温度升高，机械效率 η_m 迅速上升，因此，燃油消耗率 b_e 下降。在负荷为 A 时，燃油消耗率 b_e 达到最低值。继续增加负荷，由于混合气变浓（ϕ_a 减小），混合气形成及燃烧恶化，η_i 下降，b_e 上升。继续增加负荷，排气出现黑烟，b_e 急速上升（1~2 段）。在达到相应于点 2 的供油量以后，即使不顾发动机寿命，继续增加供油量也不能增加功率。因工作过程恶化，p_e 值反而下降（2~3 段）。点 2 相当于炭烟极限上限，点 1 相当于炭烟极限下限。

负荷变化时，指示热效率 η_i 的变化不大。小负荷时，由于混合气形成质量差，传热损失多，η_i 下降。大负荷时，供油多，空气不足及后燃增加，η_i 也下降。

图 13 -17 所示为汽油机的负荷特性。当转速固定时，随着节气门开度的增大负荷增加。早期化油器式汽油机混合气浓度的变化受化油器特性的控制，负荷增大时，混合气稍微变稀；但节气门全开时，化油器又使混合气变浓，混合气由经济成分过渡到功率成分。η_i 的变化与 ϕ_a 有关。对于电喷式汽油机，混合气浓度受喷油器控制，随着负荷的增大，ECU 调节喷油量，进而调节混合气浓度。

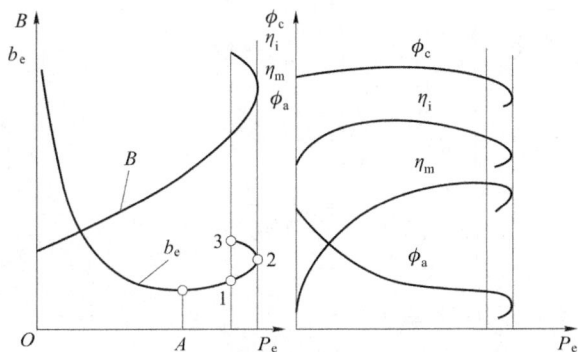

图 13 - 16　柴油机负荷特性

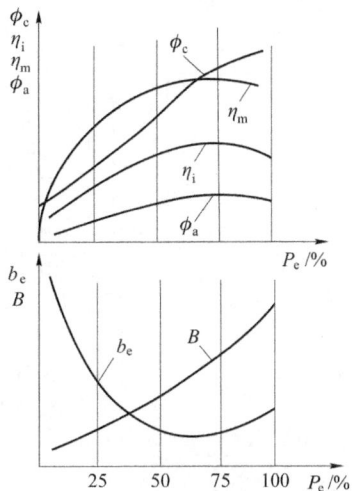

图 13 - 17　汽油机负荷特性

对比柴油机和汽油机的负荷特性曲线，可以看出，柴油机最低燃油消耗率 b_{emin} 比汽油机低得多，这是因为柴油机压缩比高于汽油机，柴油机 η_i 高于汽油机，而且由于负荷减小时，汽油机节气门存在节流作用，使得泵气损失增大，b_e 上升较快，而柴油机在负荷减小时，b_e 变化平缓。在常用负荷范围内，$b_e = f(p_{me})$ 曲线也比汽油机平坦。这一点对经常在部分负荷工作的车辆发动机是很有利的。

13.5　万有特性

万有特性也称综合特性或多参数特性。车辆发动机的工作特点是转速和负荷变化范围广，因此，需要有一系列的速度特性和负荷特性才能全面掌握发动机在各种工况下的指标变化，以从中选择有利的工况。万有特性能够在一张特性曲线图上全面表示发动机性能参数的变化，它是仿效地图上等高线、等温线的画法，以两个主要参数为纵、横坐标，以第三个参数来画曲线。万有特性常以转速为横坐标，以平均有效压力为纵坐标，在图上画出等油耗率曲线、等功率曲线。根据需要还可画出等过量空气系数曲线、冒烟极限等。

图 13 - 18 是轿车用奥迪（Audi）5 缸涡轮增压柴油机的万有特性。由图中可以看出，最低燃油消耗率 b_e 为198 g／（kW·h），低于 250 g／（kW·h），油耗率的工作区很广，最大平均有效压力 p_{me} 在2 250 r/min时为 13.5 bar。

绘制万有特性的方法如图 13 - 19 所示。

（1）将不同转速的负荷特性用同一比例尺画在同一张图上。

（2）在万有特性的横坐标上以一定比例标出转速值，而纵坐标 p_{me} 的比例与负荷特性的

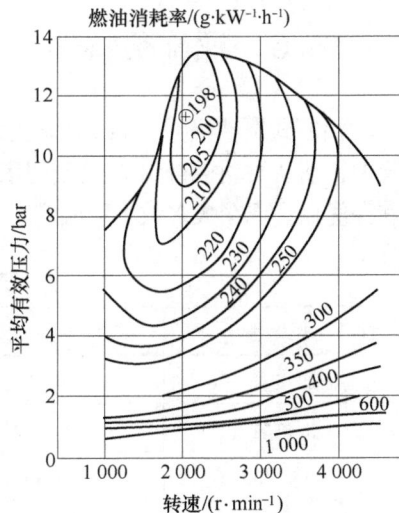

图 13 - 18　Audi 5 缸涡轮增压柴油机万有特性

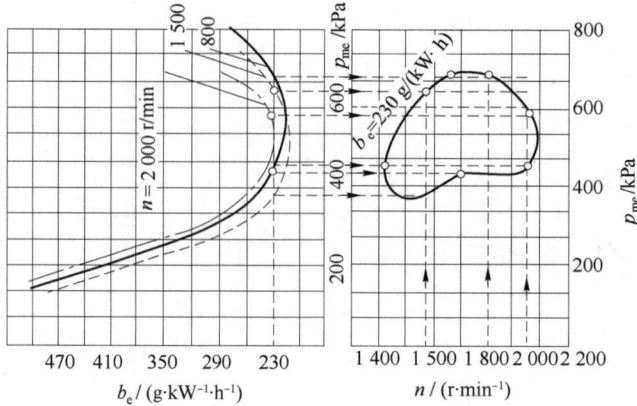

图 13 - 19 柴油机万有特性绘制方法

相同。

（3）将负荷特性图横放在万有特性左侧，在其上引若干等 b_e 线与 b_e 曲线相交，各有 1 ~ 2 个交点，再从交点引水平线至万有特性的等转速线上获得一组新的交点，每个交点标上相应的燃油消耗率值。将不同转速上的等油耗点连接起来，即得等油耗率线。各条等油耗率曲线是不能相交的。由 $P_e = p_{me} V_h n i / 30 \tau = K p_{me} n$，可作出等功率曲线。将外特性（或标定功率速度特性）中的 p_{me}（或 T_{tq}）曲线画在万有特性图上，即构成上边界线。由万有特性可以很容易地找出最经济的工作区域。

13.6 螺旋桨特性

活塞式发动机除了用于汽车外，还用于船舶、航空装置。近年来，在小型低速的航空动力装置中，活塞发动机得到了广泛运用，其具有质量轻、尺寸小、耗油率低、低速时推力大、价格便宜等优点。现在大多数小型低速无人机都以螺旋桨式活塞发动机为动力装置，如表 13 - 2 所示。

表 13 - 2 螺旋桨式活塞发动机

无人机	活塞发动机	功率/kW	螺旋桨直径/m
捕食者	Rotax914	84.5	1.7
徘徊者	Uelar731	27.9	1.5
蚋蚊 750	Rotax582	47.8	1.5
奥斯塔	Rotax914	84.5	2.5
不死鸟	Wae342	18.4	0.78
影子 200	Ar741	27.9	0.66
猛禽	Rotax912	58.8	1.524
柏修斯	Rotax914	84.5	2.44
猎人 RQ^A	Moto Guzzi	47.1	0.71

发动机驱动螺旋桨工作时，其功率全部由螺旋桨吸收，此时发动机的工作特性就是螺旋桨的特性。螺距固定的螺旋桨所吸收的功率与转速的三次方成正比，因此，发动机带动螺旋桨工作时，有效功率也随转速的三次方变化，即

$$P_e = An^3 \qquad\qquad (13-14)$$

发动机扭矩 T_{tq} 随转速的二次方变化，即

$$T_{tq} = Bn^2 \qquad\qquad (13-15)$$

式中　A，B——常数，与螺旋桨结构、动力机械的运动情况有关。

图 13-20 所示为柴油机螺旋桨特性曲线。

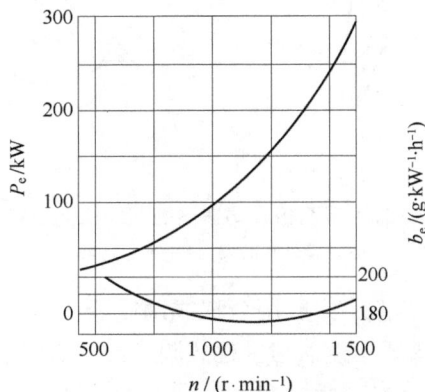

图 13-20　柴油机螺旋桨特性曲线

13.7　调速特性

在调速器起作用时，柴油机性能指标（如 P_e，T_{tq}，b_e，G_T 等）随转速或负荷变化的关系称为调速特性。

柴油机调速特性是将油门或调速手柄保持在标定功率位置，先卸除全部负荷达到最高空转转速，然后逐渐增加负荷，测定其转速、扭矩、小时耗油量、燃油消耗率与功率的关系曲线。图 13-21 所示为拖拉机柴油机的调速特性，BC 段表示柴油机外特性，AB

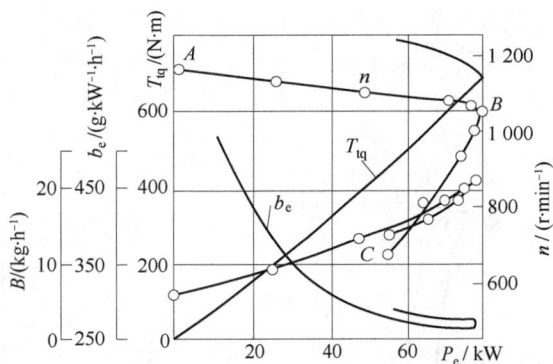

图 13-21　拖拉机柴油机的调速特性

段表示调速器工作段。柴油机装调速器后，其速度特性要发生变化。车用柴油机装两极式或全程式调速器。

两极式调速器仅在最高转速和最低转速时起作用，以限制高速时飞车，并保证怠速稳定运转，防止熄火停车；中间转速，调速器不起作用，油量的控制由驾驶员操作。许多车用柴油机均采用两极式调速器，加速性能比全程式调速器还好，平均车速高，且可节油。带两极式调速器后，柴油机的速度特性如图 13-22 所示。

全程式调速器在柴油机的整个转速范围内均起作用，以保证在所有转速下的工作稳定性。带全程式调速器的速度特性如图 13-23 所示。对于工程机械、拖拉机及一些装甲战斗

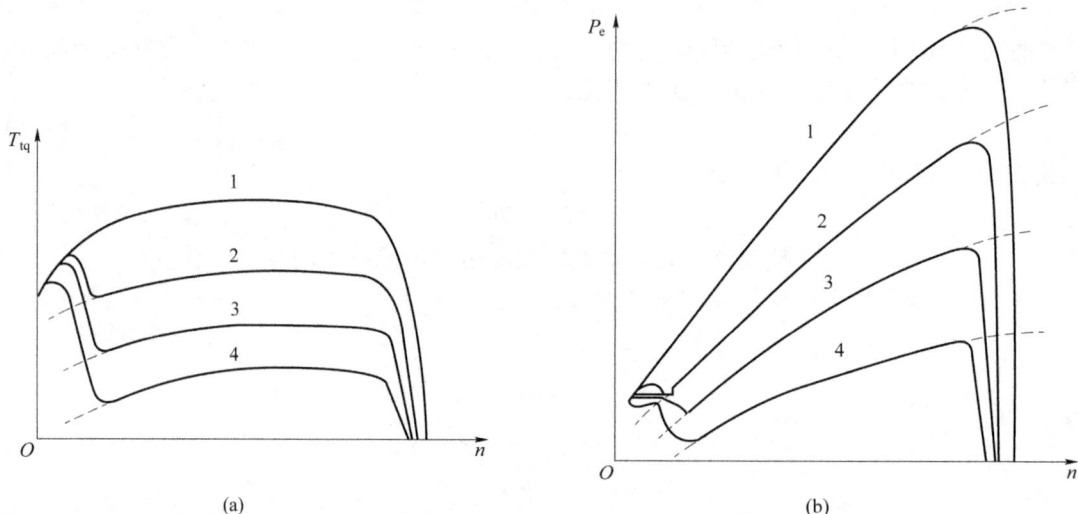

图 13 – 22　带两极式调速器的柴油机速度特性

1—外特性；2，3，4—部分特性

车辆，要求在不同转速下稳定工作，一般用全程式调速器。

当发动机工况改变时，两极式调速器与全程式调速器的响应过程不同，如图 13 – 24 所示。

用两极式调速器时，驾驶员直接操纵油泵齿杆达到新平衡点，反应快，操纵方便。用全程式调速器，踏下油门，相当于加大弹簧预紧力，调速器起作用，很快加大供油量，扭矩迅速上升，然后下降达到新的平衡点，因此全程式调速器能以较大的加速度移向新平衡点，这对起步、加速有利。

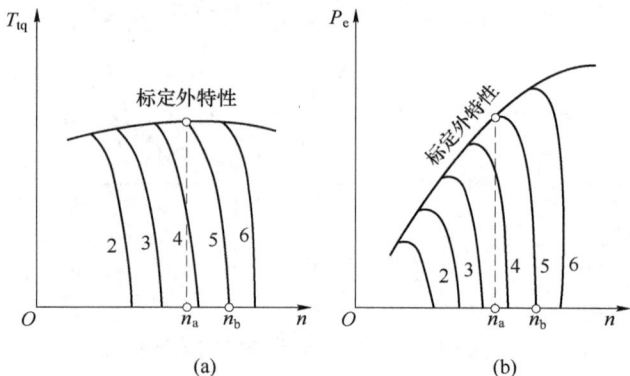

图 13 – 23　带全程式调速器的速度特性

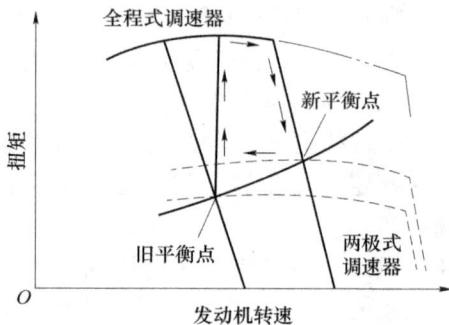

**图 13 – 24　两极式和全程式调速器
响应过程的比较**

13.8　内燃机功率标定和指标修正

内燃机功率的标定是根据用途、试验条件、寿命及可靠性要求等人为确定，且各国有不同的标准。我国内燃机的标定功率有以下 4 级标准。

（1）15 分钟功率：允许内燃机连续运转 15 min 的最大有效功率，可作为汽车、军用车辆及快艇柴油机的标定功率。

（2）1 小时功率：允许内燃机连续运转 1 h 的最大有效功率，可作为军用履带车辆及船用主机的最大使用功率。

（3）12 小时功率：允许内燃机连续运转 12 h 的最大有效功率，可作为拖拉机的正常使用功率。

（4）持续功率：允许内燃机长期连续运转的最大有效功率，可作为发电和排灌用柴油机的正常使用功率。

对于上述 4 种功率，15 分钟功率最高，持续功率最低。15 分钟功率和 1 小时功率的特点是运行时间较短，工作是间断性的，部分时间在低于标定功率下工作，所以标定功率和转速可定得高些，以充分发挥发动机的工作能力，但是工作寿命缩短。一般在内燃机铭牌上需要标明上述 4 种功率的 1 种或 2 种及其对应的转速。

外界大气状况影响发动机的性能指标，大气状况的变化直接影响发动机的充气量，从而引起发动机功率的变化，如发动机在高原地区工作，由于空气稀薄，功率下降，根据经验，海拔高度每增 100 m，发动机功率约降低 1%；夏季高温，功率也下降，湿空气的含氧量低于干燥空气，因而热带地区的高温湿空气使发动机功率显著下降。由于发动机的性能受外界大气状况的影响较大，还需要规定标准的大气状况，如此才可以在同一标准下检验发动机性能。我国使用的标准大气状况为陆用内燃机：大气压力100 kPa，环境温度 298 K（25 ℃）；船用内燃机：大气压力100 kPa，环境温度 318 K（45 ℃），相对湿度 60%，中冷器海水进口温度 305 K（32 ℃）。

外界大气状况改变时，内燃机的功率和油耗率应予以修正，我国采用国际标准化组织（ISO）的修正功率方法。

本章复习题

1. 发动机沿外特性工作时，平均指示压力最高的转速与平均有效压力最高的转速是否一致？为什么？n_{max}，n_{rmax} 是否在同一转速？为什么？

2. 试分析发动机外特性曲线中，T_{tq}，P_e，b_e 的变化规律。

3. 根据汽油机和柴油机的特性曲线，如何综合分析评价两种发动机的动力性和经济性指标？

4. 为减少废气污染，发动机经常在何种工况下工作为宜？

5. 发动机功率的标定应依据什么原则？

6. 根据负荷特性如何评价汽油机和柴油机的优缺点？

7. 发动机的扭矩曲线陡，对车辆性能有什么影响？有什么办法可改善扭矩特性？

8. 为何汽油机不用调速器也能稳定怠速运转，而柴油机则不行？

9. 对于转速、负荷经常改变的车用发动机，用什么形式的特性曲线才能较全面地反映其经济性及选择其最佳运行区域？

第 14 章

内燃机工作过程计算基础

14.1 概述

内燃机工作过程计算的基本要求是求得气缸内工质状态变化的各参数（如压力 p、温度 T、质量 m 和气体的组成成分等）随时间（或曲轴转角）的变化规律。在此基础上，根据实际工作的需要，可以从不同的角度对发动机性能进行预测。例如，设计新发动机时，根据发动机用途、功率、转速以及其他结构和使用方面的特点进行工作过程计算，求出循环的各项参数及内燃机的各项有效指标（如平均有效压力 p_{me}、有效热效率 η_e 等）；根据预测的性能结果，可以确定气缸数目、缸径等主要尺寸；根据预测的 $p-V$ 示功图，可以为发动机动力计算和强度计算提供必要的原始数据，还可对废气涡轮增压发动机进行增压器配合计算。

内燃机工作过程计算可以分为：传统的工作过程计算和应用计算机的工作过程模拟计算。传统的工作过程计算是建立在理论循环的基础之上的，略去了大量的次要现象，对实际的工作过程做了较大简化。例如，用闭口循环来模拟开口循环，以等熵或多变的过程计算压缩和膨胀过程，以等容或等压加热代替燃烧过程，以等容放热代替排气过程。经过这样的简化，工作过程计算就容易了，但计算结果的可靠性变差。

自 20 世纪 50 年代以来，计算机迅速发展，促使人们发展了比较详细的、更符合实际的物理模型和数字模型，即用一系列的数学方程式来描述发动机工作循环。内燃机工作过程计算的中心问题是计算气缸内工质的数量、成分、温度、压力等随曲轴转角的变化，从而计算发动机的性能参数。首先根据发动机工作循环的资料建立物理模型，进而建立数学模型；应用这种数学模型，通过计算机运算，预测尚在设计中的发动机性能，并指出改进的途径。这使研制中必须进行的样机试验的工作量大大减少，节省了研制的经费与时间。进入 20 世纪 70 年代后，内燃机排气污染问题迫切需要改善，因此发展了更为复杂的内燃机工作过程计算模型，这使得计算结果更加接近内燃机工作的实际情况。当然，这样庞大复杂的计算过程离不开计算机硬件水平的提高。同时，一些能够很好地利用模型进行内燃机仿真的软件也被开发出来，可以用于内燃机工作过程的计算。

14.2 发动机几何模型

在设计新发动机时，应根据任务书中要求的发动机用途、功率、转速以及其他的结构和使用方面的特点（如冲程数、增压系统、重要尺寸要求、燃油消耗率等）进行工作循环计算，求出工作循环的各项指标（主要是平均指示压力和指示热效率），进而求出内燃机的各项有效指标（即平均有效压力、有效热效率等）。根据工作循环的计算结果，可以确定气缸数目、气缸主要尺寸，并建立 $p-V$ 示功图，这些计算离不开对发动机几何模型的确定。

14.2.1　气缸容积随曲轴转角的变化规律

车用内燃机主要是活塞式发动机，连杆、曲轴的作用是将活塞的直线运动转变为曲柄的旋转运动，从而驱动车轮前进或后退。在台架试验中，通过测量曲轴的转速确定发动机各零部件的运动状态。因此在工作过程计算中，需要根据活塞连杆机构运动学的几何关系导出气缸工作容积随曲轴转角的变化关系。

1. 中心曲柄连杆机构

曲柄连杆机构的气缸轴线通过曲轴中心线，在内燃机中应用范围最广，其机构简图如图 14-1 所示。当曲柄转角 $\varphi = 0°$ 时，活塞 A 处于上止点，$V_e = V_{ce}$；当 $\varphi = 180°$ 时，活塞处于下止点，$V_e = V_{ce} + V_h$。ζ 为连杆的摆角，逆时针为正。活塞的位移表示如下：

$$x = A'A = A'O - AO$$
$$= r + l - (l\cos\zeta + r\cos\varphi)$$

在 $\triangle AOB$ 中利用正弦定理，可得

$$\frac{l}{\sin\varphi} = \frac{r}{\sin\zeta}$$

杆比 $\lambda = r/l$，又因为 $\cos^2\zeta + \sin^2\zeta = 1$，故有

$$x = (r + l) - [r\cos\varphi + l(1 - \lambda^2\sin^2\varphi)^{1/2}] \tag{14-1}$$

$$V_e = V_{ce} + \frac{1}{4}\pi d^2 x = V_{ce} + \frac{1}{4}\pi d^2 \{(r + l) - [r\cos\varphi + l(1 - \lambda^2\sin^2\varphi)^{1/2}]\} \tag{14-2}$$

式（14-1）对 φ 求导，即可得气缸工作容积随曲轴转角的变化规律。

2. 偏心曲柄连杆机构

偏心曲柄连杆机构（图 14-2）也常出现在现代发动机中，所谓偏心是指曲轴轴线与气

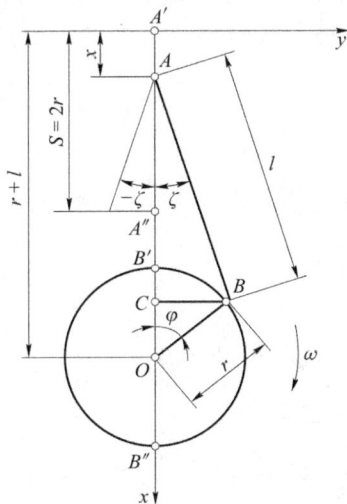

图14-1　中心曲柄连杆机构简图　　　图14-2　偏心曲柄连杆机构简图

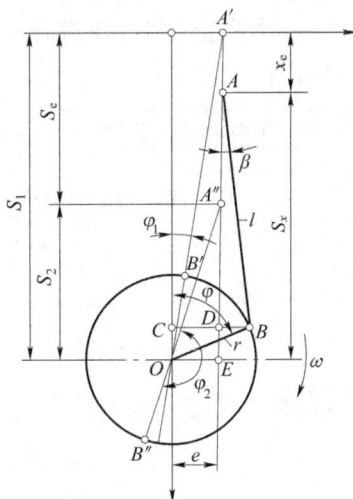

缸中心线不相交（也有不少发动机活塞销轴线偏离气缸中心线，如图 14 - 3 所示，一般偏移距离为 $0.01d \sim 0.03d$，从运动学观点看，这种机构也属于偏心曲柄连杆机构）。当曲轴顺时针旋转时，偏心的方向如图 14 - 3 所示（正偏移），这样能够减少膨胀行程中活塞与气缸的最大侧压力，减少活塞与气缸的磨损，否则（负偏离）会适得其反。当偏心不是很大时，不会影响缸内的工作过程。但是当如图 14 - 2 所示的正偏移偏心距较大时，会使得压缩时间变短，膨胀时间变长，利于提高发动机的热效率。活塞位移的计算公式如下：

$$x_e = AA' = A'E - AE$$

活塞在上止点时，$\sin \varphi_1 = \dfrac{e}{r+l}$，因此可得

$$A'E = (r+l)\cos \varphi_1 = (r+l)\sqrt{1 - \left(\frac{e}{r+l}\right)^2} = \sqrt{(r+l)^2 - e^2}$$

图 14 - 3 活塞销轴线偏离
气缸中心线的曲柄连杆机构

任意位置时，$AE = l\cos \beta + r\cos \varphi$，由几何关系可得

$$l\sin \beta + e = r\sin \varphi$$

所以，$AE = \sqrt{l^2 - (r\sin \varphi - e)^2} + r\cos \varphi$，最终可得

$$x_e = \sqrt{(r+l)^2 - e^2} - \left\{ r\cos \varphi + l\left[1 - \left(\lambda \sin \varphi - \frac{e}{l} \right)^2 \right]^{\frac{1}{2}} \right\} \tag{14-3}$$

$$V_e = V_{ce} + \frac{1}{4}\pi d^2 x_e = V_{ce} + \frac{1}{4}\pi d^2 \left\{ \sqrt{(r+l)^2 - e^2} - \left\{ r\cos \varphi + l\left[1 - \left(\lambda \sin \varphi - \frac{e}{l} \right)^2 \right]^{\frac{1}{2}} \right\} \right\} \tag{14-4}$$

应用以上活塞位移公式可直接简单地进行 $p - \varphi$ 示功图与 $p - V$ 示功图的转换，在进行发动机台架试验时，可以通过测量气缸内的压力变化得到气缸压力随曲轴转角的变化规律，即 $p - \varphi$ 示功图，再通过活塞位移规律进行示功图的转换，从而进一步对发动机泵气损失及燃烧过程进行定量分析。

14.2.2 气门流通截面积

根据图 14 - 4 的几何关系，可写出气门开启（或关闭）的截面变化表达式

$$f = Z\pi d_m \cos \beta h(\varphi)$$

其中，平均直径 d_m 的表达式为

$$d_m = d_i + 2b = d_i + 2 \times \left[\frac{1}{2} h(\varphi)\cos \beta \sin \beta \right]$$

这样，可得到气门流通截面积随曲轴转角变化的表达式为

$$f = Z\pi \cos \beta h(\varphi)\left[d_i + \frac{1}{2} h(\varphi)\sin 2\beta \right] \tag{14-5}$$

式中 Z——每缸进气门（排气门）数；

$h(\varphi)$——进、排气门的瞬时升程，可按照配气凸轮型线计算；

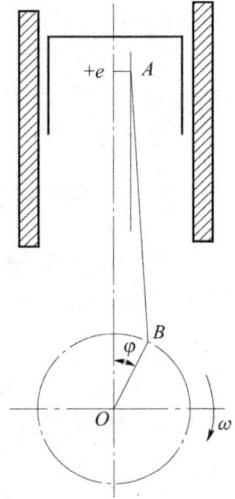

β——气门座锥角；

d_i——气门座喉口直径。

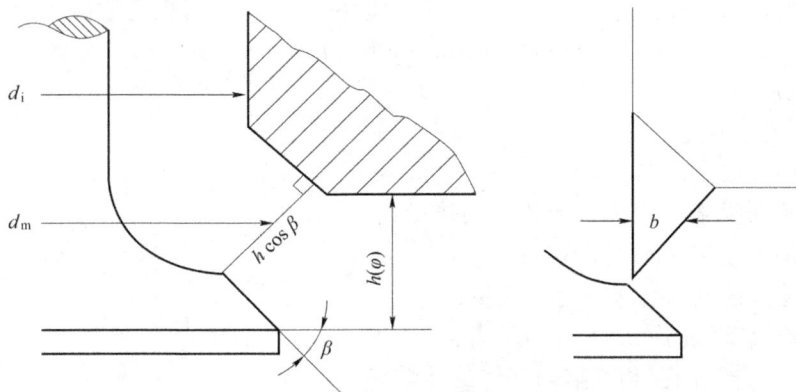

图 14 – 4　气门流通截面积变化的几何关系简图

14.3　缸内热力过程的计算方程

发动机缸内的工作过程非常复杂，包含物理化学反应、工质流动与传热。为了描述发动机缸内工质的状态变化，将气缸视为一个热力学系统，系统的边界由活塞顶面、气缸壁及气缸盖组成，如图 14 – 5 所示，系统内工质的状态由工质的质量 m、缸内压力 p、温度 T 这 3 个参数确定。通过能量守恒方程、质量守恒方程及气体状态方程把整个发动机的热力工作过程联系起来。利用上述 3 个方程联合求解，得到 3 个基本参数。

由于实际过程太复杂，往往需要做一系列假设条件，略去许多次要现象，使实际过程变为较简单的模型，以便用数学方程式描述。采用单区燃烧模型推导计算气缸内工作过程的数学模型前，需做如下的简化假定。

（1）不考虑气缸内各点的压力、温度和浓度的差异，并认为在进气期间，流入气缸内的空气与气缸内的残余废气实现瞬时的完全混合，缸内状态是均匀的。

（2）工质为理想气体，其比热容、内能仅与气体的温度和气体的组成有关。

（3）气体流入或流出气缸为准稳定流动。

（4）不计进气系统内压力和温度波动的影响。

为了简化计算而做的上述假设称为零维假设，如上所述，假定系统内同一瞬时各处热力、化学状态完全相同，显然，系统内部各项参数只随时间（或曲轴转角）而变化。按照这些假设，发动机缸内热力系统的状态变化可用常微分方程来描述。这种把发动机的实际热力过程假定为一个或多个零维系统来进行数值计算的数学模型称为零维模型。

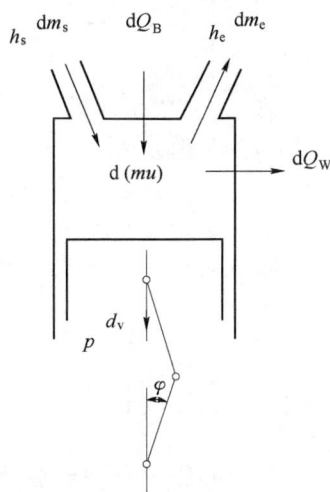

图 14 – 5　缸内工作
过程计算简图

14.3.1　能量守恒方程

对于缸内热力学系统，能量守恒方程（热力学第一定律）可以写成以下形式：

$$\mathrm{d}(mu) = \mathrm{d}Q_B + \mathrm{d}Q_W + \mathrm{d}W + h_s\mathrm{d}m_s + h_e\mathrm{d}m_e \tag{14-6}$$

式中　m——工质质量；

　　　u——工质比内能；

　　　Q_B——燃烧放出的热量；

　　　Q_W——通过系统边界传入或传出的热量；

　　　W——作用在活塞上的机械功；

　　　m_s——通过进气门流入气缸的质量；

　　　m_e——通过排气门流出气缸的质量；

　　　h_s，h_e——进气门前和气缸内气体的比焓。

由式（14-6）得出对曲轴转角变化的微分方程：

$$\frac{\mathrm{d}(mu)}{\mathrm{d}\varphi} = \frac{\mathrm{d}Q_B}{\mathrm{d}\varphi} + \frac{\mathrm{d}Q_W}{\mathrm{d}\varphi} + \frac{\mathrm{d}W}{\mathrm{d}\varphi} + h_s\frac{\mathrm{d}m_s}{\mathrm{d}\varphi} + h_e\frac{\mathrm{d}m_e}{\mathrm{d}\varphi} \tag{14-7}$$

为了使计算统一，假定加入系统的能量或质量为正，离开系统则为负。在式（14-7）中：

（1）在缸内热力学过程中，存在气缸内比热能与质量同时发生变化的情况，故有

$$\frac{\mathrm{d}(mu)}{\mathrm{d}\varphi} = u\frac{\mathrm{d}m}{\mathrm{d}\varphi} + m\frac{\mathrm{d}u}{\mathrm{d}\varphi} \tag{14-8}$$

（2）压缩行程中，活塞对系统做正功，但是体积随曲轴转角增大而减小，故对体积功加负号；同样在膨胀行程中，系统推动活塞做负功，此时体积随曲轴转角增大而增大，亦对体积功加负号，有

$$\frac{\mathrm{d}W}{\mathrm{d}\varphi} = -p\frac{\mathrm{d}V}{\mathrm{d}\varphi} \tag{14-9}$$

（3）对于柴油机，内能可简化为温度和瞬时过量空气系数的函数，即 $u = u(T, \phi_a)$，将其写为全微分形式：

$$\frac{\mathrm{d}u}{\mathrm{d}\varphi} = \frac{\partial u}{\partial T}\frac{\mathrm{d}T}{\mathrm{d}\varphi} + \frac{\partial u}{\partial \phi_a}\frac{\mathrm{d}\phi_a}{\mathrm{d}\varphi} \tag{14-10}$$

将式（14-8）、式（14-9）、式（14-10）代入式（14-7），可整理得到下列能量守恒方程：

$$\frac{\mathrm{d}T}{\mathrm{d}\varphi} = \frac{1}{m\left(\frac{\partial u}{\partial T}\right)}\left(\frac{\mathrm{d}Q_B}{\mathrm{d}\varphi} + \frac{\mathrm{d}Q_W}{\mathrm{d}\varphi} - p\frac{\mathrm{d}V}{\mathrm{d}\varphi} + h_s\frac{\mathrm{d}m_s}{\mathrm{d}\varphi} + h_e\frac{\mathrm{d}m_e}{\mathrm{d}\varphi} - u\frac{\mathrm{d}m}{\mathrm{d}\varphi} - m\frac{\partial u}{\partial \phi_a}\frac{\mathrm{d}\phi_a}{\mathrm{d}\varphi}\right) \tag{14-11}$$

14.3.2　质量守恒方程

按照质量守恒原理，在忽略活塞环组、气门等处工质泄漏的前提下，气缸内工质质量的变化 $\mathrm{d}m$ 由以下部分引起：流入气缸的空气质量 $\mathrm{d}m_s$、流出气缸的废气质量 $\mathrm{d}m_e$、喷入气缸的瞬时燃料 $\mathrm{d}m_B$。质量守恒方程表达式如下：

$$\frac{\mathrm{d}m}{\mathrm{d}\varphi} = \frac{\mathrm{d}m_s}{\mathrm{d}\varphi} + \frac{\mathrm{d}m_e}{\mathrm{d}\varphi} + \frac{\mathrm{d}m_B}{\mathrm{d}\varphi} \tag{14-12}$$

14.3.3　气体状态方程

$$pV = ZmRT \qquad (14-13)$$

式中　Z——实际气体修正系数，或者称为压缩因子，它表明实际气体对理想气体的偏离程度。显然，理想气体的 Z 恒等于 1。

14.4　热力过程计算模型

要通过上述方程组求解缸内热力过程参数，还需知道工质燃烧放热规律又通过系统边界传入或传出的热量、浓度和比热等工质的物性参数。

14.4.1　燃烧模型

1. 零维燃烧模型

上节基本方程的推导都是基于零维单区模型（又叫热力学模型），在零维假设下用来计算缸内燃烧放热规律的方程即零维燃烧模型。以韦伯模型为典型代表，从数学角度考虑，认为工质按照一定的函数形式进行燃烧放热，以此来描述较复杂的实际燃烧。零维模型只要求燃烧放热出的热量及产生的结果（性能指标）与实际过程一致，而不关心燃烧的具体细节。

（1）韦伯（Wiebe）模型。

对于燃烧过程：

$$\frac{\mathrm{d}Q_B}{\mathrm{d}\varphi} = H_u B \frac{\mathrm{d}X}{\mathrm{d}\varphi} \qquad (14-14)$$

$$\frac{\mathrm{d}m_B}{\mathrm{d}\varphi} = B \frac{\mathrm{d}X}{\mathrm{d}\varphi} \qquad (14-15)$$

式中　H_u——燃料低热值；

　　　B——循环供油量；

　　　X——燃料燃烧放热分数。

X 的变化规律可以近似地用韦伯公式表示：

$$X = 1 - \mathrm{e}^{-6.908\left(\frac{\varphi-\varphi_0}{\varphi_z}\right)^{m+1}} \qquad (14-16)$$

$$\frac{\mathrm{d}X}{\mathrm{d}\varphi} = 6.908 \frac{m+1}{\varphi_z}\left(\frac{\varphi-\varphi_0}{\varphi_z}\right)^m \mathrm{e}^{-6.908\left(\frac{\varphi-\varphi_0}{\varphi_z}\right)^{m+1}} \qquad (14-17)$$

式中　φ_0——燃烧起始角；

　　　φ_z——燃烧持续角；

　　　m——燃烧品质指数。

如图 14-6 所示，m 值越小，初期放热量越多，压力升高率越大；m 值增大时，放热图形的重心向右移，压力升高率越平缓。m 值应根据机型、发动机转速来选取。各类机型的 m，φ_0，φ_z 值如表 14-1 所示。

表 14 – 1 各类机型的 m, φ_0, φ_z 值

机型	m	φ_0 /°CA	φ_z /°CA
直喷式高速柴油机	0.15 ~ 1.20	– 12 ~ 0	50 ~ 150
直喷式中速柴油机	0.5 ~ 2.0	– 12 ~ 0	50 ~ 120
分隔式高速增压柴油机	0.4 ~ 0.6	– 12 ~ 0	60 ~ 100
汽油机	1.5 ~ 3.0	– 10 ~ 0	40 ~ 80

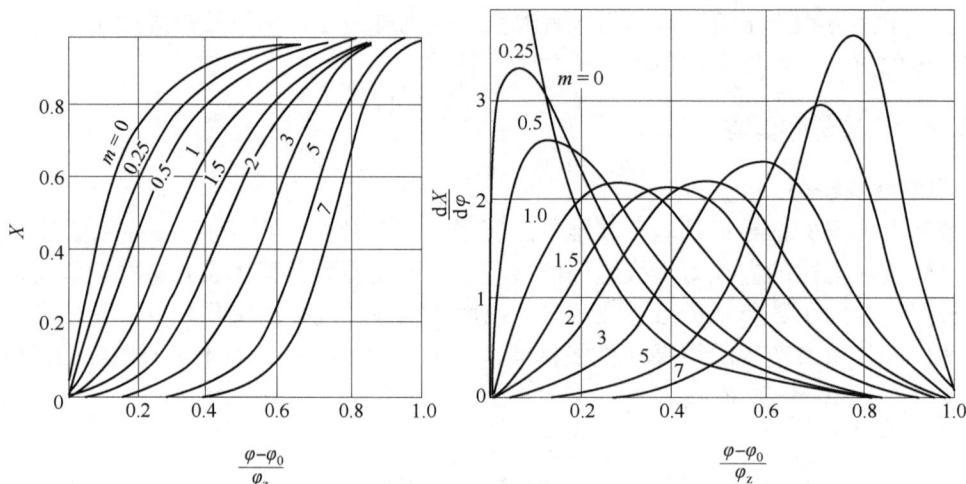

图 14 – 6 燃烧品质指数对燃烧规律的影响

（2）双韦伯模型。

韦伯模型可以很好地模拟汽油机及中低速柴油机的放热规律，但是若将其用于高速、中高速柴油机，则与实际情况差距较大，不能反映其双峰特征。此时，可以用两个韦伯函数按一定的规则叠加来模拟中高速柴油机的放热规律，总的燃烧分数 X 和放热率 $\mathrm{d}X/\mathrm{d}\varphi$ 为

$$X = X_1 + X_2 \tag{14 – 18}$$

$$\frac{\mathrm{d}X}{\mathrm{d}\varphi} = \frac{\mathrm{d}X_1}{\mathrm{d}\varphi} + \frac{\mathrm{d}X_2}{\mathrm{d}\varphi} \tag{14 – 19}$$

其中

$$X_1 = 1 - \mathrm{e}^{-6.908\left(\frac{\varphi - \varphi_{01}}{\varphi_{z1}}\right)^{m_1+1}} \tag{14 – 20}$$

$$X_2 = 1 - \mathrm{e}^{-6.908\left(\frac{\varphi - \varphi_{02}}{\varphi_{z2}}\right)^{m_2+1}} \tag{14 – 21}$$

$$\frac{\mathrm{d}X_1}{\mathrm{d}\varphi} = 6.908\,\frac{m_1 + 1}{\varphi_{z1}}\left(\frac{\varphi - \varphi_{01}}{\varphi_{z1}}\right)^{m_1}\mathrm{e}^{-6.908\left(\frac{\varphi - \varphi_{01}}{\varphi_{z1}}\right)^{m_1+1}} \tag{14 – 22}$$

$$\frac{\mathrm{d}X_2}{\mathrm{d}\varphi} = 6.908\,\frac{m_2 + 1}{\varphi_{z2}}\left(\frac{\varphi - \varphi_{02}}{\varphi_{z2}}\right)^{m_1}\mathrm{e}^{-6.908\left(\frac{\varphi - \varphi_{02}}{\varphi_{z2}}\right)^{m_2+1}} \tag{14 – 23}$$

式中　$\varphi_{01},\varphi_{02}$ ——燃烧起始角；

　　　$\varphi_{z1},\varphi_{z2}$ ——燃烧持续角；

　　　m_1，m_2 ——燃烧品质指数。

通常情况下，$\varphi_{02} - \varphi_{01} = \dfrac{1}{2}\varphi_{z1}$。

2. 准维燃烧模型

零维模型没有考虑燃烧室的几何形状，且忽略了火焰传播速率及燃烧室内已燃气体和未燃气体同时存在的现象。针对柴油机而言，零维模型假定在燃烧期间加入的燃油只是增大了能量和燃空比，与实际喷油过程无关，且加入缸内的燃油的燃烧是瞬时完成的，实际燃油的蒸发对着火延迟和燃烧的影响均被忽略了。进入 20 世纪 70 年代后，内燃机的排气污染问题迫切要求改善。零维模型由于上述简化，无法研究和预测内燃机的排放特性。因此，燃烧模型又发展了双区和多区模型，通常称为准维燃烧模型。

汽油机常采用双区模型计算，燃烧室内工作介质空间不再被视为一个均匀场，而是将混合气划分为已燃区和未燃区，两区由一个不连续的界面（即火焰锋面）分隔开，可认为是分开的热力学系统。两个区分别假定为温度和组分都是均匀的，但是互不相同，而整个燃烧室内的压力是均匀的。两个区的热力方程组及质量燃烧率和火焰锋面的几何形状共同构成了求解工质参数的封闭方程组。通常假设火焰从火花塞开始以球形向四周传播，而燃烧率的计算可分为两个途径：一是利用韦伯模型等人为给定的经验公式求解，这样的双区模型从物理本质上说仍属于零维模型的范畴；二是质量燃烧率不再人为预先设定，而是通过简单的现象模型计算得出，有卷吸模型和分形模型等。

柴油机准维燃烧模型将整个燃烧过程抽象为燃油喷雾、蒸发和混合、燃烧（包括滞燃期）、传热及排放等子过程，分别建立对应的子模型，再由缸内热力学基本方程等约束条件确定各子模型之间的联系，以此来描述整个燃烧及排放过程。而在此过程中，由于柴油机的缸内直喷特性，柴油机燃烧模型实质上取决于燃油喷雾射流（或称雾柱）的处理。燃油射流可以分为准自由射流和触壁及壁射流，并分开处理，通常根据需要分成多个区，主要有锥 - 环形模型及锥 - 羽模型，这类模型偏重于性能计算。燃油射流的另一种处理方法是将射流看成气体射流（忽略燃料雾化和蒸发过程），以康明斯公司发展的以燃油气体射流为基础的多区模型为代表；或液雾蒸发射流进行处理，以日本广岛大学发展的以液气两相流为基础的多区模型为代表。这类模型对估计内燃机有害气体排放物具有非常好的效果。

3. 多维燃烧模型

准维模型及零维模型中，时间（或曲轴转角）是唯一的自变量，因此求解系统的方程组都是常微分方程，从而使得数值计算简单化，降低了计算成本。但是，这两类模型是通过人为拟定放热公式，或基于现象学等表面化分析，难以精确计算燃烧室几何参数变化、缸内气流状态变化对缸内燃烧过程的影响。只有多维过程在三维、非定常的内燃机条件下，通过对系统偏微分方程进行简化才可以做到较精确的计算。因此，多维模型又称为精细模型，多维指空间的一维、二维和三维。

三维燃烧模型能够有效地预测缸内工质的流动、喷雾、蒸发、混合、燃烧和排放；且能够对难以实测得到的现象通过模拟进行全面深入的研究，方便进行内燃机新观念的验证和开发。目前流行的多维模型有大涡模拟（LES）和直接计算（DNS）。

14.4.2　传热模型

发动机的传热包括三个方面。

（1）工质与燃烧室内壁（气缸盖、活塞顶、气缸套）之间的热量交换。

（2）燃烧室壁内部的热传导。

（3）燃烧室外壁面与冷却介质之间的对流和沸腾换热。

对于缸内热力过程计算而言，主要关注工质与三个壁面之间的换热，即如图 14-5 所示的 Q_W。发动机的传热过程与燃烧密切相关，由于复杂的紊流燃烧过程及燃气的三维紊流运动所造成的传热过程，在不同的区域瞬息万变，因此很难通过模型来准确描述缸内实际传热过程的机理及细节。已有的经验或半经验模型则是着眼于用简单实用的方法来求出气缸内工质与壁面的传热，典型的传热模型有沃希尼模型（Woschni）、安娜德（Annand）模型等。

按照传热学中的牛顿公式，缸内传热的表达式为

$$\frac{dQ_W}{d\varphi} = \frac{1}{6n}\sum_{i=1}^{3}\alpha_g \cdot A_i(T - T_W) \qquad (14-24)$$

式中　n——发动机的转速（r/min）；

　　　α_g——瞬时平均换热系数；

　　　T——气缸内工质的瞬时温度；

　　　T_W——壁面的平均温度；

　　　A——换热面积（$i=1$，气缸盖；$i=2$，活塞顶；$i=3$，气缸套）。气缸套的传热面积 A_3 随曲轴转角变化，可根据活塞的位移公式（14-1）算出。

由式（14-18）可见，计算缸内传热的关键是确定瞬时平均换热系数，Woschni 在分析前人的理论和经验的基础上，从相似理论出发，通过短管内受迫流动试验总结出对流换热准则方程：

$$Nu = 0.035Re^{0.8}$$

式中　Nu——努塞尔数；

　　　Re——雷诺数。

继而确定 α_g 的最终形式：

$$\alpha_g = 820p^{0.8}T^{-0.53}d^{-0.2} \times \left[C_1 v_m + C_2\frac{T_1 V_h}{p_1 V_1}(p_z - p_0)\right]^{0.8} \left[\text{W}/(\text{m}^2 \cdot \text{K})\right] \quad (14-25)$$

式中　p——气缸内工质压力（MPa）；

　　　T——气缸内工质温度（K）；

　　　d——气缸直径（m）；

　　　v_m——活塞平均速度（m/s）；

　　　p_1,V_1,T_1——压缩始点的气缸工质压力（MPa）、气缸容积（m³）及温度（K）；

　　　V_h——气缸工作容积（m³）；

　　　p_0——发动机倒拖时的气缸压力（MPa）。

发动机处于进、排气冲程时，$C_1 = 6.18 + 0.417 v_u/v_m$；发动机处于压缩及排放工作工程时，$C_1 = 2.28 + 0.308 v_u/v_m$；当发动机为直喷或 M 型燃烧室时，$C_2 = 3.25 \times 10^{-3} \text{m}/(\text{s} \cdot \text{K})$；

当发动机为涡流室式燃烧室时，$C_2 = 6.22 \times 10^{-3} \mathrm{m/(s \cdot K)}$；$v_\mathrm{u}$ 为涡流速度，$v_\mathrm{u} = \pi D n_\mathrm{D}$，$n_\mathrm{D}$ 为涡流计转速。

14.4.3　工作介质参数

不同于发动机理论循环分析，发动机工作过程中，工质的成分、比热容、绝热指数等参数随着发动机的运转是一直变化的，因此，需要计算各参数的瞬时值，以此来满足热力过程计算对工质状态参数的计算需求。

1. 瞬时过量空气系数

瞬时过量空气系数定义为实际的空气质量 m_L 与燃烧 m_B 燃料理论上所需的空气量的比值，即

$$\phi_\mathrm{t} = \frac{m_\mathrm{L}}{m_\mathrm{B} L_0'} = \frac{m - m_\mathrm{B}}{m_\mathrm{B} L_0'} \tag{14-26}$$

式中　m——气缸内工质的总质量；

　　　m_L——气缸内实际空气质量；

　　　m_B——某瞬时前气缸内已燃烧的燃油质量；

　　　L_0'——理论空燃比。

瞬时过量空气系数随曲轴转角的变化规律为

$$\frac{\mathrm{d}\phi_\mathrm{t}}{\mathrm{d}\varphi} = \frac{1}{m_\mathrm{B} L_0'} \times \frac{\mathrm{d}m_\mathrm{L}}{\mathrm{d}\varphi} - \frac{m_\mathrm{L}}{m_\mathrm{B}^2 L_0'} \times \frac{\mathrm{d}m_\mathrm{B}}{\mathrm{d}\varphi} \tag{14-27}$$

瞬时过量空气系数在一个柴油机工作循环过程中的变化如图 14-7 所示，在燃烧结束至进气门开启这段时间内，过量空气系数为定值，而在这之后，过量空气系数随曲轴转角发生剧烈的变化，排气门关闭时达到最大值，维持至燃烧始点后随着加入燃料的燃烧而降低。

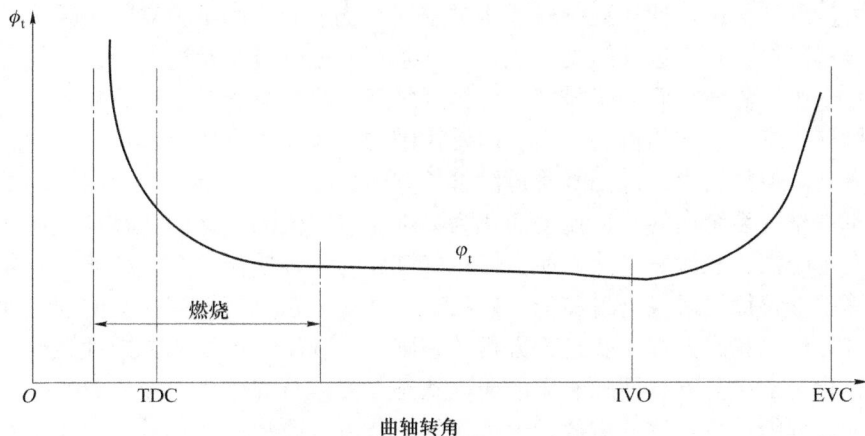

图 14-7　瞬时过量空气系数的变化

2. 比热力学能及比热容

在 14.3 节关于能量的方程中，理想混合气体比热力学能可简化为温度和瞬时过量空气系数的函数，即 $u = u(T, \phi_\mathrm{a})$，根据尤斯蒂（Justi）比热表数据整理得到具体的数学解析式为

$$u = 144.71 \times \left[-\left(0.097\,5 + \frac{0.048\,5}{\phi_a^{0.75}}\right) \times \frac{(T-273)^3}{10^6} + \left(7.768 + \frac{3.36}{\phi_a^{0.8}}\right) \times \right.$$
$$\left. \frac{(T-273)^2}{10^4} + \left(4.896 + \frac{0.464}{\phi_a^{0.93}}\right) \times (T-273) \right] \tag{14-28}$$

比热力学能的单位为 J/(kg·K)，当 $T = 273$ K 时，$u = 0$。

对式（14-28）求导，可得

$$\frac{\partial u}{\partial T} = 144.71 \times \left[-3 \times \left(0.097\,5 + \frac{0.048\,5}{\phi_a^{0.75}}\right) \times \frac{(T-273)^2}{10^6} + \right.$$
$$\left. 2 \times \left(7.768 + \frac{3.36}{\phi_a^{0.8}}\right) \times \frac{T-273}{10^4} + \left(4.896 + \frac{0.464}{\phi_a^{0.93}}\right) \right] \tag{14-29}$$

$$\frac{\partial u}{\partial \phi_a} = -\frac{144.71}{\phi_a} \times \left[-0.75 \times \frac{0.048\,5}{\phi_a^{0.75}} \times \frac{(T-273)^2}{10^6} + \right.$$
$$\left. 0.8 \times \frac{3.36}{\phi_a^{0.8}} \times \frac{(T-273)^2}{10^4} + 0.93 \times \frac{0.464}{\phi_a^{0.93}} \times (T-273) \right] \tag{14-30}$$

比定容热容：$c_V = \dfrac{\partial u}{\partial T}$；

比定压热容：$c_p = R + c_V$；

理想气体的热力学能与焓之间的关系可以表示为：$h = u + RT$。

14.5　一维气体动力学概论

内燃机的工作过程计算包括缸内工作过程计算及气体在进排气系统内的流动过程计算。在内燃机热力过程计算中，如气缸一样，将进排气系统划分为两个独立的子系统。进气管子系统起于中冷器出口，止于进气门处，包括进气总管、进气歧管及进气道；排气管子系统起于排气门，止于废气涡轮，涵盖了排气道、排气歧管、排气总管及涡轮、蜗壳。

包括进排气系统中气体的流动在内，内燃机中的气体流动本质上属于可压缩黏性气体的三维非定常流动。但是，由于进排气管道沿管长方向长度远大于半径，径向流动不明显，因此可将内燃机进排气系统内的气体流动简化为一维非定常流动。又因为黏性气体在管道中流动时与壁面发生摩擦，从而发生热交换，使得气流成为非等熵流。在一维非定常非等熵气体流动过程计算中，特征线法成为目前最有效的工具之一。在分析气体流动的连续性方程、动量方程、能量方程、状态方程以及过程方程的基础上，利用特征线的方向性条件，可使偏微分流动方程转化为常微分方程而顺利求解流动状态参数（详见参考文献 [76]）。

缸内热力过程的计算求解，需要知道进排气门处流入或流出气缸的工质质量及其状态参数。为了简化计算，通过进排气门的流动过程在一个很小的时间步长内被认定为稳定流动状态，即将通过进排气门的流动过程视为准稳定流动过程（一维拟定常流动）。同时由于气门处流道很短，气体与气道壁之间的热交换可忽略，因此将流动视为等熵过程。根据这些假定，可得到以下公式。

对于进气过程，按亚临界流动计算：

$$\frac{\mathrm{d}m_s}{\mathrm{d}\varphi} = \frac{1}{6n}\mu_s f_s \sqrt{2p_s\rho_s} \sqrt{\frac{k}{k-1}\Big[\Big(\frac{p}{p_s}\Big)^{\frac{2}{k}} - \Big(\frac{p}{p_s}\Big)^{\frac{k+1}{k}}\Big]} \tag{14-31}$$

对于排气过程，在超临界流动情况下，即 $\frac{p_T}{p} \leqslant \Big(\frac{2}{k+1}\Big)^{\frac{k}{k-1}}$ 时，

$$\frac{\mathrm{d}m_e}{\mathrm{d}\varphi} = \frac{1}{6n}\mu_e f_e \sqrt{2p\rho}\Big(\frac{2}{k+2}\Big)^{\frac{k}{k-1}} \sqrt{\frac{1}{k+1}} \tag{14-32}$$

在亚临界流动情况下，即 $\frac{p_T}{p} \geqslant \Big(\frac{2}{k+1}\Big)^{\frac{k}{k-1}}$ 时，

$$\frac{\mathrm{d}m_e}{\mathrm{d}\varphi} = \frac{1}{6n}\mu_e f_e \sqrt{2p\rho} \sqrt{\frac{k}{k-1}\Big[\Big(\frac{p_T}{p}\Big)^{\frac{2}{k}} - \Big(\frac{p_T}{p}\Big)^{\frac{k+1}{k}}\Big]} \tag{14-33}$$

式中　f_s，f_e——进、排气门流通截面积，随时间（或曲轴转角）变化；

μ_s，μ_e——进、排气门流量系数；

p_s，p，p_T——进气门前、气缸内和排气门后的气体压力；

n——发动机转速；

k——比热容比；

ρ——气体密度。

本章复习题

1. 什么是零维假设？为什么要采取这种假设？

2. 试绘制缸内工作过程计算简图，并依据零维假设列出能量守恒、质量守恒的微分方程。

3. 燃烧模型分为哪几类？汽油机、柴油机燃烧模型有何区别？

4. 进排气系统中的气体流动可以做怎样的简化？原因是什么？

5. 选择一台自然吸气柴油机，对缸内工作过程模拟计算。

第15章
其他类型车用动力

15.1 汪克尔转子发动机

15.1.1 转子发动机的工作原理

汪克尔转子发动机也称为旋转活塞式发动机。德国汪克尔（Wankel）博士经过长期研究，在总结前人研究成果的基础上，1957 年制作出第一台汽油转子发动机，发动机功率输出为 18 kW，转速高达 17 000 r/min。

图 15-1 所示为旋转活塞发动机工作示意图，发动机的活塞（转子）2 是三角形的，是一个做旋转运动的转子。在气缸端盖上有固定不转的外齿轮 3，发动机主轴与外齿轮同心。在转子 2 上装有内齿圈 4，它与外齿轮 3 偏心，主轴的曲柄中心与内齿圈 4 同心。转子的内齿轮与外齿轮始终保持啮合，内、外齿轮的齿数比为 3:2。

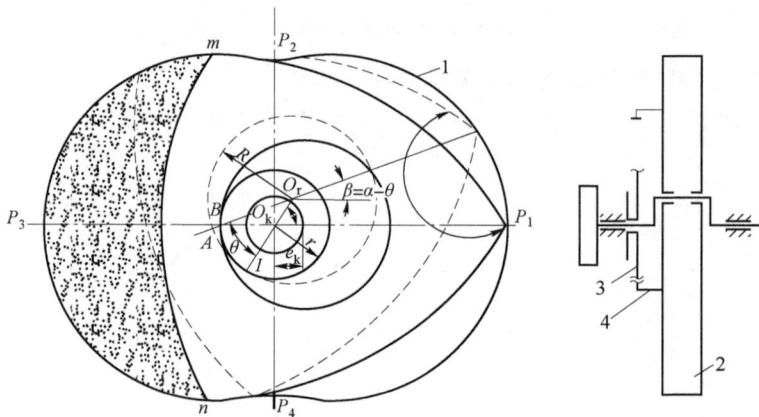

图 15-1 转子活塞发动机工作示意图
1—缸体；2—活塞（转子）；3—外齿轮；4—内齿圈

转子工作时绕外齿轮 3 旋转，曲柄臂 e_k 与两个齿轮的轴心距 $O_r - O_k$ 相等。转子每个尖点的运动轨迹是长短轴外旋转轮廓线，它就是缸体 1 工作表面的型线，P_1P_3 为缸体型线的长轴，P_2P_4 为缸体型线的短轴。转子型线 mn 与缸体型线所围成的空间是气缸工作容积。当 mn 线与缸体长轴垂直时，工作容积最大；与短轴垂直时，工作容积最小。

作用在转子型面上的气体压力对曲柄的切向力 p_g 与曲柄臂 e_k 的乘积构成发动机的旋转力矩：$M_k = e_k p_g$。取定齿轮半径 $O_k I = r$，动齿轮半径 $O_r A = R$。转子旋转时，相当于内齿圈 4 与外齿轮 3 做无相对滑动的滚动。如最初两圆在 B 点相切，当转子逆时针旋转后，两圆在 I 点相切，由于无相对滑动，则可以得出圆弧

$$\overset{\frown}{BI} = \overset{\frown}{AI} \tag{15-1}$$

$$\theta R = \alpha r \tag{15-2}$$

则

$$\theta = \alpha \frac{r}{R} = \frac{2}{3}\alpha \tag{15-3}$$

由于转子尖点 p 绕其中心 O_r 转角为 $\beta = \alpha - \theta$，则 $\beta = \alpha - \frac{2}{3}\alpha = \frac{1}{3}\alpha$，可以证明转子的转速为曲轴转速的 $\frac{1}{3}$，即转子转 1 圈曲轴转 3 圈。

转子发动机的工作过程与往复式发动机的工作过程类似。如图 15-2 所示，分为进气、压缩、点火燃烧、膨胀及排气 5 个过程，但是其机构运动特点与往复式发动机相比有明显区别。三角转子的中心绕输出轴中心公转的同时，三角转子本身又绕其中心自转。三角转子顶点的运动轨迹似"8"字形。转子把气缸分成 3 个独立空间，3 个空间各自先后完成进气、压缩、做功和排气，三角转子自转 1 周，发动机点火做功 3 次。

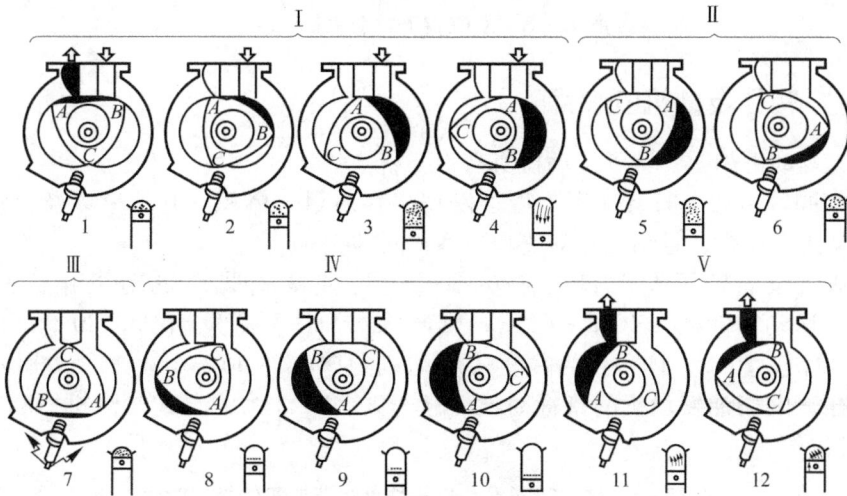

图 15-2　转子发动机的工作过程

15.1.2　转子发动机的结构

三角转子发动机主要零部件有三角转子、缸体和偏心轴等，如图 15-3、图 15-4、图 15-5 所示。在双缸三角转子发动机中，相邻两缸需要设置中隔板。由图 15-5 可以看出，转子在缸体和前后端盖所形成的腔内，转子中央装有偏心轴承，并与偏心轴的偏心轴颈（图 15-5 中的圆形凸起部分）配合，转子上的内齿轮和固定在端盖上的外齿轮啮合。偏心轴的主轴颈支承在前后端盖的主轴颈中，偏心轴的前端通常装有皮带轮、平衡重和驱动附件用的齿轮等，后端装有带平衡重的飞轮并由此输出动力。

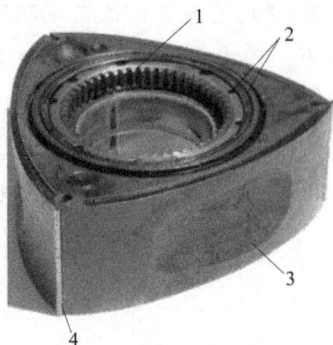

图 15－3　三角转子

1—内齿轮；2—端面密封；3—燃烧室；4—径向密封

图 15－4　转子发动机外形

1—飞轮；2—缸体；3—偏心轴；4—三角转子

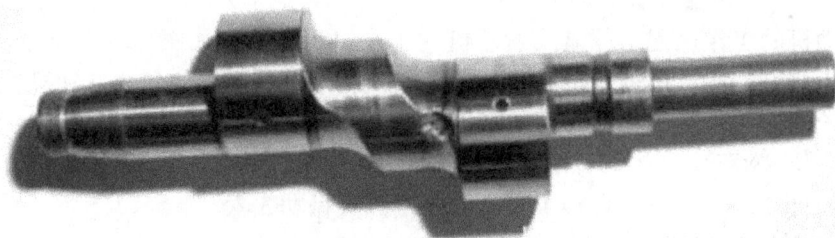

图 15－5　双缸转子发动机偏心轴

15.1.3　转子发动机的特点

与往复式发动机相比，转子发动机具有以下优点。

（1）在相同输出功率的条件下，转子发动机在质量、体积、升功率以及比质量等方面都要优于往复式发动机，且结构相对简单、零部件少。

例如，双缸柴油转子发动机与同功率的六缸往复式柴油发动机相比，零件减少20%～40%，运动零件减少40%～60%，生产成本为往复式发动机的80%，自重是往复式发动机的50%～70%，体积仅为往复式发动机的30%～50%。表15－1所示为柴油转子发动机与往复式柴油发动机的指标对比，序号1、2、3为往复式柴油机，4、5、6为柴油转子发动机。

表 15－1　柴油转子发动机与往复式柴油机的指标对比

序号	发动机型号	15 分钟功率 / （kW·r^{-1}·min^{-1}）	升功率 / （kW·L^{-1}）	比质量 / （kg·kW^{-1}）	比体积 / （m^3·kW^{-1}×10^3）
1	北京五十铃 BN4JB1T	70/3 600	25.2	3.42	4.64
2	南京依维柯 8140.279	75.8/3 800	30.3	3.04	3.39
3	康明斯 B5.9－185	138/2 500	33	3.28	4.7
4	德国 LOCR814TD	10/6 000	49.14	1.25	1.95
5	美国 P31－10294	24/4 000	40.8	1.21	1.97
6	美国 RPI2013R	180/6 250	140	0.916	1.93

（2）由于转子发动机没有往复运动的曲柄连杆机构及配气机构，只有三角转子的旋转运动，因此其振动、噪声都比往复式发动机低。往复式发动机曲柄连杆机构的运动会产生很大振动，而且配气机构的气门、凸轮轴等部件在工作时也会产生机械噪声，因此，与往复式发动机相比，转子发动机运转更加平稳。

（3）往复式发动机的曲柄连杆机构在运动时会产生往复惯性力，而往复式发动机转速的提升受到往复惯性力限制。转子发动机不存在这种限制，而且根据其运转特点，转子的转速是偏心轴转速的 1/3，即使输出转速较高的情况下，三角转子的转速也并不高，有利于提高发动机的转速并有效改善发动机的动力性。

（4）均匀的扭矩特性，转子发动机在整个速度范围内有相当均匀的扭矩曲线，即使在两转子的设计中，运行中的扭矩波动也与直列六缸往复式发动机具有相同的水平。

与往复式发动机相比，转子发动机具有以下缺点。

（1）转子的圆周速度不能太高，如过高，则密封件磨损加快、寿命缩短。

（2）密封件的润滑比较困难。

（3）燃烧室形状很难达到理想状态，进一步提高压缩比有困难。

（4）低速时扭矩低。

（5）燃油消耗率较高，经济性较差，不利于提高车辆续航历程和作战半径。

15.1.4　转子发动机的发展应用

国外的转子发动机，以日本、美国为代表。1967 年，马自达出售第一辆转子发动机轿车，至 1993 年达到 170 万辆。进入 20 世纪 80 年代，马自达几乎将现代往复汽油机的一切先进技术都成功地应用到转子发动机上；到了 20 世纪 90 年代，又研制了 HR2X 型氢气转子发动机汽车。

世界上最早开展多种燃料三角转子发动机研制的是美国，以军事用途为目标。20 世纪80 年代中后期，John Deere 公司开发了 SCORE70、170、580 系列机型；1991 年年底，由RPI 公司接收后，又开发了 40 系列小型多种燃料转子发动机，主要用作 5 ~ 15 kW 小型移动电源动力和无人驾驶飞机动力，已在部队中试用。1995 年，RPI 公司为美国海军陆战队研制5 缸 580 系列多种燃料转子发动机，用作两栖攻击战车的主机，该机功率达到 1 938 kW。

15.2　混合动力

混合动力的定义是：在特定的工作条件下，可以从两种或两种以上的能量存储器、能量源或能量转换器中获取能量。

目前，应用比较广泛且技术相对成熟的是油电混合技术。国外从 20 世纪 70 年代开始进行混合动力汽车的研究与开发，直到 20 世纪 90 年代，各国才相继推出混合动力概念车或样车。现在油电混合技术得到快速发展，国内外已出现很多油电混合动力的车型。

液压混合动力技术也是混合动力技术的一种。国际上对其研究在 20 世纪 80 年代末就开始了，我国对液压混合动力技术研究起步较晚，目前液压混合技术依然处于研究阶段，而尚未得到广泛使用。

15.2.1 油电混合

电动机具有低速恒扭矩、高速恒功率的转速特性，低转速阶段的扭矩特性远好于发动机。油电混合中电动机可以很好地弥补发动机低速扭矩不足的缺点。

根据电动机输出功率在整个系统输出功率中所占的比例，混合动力汽车可以分为微混合动力汽车（电动机电压为 12 V 或 24 V）、轻混合动力汽车（混合度低于 20%）、中混合动力汽车（混合度为 30% 左右）、完全混合动力汽车（混合度达到或超过 50%）。

根据混合动力驱动的连接形式，混合动力汽车可以分为 3 种：串联式混合动力汽车、并联式混合动力汽车、混联式混合动力汽车。

1. 串联式混合动力

内燃机直接带动发电机发电，产生的电能通过控制单元传到电池，再由电池传输给电动机转化为动能驱动汽车。串联式混合动力汽车系统结构如图 15 - 6 所示，主要由发动机、发电机和驱动电动机三大主要部件总成组成。

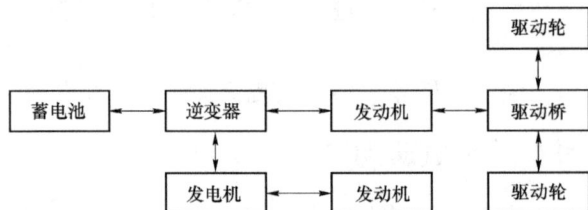

图 15 - 6　串联式混合动力汽车系统结构

优点：发动机能够一直保持在稳定、高效、低污染的工作状态，可以减少排放，降低污染；可以采用轮毂电动机，驱动系统的选择更自由；控制系统简单，只有驱动电动机的电动力驱动系统；结构简单，三大部件之间没有机械联系，易于布置。

缺点：电动机需要满足使用要求，需要很大功率，相应外形、质量都要很大；能量从热能到电能再到机械能转换，总效率较低；发动机、电池组、电动机之间的匹配要求严格。

2. 并联式混合动力

并联式结构有发动机和电动机两套驱动系统。发动机与电动机可以协调工作，也可以单独工作来驱动汽车。电动机可以作为发电机为电池充电，不再需要额外的发电机。在车辆中高速行驶时，以发动机为主要动力源；在车辆起步或加速时，电动机工作，作为辅助驱动力；在发动机效率低的低负荷工况下，电动机转变为发电机，向蓄电池充电。在车辆制动或下坡减速行驶时，可通过制动能量回收系统进行制动能量回收。

并联式混合动力汽车系统结构如图 15 - 7 所示，主要由发动机、电动机/发电机两大部件总成组成，有多种组合形式，可以根据使用要求选用。

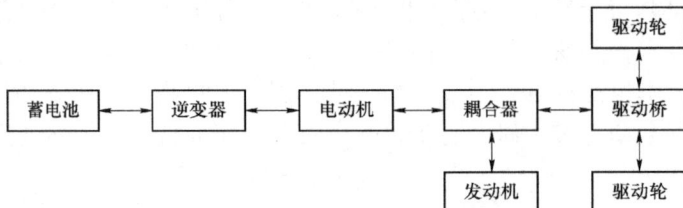

图 15 - 7　并联式混合动力汽车系统结构

优点：质量、体积小于串联式；可以选用较小功率的电动机；可以匹配较小容量的电池组；电动机/发电机可以调整发动机的工作状态，使其处于高效率、低排放工作状态。

缺点：结构复杂，零件多，布置困难；排放不及串联式；控制系统要求高，控制复杂。

3. 混联式混合动力

混联式混合动力的内燃机系统和电动机驱动系统各有一套机械变速机构，两套机构通过齿轮系或采用行星轮机构结合在一起，从而可综合调节内燃机与电动机之间的转速关系，可以更加灵活地根据工况调节内燃机的功率输出和电动机运转。

混联式混合动力汽车系统结构如图 15-8 所示，发动机动力输出到与其相连的行星齿轮机构后，行星架将一部分转矩传送到发电机，将另一部转矩传送到传动轴时，发电机也可以通过驱动电动机来驱动传动轴。这种机构有两个自由度，可以控制两个不同的速度。此时车辆并不是串联式或并联式，而是两种驱动形式同时存在，充分利用了两种驱动形式的优点。在汽车低速行驶时，驱动系统主要以串联式工作；汽车高速稳定行驶时，驱动系统则以并联工作方式为主。

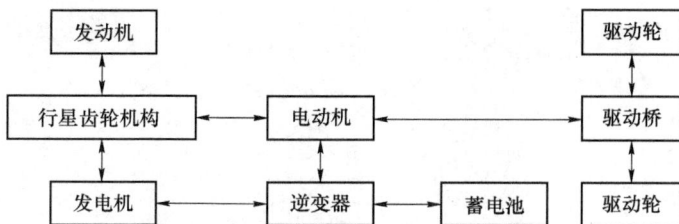

图 15-8 混联式混合动力汽车系统结构

优点：可选择的驱动方式多，适应不同的使用条件；理论上可以使发动机达到最佳的工作状态。

缺点：结构复杂，布置困难，控制系统复杂。

15.2.2 液压混合

液压混合的工作原理与油电混合基本相同，只是将电动机/发电机换成液压泵/马达，将蓄电池换成液压蓄能器。

液压混合动力系统的辅助动力装置由能量转换元件（液压泵/马达）和储能元件（液压蓄能器）组成，利用液压蓄能器能量暂存特性和液压泵/马达可工作于四象限的特点，对主动力装置发动机进行功率调整和再生制动。系统工作时，液压辅助动力装置主动调节发动机工作于燃油经济性较高的区域，按照使用要求单独或与发动机一起输出动力；制动时液压泵/马达将制动能转换成液压能储存在液压蓄能器中，在随后的起动加速或正常运行工况，制动过程中回收的液压能通过液压马达释放出来，辅助发动机或者单独驱动车辆行驶。液压混合动力汽车可根据车辆运行工况选择多种工作模式，以实现动力传动系统的效率最优。

15.3 燃料电池

人类对燃料电池的研究已经有一百多年的历史。20 世纪 60 年代，燃料电池最早在航天工业应用，直到 20 世纪 90 年代，燃料电池开始考虑应用于汽车，配合电动机提供驱动力，以取代发动机。现在，很多国家及汽车制造商致力于燃料电池的研发，希望取得突破性进展。

15.3.1　燃料电池工作原理

燃料电池是一种在等温条件下将储存在燃料与氧化剂中的化学能直接转变为电能的电化学单元。燃料电池具有非常复杂的系统，且其活性物质是独立于燃料电池本身而存在的，只要供给燃料和氧化剂就可以像传统的发动机一样连续不断地工作，所以燃料电池并不是传统意义上的"电池"，而是一种直接将化学能转变为电能的"化学发电机"。其基本原理可以理解成水电解过程的逆向过程，在反应过程中将化学能转化为电能，如图 15 −9 所示。

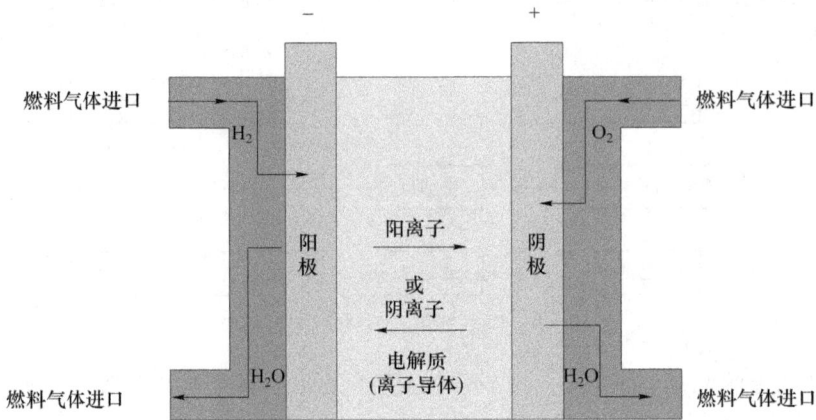

图 15 −9　氢燃料电池运转示意图

15.3.2　燃料电池分类

燃料电池常用的分类方式是按电解质类型加以区分，如表 15 − 2 所示，有碱性燃料电池、质子交换膜燃料电池、磷酸燃料电池、熔融碳酸盐燃料电池、固态氧化物燃料电池 5 种。若依照其工作温度范围不同，一般将碱性燃料电池、质子交换膜燃料电池归类为低温型燃料电池；磷酸燃料电池则为中温型燃料电池；而熔融碳酸盐燃料电池与固态氧化物燃料电池则属于高温型燃料电池。燃料电池的工作温度限制了其工作范围，汽车上使用的燃料电池以低温燃料电池为主，也有中温燃料电池。高温燃料电池在汽车上使用难度较大。

随着燃料电池技术的发展，多种新型燃料电池被提出，主要有再生燃料电池、生物燃料电池、锌空燃料电池。其中锌空燃料电池在汽车上有比较广阔的前景。锌空燃料电池是利用锌和空气在电解质中的化学反应来产生电能的，能量密度非常大。与其他燃料电池相比，同样的质量，锌空燃料电池可以工作更长的时间。另外，地球上的锌资源相对丰富，降低了锌空燃料电池的工作成本。但是锌空燃料电池有金属氧化物生成，需要更新电解质，属于采用机械性方法补充电量的一种电池。

表 15 – 2　常见燃料电池分类与基本特性

温度类型	低温燃料电池 (60 ℃ ~200 ℃)		中温燃料电池 (160 ℃ ~220 ℃)	高温燃料电池 (600 ℃ ~1 000 ℃)	
电解质类型	碱性燃料电池 (AFC)	质子交换膜燃料电池 (PEMFC)	磷酸燃料电池 (PAFC)	熔融碳酸盐燃料电池 (MCFC)	固态氧化物燃料电池 (SOFC)
应用	太空飞行、国防、车辆	汽车、便携式电源、家用电源	热电合并工厂	热电合并工厂、复合电厂	热电合并工厂、复合电厂、家用电源
优点	低污染、发电效率高、维护需求低	低污染、低噪声、起动快	低污染、低噪声	能源效率高、低噪声，具有内重整能力	能源效率高、低噪声，具有内重整能力
缺点	燃料与氧化剂限制严格、寿命短、造价高	与常规发电技术相比价格昂贵	价格昂贵、发电效率相对较低	起动时间长、电解液具有腐蚀性	起动时间长、对材料要求苛刻
导电离子	氢氧根离子 (OH^-)	氢离子 (H^+)	氢离子 (H^+)	碳酸根离子 (CO_3^{2-})	氧离子 (O^{2-})
反应方程式 阳极	$H_2 + 2OH^- \rightarrow 2H_2O + 2e^-$	$H_2 \rightarrow 2H^+ + 2e^-$	$H_2 \rightarrow 2H^+ + 2e^-$	$H_2 + CO_3^{2-} \rightarrow H_2O + CO_2 + 2e^-$	$O^{2-} + H_2 \rightarrow H_2O + 2e^-$
反应方程式 阴极	$\frac{1}{2}O_2 + H_2O + 2e^- \rightarrow 2OH^-$	$\frac{1}{2}O_2 + 2H^+ + 2e^- \rightarrow H_2O$	$\frac{1}{2}O_2 + 2H^+ + 2e^- \rightarrow H_2O$	$\frac{1}{2}O_2 + CO_2 + 2e^- \rightarrow CO_3^{2-}$	$\frac{1}{2}O_2 + 2e^- \rightarrow O^{2-}$
燃料	纯氢	氢气、甲醇	氢气	氢气、天然气、煤气、沼气	氢气、天然气、煤气、沼气
氧化剂	纯氧	空气、氧气	空气、氧气	空气、氧气	空气、氧气
发电效率	60% ~70%	43% ~58%	37% ~42%	>50%	50% ~60%
水管理	蒸发排水	蒸发排水 + 动力排水	蒸发排水	气态水	气态水
热管理	反应气体散热 + 电解质循环散热	反应气体散热 + 独立冷却剂循环散热	反应气体散热 + 独立冷却剂循环散热	内重整吸热 + 反应气体散热	内重整吸热 + 反应气体散热

15.3.3　燃料电池特点

与发动机相比，燃料电池具有以下优点。

（1）灵活的能量输出：通过控制反应速度可以线性地输出电能。

（2）效率高，理论热电合并效率可以达到 90% ，实际效率为 40% ~60% 。

（3）噪声低、振动小，没有机械转动部件，可以安静、稳定地工作。

（4）污染小，以氢气为主要燃料，工作无污染，以化石燃料提炼富氢燃料作为燃料时，

制取过程中产生的 CO_2 要比发动机少 40% 以上，并且几乎没有硫化物和氮氧化物的生成。

（5）燃料适应性强，只要含有氢原子的物质都可以作为燃料电池的燃料，新型燃料电池的出现增加了燃料的适应性。

燃料电池虽然具有多种优点，但目前来看燃料电池依然存在多种发展瓶颈，无法进行大规模的商业应用，尤其是在汽车上大规模使用。

（1）氢燃料不易获取、不易保存，燃料电池技术整体不够成熟。

（2）高温工作时寿命及稳定性不理想。

（3）原材料及电池制造成本较高，汽车上不易携带大量的原材料。

（4）对燃料电池控制系统要求较高。

15.4 燃气轮机

15.4.1 燃气轮机工作原理

图 15 - 10 所示为双轴式燃气轮机简图。空气从进气口进入压气机，在压气机 1 中受到压缩，然后进入燃烧室 2，燃油经喷嘴 5 喷入燃烧室，由电火花点火后燃烧，产生高温气体（800 ℃ ~ 900 ℃ 或更高）。高温燃气进入压气机涡轮 3 驱动压气机，然后燃气在动力涡轮 4 中继续膨胀做功。动力涡轮通过减速齿轮 6 将功率传出。

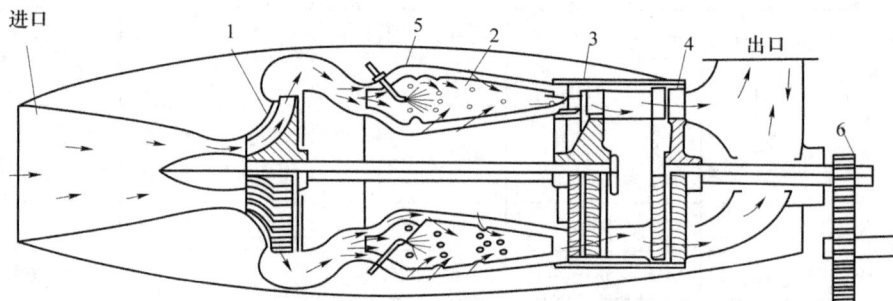

图 15 - 10 双轴式燃气轮机简图
1—压气机；2—燃烧室；3—压气机涡轮；4—动力涡轮；5—喷嘴；6—减速齿轮

图 15 - 11 所示为单轴燃气轮机工作循环。$a—c$，工质（空气）在压气机内绝热压缩；$c—z$，燃料在燃烧室燃烧等压加热；$z—b$，工质（燃气）在涡轮内绝热膨胀；$b—a$，等压放热。

简单循环的热效率为

$$\eta_t = 1 - \frac{1}{\pi_b^{\left(\frac{k-1}{k}\right)}} \qquad (15-4)$$

式中 π_b——压气机的压比；

K——绝热指数。

从式（15-4）可以看出，热效率与压比有关，压比增加时燃气轮机的热效率会提升，当压比大于 12 时效率的提升幅度很小，且式（15-4）中效率只与压比有关，与温比无关，这与现实情况是不相符的。

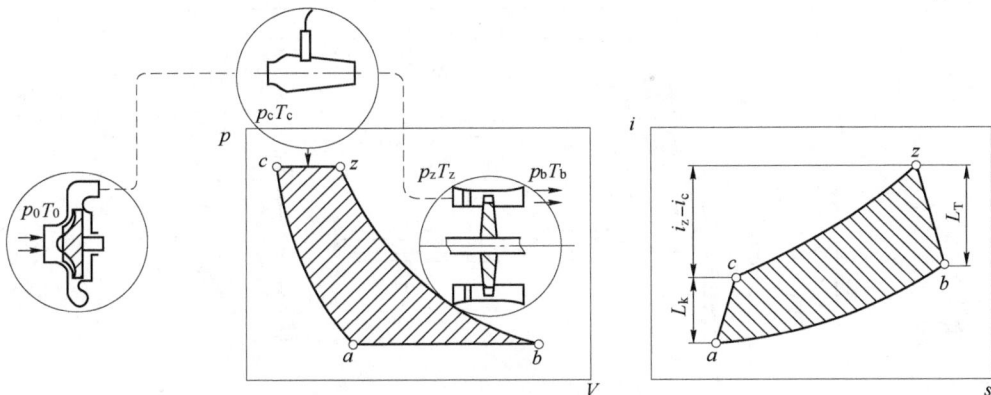

图 15 – 11　单轴燃气轮机工作循环

在正常情况下，由涡轮排出的气体温度高于压气机出口温度，因此，可利用废气余热对压缩空气加热，以改善热量的利用，降低燃油消耗率。加装回热器后就可以利用废气加热新鲜气体。

影响燃气轮机燃油经济性的因素有：压气机和涡轮的热效率、涡轮进口温度、压气机压比、回热率。

15.4.2　燃气轮机分类

单轴燃气轮机结构如图 15 – 12 所示。

工作过程：绝热压缩—等压加热—绝热膨胀—等压放热。

特点：动力涡轮身兼二职，驱动压气机和输出动力。压气机转速与输出轴转速保持一致，压气机的转速决定了压气机的压比，此结构不利于在复杂使用条件下调节燃气轮机的工作状态。

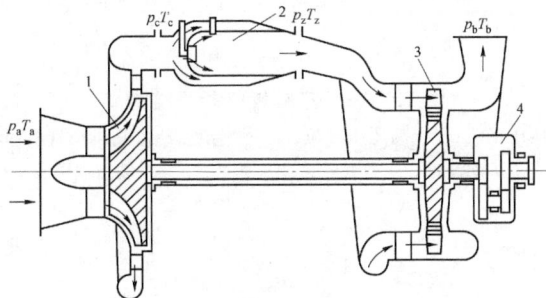

图 15 – 12　单轴燃气轮机结果

1—压气机；2—燃烧室；3—涡轮；4—减速器

双轴燃气轮机结构如图 15 – 13 所示，图中的双轴燃气轮机带有回热器，增加了热效率。

工作过程：绝热压缩—等压加热（回热）—绝热膨胀—等压放热（换热）。

特点：动力涡轮与发生燃气涡轮各司其职，压气机转速与输出轴转速可以分别控制，能够实现输出轴零转速而燃气轮机不熄火。

三轴燃气轮机结构如图 15 – 14 所示。相对于两轴燃气轮机，三轴燃气轮机多出的一轴用于驱动另一个压气机。

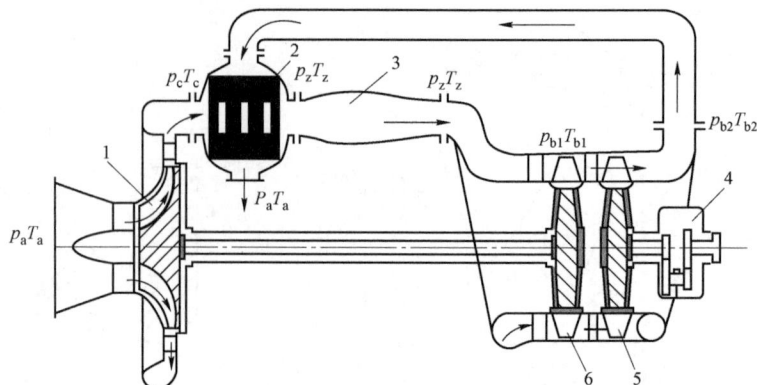

图 15 – 13　带回热器的双轴燃气轮机结构

1—压气机；2—回热器；3—燃烧室；4—减速器；5—动力涡轮；6—带压气机涡轮

工作过程：与双轴燃气轮机相同。

特点：可实现两级增压，提高压比，增加燃气轮机的动力性能。

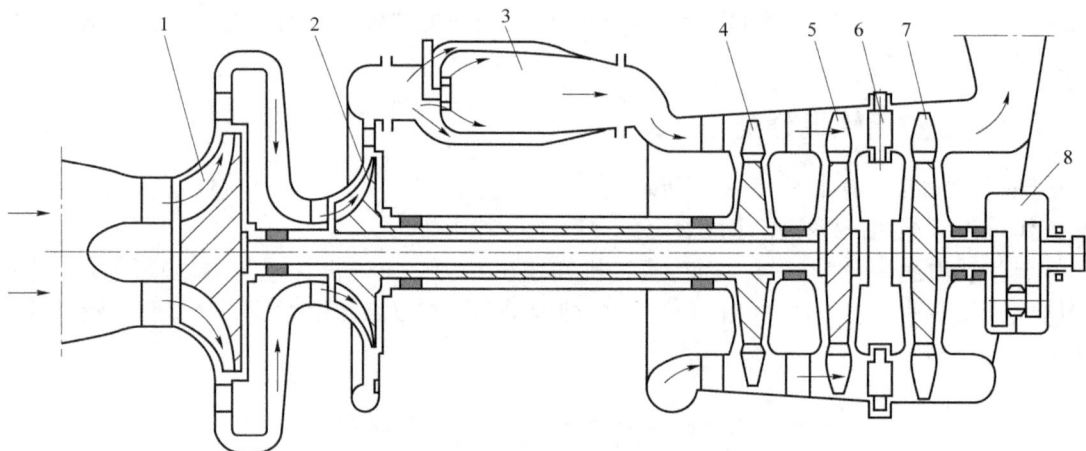

图 15 – 14　三轴燃气轮机结构

1—低压压气机；2—高压压气机；3—燃烧室；4—高压压气机涡轮；

5—低压压气机涡轮；6—动力涡轮可调导向叶片；7—动力涡轮；8—减速器

15.4.3　燃气轮机特点

燃气轮机属于内燃机的一种动力，是一种旋转叶片式发动机。目前世界上坦克装备的动力装置如表 15 – 3 所示。

表 15 – 3　世界上主要坦克发动机参数

坦克/国家	装备年份	发动机类型	功率/kW	体积功率/$(kW \cdot m^{-3})$	比质量/$(kg \cdot kW^{-1})$	燃油消耗率/$(g \cdot kW^{-1} \cdot h^{-1})$
88 式/中国	1988	涡、柴	537	378	1.96	238
M1A1/美国	1990	燃气轮机	1 119	960	1.05	259

续表

坦克/国家	装备年份	发动机类型	功率/kW	体积功率/($kW \cdot m^{-3}$)	比质量/($kg \cdot kW^{-1}$)	燃油消耗率/($g \cdot kW^{-1} \cdot h^{-1}$)
T80/俄国	1990	燃气轮机	919	665	1.14	306
挑战者/英国	1983	涡、柴	882	401	2.31	226
勒克莱尔/法国	1992	超高增压、柴	1 103	689	1.54	231
KPz2000/德国	2000	涡、柴	1103	1 060	1.5	220

燃气轮机具有以下优点：

（1）单位体积小，质量轻。

（2）单机结构简单，零件少，易维护保养。

（3）低温起动性能好，在低温下无须预热就能起动，在几分钟后可发出最大功率。

（4）多种燃料适应性好，汽油、煤油、柴油都可使用，且功率变化不大。

（5）扭矩特性好，能够实现输出轴零转速而不熄火。图 15－15 中曲线 1 是双轴式燃气轮机特性，曲线 2 是活塞式发动机特性，曲线 3 是单轴式燃气轮机特性。双轴燃气轮机的适应性系数 $k = 2.0 \sim 2.5$，在低速时可产生大扭矩。因此与燃气轮机配套的变速箱可采用较为简单和轻便的结构，以提高车辆的平均速度和加速性，降低驾驶员的劳动强度。

（6）机油消耗量少。

（7）振动小、噪声低、污染少。燃气轮机只有旋转运动，其振动和噪声都低于往复运动的活塞式发动机。燃气轮机工作时几乎不冒黑烟，有利于环境保护。

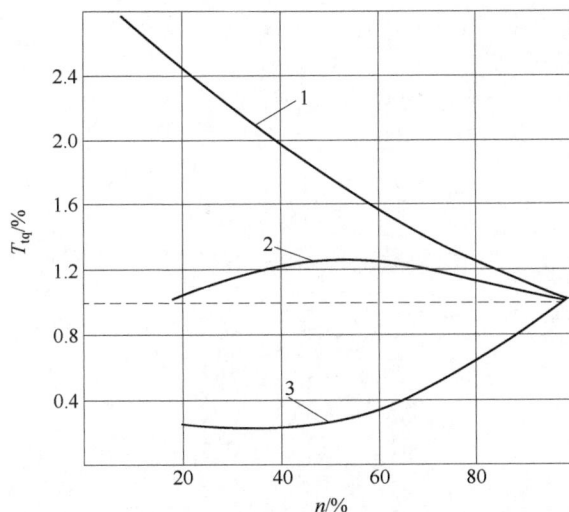

图 15－15　燃气轮机和柴油机的扭矩特性比较

目前，燃气轮机在车辆上不能普遍采用的原因是其具有以下缺点。

（1）燃油消耗率高，尤其是在低转速部分负荷时，热效率低，油耗更高。目前，国际上常用的坦克柴油机燃油消耗率为 $190 \sim 210$ g/(kW·h)，燃气轮机要大于 250 g/(kW·h)，新型机接近 210 g/(kW·h)。

（2）尽管燃气轮机可采用比较先进的回热器，提高了涡轮进口温度，但燃油消耗率仍远高于同等功率的坦克用柴油机。油耗过高对军用战斗车辆十分不利。一般坦克发动机总运转时间的35%是怠速，25%是低功率工作，高功率运转只占20%。因此，行驶同样的里程，燃气轮机将多耗油30%～70%，这给后勤补给带来困难。

（3）由于车辆必须多携带燃油，增加了火灾的危险，且不能充分体现体积小、质量轻的优点。

（4）制造成本高。

（5）空气消耗量大，比柴油机的耗气量多两倍以上，必须采用大的空气滤清器，影响动力装置体积，而且对车辆潜渡也不利，需要更大的进气筒。

（6）制动困难。燃气轮机制动不灵，装燃气轮机的车辆必须配置更强有力的制动器，或者采用可调节喷嘴进行制动，使结构复杂，成本更高。

本章复习题

1. 对比汪克尔转子发动机与往复活塞式发动机的工作过程，尽量多地归纳出二者的不同点。

2. 分析说明混合动力系统的优缺点。

3. 燃料电池能否替代传统内燃机？说明理由。

4. 为什么各国积极为坦克配备燃气轮机动力系统？

参 考 文 献

[1] 中国汽车工业联合会. 中国汽车工业年鉴（1988）[M].北京：机械工业出版社，1989.

[2] 周龙保，高宗英，等. 内燃机学 [M].北京：机械工业出版社，1999.

[3] 蒋德明，陈长佑，等. 高等车用内燃机原理 [M].西安：西安交通大学出版社，2001.

[4] 魏镕. 坦克柴油机的发展趋势和技术途径 [J].兵工学报——坦克装甲车与发动机分册，1990，4：16－23.

[5] 张均享.30 年来装甲装备动力发展与展望 [J].国外坦克，2009（10）.

[6] 郭正祥. 柴油机坦克与燃气轮机坦克优劣剖析 [J].国外坦克，2010（1）.

[7] 刘伍权，王健，等.21 世纪初的内燃机技术 [J].研究与开发，2000－09－18.

[8] 中华人民共和国国家统计局. 中国内燃机工业年鉴（2005）[M].上海：上海交通大学出版社，2005.

[9] 赵士林. 国外内燃机发展动向综述 [J].内燃机，1996（2）.

[10] 陈小复. 美国对先进内燃机技术的研发 [J].上海汽车，2009（6）.

[11] MohdF. Shabir, S. Authars, et al. Low Heat Rejection Engines － Review, SAE paper, 2010－01－1510 [R]. SAE, 2010.

[12] Fu－Quan Zhao and Ming－Chia Lai et al. A Review of Mixture Preparation and Combustion Control Strategies for Spark－Ignited Direct－Injection Gasoline Engines, SAE 970627 [R].SAE, 1997.

[13] G. T. Kalghatgi. Ignition Engines：A Literature Review, SAE 952443 [R].SAE, 1995.

[14] Stephen G. Bailey and Jerald A. Caton. A Review and Thermodynamic Analysis of a Rotary－Vee Internal Combustion Engine, SAE 950453 [R].SAE, 1995.

[15] José F. Regueiro, Simon K. Chen. Current and Advanced Design Concepts for High Power－Density Mid－Range Truck Diesel Engines Part I：Technology Review, SAE 972688 [R].SAE, 1997.

[16] A Shah, S S Thipse, A Tyagi, S D Rairikar, et al. Literature Review and Simulation of Dual Fuel Diesel－CNG Engines, SAE paper, 2011－26－0001 [R].SAE, 2011.

[17] John B Heywood. Internal Combustion Engine Fundamentals [M].New York：McGraw－Hill Company, 1988.

[18] 秦有方，陈士尧，王文波. 车辆内燃机原理 [M].北京：北京理工大学出版社，1997.

[19] 周龙保. 内燃机学 [M].第三版. 北京：机械工业出版社，2008.

[20] 刘峥，王建昕. 内燃机原理教程 [M].北京：清华大学出版社，2010.

[21] 蒋德明，黄佐华. 内燃机替代燃料燃烧学 [M].西安：西安交通大学出版社，2006.

[22] 何学良，李疏松. 内燃机燃烧学 [M].北京：机械工业出版社，1990.

[23] Heinrich W, Marquardt K J, Schaefer A J. Methanol as a fuel for commercial vehicle [C].SAE Paper, 861581.

[24] 李骏，宫长明，王忠，等. 点火和喷射正时对甲醇发动机冷启动非常规排放的影响 [J].吉林大学学报（工学版），2010，40（5）：1188－1192.

[25] 钱叶剑，谈建，左承基，等. 车用乙醇汽油对电喷汽油机性能影响的试验研究 [J].内燃机学报，2006，24（4）：320－325.

[25] Jennifer Eirich, Elana Chapman, Howard Glunt, et al. Development of a dimethyl－ether（DME）－fu-

eled shuttle bus［J］. SAE，2003.

［26］ EPA. A Comprehensive Analysis of Biodiesel Impacts on Exhaust Emissions［R］. Washington：United States Environmental Protechtion Agency，2002.

［27］ 王建昕，帅石金. 汽车发动机原理［M］. 北京：清华大学出版社，2011.

［28］ 孙大伟. 气道喷射氢内燃机的燃烧特性与控制策略研究［D］. 北京：北京理工大学，2011.

［29］ 秦有方. 车辆发动机原理［M］. 北京：国防工业出版社，1982.

［30］ 郑令仪，孙祖国，赵静霞. 工程热力学［M］. 北京：国防工业出版社，1983.

［31］ Heywood JB. Internal Combustion Engine Fundamentals［M］. New York ：McGraw – Hill Inc，1988.

［32］ 裴建权. 可变进、排气系统对发动机动力性作用影响分析［D］. 长春：吉林大学汽车工程学院，2012.

［33］ 杜巍，等. 进气管结构对增压柴油机进气不均匀度影响的研究［J］. 北京理工大学学报. 2013，33（5）：469 –473.

［34］ 余国核，等. 进气谐振对单缸发动机动力性能影响的试验研究［J］. 四川大学学报，2007，39（3）：166 – 169.

［35］ 魏春源，张卫正，葛蕴珊. 高等内燃机学［M］. 北京：北京理工大学出版社，2001.

［36］ 裴玉姣，许俊峰，纪天宝. 内燃机换气过程数值模拟新方法研究［J］. 内燃机与动力装置，2012（6）.

［37］ 蒋炎坤，等. 二冲程发动机换气过程数理模型研究的现状与发展［J］. 小型内燃机. 2000 年，29（4）.

［38］ 陈家瑞. 汽车构造（上册）［M］. 北京：机械工业出版社，2008.

［39］ 张彦会，伍松. 现代汽车电子控制技术［M］. 北京：中国水利水电出版社，2013.

［40］ 杨嘉林. 车用汽油发动机燃烧系统的开发［M］. 北京：机械工业出版社，2009.

［41］ 周龙保. 内燃机学［M］. 北京：机械工业出版社，2010.

［42］ 王建昕，帅石金. 汽车发动机原理［M］. 北京，清华大学出版社，2010.

［43］ 周龙保，刘忠长，高宗英. 内燃机学［M］. 北京：机械工业出版社，2010.

［44］ 孙柏刚. 柴油机喷雾燃烧仿真与参数匹配研究［D］. 北京：北京理工大学，2006.

［45］ 王向元. 高增压柴油机进气道的设计与评价方法［D］. 北京：北京理工大学，2010.

［46］ 赵丹平，吴双群. 现代汽车发动机原理［M］. 北京：北京大学出版社，2010.

［47］ 吴建华，常绿，韩同群. 汽车发动机原理［M］. 北京：机械工业出版社，2013.

［48］ 吴明，任勇刚. 汽车发动机原理［M］. 北京：机械工业出版社，2013.

［49］ 吴婧. 柴油机双卷流燃烧室的参数化及灵敏度分析［D］. 北京：北京理工大学，2008.

［50］ 龚英利，李云强，张惠明，等. 柴油机燃烧室形状对燃烧及排放影响的研究［R］. 西安：中国内燃机学会燃烧节能净化分会 2010 年学术年会，2010.

［51］ 王腾飞，邹季灿，韩亮，郭华锋，欧阳爱国. 一种国 V 重型电控柴油机燃烧室与燃油系统匹配［J］. 现代车用动力，2014（4）：43 –47.

［52］ 李向荣，魏镕，孙柏刚，等. 内燃机燃烧科学与技术［M］. 北京：北京航空航天大学出版社，2012.

［53］ 蒋德明，陈长佑，杨嘉林，等. 高等车用内燃机原理（下册）［M］. 西安：西安交通大学出版社，2006.

［54］ 王尚勇. 柴油机电子控制技术［M］. 北京：机械工业出版社，2005.

［55］ 孙柏刚，赵建辉，柴国英. 柴油机供油装置及控制系统［M］. 北京：北京理工大学出版社，2014.

［56］ 周松，肖友洪，朱元清. 内燃机排放与污染控制［M］. 北京：北京航空航天大学出版社，2010.

［57］ 张翠平，王铁. 内燃机排放与控制［M］. 北京：机械工业出版社，2012.

［58］ 李勤. 现代内燃机排气污染物的测量与控制［M］. 北京：机械工业出版社，1998.

[59] 郝吉明. 城市机动车排放污染控制 [M]. 北京：中国环境科学出版社，2000.

[60] Xiaoguo Tang. A Strategic Study – The Green & E – commerce Impact to the Future Automotive Engine System R&D，SAE Paper：2003 – 01 – 2315，2003.

[61] 程志远. 内燃机排气净化 [M]. 北京：北京理工大学出版社，2000.

[62] P. F. Flynn，R. P. Durrett. Diesel Combustion：An Integrated View Combining Laser Diagnostics，Chemical Kinetics and Empirical Validation，SAE Paper：1999 – 01 – 0509，1999.

[63] 蒋德明. 高等车用内燃机原理 [M]. 西安：西安交通大学出版社，2006.

[64] 刘巽俊. 内燃机的排放与控制 [M]. 北京：机械工业出版社，2002.

[65] 朱大鑫. 涡轮增压与涡轮增压器 [M].北京：机械工业出版社，1992.

[66] 魏名山. 内燃机增压技术 [Z].北京：北京理工大学涡轮增压实验室，2004.

[67] 王延生，黄佑生. 车辆发动机废气涡轮增压 [M].北京：国防工业出版社，1984。

[68] G. Theotokatos，N. P. Kyrtatos. Investigation of a Large High – Speed Diesel Engine Transient Behavior Including Compressor Surging and Emergency Shutdown [J]. Transactions of the ASME. Vol. 125，APRIL 2003 pp. 580 – 589.

[69] Manuj Dhingra，James Armor，Yedidia Neumeier，and J. V. R. Prasad. Compressor Surge：A Limit Detection and Avoidance Problem [J]. AIAA 2005 – 6449.

[70] Mark P. Wernet；Michelle M. Bright. An Investigation of Surge in a High – Speed Centrifugal Compressor Using Digital PIV. Transactions of the ASME，2001，Vol. 123，418 – 428.

[71] 林建生，谭旭光. 燃气轮机与涡轮增压内燃机原理与应用 [M].天津：天津大学出版社，2005.

[72] 魏名山，张志，何永玲，等. 带不同类型调节门的二级增压系统结构与性能对比 [J].内燃机工程，2009，30（1）：51 – 54.

[73] 倪计民. 汽车内燃机原理 [M].上海：同济大学出版社，1997.

[74] 林学东. 发动机原理 [M].北京：机械工业出版社，2008.

[75] 张轶. 螺旋桨式小型无人机可用功率计算研究 [J].科学技术与工程，2011，11（8）：1876—1880.

[76] А. С. ОРлин. 内燃机工作过程计算 [M].北京：高等教育出版社，1957.

[77] 船用柴油机设计手册（三）柴油机工作过程计算 [M]. 北京：国防工业出版社，1979.

[78] W. T. Lyn Optimization of Diesel Combustion Research SAE Paper 780942.

[79] A. C. Malliaries Engine cycle Simulation and Comparisons to Real Engine Performance SAE Paper 760155.

[80] R. S. Benson A Comprehensive Digital Computer Programs to Simulate a Compression Ignition Engine Including Intake and Exhaust System SAE Paper 710173.

[81] H. Weber. G. L. Borman. Parametric Studies Using a Mathematically Simulated Diesel Engine Cycle SAE Paper 670048.

[82] 朱访君，吴坚. 内燃机工作过程数值计算及其优化 [M].北京：国防工业出版社，1997.

[83] 魏春源，张卫正，等. 高等内燃机学 [M].北京：北京理工大学出版社，2007.

[84] 李向荣，魏镕，等. 内燃机燃烧科学与技术 [M].北京：北京航空航天大学出版社，2012.

[85] 肖钢. 燃料电池技术 [M].北京：电子工业出版社，2009.

[86] 王尚勇，杨青. 柴油机电子控制技术 [M]. 北京：机械工业出版社，2006.

[87] 张均享，等. 高机动性运载车辆动力系 [M]. 北京：中国科学技术出版社，2000.